...Необходимо широкое знакомство со всем запасом слов богатейшего нашего словаря и необходимо уменье выбирать из него наиболее точные, ясные, сильные слова.

М. Горький

Б. Т. ПАНОВ А. В. ТЕКУЧЕВ

ШКОЛЬНЫЙ ГРАММАТИКО-ОРФОГРАФИЧЕСКИЙ СЛОВАРЬ РУССКОГО ЯЗЫКА

3-е издание, переработанное и дополненное

МОСКВА
«ПРОСВЕЩЕНИЕ» 1991

ББК 81.2Р-4
П16

Рецензенты:
доктор филологических наук проф. К. С. Горбачевич;
доктор педагогических наук М. М. Разумовская;
доктор педагогических наук Л. А. Тростенцова;
учитель средней школы Москвы Г. М. Полонская

Панов Б. Т., Текучев А. В.
П16 Школьный грамматико-орфографический словарь русского языка.— 3-е изд., перераб. и доп.— М.: Просвещение, 1991.— 288 с.— ISBN 5-09-003160-6.

В словаре приводятся грамматические, орфографические и орфоэпические сведения, показаны морфемное строение слова, принципы образования частей речи, а также в отдельных случаях даны этимологические справки и толкования значений слов. В словарь включены в основном те слова и их формы, которые вызывают затруднения у школьников, а также вошедшие в обязательный орфографический минимум для средней школы.

В новом издании пересмотрен словник, включены слова и их формы, получившие широкое распространение в последние годы, уточнено морфемное членение, введены некоторые толкования.

П $\frac{4306020000-132}{103(03)-91}$ 24—91 (заказ по КБ—11—1991) ББК 81.2Р-4

ISBN 5-09-003160-6

© Издательство «Просвещение», 1976
© Панов Б. Т., Текучев А. В., 1991, с изменениями

ПРОЧТИ ВНИМАТЕЛЬНО!

> *Слово дано человеку не для самоудовлетворения, а для воплощения и передачи той мысли, того чувства, той доли истины или вдохновения, которым он обладает, другим людям... Слово — это не игрушечный шар, летящий по ветру. Это орудие работы...*
>
> В. Г. Короленко

КАК ПОЛЬЗОВАТЬСЯ СЛОВАРЁМ.

ДЛЯ ЧЕГО ПРЕДНАЗНАЧЕН СЛОВАРЬ.

Настоящая книга носит название «Школьный грамматико-орфографический словарь русского языка». Это значит, что данное пособие содержит прежде всего сведения о том, как пишутся многие слова с непроверяемыми и труднопроверяемыми орфограммами, более или менее часто встречающиеся в практике школьного обучения.

Всего в словарь включено 10 тыс. 600 слов, причём специальным графическим средством — чёрным кружком (●) — в тексте словаря выделены те слова, которые входят в обязательный орфографический минимум для средней школы.

Помимо этого, в словаре даются пометы, связанные с разграничением многих трудных случаев использования в речи всевозможных грамматических форм — рода, падежа и числа имён существительных, кратких форм и степеней сравнения прилагательных, времени, лица, числа, наклонения глаголов и т. п.

В этом состоит одно из главных назначений словаря, в связи с чем ему присвоено наименование г р а м м а т и к о - о р ф о г р а ф и ч е с к о г о.

Вместе с тем в словаре приводятся многие весьма нужные сведения, взятые из других разделов науки о языке.

Все слова, вошедшие в словник, прежде всего разделены с помощью вертикальных чёрточек по составу. В ряде случаев в словарных статьях даются указания на возможные словообразовательные связи соответствующих производящих основ с образуемыми от них производными словами. Но в отличие от словообразовательного словаря здесь указаны только те слова, которые представляют интерес с точки зрения учебной, т. е. слова со специфическими орфограммами, сложным словообразованием и т. п. Следовательно, приведён не весь словообразовательный ряд (цепочка), а лишь отдельные его части (звенья).

Много внимания уделяется в словаре нормам орфоэпии и правильности постановки ударения в словах и их формах.

Для того чтобы помочь лучше усвоить орфографию «трудных» слов, в словаре помещены краткие этимологические справки (сведения о происхождении слов). Для передачи особенностей звучания слов-источников обычно применяются средства русского алфавита, что, по мнению составителей словаря, может помочь тем, кто пользуется этим справочником, лучше запомнить орфографический облик непроверяемых и труднопроверяемых слов, поскольку в этом случае может быть легче осуществлено своеобразное наложение специфического звучания слова-источника на средства графики, с помощью которых в русском языке формируется орфографический облик того или иного слова. Например:

аром́ат (*греч.* «ар́ома» — душистое вещество),
виад́ук (*франц., от лат.* «ви́а» — дорога, путь + «д́уко» — веду),
ягдт́аш (*нем.* «ягд» — охота + «т́аше» — сумка).

Наряду с более прочным запоминанием орфографического облика «трудных» написаний значительно выигрывает в данном случае и правильное осознание лексического значения соответствующих слов иноязычного происхождения.

Содержатся в словаре также этимологические сведения о словах, заимствованных из славянских языков. Эти этимологии тоже служат прежде всего целям усвоения орфографии. Например:

подраж́ать (*из ст.-слав.* «др́ага» — дорога; *буквально* 'идти той же дорогой, что и кто-либо').

В словаре приводятся также толкования слов. Делается это для того, чтобы:

а) предупредить смешение при употреблении в устной речи, а также при письме слов, имеющих:

одинаковое написание, но разное значение (*бр́оня — брон́я*);
разное написание, но одинаковое звучание (*́изморозь — ́изморось*);
близкое звучание, но разное значение (*закосн́елый — закостен́елый*);
одинаковое звучание, но разное написание и значение (*комп́ания — камп́ания*);

б) объяснить значения некоторых омонимов (например: *бестал́анный* — 1) лишённый таланта и 2) несчастный, обездоленный);

в) выяснить семантику однокоренных слов, имеющих различные грамматические формы (например: 1) *бр́ызгать, бр́ызжу, бр́ызжешь* — разбрасывать брызги: *фонт́ан бр́ызжет*, 2) *бр́ызгать, бр́ызгаю, бр́ызгаешь* — опрыскивать: *бр́ызгать бельё*);

г) объяснить значения некоторых устаревших слов (*лицед́ей, нам́естник, нап́ерсник*);

д) раскрыть семантику отдельных фразеологизмов (например: *ни на й́оту*);

е) объяснить лексическое значение тех слов иноязычного происхождения, которые могут встретиться в различных стилях и жанрах речи, а также в процессе словарно-орфографической работы на уроке. Многие из этих слов могут быть использованы в художественных, научно-популярных произведениях, которые предусмотрены школьной программой, а также на страницах молодёжных газет. Понимание, осмысление значения этих слов поможет усвоить особенности их орфографического облика.

Иногда, крайне редко, в толкование вводится пример, раскрывающий значение слова и показывающий его употребление в контексте.

Объяснение значений слов в словаре не противоречит толкованию слов, данному в однотомном «Словаре русского языка», составленном С. И. Ожеговым, и во втором издании «Словаря русского языка» в 4-х томах.

КАК ПОСТРОЕНА И ОФОРМЛЕНА СЛОВАРНАЯ СТАТЬЯ.

Вам, обращающимся к словарю

«Школьный грамматико-орфографический словарь русского языка», как и любой другой словарь, состоит из словарных статей. Все словарные статьи в нём расположены в строгом а л ф а в и т н о м п о р я д к е. Это помогает быстро находить нужное слово.

Словарная статья в словаре оформлена соответствующим образом, так, чтобы можно было быстро, без особых трудов, получить необходимую справку. Но для этого следует ясно представлять себе построение словарной статьи.

1. Вначале орфографически правильно даётся слово, которому посвящена словарная статья. Оно выделяется полужирным шрифтом. В слове обозначено принятое в современном русском литературном языке ударение. Например:

ассона́нс.

2. Затем в прямых скобках приводятся сведения о произношении, отклонениях от литературной нормы, встречающихся в разговорной речи, даются указания о том, как н е с л е д у е т произносить слово либо то или иное сочетание звуков в нём. Предупредительные пометы должны помочь освоить нормы литературного языка. Эти пометы касаются:

1) ударения (в этом случае в прямых скобках указывается, какой вариант является неправильным, отступающим от литературной нормы). Например:

глубо́коуважа́емый [*не* глубо́коува́жаемый],
запряжённый [*не* запря́женный],
проце́нт [*не* про́цент],
ста́туя [*не* статуя];

2) произношения, правильности произнесения группы звуков; следует отметить, что в произносительных пометах обычно приводятся не целые слова, а лишь те их части, в которых наблюдаются отступления от правил произношения слова:

а) мягкость соответствующего согласного обозначается запятой, стоящей сверху справа от буквы. Например:

диссерта́ция [с'], идти́ [т'т'];
доезжа́ть [ж'ж' и *допуск.* жж],

б) твёрдость согласных перед гласным звуком, обозначенным буквой *е*, передаётся при помощи буквы *э*. Например:

гре́йдер [дэ], или гипо́теза [*не* тэ],
гроте́ск [тэ], дельфи́н [*не* дэ],
де́льта [дэ], демисезо́нный [*не* дэ],
пацие́нт [энт] ди́зель [*не* зэ],
те́ма [*не* тэ];

в) краткость произношения согласного, обозначенного орфографически двумя согласными буквами, передаётся одной буквой. Например:

оди́ннадцать [н], параллелогра́мм [л'],
опере́тта [*допуск.* т], прессо́ванный [с];
параллелепи́пед [л'],

г) пометы предупредительного характера указывают на возможное неправильное произношение звуков; в отдельных случаях даётся написание целого слова, которое подчас неверно произносят. Например:

деви́з [*не* дэ], знамено́сец [*не* знаменоно́сец],
идеали́зм [*не* и́зьм], инциде́нт [*не* инцинде́нт],
приобре́тший [*не* рё], перспекти́ва [*не* переспекти́ва],
расцве́тший [*не* вё], полу́денный [*не* полуде́нный];

д) в пометах особо отмечается произношение гласных в сочетании с йотом. Например:

бульо́н [льё], павильо́н [льё];

3) варианты произношения и ударения особо оговариваются либо путём включения в словарную статью второй, вариантной, формы, либо специальной пометой *и допуск.* (допускается). Например:

вперего́нки *и* вперегонки́,
заи́ндевелый *и допуск.* заиндеве́лый,
заискри́ться, -рю́сь, -ри́тся *и* заи́скриться, -рюсь, -рится,
заподá́зривать *и допуск. устар.* заподо́зривать,
огороди́ть, огорожу́, огоро́дит *и* огороди́т.

3. После помет, касающихся норм произношения и ударения,

приводятся в круглых скобках этимологические сведения, помогающие не только осмыслить суть значения слова, но и более глубоко понять многие орфографические написания. Например:

абажу́р (*франц.* «аба́» — сбивать, отражать, ослаблять + «жур» — день, свет; *буквально* 'отражатель света'),
абсолю́тный (*лат.* «абсолю́тус» — совершенный, полный),
автобиогра́фия (*греч.* «а́вто» — сам + «би́ос» — жизнь + «гра́фо» — пишу),
воскресе́ние (*действие по глаг.* воскре́снуть — воскреси́ть),
колхо́з (*сложносокращ. слово:* коллективное хозяйство),
корена́стый (*от слова* ко́рень),
корзи́на (*от вост.-слав. слова, известного ныне в говорах,* «ко́рзать» — рубить ветки),
косы́нка (*вост.-слав., от слова* «косой», название дано по внешнему признаку предмета — косо отрезанному куску материи),
кошелёк (*собств. русск., от общеслав.* «кошь» — корзина).

В круглых скобках после указаний на нормы произношения и ударения могут быть также помещены пояснения, помогающие раскрыть значение слова. Это характерно особенно для омонимов. В редких случаях, когда невозможно разорвать словарную статью, эти сведения помещены в конце её. Например:

коса́[1] (заплетённые волосы),
коса́[2-3] (сельскохозяйственное орудие; отмель),
край[1], *род. ед.* -я, *пр. ед.* на краю́ *и допуск.* на кра́е, *им. мн.* края́, *род. мн.* -ёв; с кра́ю; конца́-кра́ю не видать, на переднем кра́е (на передовой) (предельная линия, грань и т. п.),
край[2], *род. ед.* -я, *пр. ед.* в краю́ *и* в кра́е, *им. мн.* края́, *род. мн.* краёв (страна, местность, территория),
край[3], *род. ед.* -я, *пр. ед.* в кра́е, *им. мн.* края́, *род. мн.* -ёв (административно-территориальная единица), в Краснодарском крае

или

заряди́ть (вложить заряд),
заряди́ть (о повторяющихся действиях).

Пояснения могут быть даны в виде исторической справки, которая также помещена в круглых скобках. Например:

колесо́ (*историч. восходит к общеслав. слову* «ко́ло» — колесо),
огоро́д (*историч. от* город/и/ть).

4. После этимологических сведений приводятся указания относительно грамматических форм слов, которые нередко смешиваются с другими, что в свою очередь ведёт к нарушению норм литературного языка. Это касается прежде всего падежных форм имён существительных, форм лица глаголов и т. п. Например:

грипп [п], *род. ед.* -а, *им. мн.* -ы, *род. мн.* -ов, в гриппу́ *и* в гри́ппе,
грош, *м. р., род. ед.* -а́, *тв. ед.* -шо́м, *им. мн.* гроши́, *род. мн.*
грошей, но: Не́ было ни гро́ша, да вдру́г алты́н (*Пословица*),
груздь, *м. р., род. ед.* груздя́ *и* гру́здя, *им. мн.* -и, *род. мн.* -е́й;
Назва́лся гру́здем — полеза́й в ку́зов (*Пословица*),
гре́зить, гре́жу, гре́зит,
греме́ть, -млю́, -ми́т,
заку́порить [*не* закупо́рить], -рю, -рит.

В тех случаях, когда имя существительное употребляется только в единственном числе, это особо оговаривается. Например:

абсу́рд (*лат.* «аб су́рдум» — от глухого, *буквально* 'нелепость'), *только ед.,*
автоматиза́ция, *только ед.,*
агита́ция, *только ед.*

Категория рода указывается в тех случаях, когда, как показывает практика, у некоторых учащихся возникают затруднения в определении рода или даже наблюдается неправильное отнесение этого слова к другому роду. Например:

волды́рь, *м. р., род. ед.* волдыря́,
вопль, *м. р., род. ед.* во́пля,
глазу́рь, *ж. р., род. ед.* -и.

Особую помету *нескл.* имеют несклоняемые имена существительные. Например:

а́либи, *нескл., с. р.,*
боржо́ми, *нескл., м. и с. р. и* **боржо́м** (*разг.*).

Для имён прилагательных после указания на их полную форму и выделения родовых окончаний приводятся краткие формы. Например:

бестала́нный, бес/талан/н/ый (*от диалектного «талан» — счастье*), *кратк. форма* -нен, -нна;
больно́й, боль/н/о́й, *кратк. форма* бо́лен, больна́, *в с. р. не употр.,* больны́.

При относительных прилагательных, естественно, нет помет, касающихся краткой формы, поскольку таковая у этих прилагательных отсутствует.

Если у того или иного слова формы изменения не имеют никаких отклонений и практически не вызывают затруднений, то в словаре не приводится никаких помет.

5. Если при изменении слова (склонении или спряжении) наблюдается изменение звукового состава, т. е. происходит звуковое чередование, то в словаре приводятся соответствующие формы и особо выделяется та буква, которая отражает эти звуковые изменения. Например:

вы́прячь, -ягу, -яжет, -ягут, вы/прячь, *черед г — ж — ч*,
желу́док, *род. ед.* желу́дка, *прил.* ⟨-ч/н/ый⟩ , *черед к — ч*

Здесь, как видим, чередуются определённые звуки, которые выделены шрифтом и специально оговорены предупредительной пометой *черед.*

6. В словаре приводятся сведения о морфемном составе слова. Причём членение на морфемы даётся с учётом живых, современных словопроизводных отношений. Слова членятся так, как это принято в школьной практике. Например:

молот/и/ть   короб/к/а
команд/ов/а/ть   крупн/о/блоч/н/ый
корабл/е/круш/ени/е   латин/ск/ий

В тех случаях, когда исторически морфемное деление отличается от современного и в то же время помогает осмыслить написание слова, приводятся сведения об этом членении с особой пометой *историч.*:

гости́ница, гостиниц/а (*историч.* гост/ин/иц/а, *от устар* «гость» *в знач.* 'купец', *ср.* гостиный двор),
доброде́тель, *ж. р.* (*историч.* добр/о/де/тель)

Усвоению правильного словоупотребления и написания одинаковых и близко звучащих слов помогают также указания на этимологию слова.

Следует учитывать, что некоторые морфемы, выделенные в словах как самостоятельные (суффиксы, корни), не являются вообще далее неразложимыми. В процессе образования слов данного гнезда они могут употребляться и в расчленённом виде. К таким морфемам относятся, например, суффиксы -истск- (образовавшийся в результате слияния суффиксов -ист- и -ск-) в слове *большевистский*, -ствов- (образовавшийся в результате слияния суффиксов -ств- и -ов-) и ряд других. Знак переноса в некоторых случаях означает, что та или иная значимая часть слова (морфема) напечатана на следующей строке.

7. Сведения о том, как образуются слова от основ, приведённых в начале словарных статей, способе их образования можно также получить в словаре. В угловых скобках приводятся морфемы, с помощью которых образуются новые слова. Иногда в угловые скобки помещены целые слова, разделённые на морфемы. Например:

горизо́нт (*греч.* «горизо» – ограничиваю, «горос» — предел; буквально 'разграничивающий'), *прил.* ⟨-/а́ль/н/ый⟩ ,
горноста́й, *прил.* ⟨горноста́/ев/ый⟩

8. Как уже отмечалось выше, в словаре раскрывается значение слов, которые подчас неизвестны учащимся, но встречаются в художественной и учебной литературе, а также тех слов, которые неверно используются в речи. Толкования приводятся внизу страни-

цы под чертой. Сигналом к тому, что значение объяснено, служит звёздочка (*), стоящая в словарной статье вверху справа от основного слова.

КАК ПРАВИЛЬНО ОРГАНИЗОВАТЬ РАБОТУ ПО СЛОВАРЮ.

Работа над словом по-настоящему плодотворна только тогда, когда одновременно ведётся над различными его сторонами: лексическим значением, произношением, орфографией, особенностями употребления в речи.

Начинать следует с выяснения лексического значения слова. Сначала попытайтесь самостоятельно определить это значение: вспомните, где вам раньше встречалось то или иное слово, объясните его смысл с помощью синонимических замен или путём перечисления признаков соответствующего предмета, понятия, явления, обозначенного этим словом. Затем обращайтесь за справками к словарям. Помимо нашего словаря, используйте при этом «Школьный толковый словарь русского языка» М. С. Лапатухина, Е. В. Скорлуповской, Г. П. Снетовой (М., 1981), «Школьный словарь иностранных слов» В. В. Одинцова, В. В. Иванова, Г. П. Смолицкой, Е. И. Голановой, И. А. Василевской (2-е изд., перераб. М., 1990).

В случаях, если не найдёте нужного слова в указанных пособиях, обращайтесь к «Словарю русского языка» С. И. Ожегова (21-е изд., перераб. и дополн. М., 1989).

Выяснив лексическое значение слова, переходите к усвоению особенностей его орфографического облика.

Помните, что для запоминания орфографии «трудных» слов следует пользоваться специальными приёмами. К ним прежде всего относятся послоговое, «орфографическое» проговаривание и опора на зрительно-двигательное восприятие образов слов.

В первом случае слово записывается в тетради (или на доске) чётким шрифтом по слогам и проговаривается несколько раз вслух тоже по слогам орфографически, т. е. так, как его принято писать.

Во втором случае в слове сначала следует зрительно пересчитать слоги и буквы. Затем, закрыв глаза, нужно зрительно представить себе его графический образ и движениями пальцев правой руки проследить процесс записи на доске или в тетради.

Для достижения лучших результатов при запоминании написания «трудных» слов необходимо использовать оба приёма, начиная работу с орфографического проговаривания слов и завершая её зрительно-двигательными упражнениями.

Немаловажную роль в усвоении орфографического облика слов может сыграть этимологический анализ, с помощью которого выясняется, как образовалось в русском языке соответствующее слово и из какого языка-источника оно к нам пришло.

При этом в словарь в первую очередь включаются наиболее значимые для орфографии исторические пометы, помогающие объяснению тех или иных написаний.

Например: 1) **гармо́ния** (*греч.* «а́рмо» — соединяю, сочетаю); 2) **башлы́к** (*тюркск.* «баш» — голова); 3) **лабора́нт** (*лат.* «ла́бор» — труд, работа); 4) **баскетбо́л** (*англ.* «ба́скет» — корзина + «бол» — мяч; *буквально* 'корзина — мяч'); 5) **ветчина́** (*др.-русск. от* «ве́тхий» — старый, мясо копчёного (несве́жего) свиного окорока); 6) **аванга́рд** (*франц.* «ава́н» — перед + «гард» — охрана); 7) **я́рмарка** (*нем.* «яр» — год + «маркт» — торг).

Обращение к этимологическому анализу во многих случаях поможет правильно уяснить себе лексическое значение слов ещё до обращения к толковому словарю.

Например: *баскетбо́л* — это спортивная игра в мяч, который забрасывают в специальную корзину; *ветчина́* — это копчёный свиной окорок; *я́рмарка* — это торг, который бывает не постоянно, а один-два раза в год (годовой торг), и т. п.

И даже в тех случаях, когда на основе использования этимологических справок не всегда удаётся сразу дать более или менее точное толкование лексического значения слов, обращение к этимологии может оказаться весьма полезным, поскольку оно значительно обогатит те сведения, которые вы получите в толковых словарях.

Взять, к примеру, слово *шахматы*. В «Школьном грамматико-орфографическом словаре русского языка» приведена следующая этимологическая справка (*перс.*: «шах» — повелитель + «мат» — умер). В «Словаре русского языка» С. И. Ожегова указываются следующие два значения упомянутого слова: 1) игра белыми и чёрными фигурами и пешками на доске в 64 клетки, состоящая в том, что каждый из двух партнёров стремится объявить мат королю соперника, а также соответствующий вид спорта; 2) фигуры и пешки для такой игры.

Подобные определения различных значений слова *шахматы* могут быть признаны в целом достаточными, однако они не содержат в себе данных о том, как было образовано анализируемое слово и откуда оно пришло в наш язык. Это восполняется этимологическим анализом, который свидетельствует о том, что слово было заимствовано из персидского языка и образовалось путём сложения двух терминов шахматной игры: «шах» — угроза королю + «мат» — поражение в шахматной игре.

Много интересных сведений вы приобретёте, когда будете анализировать слова, которые содержат в своём составе латино-греческие словообразовательные элементы, например: «а́ква» — вода (*лат.*), «о́нима» — имя (*лат.*), «ду́ко» — веду (*лат.*), «гра́фо» — пишу (*греч.*), «дром» — бег, путь (*греч.*), «а́вто» — сам (*греч.*) и мн. др. И даже такие привычные слова русского языка, как, скажем, *ежевика* и *смородина*, благодаря этимологическому анализу, станут более «прозрачными» и «говорящими». Вы узнаете, в частности, что ягода ежевика была названа так по признаку наличия колючек, напоминающих колючки ежа, а слово *смородина* было образовано от древнерусского слова «сморо́д» (смрад), что означает «сильный запах» (т. е. смородина — это ягода, источающая сильный запах).

Предлагаемый словарь позволяет также серьёзно заняться изучением состава слов, относящихся к различным частям речи, а также словообразовательным анализом, дающим возможность, с одной стороны, наглядно представить себе словообразовательные и смысловые связи, существующие между словами, а с другой — глубже уяснить целый ряд трудных случаев правописания.

С этой целью все слова, вошедшие в словник справочного пособия, как уже отмечалось выше, разделены вертикальными чёрточками на значимые части (морфемы) — приставки, корни, суффиксы, окончания.

Работая со словарём, можно обнаружить немало слов, состоящих из одного только корня (корень в них равен основе) и нулевого окончания. Пользуясь принятыми в настоящее время в школе условными обозначениями, эти слова при разборе по составу можно записать следующим образом:

балет☐ , газон☐ , лимон☐ , журавль☐ и др.

Вам встретятся также слова, состоящие:
— из корня и обозначенного буквами окончания:

лопат|а , натур|а , кажд|ый , лиц|о , юн|ый и др.;

— из корня, суффикса и окончания или из приставки, корня и окончания:

неженк|а , льсти|ть , мажорн|ый , бездн|а ;

— из приставки, корня, суффикса и окончания:

безаварийн|ый , возроди|ть , заземлени|е , изваяни|е ;

— из корня, окончания и нескольких суффиксов и приставок:

безвозмездн|ый , веснушчат|ый , безупречн|ый , возвышенность|☐ , закати|ть|ся и др.

При этом нужно учитывать, что:
— неизменяемые слова — наречия, деепричастия, несклоняемые имена существительные — не имеют окончаний. Их членение по составу имеет следующий вид:

недавно , здесь , жюри , пальто , вдали , встречая , подумав ;

— существительные мужского рода на «йот» имеют нулевые окончания:

жре́бий☐, жоке́й☐, карава́й☐.

Это можно доказать путём изменения форм слов:

жре́бий|а|, жре́бий|у| и т.д.;

— нулевые окончания имеют также притяжательные прилагательные в форме именительного падежа единственного числа мужского рода типа *лисий, рыбий*:

ли́сий☐, ры́бий☐

(ср.: лис'й|его|, рыб'й|его|, лис'й|ему|, рыб'й|ему| и т.д.);

— подобные же окончания выделяются у глаголов в неопределённой форме на *-чь*:

бере́чь☐, печь☐, течь☐ и др.

Звук [ч] исторически образовался от сочетания *г* или *к* с *ти*, например: *беречь* из «берегти»; *печь* из «пекти» и т. п.;
— звуковое и буквенное (графическое) членение слов по составу не всегда совпадает. Это касается тех случаев, когда буквы *е, ё, ю, я* играют двойную роль. Например:

заря́/я-зар'|а|; иде́/я – иде́й|а|;

ли́ли/я-ли́лий|а|; сча́сть/е-сча́сть'й|е| и т.п.

При работе со словарём необходимо учитывать ещё такие моменты:
а) разбирая слова по составу, нужно принимать во внимание разнообразные случаи чередования гласных и согласных в значимых частях слов. Например:

оболо́чк|а|-о́блак|о|; черед. оло-ла; к-ч,

прегради́|ть|-перегороди́|ть|; черед. оро-ра; ере-ре,

положи́|ть|-полага́|ть|; черед. г-ж; о-а,

лови́|ть|-ло́вл|я|; черед. в-вл,

обвёртк|а|-обвёрток☐; черед. о-нуль звука.

Это чрезвычайно важно как для предупреждения ошибок в разборе слов по составу, так и для соблюдения многих норм правописания;

б) нужно уметь устанавливать словообразовательные связи между словами, которые указываются в словаре с помощью специальных значков — угловых скобок. Например:

лабора́нт, лабор/ант, *сущ.* ⟨-/а́нт/к/а⟩ , *прил.* ⟨-/а́нт/ск/ий⟩ .

Пользуясь указанными материалами словаря, при выполнении работы в письменном виде можно выстроить такие словообразовательные ряды:

лабора́нтк͡а ⟵ лабора́нт⬜ ,

лабора́нтск͡ий ⟵ лабора́нт⬜ .

Особенно важно устанавливать подобные связи в целях усвоения норм правописания. Проиллюстрируем сказанное фактами.

На одной из страниц словаря для словообразовательной работы приведены такие материалы:

пу́таный, *прил.*, пут/а/н/ый, *сущ.* ⟨-/а/н/иц/а⟩ , *нареч.* ⟨-/а/н/о⟩ .

В этом случае, образуя слова по данным образцам, необходимо следить за тем, чтобы производящая основа в процессе словообразования оставалась неизменной, т. е. чтобы во всех словах, образованных от этой основы, писалось одно *н*.

Результаты работы могут быть оформлены в тетрадях в виде следующих записей:

пу́таниц͡а ⟵ пу́та́н⏜ый ,

пу́тано͡ ⟵ пу́та́н⏜ый .

Если же в производящей основе пишется два *н*, то подобная орфограмма должна сохраняться и в образованных от этой основы словах. Взять, к примеру, такую словарную статью, на базе которой также может быть проведена работа по словообразованию:

воспи́танный, воспит/а/нн/ый, *прич.* (она хорошо воспи́тана), *кратк. форма* -ан, -ана, -ано, -аны, воспит/а/н/а, *прил.* (она умна и воспи́танна), *кратк. форма* -ан, -анна, -анно, -анны, воспит/а/нн/а, *сущ.* ⟨-а/нн/ик, -а/нн/иц/а⟩ .

В соответствии с задачами словообразовательной работы запись в тетрадях оформляется следующим образом:

воспи́танник͡⬜ ⟵ воспи́танн⏜ый .

Следует стремиться самостоятельно устанавливать словообразовательные связи между словами и в тех случаях, когда эти связи в словаре не намечаются, а лишь производится членение слов по составу. Всё это необходимо как для выяснения смысла слов, так и для соблюдения орфографических норм.

Приведём пример. В учебной практике нередко смешиваются лексические значения некоторых слов по причине их смысловой близости или сходства звучания. Взять хотя бы слова *крепостной* и *крепостник*. В «Школьном грамматико-орфографическом словаре русского языка» им посвящены словарные статьи:

крепостно́й, крепост/н/ой;
крепостни́к, крепост/н/ик, *сущ.* ⟨-/н/и́ч/еств/о⟩ ; *черед.* к — ч.

Оба слова по смыслу связаны с ныне устаревшим словом *крепость* (в значении 'крепостное право', 'крепостная зависимость'). От него они и образованы, только морфемный состав и ближайшие словообразовательные связи у них различны, в связи с чем не совпадают и их лексические значения. В практике нередко, не учитывая сказанного, смешивают значения названных слов. Чтобы подобного не произошло, нужно прежде всего обратиться к словообразовательному разбору, который обнаружит, что первое слово — *крепостной* — образовано непосредственно от слова *крепость* с помощью суффикса -*н*-. На схеме это выглядит так:

крепостн ой ⟵ крепость .

Второе же слово — *крепостник*, означавшее помещика-крепостника, владевшего живыми душами, было образовано от слова *крепостной* (в значении 'крепостной строй'). В данном случае образуется такой словообразовательный ряд:

крепостник ⟵ крепостн ой .

Так с помощью словообразовательного анализа и разбора по составу уточняются лексические значения слов. Одновременно с этим предупреждаются и возможные орфографические ошибки на правописание непроизносимых согласных в корнях слов.

Подобная работа помогает избежать ошибок при написании многих суффиксов и приставок. Сопоставим в связи с этим хотя бы такие слова: с одной стороны, *и́стинный, стари́нный*, а с другой — *гуси́ный, лебеди́ный*.

В «Школьном грамматико-орфографическом словаре русского языка» первым двум словам посвящены такие словарные статьи:

и́стинный, истин/н/ый, *кратк. форма* -инен, -инна,
стари́нный, стар/ин/н/ый.

Написание двух *н* в указанных словах объясняется следующими словообразовательными связями:

1. и́стинн^ый ← и́стина,

2. стари́нн^ый ← старина́ ← ста́рый.

Словообразовательные же связи у слов второй группы имеют такой вид:

1. гуси́н^ый ← гусь,

2. лебеди́н^ый ← ле́бедь.

Если этого не учитывать, то на основе внешних созвучий легко смешать правописание суффиксов в указанных группах слов, т. е. в первом случае в словах написать одно *н*, а во втором — два.

Решая, например, сколько удвоенных согласных нужно написать на стыке приставки с корнем, тоже приходится опираться на словообразовательный анализ. Сравним в связи с этим особенности правописания двух глаголов: *рассказать* и *расколоть*. Способы их словообразования таковы:

1. рассказа́^ть, сказа́^ть,

2. расколо́^ть, коло́^ть.

Из схемы видно, что два *с* в первом случае пишутся потому, что одно *с* принадлежит приставке, а второе — корню. Во втором случае корень начинается с буквы *к*, поэтому в слове пишется одно *с*.

Грамматико-орфографический словарь даёт возможность навести самые разнообразные справки относительно норм ударения и особенностей образования грамматических форм слов. В этом отношении словарь, так же как и в его орфографической части, является строго нормативным. Вместе с тем, помимо существующих в языке норм, в словаре указываются допустимые варианты постановки ударений и образования грамматических форм слов.

Изучая нормы ударения и употребления грамматических форм, старайтесь сразу же использовать приобретённые знания в своей речевой практике. С целью лучшего усвоения полученных знаний не ограничивайтесь только чтением соответствующих страниц словаря — чаще вслушивайтесь в образцовую речь дикторов радио и телевидения, артистов кино и театра, самостоятельно составляйте грамматико-орфоэпические таблички, делайте необходимые записи в своих блокнотах или карманных словариках.

Вообще каждое новое или недостаточно знакомое слово старайтесь сразу же рассмотреть с различных точек зрения — со стороны его лексического значения, норм орфоэпии, орфографических норм и особенностей образования и употребления в речи грамматических форм. Настоящий словарь во всех этих вопросах может быть для вас хорошим советчиком и консультантом. Но не ограничивайтесь только им. Помните, что есть и другие словари и справочники, которые также помогут понять, осмыслить новое слово. Ныне изданы различные школьные словари, адресованные учащимся. Эти справочники перечислены на форзацах словаря, который лежит перед вами. Кроме того, полезно обращаться и к однотомному толковому «Словарю русского языка», который составил С. И. Ожегов. Этот словарь является нормативным, в нём объяснено значение более 70 тысяч слов.

Почаще обращайтесь к словарям! Справляйтесь у этих добрых и верных друзей. Они всегда помогут овладеть русским языком, научат правильно употреблять каждое слово, научат не только грамотно писать, но и чётко, ясно излагать свои мысли. Желаем вам больших успехов в вашей учебной работе. Берегите русский язык, помните слова замечательного русского писателя А. И. Куприна: «Язык — это история народа. Язык — это путь цивилизации и культуры. Потому-то изучение и сбережение русского языка является не праздным занятием от нечего делать, но насущной необходимостью». Пусть у всех, кто хочет овладеть русским языком, его нормами, появится новый добрый помощник и друг «Школьный грамматико-орфографический словарь русского языка».

СПИСОК ПРИНЯТЫХ УСЛОВНЫХ СОКРАЩЕНИЙ

англ. — английский язык
арабск. — арабский язык
астр. — астрономический термин
безл. — безличный (глагол)
буд. вр. — будущее время
в. — вид
вин. — винительный падеж
вост.-слав. — восточнославянский язык, восточнославянская форма, восточнославянское слово
вр. — время (настоящее, прошедшее, будущее)
высок. ст. — высокий стиль, относящийся к высокому стилю
глаг. — глагол
голланд. — голландский язык
греч. — греческий язык, греческое по происхождению слово
дат. — дательный падеж
двувид. — двувидовый глагол
дееприч. — деепричастие
действ. — действительное
диал. — диалект, диалектное слово, диалектная форма
допуск. — допускаемая форма, допускаемое произношение, ударение
др.-русск. — древнерусский язык, древнерусская грамматическая форма, древнерусское словообразование
ед. — единственное число
ж. — женский род
заимств. — заимствование, заимствовано
зап.-слав. — западнославянский язык, западнославянская форма, западнославянское слово

знач. — значение
им. — именительный падеж
иронич. — ироническое, употребляющееся с ироническим оттенком
историч. — историческое чередование, грамматическая форма, вышедшая из употребления
итал. — итальянский язык
качеств. — качественное
книжн. — книжное, употребляющееся в книжном стиле
косв. — косвенный падеж, косвенные падежи
кратк. — краткая форма
лат. — латинский язык
лингв. — лингвистический термин
м. — мужской род
малоуп. — малоупотребительное, малоупотребительно
математ. — математический термин
междом. — междометие
мест. — местоимение
мн. — множественное число
музык. — музыкальный термин
напр. — например
нареч. — наречие
наст. вр. — настоящее время
неизм. — неизменяемое
нем. — немецкий язык
неопред. ф. — неопределённая форма
неперех. — непереходный (глагол)
нескл. — несклоняемое
несов. — несовершенный вид
не употр. — не употребляется
однокорен. — однокоренной

общеслав. — общеславянский язык, общеславянская форма слова
относит. — относительное
отрицат. — отрицание, отрицательная (частица)
офиц. — официальное
п. — падеж
первонач. — первоначальная форма, первоначальное значение
переносн. — переносное значение
перех. — переходное, переходный
перс. — персидский язык
повел. — повелительное наклонение
полн. — полная форма
польск. — польский язык
поэтич. — поэтический, употребляющееся в поэтической речи
пр. — предложный падеж
превосх. ст. — превосходная степень
преимущ. — преимущественное значение, употребление
прил. — имя прилагательное
прист. — приставка
прич. — причастие
простореч. — просторечие, просторечное
профессион. — профессиональное
прош. вр. — прошедшее время
р. — род (мужской, средний, женский)
разг. — разговорная форма, относящийся к разговорной речи
род. — родственное, родственно
русск. — русский язык
с. — средний род
сказ. — сказуемое
скл. — склонение, склоняется
слаб. — слабое (ударение)
слав. — славянское слово, славянская форма
сложносокращ. — сложносокращённое слово

см. — смотри
собират. — собирательное
собств. русск. — собственно русская форма, собственно русское слово
сов. — совершенный вид
соотносит. — соотносится
спец. — специальное
ср. — сравните
сравн. ст. — сравнительная степень
ст. — степень
ст.-слав. — старославянское слово, старославянская форма
старокнижн. — старокнижное
стилистич. — стилистический, стилистически
страд. — страдательное
сущ. — существительное
тв. — творительный падеж
т. е. — то есть
только ед. — употребляется только в единственном числе
только мн. — употребляется только во множественном числе
тюркск. — из тюркских языков
удар. — ударение, ударная (гласная)
уменьшит. — уменьшительное
уменьшит.-ласкат. — уменьшительно-ласкательное
употр. — употребляется, употребление
устар. — устаревшее значение, устаревшая форма, устаревшая норма произношения
ф. — форма
фин. — финский язык
франц. — французский язык
ч. — число
черед. — чередование
числит. — имя числительное
южнослав. — из южнославянских языков
яз. — язык, языки

СЛОВАРИ И СПРАВОЧНИКИ, ИСПОЛЬЗОВАННЫЕ ПРИ ПОДГОТОВКЕ ШКОЛЬНОГО ГРАММАТИКО-ОРФОГРАФИЧЕСКОГО СЛОВАРЯ РУССКОГО ЯЗЫКА

А г е е н к о Ф. Л., З а р в а М. В. Словарь ударений для работников радио и телевидения/Под ред. Д. Э. Розенталя. 4-е изд. М., 1971.

А х м а н о в а О. С. Словарь омонимов русского языка. М., 1974.

Бельчиков Ю. А., Панюшева М. С. Трудные случаи употребления однокоренных слов русского языка. Словарь-справочник. 2-е изд. М., 1969.

Борунова С. Н., Воронцова В. Л., Еськова Н. А. Орфоэпический словарь русского языка. Произношение, ударение, грамматические формы / Под ред. Р. И. Аванесова. М., 1983.

Букчина Б. З., Калакуцкая Л. П. Слитно или раздельно? (Опыт словаря-справочника). 3-е изд., испр. и доп. М., 1982.

Граудина Л. К., Ицкович В. А., Катлинская Л. П. Грамматическая правильность русской речи. Опыт частотно-стилистического словаря вариантов / Под ред. С. Г. Бархударова, И. Ф. Протченко, Л. И. Скворцова. М., 1976.

Зализняк А. А. Грамматический словарь русского языка. Словоизменение. М., 1977.

Лапатухин М. С., Скорлуповская Е. В., Снетова Г. П. Школьный толковый словарь русского языка. Пособие для учащихся / Под ред. Ф. П. Филина. М., 1981.

Одинцов В. В., Иванов В. В., Смолицкая Г. П., Голанова Е. И., Василевская И. А. Школьный словарь иностранных слов. Пособие для учащихся / Под ред. В. В. Иванова. 2-е изд., перераб. М., 1990.

Ожегов С. И. Словарь русского языка / Под ред. Н. Ю. Шведовой. 21-е изд., перераб. и испр., 1989.

Орфографический словарь русского языка / Под ред. С. Г. Бархударова, И. Ф. Протченко, Л. И. Скворцова. 19-е изд. М., 1982.

Потиха З. А. Школьный словообразовательный словарь русского языка. Пособие для учителей / Под ред. С. Г. Бархударова. 2-е изд., испр. и доп. М., 1964.

Потиха З. А. Школьный словарь строения слов русского языка. Пособие для учащихся. М., 1987.

Правильность русской речи. Словарь-справочник / Сост. Л. П. Крысин, Л. И. Скворцов; Под ред. С. И. Ожегова. 2-е изд., перераб. М., 1965.

Розенталь Д. Э., Теленкова М. А. Словарь трудностей русского языка. М., 1976.

Скворцов Л. И. Правильно ли мы говорим по-русски? М., 1980.

Словарь иностранных слов. 15-е изд., испр. М., 1988.

Словарь русского языка в 4-х томах. Т. 1—4. М., 1957—1961; т. 1—4 / Под ред. А. П. Евгеньевой. 2-е изд., испр. и доп. М., 1981—1984.

Словарь современного русского литературного языка. Т. 1—17. М.-Л., 1950—1965.

Тихонов А. Н. Школьный словообразовательный словарь русского языка. Пособие для учащихся. М., 1978.

Тихонов А. Н. Словообразовательный словарь русского языка. Тома 1, 2. М., 1985.

Трудности словоупотребления и варианты норм русского литературного языка. Словарь-справочник / Под ред. К. С. Горбачевича. Л., 1973.

Ушаков Д. Н., Крючков С. Е. Орфографический словарь. Для учащихся средней школы. 38-е изд., испр. М., 1984.

Шанский Н. М., Иванов В. В., Шанская Т. В. Краткий этимологический словарь русского языка. Пособие для учителей / Под ред. С. Г. Бархударова. 3-е изд., испр. и доп. М., 1975.

А

- абажу́р (*франц.* «аба» — сбивать, отражать, ослаблять + «жур» — день, свет; *буквально* 'отражатель света')
- абза́ц, *тв. ед.* -цем
- абитурие́нт* [риэ], *прил.* ⟨-/ск/ий⟩
- абонеме́нт*, абон/емент, *прил.* ⟨-/емéнт/н/ый⟩
  абоне́нт*, абон/ент, *прил.* ⟨-/éнт/н/ый⟩
  абони́ровать*, абон/иров/а/ть
  абрико́с, *род. мн.* -ов [*не* абрикос], *прил.* ⟨-/ов/ый⟩
- абсолю́тный (*лат.* «абсолю́тус» — совершенный, полный), абсолют/н/ый
- абстра́кция, *род. ед.* -и, абстракц/и/я (*ср.:* абстракт/н/ый; *черед. ц — т*)
  абсу́рд (*лат.* «аб су́рдум» — от глухого; *буквально* 'нелепость'), *только ед., прил.* ⟨-/н/ый⟩
  абха́зский, абхаз/ск/ий
- аванга́рд (*франц.* «ава́н» — перед + «гард» — охрана), *прил.* ⟨-/н/ый⟩
  ава́нс*, *род. мн.* -ов
- авантю́ра* [н'т'], авантюр/а, *сущ.* ⟨-/и́ст⟩, *прил.* ⟨-/н/ый⟩
- ава́рия, авари/я, *прил.* ⟨авари́й/н/ый⟩
  ава́р, *род. ед.* -а, *род. мн.* ава́ров *и* ава́рец, -рца, -рцев
- а́вгустовский *и* августо́вский, август/овск/ий
- авиапо́чта, авиа/почт/а
  авиа́ция (*лат.* «а́вис» — птица), *только ед.*, ави/аци/я, *сущ.* ⟨ави/а́тор⟩, *прил.* ⟨ави/аци/о́нн/ый⟩

---

* а б и т у р и е н т — 1) учащийся, оканчивающий среднюю школу, выпускник; 2) поступающий в среднее специальное или высшее учебное заведение

* а б о н е м е н т — документ, предоставляющий право пользования книгами, журналами, телефоном, местом в театре

* а б о н е н т — владелец абонемента

* а б о н и р о в а т ь — получать по абонементу

* а в а н с — деньги (или другие ценности), выдаваемые вперёд в счёт заработка, причитающихся кому-нибудь платежей

* а в а н т ю р а — 1) беспринципное, рискованное предприятие, дело, начатое без учёта реальных сил и условий, в расчёте на сомнительный успех; 2) приключение, похождение

авра́л*, *род. ед.* -а
австрали́ец, *род. ед.* -и́йца, *тв. ед.* -и́йцем, австрали/ец, *прил.* ⟨-ли́й/ск/ий⟩
австри́ец, *род. ед.* -и́йца, *тв. ед.* -и́йцем, австри/ец, *прил.* ⟨-и́й/ск/ий⟩
автоба́за, авто/баз/а
автобиогра́фия (*греч.* «а́вто» — сам + «би́ос» — жизнь + «гра́фо» — пишу), авто/био-граф/и/я, *прил.* ⟨-/и́че-ск/ий⟩ *и* ⟨-/и́чн/ый⟩
автóбус, *прил.* ⟨-/н/ый⟩
автóграф* (*греч.* «а́вто» — сам + «гра́фо» — пишу), *род. ед.* -а
автоматиза́ция, *только ед.*, ав-томат/изаци/я
● автома́тика, автомат/ик/а, *прил.* ⟨-/и́ч/еск/ий⟩ ; че-ред. к — ч
● автомоби́ль (*греч.* «а́вто» — сам + «моби́лио» — под-вижной), *род. ед.* -я, *сущ.* ⟨-/и́ст⟩ , *прил.* ⟨-/н/ый⟩
● автоно́мия (*греч.* «а́вто» — сам + «но́мос» — закон), автоном/и/я, *прил.* ⟨-/н/ый⟩
● а́втор, *им. мн.* -ы, *род. мн.* -ов, *прил.* ⟨-/ск/ий⟩

авторита́рный*, авторитар-н/ый
● авторите́т, *прил.* ⟨-/н/ый⟩
автосе́рвис, *род. ед.* -а
автослéсарь, *род. ед.* -я
автостра́да*, автострад/а
● аге́нт [*не* а́гент] (*лат.* «аге́н-тис» — действующий), *сущ.* ⟨-/ств/о⟩
● агита́тор, агит/атор
● агита́ция, *только ед.*, аги-т/аци/я, *прил.* ⟨-/аци/о́н-н/ый⟩
агитбрига́да, агит/бригад/а
● агити́ровать, агит/ирова/ть, *сущ.* ⟨-/а́тор⟩
агитпу́нкт, агит/пункт
аго́ния*, агони/я
● агра́рный*, аграр/н/ый
● агрега́т*, *прил.* ⟨-/н/ый⟩
● агре́ссия [*допуск.* рэ], *только ед.*, агресс/и/я, *сущ.* ⟨-/ор⟩ , *прил.* ⟨-/и́вн/ый⟩
● агре́ссор [*допуск.* рэ], агресс/ор
● агроно́м (*греч.* «а́грос» — по-ле + «но́мос» — закон)
агроно́мия [*не* агрономи́я], агроном/и/я
агропромы́шленный, агро/про-мышленн/ый
агроте́хника, агро/техник/а

---

* а в р а л — 1) общая спешная работа на судне всей командой; 2) (*переносн.*) выполняемая всем коллективом спешная работа (*разг.*)

* а в т о г р а ф — собственноручно написанный автором текст, надпись, подпись

* а в т о р и т а р н ы й — основанный на слепом, беспрекословном под-чинении власти, диктатуре

* а в т о с т р а д а — дорога для автомобильного движения без попе-речных наземных переездов

* а г о н и я — предсмертное состояние организма

* а г р а р н ы й — земельный, относящийся к землепользованию, сель-скохозяйственный

* а г р е г а т — соединение для общей работы двух или нескольких разнотипных машин; соединение деталей в машине для выполнения определённой операции

- **адвока́т*** (*лат.* «ад» — при, на, около + «во́ко» — зову; *буквально* 'призванный на помощь'), *прил.* ⟨-/ск/ий⟩, *сущ.* ⟨-т/у́р/а⟩
- **адеква́тный***, адекватн/ый
- **администрати́вный**, администр/ативн/ый
- **администра́ция*** (*лат.* «администра́цио» — управление, руководство), администр/аци/я
- **администри́ровать**, администр/иров/а/ть
- **адмира́л**, *род. ед.* -а
- **а́дрес***, *им. мн.* -а́, *род. мн.* -о́в, *сущ.* ⟨адрес/а́т⟩, *глаг.* ⟨адрес/ов/а́/ть⟩
- **адъюта́нт***, *прил.* ⟨-/ск/ий⟩
- **ажиота́ж**, *только ед., род.* -а
- **аза́рт**, *только ед., род.* -а, *прил.* ⟨-/н/ый⟩
- **а́збука** (*др.-русск.* «аз» + «бу́ки» — две первые буквы старого русск. алфавита), аз-бук/а
- **азербайджа́нец**, *род. ед.* -нца, *тв. ед.* -нцем, азербайджан/ец
- **азиа́тский**, ази/ат/ск/ий
- **азо́т** (*греч.* «а» — не, без + «зо́ос» — живой; *буквально* 'безжизненный'), *только ед., род.* -а, *прил.* ⟨-/ист/ый⟩
- **а́ист**, *род. ед.* -а
- **айва́***, *только ед., род.* -ы́
- **а́йсберг** (*англ.* «айс» — лёд + «берг» — гора)
- **акаде́мия** [*не* дэ], академ/и/я, *сущ.* ⟨-/ик⟩, *прил.* ⟨-/и́ч/еск/ий⟩
- **ака́ция**, *им. мн.* -и, *род. мн.* -ий, акаци/я
- **аквала́нг** (*лат.* «а́ква» — вода + *англ.* «ланг» — лёгкое), *сущ.* ⟨-/и́ст⟩
- **акваре́ль**, *ж. р.* (*ср.: лат.* «а́ква» — вода), *прил.* ⟨-/н/ый⟩
- **аква́риум** (*от лат.* «а́ква» — вода)
- **акклиматиза́ция*** (*лат.* «ак» — при + *греч.* «климатос» —

---

* а д в о к а т — специалист в области законодательства, дающий советы по вопросам права, отстаивающий интересы обвиняемого на суде, защитник

* а д е к в а т н ы й — вполне соответствующий, совпадающий (*книжн.*)

* а д м и н и с т р а ц и я — органы исполнительной власти, собирательное обозначение руководства учреждения или предприятия

* а д м и н и с т р и р о в а т ь — 1) об администрации; управлять, руководить чем-нибудь (*спец.*); 2) (*переносн.*) управлять чем-нибудь бюрократически, формально, не входя в существо дела (*неодобр.*)

* а д р е с — 1) указание, обозначающее местожительство, местонахождение кого-либо, чего-либо; 2) письменное приветствие, обращённое к кому-либо в ознаменование какого-либо события

* а д ъ ю т а н т — офицер, состоящий при военном начальнике для служебных поручений

* а ж и о т а ж — искусственно вызванное возбуждение, волнение с целью привлечения внимания к чему-нибудь

* а й в а — южное дерево с твёрдыми ароматными плодами, похожими по форме на яблоко

* а к к л и м а т и з а ц и я — приспособление людей, животных или растений к новым непривычным для них климатическим условиям

климат), *только ед.*, ак/климат/изаци/я
* **аккомпанемéнт,** аккомпан/емент
* **аккомпанировать,** аккомпан/иров/а/ть, *сущ.* ⟨-н/емéнт⟩
* **аккордеóн** [*не* дэ]
аккредитовáть, ак/кредит/ов/а/ть, *прич.— прил.* ⟨ак/-кредит/ов/а/нн/ый⟩
аккумулировать, -рую, -рует, аккумул/иров/а/ть, *сущ.* ⟨-л/я́тор⟩, *прил.* ⟨-л/я́тор/н/ый⟩
аккурáтный (*лат.* «аккурá-ре» — стараться), аккурат/н/ый, *кратк. форма* -тен, -тна, -тно, *сущ.* ⟨-/н/ость⟩
* **акробáт** (*греч.* «áкрос» — верхний + «бáтео» — хожу, лезу; *буквально* 'подниматься вверх'), *сущ.* ⟨-/ик/а⟩, *прил.* ⟨-/и́ч/еск/ий⟩
аксессуáр*, *род.* -а
* **аксиóма,** аксиом/а, *сущ.* ⟨-áтик/а⟩, *прил.* ⟨-ати́ч/еск/ий⟩
актёр, *прил.* ⟨-/ск/ий⟩
активизи́ровать, -рую, -рует, *сов. и несов. вид,* актив/из/иров/а/ть
актри́са, актр/ис/а
актуáльный*, актуаль/н/ый, *сущ.* ⟨-/н/ость⟩

акýла, акул/а
* **акýстика,** акустик/а (*ср.:* акустич/еск/ий; *черед.* **к — ч**)
акушéрка, акушер/к/а, *сущ. м. р.* ⟨акушéр⟩ *и допуск. устар. профессион.* ⟨акушёр⟩
акцéнт, *прил.* ⟨-т/н/ый⟩ *глаг.* ⟨акцент/и́ров/а/ть⟩
акционéр*, акци/онер, *прил.* ⟨-р/н/ый⟩
áкция*, акци/я
áлгебра, алгебр/а, *прил.* ⟨алгебр/айческ/ий⟩
алебáстр, *прил.* ⟨-р/ов/ый⟩
алеýт, *им. мн.* -ы, *род. мн.* -ов, *прил.* ⟨-/ск/ий⟩
áлиби*, *нескл., с. р.*
алгокóль [*не* áлкоголь], *сущ.* ⟨-л/и́зм [*не* изъм]; алкогóл/ик⟩, *прил.* ⟨-ль/н/ый⟩
* **аллегóрия,** аллегор/и/я, *прил.* ⟨-/и́ческ/ий⟩
аллéя, *им. мн.* -и, *род. мн.* -ей, алле/я
аллó [алё], *междом.*
алмáз, *прил.* ⟨-/н/ый⟩
* **алфави́т** [*не* алфáвит] (*от начальных букв греч. азбуки* — «áльфа» + «ви́та» («бéта»), *прил.* ⟨алфави́т/н/ый⟩ [*не* алфáвитный]
альбóм, *род. ед.* -а

---

* а к с е с с у а р — 1) мелкий предмет, деталь сценической обстановки (*спец.*); 2) *переносн.* частность, подробность, сопровождающая что-нибудь главное (*книжн.*)

* а к т у а л ь н ы й — важный для настоящего момента

* а к ц и о н е р — владелец акций, ценных бумаг, свидетельствующих о вкладе держателя акций в предприятие

* а к ц и я — 1) ценная бумага, дающая право собственности и участия в прибылях предприятия; 2) действие, предпринимаемое для достижения какой-нибудь цели

* а л и б и — нахождение обвиняемого в момент, когда совершилось преступление, в другом месте как доказательство непричастности его к преступлению

- **альмана́х*** (*лат.* «альмана́хус», *от арабск.* «алма́на» — время), *род. ед.* -а
- **альпини́зм** [*не* изьм], альп/и́низм, *сущ.* ⟨-/ини́ст⟩, *прил.* ⟨-/ини́ст/ск/ий⟩
- **альтернати́ва*** [тэ], альтернати́в/а, *прил.* ⟨-ти́в/н/ый⟩
  альянс*, *м. р., род.* -а
- **алюми́ний** (*лат.* «а́люмен», *род.* «алюми́нис» — квасцы), *только ед., прил.* ⟨-/ев/ый⟩
- **амба́р***, *род. мн.* -ов
  амби́ция*, амбици/я, *прил.* ⟨-ци/о́зн/ый⟩
  амбразу́ра*, *род. ед.* -ы, *им. мн.* -ы, амбразу́р/а, *прил.* ⟨-/н/ый⟩
- **амбулато́рия**, амбулатор/и/я, *прил.* ⟨-/н/ый⟩
  амни́стия*, амни́ст/и/я
- **амортиза́ция***, амортиз/аци/я
  ампе́р [*не* а́мпер], *род. ед.* -а, *род. мн.* ампе́р
- **амплиту́да**, амплиту́д/а, *прил.* ⟨-/н/ый⟩
  амплуа́*, *нескл., с. р.*
  а́мпула*, ампул/а
  ампута́ция, ампут/аци/я
  амфи́бия*, амфи́би/я
  амфитеа́тр*, *род. ед.* -а
  анагра́мма (*греч.* «а́на» — пере + «гра́мма» — буква; *буквально* 'перестановка букв'), анаграмм/а
  ана́лиз (*ср.*: аналит/и́ческ/ий; *черед.* з — т)
  анализи́ровать, -рую, -рует, анализ/иров/а/ть

---

* а л ь м а н а х — сборник литературно-художественных, публицистических произведений разных авторов

* а л ь т е р н а т и в а — необходимость выбора одного из двух (или нескольких) возможных решений

* а л ь я н с — союз, объединение (*напр.* государств) на основе договорных обязательств

* а м б а р — особое строение для хранения зерна, вещей, а также товаров

* а м б и ц и я — обостренное самолюбие, а также спесивость, чванство

* а м б р а з у р а — бойница, специальное отверстие в стене укрепления или в корпусе, башне военного судна для стрельбы

* а м н и с т и я — частичное или полное освобождение от судебного наказания осуждённых лиц до срока, осуществляемое верховной властью

* а м о р т и з а ц и я — 1) постепенное снижение ценности имущества вследствие его изнашивания, использования; 2) поглощение (смягчение) ударов, толчков, тряски, испытываемых, например, автомобилем, самолётом во время движения

* а м п л у а — круг ролей, соответствующих сценическим данным актёра

* а м п у л а — небольшая герметически запаянная стеклянная трубка для хранения лекарства

* а м ф и б и я — 1) земноводное животное (лягушка, тритон и др.); 2) самолёт, приспособленный для взлёта и посадки на воде и на суше, а также автомобиль, танк для движения на суше и по воде

* а м ф и т е а т р — в театрах: места за партером или в верхнем ярусе (расположены возвышающимся полукругом)

ана́лог*, *род. ед.* -а
аналóгия, аналог/и/я, *прил.* ⟨-/и́чн/ый⟩
анана́с*, *род. ед.* -а, *им. мн.* -ы, *род. мн.* -ов [*не* ананáс]
• ана́рхия* (*греч.* «а» (частица отрицания) + «а́рхэ» — власть), анарх/и/я, *прил.* ⟨-/и́ческ/ий⟩
анатóмия, *только ед.*, анатом/и/я
анга́р*, *род. ед.* -а, *им. мн.* -ы
анекдóт (*греч.* «ан» — не + «éкдотос» — изданный; *буквально* 'неизданный', 'неопубликованный'), *прил.* ⟨-/и́ческ/ий⟩
ани́с, *только ед. род.* ани́са *и* ани́су, *прил.* ⟨-/ов/-ый⟩
анкéта, анкет/а, *прил.* ⟨-/н/ый⟩
аннéксия* [нэ *и допуск.* не́], аннекс/и/я
• аннота́ция*, аннот/аци/я
• аннули́ровать* [н], -рую, -рует, аннул/иров/а/ть

• анома́лия*, аномал/и/я, *прил.* ⟨анома́ль/н/ый⟩
• анони́м* (*греч.* «ан» (частица отрицания) + «óнима» — имя; *буквально* 'безымянный'), *прил.* ⟨-ни́м/н/ый⟩
• анса́мбль, *м. р., род. ед.* -я
• антагони́зм* [*не* изм] (*греч.* «áнт/и» — против + «аго́ния» — спор, борьба), антагон/изм, *сущ.* ⟨-/и́ст⟩
антаркти́ческий, антаркт/и́ческ/ий
• анте́нна [тэ], антенн/а, *прил.* ⟨антенн/ый *из* антенн + -/н/ый⟩
антипа́тия*, анти/пат/и/я, *прил.* ⟨-/и́чн/ый⟩
анти́чный, антич/н/ый
• антóним (*греч.* «áнти» — против + «óнима» — имя), *прил.* ⟨-/и́чн/ый⟩
антраци́т*, *прил.* ⟨-/н/ый⟩
антрополóгия* (*греч.* «áнтропос» — человек + «лóгос» — слово, учение), антрополог/и/я

---

* а н а л о г — нечто, представляющее соответствие другому предмету, явлению или понятию

* а н а н а с — тропическое растение, дающее крупные ароматные съедобные плоды того же названия

* а н а р х и я — 1) безначалие, безвластие; 2) стихийность в осуществлении чего-либо, беспорядок, отсутствие организованности, хаос

* а н г а р — специальное помещение для стоянки и ремонта самолётов

* а н н е к с и я — захват, насильственное присоединение территории чужого государства

* а н н о т а ц и я — краткое изложение содержания книги, статьи и т. п.

* а н н у л и р о в а т ь — объявить недействительным, отменить

* а н о м а л и я — отклонение от нормы, неправильность в чём-либо

* а н о н и м — 1) автор сочинения или письма, скрывший своё имя; 2) сочинение без обозначения имени автора

* а н т а г о н и з м — непримиримое противоречие

* а н т и п а т и я — чувство неприязни, отвращения (противоп.— симпатия)

* а н т р а ц и т — лучший сорт каменного угля

* а н т р о п о л о г и я — наука о происхождении и эволюции человека

апартейд* [тэ] (*африкаанс* «аппартеид» — раздельное проживание), *только ед., род.* -а
апатит, *род. ед.* -а
• **апатия*** (*греч.* «а» — без + + «пат» — чувство), апати/я, *прил.* ⟨-/ичн/-ый⟩
• **апелляция*** (*лат.* «аппелляцио» — обращение, жалоба), апелл/яци/я
• **апельсин** (*голланд.* «апель» — яблоко + «син» — Китай; *буквально* 'китайское яблоко'), *род. мн.* -ов [*не* апельсин]
• **аплодировать**, -рую, -рует, аплод/иров/а/ть
• **аплодисменты**, *род. мн.* -ов, аплод/исмент/ы
• **апогей***, *м. р., род.* -я
аполитизм* [*не* изьм] (*греч.* «а» (частица отрицания); *значение слова:* безразличие к вопросам политики — действительное или мнимое), а/полит/изм
аполитичный, а/полит/ич/-н/ый
апостроф [*не* апостроф], *м. р., род. ед.* -а
апофеоз*, *м. р., только ед., род.* -а
• **аппарат**, *род. ед.* -а
аппендицит, аппендиц/ит (*ср.:* аппендик(с)
• **аппетит**, *только ед., род.* -а
аппликация, апплик/аци/я
апрель, *м. р., только ед., род.* апреля
• **апробировать***, -рую, -рует, а/проб/иров/а/ть
аптека, аптек/а
араб, *род. ед.* -а
• **арбитр***, *род. ед.* -а
арбуз, *род. ед.* арбуза [*не* арбуз, арбуза]
• **аргумент***, *род. ед.* -а
• **арена**, арен/а
аренда*, аренд/а, *прил.* ⟨аренд/н/ый⟩

---

* а п а р т е и д — политика насильственного разделения населения страны, основанная на расовой дискриминации, лишении коренного населения политических прав

* а п а т и я — состояние безразличия, отсутствие интереса, равнодушие

* а п е л л я ц и я — 1) обжалование решения суда в высшую судебную инстанцию; 2) обращение с просьбой или призывом о чём-нибудь

* а п о г е й — 1) точка лунной орбиты или орбиты искусственного спутника, наиболее удалённая от центра Земли; 2) (*переносн.*) высшая степень, наивысший расцвет

* а п о л и т и з м — безразличие к вопросам политики, уклонение от участия в общественно-политической жизни

* а п о ф е о з — прославление, возвеличение какого-то явления, события

* а п р о б и р о в а т ь — одобрять, утверждать

* а р б и т р — посредник в спорах несудебного характера и состязаниях, третейский судья

* а р г у м е н т — логический довод, служащий основанием доказательства

* а р е н д а — 1) наём помещения, земельной площади и т. п. во временное пользование; 2) плата за такой наём

- аре́ст [не а́рест]
- аристокра́тия (греч. «а́ристос» — лучший + «кра́тос» — власть; буквально 'власть знатных'), аристокра́т/и/я, прил. ⟨-/и́ческ/ий⟩
- арифме́тика, арифметик/а, прил. ⟨арифмети́ч/еск/ий⟩; черед. к — ч

а́рия, ари/я
а́рка, арк/а
арка́н, род. ед. -а
аркти́ческий, арктич/еск/ий (ср.: Арктик/а; черед. к — ч)

- армату́ра*, арматур/а, сущ. ⟨-/щик⟩, прил. ⟨-/н/ый⟩

а́рмия, арми/я
армяни́н, армян/ин, род. мн. армя́н, прил. ⟨-н/ск/ий⟩

- арома́т (греч. «аро́ма» — душистое вещество), прил. ⟨-/н/ый, -/и́чн/ый, -/и́ческ/ий⟩
- арсена́л, род. ед. -а

артезиа́нский* [допуск. тэ], артезиан/ск/ий
арте́ль, ж. р., род. ед. -и
арте́рия [тэ и допуск. те], арте́ри/я
артикуля́ция*, артикул/яци/я
- артилле́рия, артиллер/и/я, прил. ⟨-/и́й/ск/ий⟩
арти́стка, артист/к/а
- архаи́зм (греч. «а́рхеос» — древний), арха/изм
археоло́гия (греч. «а́рхеос» — древний + «ло́гос» — слово, учение), археолог/и/я, прил. ⟨-/и́ческ/ий⟩
архи́в, прил. ⟨-н/ый⟩, сущ. ⟨-в/а́риус⟩
архипела́г (греч. «а́рхи» — начало, главенство + «пела́гос» — море)
- архите́ктор (греч. «а́рхи» — главный + «те́кто» — строить), род. ед. -а, им. мн. архите́кторы, род. мн. -ов, архитект/ор
ары́к*, род. ед. -а
арьерга́рд (франц. «арье́р» — сзади + «гард» — охрана), прил. ⟨-/н/ый⟩
- асбе́ст [не а́сбест], только ед., род. асбе́ста, прил. ⟨-/ов/ый⟩
аскети́зм* [не изм], аскет/изм, прил. ⟨-/и́ческ/ий⟩
аспе́кт*, род. ед. -а
а́спидный* (от аспид — в знач. 'кристаллическая слоистая чёрная порода'), аспид/н/ый
аспира́нт, сущ. ⟨-т/у́р/а⟩

---

* а р м а т у р а — 1) совокупность крепёжных узлов и деталей для аппарата; 2) стальной каркас, основа железобетонных сооружений

* а р т е з и а н с к и й (колодец) — буровой колодец, подающий глубинную воду

* а р т и к у л я ц и я — (лингв.) работа органов речи (губ, языка, мягкого нёба, голосовых связок), необходимая для произношения звука речи

* а р ы к — оросительный канал (в Средней Азии, на Кавказе)

* а с к е т и з м — строгий образ жизни, почти с полным отказом от всяких удовольствий

* а с п е к т — точка зрения, взгляд на что-нибудь

* а с п и д н ы й: аспидная доска — доска из слоистого минерала чёрного цвета, на которой пишут грифелем

- **ассамбле́я***, ассамбле́/я
  ассениза́ция, ассениз/аци/я, *сущ.* ⟨-з/а́тор⟩
- **ассигнова́ть***, -ну́ю, -ну́ет, ассигн/ов/а/ть, *прич. страд., прош. вр.* ⟨-о́в/а/нн/ый⟩
  ассимиля́ция, ассимил/яци/я
- **ассисте́нт***, ассист/ент
  ассона́нс, *род. ед.* -а
  ассортиме́нт, *род. ед.* -а
  ассоциа́ция*, ассоци/аци/я
  а́стра, астр/а
  астрона́вт (*греч.* «а́строн» — звезда + «навт» — (море)-плаватель)
  астроно́мия (*греч.* «а́строн» — звезда + «но́мос» — закон), *только ед.*, астроном/и/я, *прил.* ⟨-/и́ческ/ий⟩
- **асфа́льт**, *только ед., прил.* ⟨-/н/ый, -/ов/ый⟩
- **ата́ка**, атак/а
- **атеи́зм** [*не* изьм; тэ], ате/и́зм, *сущ.* ⟨-/и́ст⟩
- **ателье́** [тэ], *нескл., с. р.*
- **атле́т** [*не* лё, *не* а́тлет] (*греч.* «а́тлос» — борьба)
- **атле́тика** [*не* лё], атлет/ик/а
- **атмосфе́ра** [*не* атмо́сфера; *удар.* атмо́сфера *встречается только в профессион. просторечии со знач.* 'единица измерения давления'], атмосфер/а, *прил.* ⟨-/н/ый⟩
  ато́лл, *род. ед.* -а
- **а́том** [*не* ато́м], *прил.* ⟨а́томный *и допуск. устар.* ато́мный (вес)⟩
- **атрибу́т***, *прил.* ⟨атрибут/и́вн/ый⟩
  атташе́*, *нескл., м. р.*
  атрофи́я*, атроф/и/я
- **аттеста́т** [т'], аттест/ат
  аттестова́ть, аттест/ов/а/ть, *сущ.* ⟨аттест/аци/я⟩
  аттракцио́н [т], *род. ед.* -а
- **аудито́рия** (*от лат.* «ауди́ре» — слушать), аудитор/и/я
  аукцио́н, *род. ед.* -а
  ау́л, *род. ед.* -а
- **афи́ша**, афиш/а
  афори́зм, афор/изм, *прил.* ⟨-/и́ст/и́ческ/ий⟩
  аэровокза́л, аэро/вокзал

---

* а с с а м б л е я — 1) общее собрание какой-нибудь организации (дипломатического или иного характера); 2) бал, общественное собрание в эпоху Петра I

* а с с и г н о в а т ь — отпустить, предназначить известную сумму денег для какой-либо цели

* а с с и с т е н т — 1) помощник профессора, врача при выполнении ими каких-нибудь научных работ, операций и т. п.; 2) помощник экзаменатора; 3) младшая преподавательская должность в высших учебных заведениях; 4) лицо, входящее в состав почётной охраны знамени (при знаменосце)

* а с с о ц и а ц и я — 1) объединение лиц или учреждений одного рода деятельности: научная ассоциация; 2) связь между отдельными представлениями, при которой одно из этих представлений вызывает другое: ассоциация по сходству; ассоциация по смежности

* а т р и б у т — необходимый, постоянный признак предмета, явления

* а т т а ш е — должностное лицо при дипломатическом представительстве

* а т р о ф и я — истощение, потеря каким-либо органом жизнеспособности

● аэродро́м (*греч.* «а́эр» — воздух + «дромос» — место для бега, путь), *прил.* ⟨аэродро́м/н/ый⟩

● аэропо́рт, *пр. ед.* -е *и* -у́ (об аэропо́рте, в аэропорту́), аэро/порт

аэрофло́т, аэро/флот

Б

ба́бочка, бабочк/а (*историч.* от ба́ба — мотылёк, бабочка)

● бага́ж, *род. ед.* -а́, *тв. ед.* -жо́м

● баге́т*, *только ед., род.* -а

● баго́р, *род. мн.* багро́в

● багро́вый, багр/ов/ый

● багря́нец, *только ед., род.* -нца, *тв.* -нцем, багр/ян/ец

● багря́ный (*ст.-слав., от сущ.* багръ — красная краска, красный цвет), багр/ян/ый

бадминто́н, *сущ.* ⟨-н/и́ст⟩, *прил.* ⟨-н/н/ый⟩

бадья́, *род. ед.* -и́, *им. мн.* бадьи́, *род. мн.* баде́й, бадь/я

● база́р, *род. ед.* -а

● байда́рка, байдар/к/а (*ср.:* байда́р/а), *род. мн.* -рок

● бакале́я*, *только ед.*, бакале/я

ба́кен *и* ба́кан (*преимущ. в профессион. речи*)

баклажа́н, *род. ед.* -а, *род. мн.* -ов *и допуск.* баклажа́н

● бакте́рия [*допуск.* тэ], бактери/я

● бал (вечер), *род. ед.* -а, *им. мн.* -ы́, *род. мн.* -о́в, *пр. ед.* -е *и* -у́ (о ба́ле, на балу́), *прил.* ⟨ба́ль/н/ый⟩ (бальное платье)

балага́н, *род. ед.* -а

балагу́р, *род. ед.* -а

● балала́йка, балалайк/а

● бала́нс*, *род. ед.* -а, *глаг.* ⟨-с/и́ров/а/ть⟩, *прил.* ⟨-с/ов/ый⟩

балахо́н, *род. ед.* -а

● балери́на, балерин/а

● бале́т, *прил.* ⟨-ле́т/н/ый⟩

● балко́н (*ср.:* ба́лка), *род. ед.* -а

● балл, *им. мн.* ба́ллы, *род. мн.* -ов, *прил.* ⟨ба́лль/н/ый⟩, *чаще вторая часть сложных слов:* пятибалльный

● балла́да [л *и* лл], баллад/а

● балла́ст [л]

балли́стика* [л] (*от греч.* «ба́лло» — бросаю, мечу), баллистик/а, *прил.* ⟨-и́ч/еск/ий⟩; *черед.* к — ч

● балло́н [л], *род. ед.* -а

● баллоти́роваться* [л], -руюсь, -руется, баллот/иров/а/ть/ся

---

* б а г е т — резная окрашенная или позолоченная планка для рамок и карнизов

* б а к а л е я — съестные товары (чай, сахар, кофе, мука, крупа, перец и т. п.), но не мясные, молочные или кондитерские

* б а л а н с — 1) равновесие; 2) сравнительный итог прихода и расхода

* б а л л и с т и к а — наука о законах полёта снарядов. Баллистическая ракета (ракета, проходящая часть пути как свободно падающее тело)

* б а л л о т и р о в а т ь с я — выставлять свою кандидатуру для голосования

- **бало́ванный** [не ба́лованный], *прил. и прич.* ⟨балов/а/н-н/ый⟩
- **балова́ть** [не ба́ловать], -лу́ю, -лу́ет, балов/а/ть
  балы́к, *род. ед.* балыка́ *и* балыку́
  бальза́м, *род. ед.* бальза́ма *и* бальза́му
  бамбу́к, *только ед., род.* бамбу́ка [не бамбука́]
  бана́н, *род. ед.* -а, *им. мн.* -ы, *род. мн.* -ов [не бана́н]
- **бандеро́ль** [*допуск.* дэ], *ж. р., род. ед.* -и
  банди́т, *род. ед.* -а
  банду́ра, бандур/а, *сущ.* ⟨-р/и́ст⟩
- **банке́т**, *род. ед.* -а
- **банкро́т***, *род. ед.* -а
- **баоба́б**, *род. ед.* -а
  барахло́, барахл/о́
- **бараба́н**, *род. мн.* -ов
- **бара́к**, *род. мн.* -ов
- **бара́н**, *род. мн.* -ов
  бара́нка, баранк/а
  бара́хтаться, -аюсь, -ается, барахт/а/ть/ся
  барбари́с, *только ед., род.* -а
- **барелье́ф*** [не рэ]
  баржа́, *им. мн.* баржи́, *род. мн.* барже́й, *дат. мн.* баржа́м *и* ба́ржа, *им. мн.* ба́ржи, *род. мн.* барж, *дат. мн.* ба́ржам, барж/а
  барито́н, *род. ед.* -а
- **барка́с**, *род. ед.* -а
- **баро́метр** (*греч.* «ба́рос» — тя́жесть + «ме́трео» — измеря́ю)
- **баррика́да**, баррикад/а

- **барсу́к**, *род. ед.* -а́
- **барха́н**, *род. ед.* -а
- **ба́рхат**, *род. ед.* -а *и* -у (произво́дство ба́рхата, купи́ть ба́рхату)
  ба́рышня, *род. мн.* -шень, барышн/я
- **барье́р**, *род. ед.* -а
- **баскетбо́л** (*англ.* «ба́скет» — корзина + «бол» — мяч; *буквально* 'корзина—мяч'), *только ед., род.* -а
  басма́ч, *род. ед.* -а́
  баснопи́сец, *род. ед.* -сца, *тв. ед.* -сцем, басн/о/пис/ец
- **бассе́йн** [се́ *и* сэ́]
  бастио́н, *род. ед.* -а
  бастова́ть, -ту́ю, -ту́ет, баст/о-в/а/ть (*от междом.* ба́ста)
- **батальо́н** [льё], *прил.* ⟨-льо́н/н/ый⟩
- **батаре́я**, батаре/я
  бати́ст, *род. ед.* -а *и* -у
- **бато́н**, *род. ед.* -а
  батра́к, *род. ед.* -а́, *прил.* ⟨-ц/к/ий, батра́ч/ий/⟩; *череду́я* к — ц — ч, *глаг.* ⟨батра́ч/и/ть⟩
  бахва́льство, бахваль/ств/о; *ср.*: бахва́л (*историч.* образо́вано посре́дством уси́ли́тельной приста́вки «ба-» от исче́знувшего сло́ва «хвал» — хвасту́н)
- **бахрома́**, бахром/а́
- **бахча́**, *род. мн.* -че́й, бахч/а, *прил.* ⟨-ч/ев/о́й⟩
- **баци́лла**, бацилл/а
- **башки́р**, *род. мн.* башки́р
- **башлы́к***, *род. ед.* -а́ (*тюркск., от сущ.* «баш» — голова

---

* б а н к р о т — 1) несостоятельный должник; 2) (*переносн.*) потерпевший крах, оказавшийся в чём-либо несостоятельным

* б а р е л ь е ф — изображение на плоскости, в котором фигуры слегка выступают над поверхностью

* б а ш л ы к — суконный тёплый головной убор в виде капюшона с длинными концами, надеваемый поверх шапки

- **башма́к**, *род. ед.* -а́ (*тюркск.: по-татарски «башма́к» — годовалый телёнок, от сущ. «баш» — голова*)
  ба́шня, *род. мн.* ба́шен, башн/я
  баю́кать, -аю, -ает, баю/ка/ть
- **бая́н**, *род. ед.* -а, *сущ.* ⟨баян/-и́ст⟩
- **бди́тельный**, бдительн/ый (*историч.* бд/и/тель/н/ый, *от устар. «бдеть» — неусыпно следить за чем-либо*)
- **бегемо́т**, *род. ед.* -а
  бегле́ц, *род. ед.* -леца́, *тв. ед.* -цо́м, бег/л/ец
- **беднота́**, бедн/от/а
  бедня́жка, *род. мн.* -жек, *м. и ж.*, бедн/яж/к/а (*ср.:* бедн/я́г/а; *черед.* г — ж)
  бедня́цкий, бедн/яц/к/ий (*ср.:* бедн/я́ч/к/а; *черед.* к — ч — ц)
  бедоку́рить, -рю, -рит, бедокур/и/ть (*ср.:* бедоку́р; *историч. образовано от слов* беда *и* курить — *в диал.* — гулять, кутить)
- **бедро́**, *род. ед.* -а́, *им. мн.* бёдра, *род. мн.* бёдер, *дат. мн.* бёдрами, бедр/о, *прил.* ⟨бёдр/енн/ый⟩
  бе́женец, беж/енец (*ср.:* бег; *черед.* г — ж)
- **безавари́йный**, без/аварий/н/ый
  безала́берный, безалабер/н/ый, *кратк. форма* -рен, -рна, *сущ.* ⟨безала́бер/щин/а⟩
  безапелляцио́нный, без/апелл/яци/онн/ый (*ср.:* апелл/и/ров/а/ть), *кратк. форма* -о́нен, -о́нна
- **безболе́зненный**, без/бол/е/зн/енн/ый, *кратк. форма* -знен, -зненна
- **безве́стный**, без/вест/н/ый
- **безве́тренный**, без/ветр/енн/ый, *кратк. форма* -рен, -ренна
- **безвку́сный**, без/вкус/н/ый
- **безвозме́здный**, без/возмезд/н/ый (*от* мзда, возмездие), *кратк. форма* -зден, -здна
  безвре́менье, *род. ед.* -я, без/врем/ень/е
  безде́йствие, без/действ/и/е
  безде́лица, без/дел/иц/а
  бе́здна, без/дн/а (*ср.:* дн/о)
- **бездо́нный** (*от* дно), без/дон/н/ый, *кратк. форма* -нна
  бездыха́нный, без/дых/а/нн/ый, *кратк. форма* -нен, -нна
- **безжа́лостный**, без/жал/ост/н/ый, *кратк. форма* -стен, -стна
- **безжи́зненный**, без/жи/зн/енн/ый, *кратк. форма* -знен, -зненна
- **беззабо́тный**, без/забот/н/ый
  беззаве́тный, без/завет/н/ый
  беззако́ние, без/закон/и/е
  беззасте́нчивый, без/застенчив/ый
- **безмо́лвствовать**, -твую, -твует, без/молв/ствов/а/ть
  безмяте́жный, без/мятеж/н/ый, *кратк. форма* -жен, -жна, *сущ.* ⟨-/н/ость⟩
  безнака́занный, без/наказ/а/нн/ый, *кратк. форма* -ан, -анна, -анно
  без обиняко́в, без обиняк/ов (*ср. устар.:* «обиня́к» — недомолвка, намёк)
  без огля́дки, без о/гляд/к/и (*ср. разг.:* о/гля́д/к/а)
  безоговоро́чный, без/о/говор/оч/н/ый
  безопа́сный, без/опас/н/ый
  безотлага́тельный, без/от/лаг/а/тельн/ый
  безотчётный, без/отчёт/н/ый,

кратк. *форма* -тен, -тна, -тно
безоши́бочный, без/ошиб/оч/-н/ый, *кратк. форма* -чен, -чна, -чно, *сущ.* ⟨-/н/ость⟩
безрабо́тица, без/работ/иц/а
безра́достный, без/рад/ост/-н/ый, *кратк. форма* -стен, -стна
безразли́чный, без/различ/-н/ый, *кратк. форма* -чен, -чна
безрассу́дный, без/рас/суд/-н/ый
без спро́су, без с/прос/у/
без то́лку *и* бе́з толку, без толк/у/
безу́держный *и допуск. устар.* безуде́ржный, без/у/держ/-н/ый, *кратк. форма* -жен, -жна
без у́держу *и* без у́держа, без у/держ/у/
безукори́зненный, без/у/кор/-изн/енн/ый, *кратк. форма* -знен, -зненна, *сущ.* ⟨-енн/-ость⟩
без у́молку, без у/молк/у/
безупре́чный, без/у/преч/н/-ый (ср.: у/прек/а/ть, по/-прек/а/ть; *черед.* к — ч); *кратк. форма* -чен, -чна
без у́стали, без уста/л/и/
безуте́шный, без/у/теш/н/ый (ср.: теш/и/ть, по/тех/а; *черед.* х — ш), *кратк. фор-ма* -шен, -шна
безу́хий, без/ух/ий
• безуча́стный, без/участ/н/ый, *кратк. форма* -тен, -тна, *сущ.* ⟨-/н/ость⟩
• безыде́йный, без/ыдей/н/ый, *кратк. форма* -éен, -éйна, *сущ.* ⟨-/н/ость⟩
безызве́стный, без/ыз/вест/-н/ый, *кратк. форма* -стен, -стна, *сущ.* ⟨-/н/ость⟩
• безымённый, без/ымён/н/ый *и* безымя́нный, без/ымян/-н/ый
• безынициати́вный, без/ыни-циат/ив/н/ый, *сущ.* ⟨-и́в/н/ость⟩
• безынтере́сный, без/ынтерес/-н/ый, *кратк. форма* -сен, -сна
• безыску́сный, без/ыскус/н/-ый
• безыску́сственный, без/ыс-кус/ств/енн/ый, *кратк. форма* -вен *и* -венен, -венна
• безысхо́дный, без/ысход/н/-ый, *кратк. форма* -ден, -дна
• белена́, *род. ед.* -ы́, белен/а
белённый, *прич.* бел/ённ/ый, *кратк. форма* белён, беленá, бе́лено, бе́лены *и устар.* беленó, беленьı́
• белёсый, *кратк. форма* -éс, -éса *и допуск.* белёсый, *кратк. форма* -ёс, -ёса, бел/ёс/ый (*от* бе́л/ый)
• бе́личий, -чья, -чье, белич/ий/ (*историч. от сущ.* «бе-лица» — бе́лка; *черед.* ц — ч)
белладо́нна* [л], белладонн/а
• беллетри́стика [л'], беллет-рист/ик/а
белоку́рый, белокур/ый
белоли́цый, бел/о/лиц/ый
• белору́с, *прил.* ⟨-/ск/ий⟩ (*историч.* бел/о/рус)
• белору́ска, *род. мн.* -сок, бе-лорус/к/а
бельмо́, *род. ед.* -а́, *им. мн.* бе́льма, *род. мн.* бельм
• бензи́н, *род. ед.* -а *и* -у (за-пах бензи́на, налить бензи́ну)

---

* б е л л а д о н н а — ядовитое растение, употребляемое в медицине и косметике

- бе́рег, *вин. ед.* на́ берег *и* на бе́рег, *пр. ед.* о бе́реге, в бе́реге, на берегу́
  бережёный, береж/ён/ый (*ср.*: берег/у́; *черед.* г — ж)
- береди́ть, -ежу́, -еди́т, беред/и/ть
  бережли́вый, береж/лив/ый (*ср.*: берег/у́; *черед.* г — ж)
- берёза, берёз/а
  берёзонька, *род. мн.* -нек, берёз/оньк/а
- берёста, *род. ед.* -ы *и допуск.* береста́, -ы́, берёст/а, *прил.* ⟨-/ян/о́й⟩
  бере́т [*не* рэ́]
- бере́чь, берегу́, бережёшь, берегу́т; *черед.* г — ж — ч
- берло́га, берлог/а, *прил.* берлож/н/ый; *черед.* г — ж
- бесе́да, бесед/а
- бесе́дка, *род. мн.* -док, беседк/а
  бескозы́рка, бес/козыр/к/а (*ср.*: козыр/ёк)
- бескоры́стный, бес/корыст/н/ый, *кратк. форма* -стен, -стна
  беспа́мятный, бес/памят/н/ый, *кратк. форма* -тен, -тна
  беспа́спортный, бес/паспорт/н/ый
  бесперебо́йный, бес/пере/бой/н/ый
  бесперес́адочный, бес/пере/сад/оч/н/ый
- бесперспекти́вный, бес/перспектив/н/ый
  беспе́чный, бес/печ/н/ый (*ср.*: о/пе́к/а, по/печ/е́ни/е; *черед.* к — ч), *кратк. форма* -чен, -чна
  беспло́дный, бес/плод/н/ый (*ср.*: плод)
  беспло́тный, бес/плот/н/ый (*от* плоть, *т. е.* бес/тел/ес/н/ый)

  бесповоро́тно, *нареч.*, бес/по/ворот/н/о
  бесподо́бный, бес/подоб/н/ый (*ср.*: подо́б/и/е)
- беспоко́йный, бес/покой/н/ый, *кратк. форма* -о́ен, -о́йна
  беспо́чвенный, бес/почв/енн/ый, *кратк. форма* -вен, -венна
  беспо́шлинный, бес/пошлин/н/ый
  беспоща́дный, бес/по/щад/н/ый
- беспреде́льный, бес/предель/н/ый
- беспрекосло́вный, бес/прекослов/н/ый
  беспрепя́тственный, бес/препятств/енн/ый, *кратк. форма* -вен, -венна
- беспреры́вный, бес/пре/рыв/н/ый
- беспреста́нный, бес/преста/нн/ый
  бесприда́нница, бес/при/да/н/ниц/а (*ср.*: при/да́/ть, при/да́/н/ое)
- беспризо́рный, бес/призор/н/ый
- беспримерный, бес/пример/н/ый, *кратк. форма* -рен, -рна
  беспринци́пный, бес/принцип/н/ый, *кратк. форма* -пен, -пна
- беспристра́стный, бес/при/страст/н/ый, *кратк. форма* -стен, -стна
  беспричи́нный, бес/причин/н/ый, *кратк. форма* -нен, -нна
  бесприю́тный, бес/при/ют/н/ый, *кратк. форма* -тен, -тна
  беспро́игрышный, бес/про/игр/ыш/н/ый
  беспроце́нтно-вы́игрышный, бес/процент/н/о-вы/игр/ыш/н/ый

бессерде́чный, бес/серд/еч/н/-ый (*ср.:* пред/се́рд/и/е, се́рд/ц/е; *черед. ц — ч*)
бесси́льный, бес/си́ль/н/ый, *кратк. форма* -лен, -льна
• **бессисте́мный**, бес/систем/н/-ый, *кратк. форма* -мен, -мна
бессла́вный, бес/слав/н/ый; *кратк. форма* -вен, -вна
бессле́дный, бес/след/н/ый
• **бессловесный**, бес/слов/ес/н/-ый, *кратк. форма* -сен, -сна
бессме́нный, бес/смен/н/ый
бессме́ртный, бес/смерт/н/-ый, *кратк. форма* -тен, -тна
• **бессмы́слица**, бес/смысл/иц/а
бессо́вестный, бес/совест/н/-ый, *кратк. форма* -тен, -тна
• **бессо́нница**, бес/сон/н/иц/а
бесспо́рный, бес/спор/н/ый, *кратк. форма* -рен, -рна
бессро́чный, бес/сроч/н/ый, *кратк. форма* -чен, -чна
• **бесстра́стный**, бес/страст/н/-ый, *кратк. форма* -тен, -тна
бесстра́шный, бес/страш/н/-ый
бессчётный, бес/счёт/н/ый
беста́ктный, бес/такт/н/ый, *кратк. форма* -тен, -тна
беста́ланный*, бес/талан/н/-ый (*от диал.* «талан» — счастье), *кратк. форма* -нен, -нна
• **бестолко́вый**, бес/толк/ов/ый
бесфо́рменный, бес/форм/ен/н/ый, *кратк. форма* -мен, -менна
• **бесхара́ктерный**, бес/харак-тер/н/ый, *кратк. форма* -рен, -рна
• **бесхи́тростный**, бес/хитр/-ост/н/ый, *кратк. форма* -ен, -на
бесцве́тный, бес/цвет/н/ый, *кратк. форма* -тен, -тна
• **бесце́нный**, бес/цен/н/ый, *кратк. форма* -ен, -нна
бесцеремо́нный, бес/церемон/н/ый, *кратк. форма* -о́нен, -о́нна
• **бесче́стный**, бес/чест/н/ый, *кратк. форма* -ен, -на
бесчи́нствовать, бесчин/ств/ов/а/ть (*от старокнижн.* «чин» — порядок)
бесчи́сленный, бес/числ/енн/-ый, *кратк. форма* -ен, -енна
• **бесчу́вственный**, бес/чувств/-енн/ый, *кратк. форма* бесчу́вствен *и* бесчу́вственен, -енна
бесшу́мный, бес/шум/н/ый, *кратк. форма* -мен, -мна
• **бето́н**, *прил.* ⟨-/н/ый⟩, *глаг.* ⟨-/и́ров/а/ть⟩
• **бечева́**, бечев/а (*ср.:* бечёв/к/а)
• **бе́шеный**, беш/ен/ый, *но* вз/беш/ённ/ый (*ср.:* бес/и́/ть; *черед. с — ш*)
библиогра́фия* (*греч.* «би́блион» — книга + «гра́фо» — пишу), библиограф/и/я
• **библиоте́ка** [*не* библио́тека] (*греч.* «би́блион» — книга + «те́ке» — вместилище, ящик), библиотек/а
• **бидо́н** [*не* битон]

---

* б е с т а л а н н ы й — омонимы: 1) лишённый таланта. Бесталанный поэт; 2) в народной словесности: несчастный, обездоленный

* б и б л и о г р а ф и я — 1) научное описание книг и составление их перечней, указателей; 2) перечень книг по какому-нибудь вопросу

би́знес (англ.) [нэ]
бизнесме́н* [нэ, мэ и допуск. не, ме], бизнес/мен
бизо́н, род. ед. -а
• биле́т, род. ед. -а
• билья́рд, прил. ⟨-я́рд/н/ый⟩
• бино́кль (из франц., от лат. «би́ни» — два + «о́кулюс» — глаз), м. р., род. ед. бино́кля
бинтова́ть, -ту́ю, -ту́ет, бинт/ов/а/ть
• биогра́фия (греч. «би́ос» — жизнь + «гра́фо» — пишу), биограф/и/я
• биоло́гия (греч. «би́ос» — жизнь + «ло́гос» — слово, учение), биолог/и/я
• бирюза́, бирюз/а
бис (лат. «бис» — дважды), междом., глаг. ⟨бис/и́ров/а/ть⟩
би́сер, прил. ⟨би́сер/н/ый⟩
бискви́т, прил. ⟨бискви́т/н/ый⟩
бичева́ть, бич/ев/а/ть
благово́нный, благ/о/вон/н/ый (историч. от «благой» — хороший и «вонь» в знач. 'запах')
благогове́ть, благогове́/ть
• благодари́ть, благодар/и/ть
• благодаря́, дееприч. и предлог с дат. п. (чему?) (употребляется в положительном смысле, напр.: благодаря силе и здоровью; но не благодаря болезни), благодар/я
благо́й, благ/ой
благоро́дный, благород/н/ый, кратк. форма -ен, -на, -но
• благослови́ть, благослов/и/ть, сущ. ⟨-/е́ни/е⟩, прил. ⟨-/е́нн/ый⟩

благотвори́тельный, благотвор/и/тельн/ый
• благотво́рный, благотвор/н/ый, кратк. форма -ен, -на, -но
благоуха́ние, благоуха/ни/е (ср.: благоуха́/ть) (историч. благ/о/уха/ни/е, от «благой» — хороший и «ухати» — издавать запах)
блажь, ж. р., только ед., род. -и
бледноли́цый, бледн/о/лиц/ый
бле́дно-ро́зовый, бледн/о/-розов/ый
бле́клый и допуск. блёклый, блёк/л/ый, кратк. форма блёкл, блёкла, блёкло, блёклы и блекл, блёкла, блёкло, блёклы, сравн. ст. блёклее и бле́клее
блёкнуть и допуск. бле́кнуть, -ну, -нет, прош. вр. блёкнул, блёкла и допуск. бле́кнул, блёкла, блёк/ну/ть
блесна́ [не блёсна], мн. блёсны, род. мн. блёсен, дат. мн. блёснам, блес/н/а
• блесну́ть, -сну́, -снёт, блес/ну/ть
• блесте́ть, блещу́, блести́т, блест/е/ть; черед. ст — щ
• бле́ять, бле́ет, бле́ют, бле/я/ть
• близ, предлог
бли́зкий, близ/к/ий, кратк. форма бли́зок, близка́, бли́зко, близки́ и бли́зки
близлежа́щий, близ/леж/ащ/ий
блинда́ж*, род. ед. -а́, тв. ед. -о́м, им. мн. -и́, род. мн. -е́й

---

* б и з н е с м е н — делец, предприниматель
* б л и н д а ж — полевое укрытие для защиты от артиллерийского огня противника

- блиста́ть, блещу́, бле́щет и блиста́ю, блиста́ет, блист/а/ть, *прил.* ⟨-/á/тельн/ый⟩
- блока́да, блок/ад/а, блоки́ровать, блок/и́ров/а/ть, *двувид.*
- блокно́т, *род. ед.* -а
- блонди́н (*франц.* «блонд» — белокурый), *род. ед.* -а
  блю́до, *им. мн.* блю́да, *род. мн.* блюд, *дат. мн.* блю́дам [*не* блюда́, блюда́м], блюд/о
  блю́дце, *тв. ед.* -цем, *род. мн.* -дец, блюд/ц/е
  блюсти́, блюду́, блюдёт, блюс/ти (*ср.:* со/блюд/á/ть; *черед. д — с*)
  бля́шка, *род. мн.* -шек, бляш/к/а (*ср.:* бля́х/а; *черед. х — ш*)
  бобёр[1], *род. ед.* бобра́ (мех)
  бобёр[2] и бобр, *род. ед.* бобра́ (животное)
  бобы́ль, *род. ед.* -я
- богате́ть, -е́ю, -е́ет, богат/е/ть
  бога́тый (*общеслав. от* «бог» — достояние, счастье, доля, участь), бога́т/ый, *кратк. форма* бога́т, бога́та, бога́то, бога́ты
- богаты́рь, *род. ед.* богатыря́
  бода́ть, -а́ю, -ет, бод/а/ть, *прил.* ⟨-/ли́в/ый⟩, *глаг.* ⟨-/ну́/ть⟩, *сов.*
- бо́дрствовать, -твую, -твует, бодр/ствов/а/ть
  боеприпа́сы, бое/при/пас/ы
  бое́ц, *род. ед.* бойца́, бо/ец, *прил.* ⟨бой/ц/о́в/ый⟩, ⟨бой/ц/о́в/ск/ий⟩
  божество́, бож/еств/о (*ср.:* бог; *черед. г — ж*)
- бойко́т*, *род. ед.* -а
  бо́йня, *род. мн.* бо́ен, бой/н/я
- бока́л, *род. ед.* -а
  бок о́ бок
- боксёр, бокс/ёр
  болва́нка, болван/к/а
  болга́рин, *им. мн.* болга́ры, *род. мн.* болга́р, болгар/ин
  болезнетво́рный, бол/е/зн/е/твор/н/ый
  боле́знь, *ж. р., род. ед.* -и, бол/е/знь
  боло́нка, болонк/а
- боло́то, болот/о
  болта́ть, -а́ю, -а́ет, болт/а/ть
  болту́нья, *род. мн.* -ний, болт/ун/ья
  больни́ца, боль/н/иц/а, *прил.* ⟨-/н/и́ч/н/ый⟩; *черед. ц — ч*
  больно́й, боль/н/ой, *кратк. форма* бо́лен, больна́, *в с. р. не употр.*, больны́
- большеви́стский, большев/и́стск/ий
- большинство́, боль/ш/инств/о
- бомбардирова́ть, -ру́ю, -ру́ет, бомб/ардир/ов/а/ть
  бомбёжка, *род. мн.* -жек, бомб/ёжк/а
- бордо́вый, борд/ов/ый
  боржо́ми, *нескл., м. и с. р.* и боржо́м (*разг.*)
  бо́рзый*, борз/ый, *кратк. форма* борз, борза́, бо́рзо, бо́рзы
- бормота́ть, бормочу́, бормо́чет, бормот/а/ть; *черед. т — ч*

---

*бойко́т — 1) способ политической и экономической борьбы, заключающийся в прекращении всяких отношений с руководством предприятия, организации; 2) прекращение отношений с кем-нибудь в знак протеста против чего-нибудь

* б о р з ы й — быстрый, резвый

бо́ров[1], *род. ед.* -а, *им. мн.* -ы, *род. мн.* -ов (кабан)

бо́ров[2], *род. ед.* -а, *им. мн.* -а́, *род. мн.* -о́в (часть дымохода)

борови́к, *род. ед.* -а́, бор/ов/-и́к

борода́, *вин. ед.* бо́роду, *им. мн.* бо́роды, *род. мн.* боро́д, *дат. мн.* борода́м [*не* боро́д, боро́дам], бород/а́

• борода́вка, *род. мн.* -вок, бородавк/а

• борозди́ть, -зжу́ [ж'ж' *и допуск.* жж], -зди́т, борозд/и́/ть

• бороздча́тый, борозд/ч/ат/ый

• борона́, *вин. ед.* бо́рону *и допуск.* борону́, *род. мн.* боро́н, *дат. мн.* борона́м, борон/а́

боро́ться, борю́сь, бо́рется, бор/о́/ть/ся (*ср.:* борь/ба́)

бортмеха́ник, борт/механ/ик

борщ, *м. р., род. ед.* -а́

борьба́, борьб/а́

• бо́рющийся [*не* борю́щийся], бор/ю́щ/ий/ся

босико́м, *нареч.,* бос/ико́м/

босо́й, бос/о́й, *кратк. форма* бос, боса́, бо́со, бо́сы (на бо́су ногу)

босто́н*, *прил.* <босто́н/н/-ый>, <босто́н/ов/ый>

• бота́ника, ботаник/а

ботва́, ботв/а́

ботви́нья, ботв/и́нь/я

• боти́нок, *род. мн.* боти́нок

бо́цман, *род. ед.* -а, *им. мн.* -ы, *род. мн.* -ов *и профессион.* (у моряков) боцмана́, -о́в

бо́чка, боч/к/а (*ср.:* боч/о́нок)

• боя́знь, бо/я́знь (*ср.:* бо́й/ся)

боя́рин, бояр/ин, *прил.* <-р/-ск/ий>

боя́рышник, *только ед., род.* -а

брави́ровать*, -и́рую, -и́рует, брав/и́ров/а/ть

бра́во, *неизм., междом.*

брако́ванный, брак/ов/а/нн/ый

браконье́р, *род. ед.* -а

бра́нный (*от др.-русск.* «брань» — бой, битва), бран/н/ый

бра́ный (*от др.-русск.* «брать» — ткать узорами: браная скатерть), бра/н/ый

• брасле́т (*франц.* «брас» — рука)

брасс, *м. р., только ед., род.* -а

брат, *им. мн.* бра́тья [*не* братья́], *род. мн.* бра́тьев [*не* братье́в], *прил.* <-т/ск/ий>

бра́унинг, *род. ед.* -а

• бреве́нчатый, бревен/чат/ый

бревно́, *им. мн.* брёвна, *род. мн.* брёвен, *дат. мн.* брёвнам [*не* бревён, бревна́м], бревн/о́

бре́день, *род. ед.* -дня, *им. мн.* -дни, *род. мн.* -дней

• бре́згать, -аю, -ает, *разг.* бре́зговать, -гую, -гут, брезг/а/ть

брезгли́вый, брезг/ли́в/ый

• брезе́нт, *прил.* <-зе́нт/ов/ый>

• бре́зжить *и* бре́зжиться, -зжится [ж'ж' *и допуск.* жж], брезж/и/ть

---

* б о с т о н — 1) карточная игра; 2) сорт шерстяной ткани; 3) название танца

* б р а в и р о в а т ь — пренебрежительно относиться к чему-либо из показной смелости, хвастливо рисоваться чем-либо

брéзжущий, брезж/ущ/ий
брелóк, *род. ед.* брелóка, *тв. ед.* брелóком [*не* брелкá, брелкóм]
брéмя, *род. ед.* -мени, брем/я
брéнный, бренн/ый, *кратк. форма м. р. не употр.*, брéнна, брéнно, брéнны
бренчáть, -чý, -чи́т, бренч/а/ть
брести́, бредý, бредёт, брес-/ти; *черед.* д — с
● **брешь**, *ж. р., род. ед.* -и
● **бригади́р**, бригад/и́р (*ср.*: бригáд/а)
● **брикéт***, *род* -а
бриллиáнт *и* **брильянт**, *род. ед.* -а
брить, брéю, брéет, брéют, бри/ть, *сущ.* ⟨бри/ть/ё⟩
бри́финг*, *род. ед.* -а
бродя́га, брод/я́г/а, *м. и ж. р.*
бродя́жничество, брод/я́ж/-ничеств/о; *черед.* г—ж
брожéние, брож/ени/е (*ср.*: брод/и́ть; *черед.* д — ж)
бронебóйный, брон/е/бóй/-н/ый, *сущ.* ⟨-/бóй/щик⟩
броневóй, брон/ев/óй, *сущ.* ⟨-/ев/и́к⟩
бронепóезд, брон/е/поезд
бронхи́т, бронх/ит
брóня* [*не* бронь] (брóня на билеты), брон/я, *глаг.* ● ⟨брон/и́ров/а/ть⟩
броня́* [*не* брóня], брон/я, *глаг.* ⟨брон/иров/á/ть⟩
брóшенный, брош/енн/ый (*ср.*: брóс/и/ть; *черед.* с — ш)
брошь, *ж. р., род. ед.* -и
● **брошю́ра** [шу] (*франц.* «брошь» — игла; *буквально* 'сшитое'), брошюр/а
брошюровáть [шу], -рýю, -рýет, брошюр/ов/á/ть
брусчáтка*, [ща], *род. мн.* -ток, брус/ч/ат/к/а
бры́згать*, бры́зжу, бры́з-жет [ж'ж' *и допуск.* жж], брызг/а/ть; *черед.* г — ж
бры́згать*, -аю, -ает
● **брюзжáть**, -зжý, -зжи́т [ж'ж' *и допуск.* жж], брюз-ж/а/ть (*ср.*: брюзг/á; *черед.* г — ж)
● **брюнéт** [*не* нэ], *род. ед.* -а
● **бряцáть** [*не* бря́цать], -áю, -áет, бряц/а/ть (*ср.*: бренч/á/ть; *черед.* я — ен, ц — ч)
бубéнчик, бубен/ч/ик (*ср.*: бубен/éц; *черед.* ц — ч)
бýдничный, будн/ичн/ый *и допуск.* **бýднишний**, будн/ишн/ий
● **будорáжить**, будораж/и/ть
● **бýдущий**, буд/ущ/ий
бужени́на, буженин/а (*историч.* «вуженина» — *от не сохранившегося глагола* «вудити» — вялить, коптить; *буквально* «буженина» *означает* 'вяленая, копчёная')

---

* б р и к е т — плитка из какого-нибудь спрессованного материала
* б р и ф и н г — короткая пресс-конференция (*офиц.*)
* б р о́ н я — закрепление кого(чего)-нибудь за кем(чем)-нибудь, а также документ, дающий право на такое закрепление
* б р о н я́ — прочная облицовка из специальных стальных плит на военных судах, танках и т. п.
* б р у с ч а т к а — 1) камни в форме брусков для мощения улиц; 2) мостовая из такого материала
* б р ы́ з г а т ь — разбрасывать брызги: *фонтан брызжет*
* б р ы з г а́ т ь — опрыскивать: *брызгать бельё*

бузина́, *род. ед.* -ы́, бузин/а
бу́йвол, *род. ед.* -а
бу́йствовать, -твую, -твует, буй/ств/ов/а/ть
букини́ст*, *род. ед.* -а
буксова́ть, -су́ю, -су́ет, букс/ов/а/ть (*ср.:* бу́кс/а)
була́ный*, булан/ый
бу́лочная [шн *и допуск.* чн], булоч/н/ая (*ср.:* бу́лк/а; *черед.* **к — ч, о** — нуль звука)
бульдо́г, *м. р., род. ед.* -а
бульдо́зер, *м. р., род. ед.* -а
● **бульо́н** [льё], *род. ед.* бульо́на *и* бульо́ну
бумера́нг*, *м. р., род. ед.* -а
бу́нкер*, -а, *им. мн.* -а́, *род. мн.* -о́в, *прил.* ⟨-/н/ый⟩, *глаг.* ⟨-/ов/а́/ть⟩
буреве́стник, бур/е/вест/ник
буржуази́я, буржу/аз/и/я (*ср.:* буржуа́, буржу́й — *разг., презр.*)
бурла́к, *род. ед.* -а́, *прил.* ⟨-ц/к/ий⟩, *глаг.* ⟨-ч/и/ть⟩; *черед.* **к — ч — ц**

бурья́н, *род. ед.* -а
бутафо́рия*, бутафор/и/я (*ср.:* бутафо́р)
● **бутербро́д** [тэ] (*нем.* «бу́тер» — масло + «брот» — хлеб), *род. ед.* -а
бу́тсы, *род. мн.* бутс, *им. ед.* бу́тса, *род. ед.* -ы, бутс/ы
буфе́т, *м. р., род. ед.* -а
● **бухга́лтер** [*не* тэ], *им. мн.* бухга́лтеры, *род. мн.* бухга́лтеров [*не* бухгалтера́, -о́в]
бушева́ть, бушу́ю, бушу́ет, буш/ев/а/ть
бы, б, *частица* (*пишется раздельно; слитно только в союзах* «чтобы», «дабы», «кабы» *и в слове* «якобы»)
быть, *буд.* бу́ду, бу́дешь, *прош.* был, была́, бы́ло, бы́ли, *повел. накл.* будь; *с отриц.* не́ был, не была́, не́ было, не́ были
● **бюдже́т***, *прил.* ⟨-же́т/н/ый⟩
● **бюллете́нь*** [*не* тэ], *род. ед.* бюллете́ня [*не* бюллетня́]

---

* б у к и н и с т — торговец подержанными, редкими или старинными книгами

* б у л а н ы й — светло-жёлтый с чёрным хвостом и гривой (о масти лошади)

* б у м е р а н г — метательное орудие в виде изогнутой палки, при искусном броске возвращающееся обратно к бросившему

* б у н к е р — 1) специально оборудованное вместилище для сыпучих материалов (для угля, зерна и т. д.); 2) специально оборудованное подземное укрытие, убежище

* б у т а ф о р и я — предмет, который является подделкой по отношению к подлинным (на сцене, в витринах магазинов и т. п.)

* б ю д ж е т — смета доходов и расходов государства, предприятия или отдельного лица

* б ю л л е т е н ь — 1) краткое сообщение о событии, имеющем общественное значение; 2) название некоторых небольших изданий; 3) избирательный листок; 4) больничный листок о временной нетрудоспособности по болезни (*разг.*)

В

- ваго́н, *род. ед.* -а
  вагоновожа́тый, вагон/о/вож/ат/ый
  вагра́нка*, *род. мн.* -нок, вагран/к/а
- ва́жничать, -а/ю, -а/ет, важн/ича/ть
- вазели́н, *только ед., род.* вазели́на *и* вазели́ну
- вака́нсия*, ваканс/и/я, *прил.* ⟨вакант/н/ый⟩ ; *черед. т — с*
- ва́куум (*в сложных словах всегда пишется с чёрточкой:* вакуум-аппарат)
- вакци́на*, вакцин/а
  вале́жник [*не* лё], *только ед., род.* вале́жника *и* вале́жнику, вал/ежник (*ср.:* вал/и/-ть)
- ва́ленок, *род. ед.* -енка, *им. мн.* -енки, вал/енок
  вале́нтность, *только ед.,* валент/н/ость (*ср.:* дв/ух/-вале́нт/н/ый)
  валерья́новый, валерьян/ов/ый (*ср.:* валерья́н/к/а)
- валово́й* [*не* ва́ловый], -а́я, -о́е, вал/ов/ой
  валу́н, *род. ед.* -а́
  ва́льдшнеп [нэ; *не* вальдшне́п] (*нем.* «вальд» — лес + + «шне́пфе» — бекас)
- валю́та*, *только ед.,* валют/а
  ва́ляный, вал/ян/ый (сапог)

- ванда́л, *род. ед.* -а, *им. мн.* -ы, *сущ.* ⟨вандал/и́зм/⟩ *
  вани́ль, *ж. р., только ед., род.* -и, *прил.* ⟨-ль/н/ый⟩
- ва́нна, ванн/а
  ва́рварство, варвар/ств/о
- ва́режка, *род. мн.* -жек, вареж/к/а
  варёный, *прил.* вар/ён/ый (варёное мясо)
  варе́нье, *род. ед.* -я, *им. мн.* -я, *род. мн.* -ний, вар/ен/ье, *сущ. уменьшит.-ласкат.* ⟨вар/ень/иц/е⟩
- вариа́нт (*лат.* «ва́риус» — разнообразный, различный), вари/ант
- вари́ть, варю́, ва́рит, вар/и/ть
  варьи́ровать, -и́рую, -и́рует, варь/иров/а/ть, *сущ.* ⟨вари/а́нт⟩
  варя́г, *прил.* ⟨-ж/ск/ий⟩ ; *черед. г — ж*
- василёк, *род. ед.* васильк/а́ (цветок), *прил.* ⟨васильк/о́в/ый⟩
  вата́га, ватаг/а
  ва́тман, *род. ед.* -а, *прил.* ⟨-/ск/ий⟩
  ватру́шка, *род. мн.* -шек, ватруш/к/а (*ср.:* ватрух/а, *устар.*)
  ватт [т], *род. мн.* ватт
  ва́фля, *род. мн.* ва́фель, вафл/я

---

* в а г р а н к а — специальная печь для переплавки чугуна, а также для обжига руд цветных металлов
* в а к а н с и я — незанятая должность
* в а к ц и н а — препарат для прививок против болезней
* в а л о в о й — общий объём продукции в сто́имостном выражении, содержащий всю вырученную сумму, без вычета расходов
* в а л ю т а — денежная система, принятая в данной стране, и денежная единица данной страны (рубль, доллар, франк и т. д.)
* в а н д а л и з м — варварское разрушение культурных ценностей

ва́хтенный, вахт/енн/ый
- вахтёр, *им. мн.* вахтёры, *род. мн.* -ов, вахт/ёр
ва́ять*, ва́ю, ва́ет, ва/я́/ть, *сущ.* ⟨-/ни/е⟩
вблизи́, в/близ/и́/
вбок, в/бок/
вброд, в/брод/
введе́ние, в/вед/ени/е
ввезти́, в/вез/ти́ (*ср.:* вез/у́/)
ввек *и* вове́к, *нареч.* (ввек не забы́ть), *но сущ.* в век (в век нау́чно-техни́ческого прогре́сса), в/век/ *и* во/-век/
вверга́ть, -а́ю, -а́ет, в/верг/а/ть
- вве́ренный, в/вер/енн/ый
вверх, *нареч.* (смотре́ть вверх), в/верх/, *но сущ.* в верх (в верх до́ма)
вверху́, *нареч.*, в/верх/у́/
ввести́, в/вес/ти́ (*ср.:* вед/у́; *черед.* д — с)
ввиду́, *предлог* (ввиду боле́зни), в/вид/у́/, *но сущ.* в виду́ (в виду́ го́рода, име́ть в виду́)
ввинти́ть, ввинчу́, ввинти́т [*и допуск.* вви́нтит], в/винт/и/ть (*ср.:* в/ви́нч/ива/ть; *черед.* т — ч)
вво́лю, *нареч.*, в/вол/ю/
ввосьмеро́м, в/восьм/ер/ом/
ввысь, *нареч.* (улете́ть ввысь), в/высь/, *но сущ.* в высь (в высь голубу́ю)
вглубь, *нареч.* (нырну́ть вглубь), в/глубь/, *но сущ.* в глубь (в глубь мо́ря)
вдалеке́, в/дал/ек/е/
вдали́, *нареч.* (вдали́ от го́рода), в/дал/и́/, *но сущ.*

в дали́ (в дали́ голубо́й)
вдаль, в/даль/ (так же, как вдали́)
- вдво́е, в/дв/о/е/
. вдвоём, в/дв/о/ём/
- вдвойне́, в/дв/ой/н/е/
вдева́ть, в/де/ва/ть (*ср.:* в/де/ть, про/де́/ть)
вде́сятеро, в/десят/ер/о/
в дико́винку, в дико́вин/к/у/
вдоба́вок, в/до/ба́в/ок/
вдова́, вдов/а́, *сущ.* ⟨-/в/е́ц⟩
- вдо́воль, в/до́воль/
- вдого́нку, *нареч.*, в/до/го́н/к/у/
вдоль, в/доль/ (*ср.:* про/до́ль/н/ый)
в дополне́ние, в до/полн/е/ни/е
- вдохнове́ние, вдохнов/ени/е (*ср.:* вдохновл/я́/ть; *черед.* в — вл) (*историч. от* в/дох/ну́/ть; *черед.* нов — ну)
вдохну́ть, -ну́, -нёт, в/дох/-ну/ть
- вдре́безги, *нареч.* в/дребезг/и/ (*историч. от* «дре́безг» — оско́лок, черепо́к)
вдруг (*историч.* в/друг/ — от предло́га «в» *и слова* «друг» в знач. 'оди́н'; вдруг — *значит* 'внеза́пно, неожи́данно, сра́зу, в оди́н моме́нт')
вдрызг/, *нареч.*
вду́мчивый, в/дум/чив/ый
вду́мываться, -аюсь, -ается, в/дум/ыва/ть/ся
вегетариа́нец* [рья́ *и* риа́] (*лат.* «вегета́риус» — расти́тельный), *род. ед.* -нца, вегетариа́н/ец, *сущ.*

---

* в а я́ т ь — лепи́ть из гли́ны или высека́ть из ка́мня худо́жественные изображе́ния

* в е г е т а р и а́ н е ц — челове́к, пита́ющийся исключи́тельно расти́тельной и моло́чной пи́щей

⟨-/ств/о⟩, *прил.* ⟨-/ск/-ий⟩

вегетати́вный* (*лат.* «вегета́тивус» — расти, оживля́ть, возбужда́ть), вегетат/и́вн/ый (*ср.:* вегета́ц/и/я*; *черед. т — ц*)

ве́дение (быть в чьём-нибудь ведении), вед/ени/е

веде́ние (ведение дел), вед/ени/е

● **ве́домость**, *им. мн.* ве́домости, *род. мн.* ведомосте́й [*допуск.* ве́домостей], *сущ.* ⟨ведомост/и́чк/а⟩

ве́дренный (день), ведр/енн/ый

ведро́, *им. мн.* вёдра, *род. мн.* вёдер [*не* ве́дер], *дат. мн.* вёдрами, ведр/о

вёдро*, вёдр/о

ведь, *союз и частица*

● **ве́ер**, *им. мн.* -а́, *род. мн.* -о́в

● **ве́жливый**, веж/лив/ый

вездесу́щий, везде/сущ/ий

вездехо́д, везде/ход

● **везти́**, везу́, везёт, вез/ти́ (*ср.:* воз; *черед. е — о*)

ве́ко, *им. мн.* ве́ки, *род. мн.* век, век/о

векове́чный, век/о/веч/н/ый

велеречи́вый*, вел/е/реч/и́в/ый, *сущ.* ⟨вел/е/реч/и/е⟩ (*историч.* от «вель» — большой)

● **веле́ть**, велю́, вели́т, вел/е́/ть

вели́к, велика́, велико́, вели́ки, *полн. формы нет; в знач.* 'больше, чем нужно' (*употр.* дат. п. пальто́ ему́ велико́)

● **велика́н**, велик/а́н

вели́кий, велик/ий, *кратк. форма* (*малоуп.*), вели́к, велика́, вели́ко, вели́ки (*историч.* от «вель» — большо́й); *в знач.* 'выдающийся'

великовозрастный *и допуск. устар.* **великовозра́стный**, велик/о/возраст/н/ый, *кратк. форма* -тен, -тна

великоду́шный, велик/о/душ/н/ый, *кратк. форма* -шен, -шна

● **великоле́пный**, велик/о/леп/н/ый, *кратк. форма* -пен, -пна (*от устар.* «ле́пый» — красивый, хороший, *ср.:* «неле́пый» — бессмысленный, неуклюжий)

● **великору́с** (*устар.* великоро́сс), велик/о/рус

● **вели́чественный**, велич/еств/енн/ый, *кратк. форма* -вен, -венна

● **величина́**, *им. мн.* величи́ны, велич/ин/а (*ср.:* велик/ий; *черед. к — ч*)

вело- (*в сложных словах всегда пишется слитно:* велого́нки, велопробе́г)

● **велосипе́д** (*из франц., от лат.* «ве́локс» — быстрый + +«пес» («пе́дис») — нога)

вельве́т, *только ед., прил.* ⟨-т/ов/ый⟩

● **вельмо́жа**, *м. р.*, вельмож/а (*историч.* от общеслав.

---

* в е г е т а т и в н ы й — растительный, служащий для питания, роста животных и растительных организмов

* в е г е т а ц и я — произрастание, рост и развитие, состояние активной жизнедеятельности растения (*спец.*)

* в ё д р о — (*простореч.*) хорошая погода

* в е л е р е ч и в ы й — высокопарный, напыщенный по языку, красноречивый (*устар. и ирон.*)

«вель» — велик и «можа» — силач, богач; *ср.*: вели́кий, мочь)

велю́р, *только ед.*, *прил.* ⟨-р/ов/ый⟩

венгр, *тв. ед.* ве́нгром *и устар.* венге́рец, *тв. ед.* венге́рцем

ве́нзель, *м. р., род. ед.* -я, *им. мн.* вензеля́, *род. мн.* -е́й

ве́нтиль, *м. р., род. ед.* -я, *им. мн.* ве́нтили, *род. мн.* ве́нтилей, *в профессион. речи* вентиля́, -е́й

• вентиля́тор, вентил/я́тор (*ср.:* ве́нтиль)

• вера́нда, веранд/а

ве́рба [*не* верба́], верб/а

• верблю́д, *род. ед.* верблю́да [*не* верблюда́], *им. мн.* верблю́ды [*не* верблюды́], *род. мн.* -ов, *сущ.* ⟨верблюж/о́нок; *им. мн.* верблюж/а́т/а⟩ ; *черед.* д — ж

• вербова́ть, -бу́ю, -бу́ет, верб/ов/а́ть

• верёвка, *род. мн.* -вок, верёвк/а

• верени́ца (*собств. русск.* «ве́рень» — ряд), *тв. ед.* -цей, верениц/а

ве́реск, *только ед., род.* ве́реска

• веретено́, *им. мн.* веретёна, *род. мн.* веретён, *дат. мн.* веретёнам, веретен/о

вереща́ть, верещ/а́/ть

верзи́ла, *м. р.*, верзил/а

• вермише́ль (*из итал., восходящего к лат.* «ве́рмис» — червяк), *только ед., ж. р., род.* -и, *тв.* -лью

вероиспове́дание [*не* вероисповеда́ние], вер/о/ис/повед/а/ни/е

верну́ться, -ну́сь, -нётся, вер/ну/ть/ся (*историч. родств. с* верт/е/ть)

вероло́мный (*историч. от* ве́рный, пре́данный *и* ло́мкий), веролом/н/ый, *сущ.* ⟨-/ств/о⟩

вероя́тный, вероя́т/н/ый (*историч. сложное слово от* вера *и* яти (*ср. родств. слово:* взять)

верста́к (*от нем.* «веркште́тте» — мастерская, *где* «верк» — значит 'дело', 'работа'), *род. ед.* -а́, *прил.* ⟨верста́ч/н/ый⟩; *черед.* к—ч

ве́ртел, *род. ед.* -а, *им. мн.* вертела́, *род. мн.* -о́в

верте́ть, верчу́, ве́ртит, верт/е/ть; *черед.* т — ч

вертика́льный, вертика́ль/н/ый, *кратк. форма* -лен, -льна

вертише́йка, верти/ше́й/к/а

вертолёт, верт/о/лёт

верфь, *ж. р., род. ед.* -и

верхове́нство*, верх/овен/ств/о

верхо́вный, верх/овн/ый
Верхо́вный Сове́т

верхогля́дство, верх/о/гляд/ств/о

вершо́к, верш/ок (*от* «верх» — мера, равная длине двух верхних суставов указательного пальца)

весели́ться, -лю́сь, -ли́тся, весел/и/ть/ся

весло́, *им. мн.* вёсла, *род. мн.* вёсел, *дат. мн.* вёслам, весл/о

весна́, *вин. ед.* весну́, *им. мн.* вёсны, *род. мн.* вёсен, *дат. мн.* вёснам, весн/а, *прил.* ⟨весён/н/ий⟩

весну́шчатый, весн/ушч/а-

---

* в е р х о в е н с т в о — начальствование, главенство (*устар.*)

т/ый (ср.: весн/у́шк/а); чере́д. к — ч
вести́, веду́, ведёт, прош. вр. вёл, вела́, вес/ти́; черед. д — с
вестибю́ль (лат. «ве́стис» — одежда), м. р., род. ед. -я, им. мн. -и, род. мн. -ей
ве́стник, вест/ник
весьма́, нареч.
ветвь, ж. р., род. ед. ве́тви, им. мн. ве́тви, род. мн. ветве́й
ветера́н (из франц., от лат. «ве́тус» — старый, т. е. «старый, опытный (воин)»)
ветерина́р (из франц., от лат. «ветери́на» — рабочий скот, т. е. «обученный, опытный скот», родств. «ве́тус» — старый)
ветла́, род. ед. -ы́, им. мн. вётлы, род. мн. вётел, дат. мн. вётлам, ветл/а
ве́тошь, ж. р., только ед., род. -и
● ве́треный*, ветр/ен/ый
● ветряно́й*, ветр/ян/о́й
● ве́тряный*, ветр/ян/ый
● ветчина́ (др.-русск., от «ве́тхий» — старый, мясо копчёного свиного окорока), ветчин/а
ветша́ть, -а́ю, -а́ет, ветш/а́/ть (ср.: ве́тх/ий; чере́д. х — ш)
ве́ха, род. мн. вех, вех/а
ве́чер, им. мн. вечера́, род. мн. -о́в, на ве́чер и допуск. устар. на́ вечер, под ве́чер и допуск. устар. по́д вечер

вечнозелёный, веч/н/о/зе-лён/ый
● ве́шалка, веш/а/лк/а (ср.: висе́ть; черед. с — ш, и — е)
● веща́ние, вещ/а/ни/е (ср.: весть; черед. ст — щ)
● вещество́, вещ/еств/о, прил. ⟨-/е́ств/енн/ый⟩
вещь, ж. р., род. ед. ве́щи, им. мн. ве́щи, род. мн. веще́й, прил. ⟨-/ев/о́й⟩
● ве́ялка, ве/я/лк/а
ве́яние, ве/я/ни/е
ве́янный, прич. (овёс не ве́ян), ве/я/нн/ый
ве́яный, прил. (ве́яный овёс), ве/я/н/ый
ве́ять, ве/я/ть
взад, в/зад
взаём (дать деньги взаём), в/заём, но сущ. в заём (100 рублей вложил в заём)
● взаи́мный, взаимн/ый
взаимовы́годный, взаим/о/вы́-год/н/ый
взаимоде́йствие, взаим/о/де́й-ств/и/е
взаимопонима́ние, взаим/о/-поним/а/ни/е
взаимопо́мощь, взаим/о/по́-мощь
взаимоуваже́ние, взаим/о/-уваж/ени/е
● взаймы́ [не взя́ймы], нареч., в/займ/ы́
в заключе́ние (чего-либо), в заключ/ени/е
взаме́н, нареч., в/за/ме́н
взаперти́ [не взя́перти], нареч., в/за/пер/ти́
взапуски́ [не взяпуски́], нареч., в/за/пуск/и́

---

* в е́ т р е н ы й — с ветром, сопровождаемый ветром; *ве́треный день*
* в е т р я н о́ й — приводимый в движение ветром; *ветряна́я ме́льница*
* в е́ т р я н ы й — в выражении «ве́тряная оспа» (инфекционная болезнь)

в зачёт, *в знач.* предлога
взбаламу́ченный, вз/баламу́ч/енн/ый, *от глаг.* вз/баламу́т/и/ть; *черед. т — ч*
взба́лмошный, взбалмо́шн/ый, *кратк. форма* -шен, -на
• взба́лтывать, вз/ба́лт/ыва/ть
• взбешённый [*не* взбе́шенный, -ен], вз/беш/ённ/ый, *кратк. форма* -ён, -ена́, -ено́, -ены́ (*ср.*: взбеси́ть; *черед. с — ш*)
взбира́ться, вз/би́р/а/ть/ся
взбудора́женный, вз/будора́ж/енн/ый
взве́шенный, вз/ве́ш/енн/ый, *сущ.* вз/ве́ш/енн/ость
взви́згнуть, вз/ви́зг/ну/ть
взвинти́ть, -винчу́, -винти́т *и допуск.* -ви́нтит, вз/винт/и́/ть
взволно́ванный, вз/волн/о́в/а/нн/ый, *кратк. форма прич.* -ан, -ана, -ано; *кратк. форма прил.* -ан, -анна, -анно
• взгляну́ть, взгляну́, взгля́нет, вз/гля/ну́/ть
• взгромозди́ться, -зжу́сь, -зди́тся, вз/громозд/и́/ть/ся
взгрустну́ться, -нётся, *безл.*, вз/груст/ну́/ть/ся
вздохну́ть, вз/до́х/ну/ть (*ср.*: вз/дых/а́/ть; *черед. о — ы*)
• вздыма́ться, -а́юсь, -а́ется, вз/дыма́/ть/ся (*ср.*: раз/дыма́/ть/ся (*устар.*)
• взима́ть, -а́ю, -а́ет, взим/а/ть (*ср.*: взя/ть; *черед. я — им*)
• взира́ть, в/зи́р/а/ть (*ср.*: воз/-зр/ени/е; *черед. и — нуль звука*
взло́манный, вз/лом/а́/нн/ый
взлохма́ченный, вз/лохм/а́ч/енн/ый (*ср.*: ло́хм/ы, лохм/а́т/ый; *черед. т — ч*)
взмо́рье, вз/мо́рь/е
• взнузда́ть, взнузд/а́/ть, (*историч. от* узд/а)
• взобра́ться, взберу́сь, взберётся, взо/бр/а́/ть/ся
• взойти́, взойду́, взойдёт, взо/й/ти́
взро́слый, вз/ро́с/л/ый
взрывоопа́сный, вз/ры́в/о/-опас/н/ый
взры́вчатый, вз/ры́в/ча́т/ый
• взъеро́шить, взъ/еро́ш/и/ть
взъе́сться, -е́мся, -е́стся, взъ/ес/ть/ся
• взыгра́ть, вз/ы́гр/а/ть
взыска́тельный, взыск/а́/тельный
взя́точничество взя/т/оч/нич/еств/о
взять, взя/ть (*ср.*: взим/а́/ть; *черед. я — им*); *повел.* возьми́
• виаду́к* (*из франц., от лат.* «виа» — дорога, путь + + «ду́ко» — веду), *род. ед.* -а
вибра́ция, вибр/а́ци/я
вибри́ровать, -рую, -рует, ви-бр/иров/а/ть
ви́дение*, вид/е/ни/е
виде́ние*, вид/е/ни/е
• ви́деть, ви́жу, ви́дит, вид/е/ть; *черед. д — ж*
• ви́димость, вид/им/ость
видоизмене́ние, вид/о/из/мен/ени/е

---

* в и а д у к — мост через глубокий овраг, ущелье или через дорогу, пути

* в и́ д е н и е — способность или возможность видеть

* в и д е́ н и е — призрак, привидение, возникающий в сознании воображаемый предмет, образ

- **визжа́ть,** визжу́, визжи́т [ж'ж' и допуск. жж], визж/а/ть (ср.: визг; черед. г — ж)
  визи́ровать, -ую, -ует, виз/иров/а/ть
- **визи́т,** м. р., род. ед. -а
- **викторина** (от лат. «викто́рия» — победа), виктори́н/а
  ви́лла*, вилл/а
  виля́ть, вил/я/ть
- **винегре́т** (франц. «винэ́гр» — кислое вино, уксус; из «вин» — вино + «эгр» — кислый)
- **винова́тый,** вин/оват/ый
- **виногра́д,** только ед., род. -а
  виноку́ренный, вин/о/кур/енн/ый
- **винто́вка,** винтовк/а
  виньетка*, род. мн. -ток, виньетк/а, прил. ⟨-точ/н/ый⟩ ; черед. к — ч
- **виолонче́ль** (ср.: виола), ж. р., род. ед. -и, сущ. ⟨-л/и́ст⟩ , прил. ⟨-ль/н/ый⟩
- **вира́ж*,** род. ед. -а́, тв. ед. -о́м
- **виртуо́з*** (из итал., от лат. «ви́ртус» — доблесть, талант)
  ви́рус, прил. ⟨-с/н/ый⟩
  ви́селица, вис/е/лиц/а (ср.: виш/у́; черед. с — ш)
- **висе́ть,** вишу́, виси́т, вис/е/ть

виско́за, вискоз/а, прил. ⟨-з/н/ый⟩
- **високо́сный** (год), високо́сн/ый
- **витами́н** (от лат. «ви́та» — жизнь), прил. ⟨-ми́н/н/ый⟩
  вита́ть, -а́ю, -а́ет, вит/а/ть
  витиева́тый*, витиева́т/ый (историч. вити/еват/ый от устар. «вити́я»)
  витри́на, витр/ин/а (от лат. «ви́трум» — стекло; ср. витр/а́ж)
  ви́тязь, м. р., род. ед. -я
  вихо́р, род. ед. вихра́, им. мн. вихры́, род. мн. вихро́в; черед. о — нуль звука
  вихрь, м. р., род. ед. -я
  ви́це-президе́нт (от лат. «ви́це» — взамен, вместо)
  ви́шня, род. мн. ви́шен, сущ. уменьшит.-ласкат. ⟨-ви́шен/к/а⟩ , прил. ⟨вишн/ёв/ый⟩
  включа́ть, в/ключ/а/ть
  вконе́ц, нареч., в/конец/, но сущ. в коне́ц
  в конце́ концо́в, в конц/е/ конц/ов/
  вко́панный, в/коп/а/нн/ый
  вкорени́ться, в/корен/и/ть/ся
  в ко́рне, в корн/е/
  вкось, нареч., в/кось/
  вкра́дчивый, в/крад/чив/ый
- **вкра́сться,** прош. вр. вкра́лся, вкра́лась, вкра́лось, вкра́лись, в/крас/ть/ся

---

* в и л л а — в некоторых странах: богатая загородная дача
* в и н ь е т к а — украшение в виде рисунка, орнамента в конце или начале книги, главы
* в и р а ж — поворот, движение по кривой самолёта, автомобиля, судна
* в и р т у о з — исполнитель, владеющий высшей техникой игры на музыкальном инструменте, в пении и т. п.
* в и т и е в а т ы й — замысловатый, лишённый простоты (о языке, стиле)

- вкратце, *нареч.*, в/крат/ц/е/
- вкривь, *нареч.*, в/кривь/
- вкруговую, *нареч.*, в/круг/о-в/ую/
- вкрутую, *нареч.*, в/крут/ую/
- вкупе, *нареч.*, *историч.* в/ку-п/е/ (*ср. устар.*: куп/н/о — вместе)
- вкусный, вкус/н/ый, *кратк. форма* -сен, -сна, -сно
- владелец (*из ст.-слав., неполногласие* -ла-), *род. ед.* -льца, влад/е/лец
- владеть, влад/е/ть
- властный, власт/н/ый, *кратк. форма* властен, властна и властна, властно, властны
- влачить, -чу, -чит, влач/и/ть (*из ст.-слав., неполногласие:* -ла-; *ср. с исконно русск.* «волочить» — *полногласие* -оло-)
- влево, *нареч.*, в/лев/о/
- влечение, влеч/ени/е (*из ст.-слав., неполногласие* -ле-)
- влечь, влеку, влечёт, влекут, *прош. вр.* влёк, влекла; *черед.* к — ч (*из ст.-слав., неполногласие* -ле-)
- вливание, в/ли/ва/ни/е (*ср.*: ли/ть)
- влияние, влия/ни/е
  влиять, влия/ть
  влиятельный, влия/тельн/ый, *кратк. форма* -лен, -льна
  вместе, *нареч.*, в/мест/е/
  вместилище, в/мест/и/лищ/е
  вместимость, в/мест/им/ость
  вместо, *предлог*, в/мест/о/
  вмиг, *нареч.*, в/миг/
- внаём и внаймы [*не* вныймы], *нареч.*, в/наём/, в/найм/ы/
  внакидку, *нареч.*, в/на/кид/-к/у/
  внакладку, *нареч.*, в/на/-клад/к/у/
  в насмешку, в на/смеш/к/у/

вначале, *нареч.*, в/начал/е/, *но сущ.* в начале
внедрение, внедр/ени/е
- внедрять, внедр/я/ть
- внезапный, внезапн/ый, *кратк. форма* -пен, -пна
- внеочередной, вне/о/черед/-н/ой
внеплановый, вне/план/ов/ый
внешкольный, вне/школь/н/ый
- внешнеполитический, вне/шн/е/ полит/ическ/ий
внешнеэкономический, внешн/е/ эконом/ич/еск/ий
внешний, вне/шн/ий (*от нареч.* вне)
вниз, *нареч.*, в/низ/, *но сущ.* в низ
внизу, *нареч.*, в/низ/у/
вникать, в/ник/а/ть (*ср.*: про/ник/а/ть)
- внимание, вним/а/ни/е
внимательный, вним/а/тельн/ый, *кратк. форма* -лен, -льна
внимать, вним/а/ть, внимаю, внимает, *повел. накл.* внимай и в поэтической речи внемлю и внемлю, внемлет, *повел. накл.* внемли и внемли (*ср.*: внять; *черед.* я — им)
- вничью, *нареч.*, в/ни/чь/ю/
внове, в/нов/е/
- вновь, в/новь/
в ногу (идти), в ног/у/
внутренний, внутр/енн/ий
внутри, *нареч.*, внутр/и/
внутрипартийный, внутр/и/-партий/н/ый
внутрь/, *нареч.*
внушать, внуш/а/ть
в обмен, в об/мен/
в обнимку, в об/ним/к/у/
в обрез, в об/рез/
- в обтяжку, в об/тяж/к/у/ (*ср.*: об/тяг/ива/ть; *черед.* г — ж)
в обхват, в об/хват/

- в о́бщем, в общ/ем/, *но* вообще́
- вове́к, *нареч.*, во/ве́к/
- вове́ки, *нареч.*, во/век/и/
  во ве́ки веко́в, во век/и/век/ов/
- вовлека́ть, вовлеку́, вовлечёт, во́/влек/а/ть; *сов.* во/вле́чь; *черед.* к — ч
  вовне́, *нареч.*, во/вне/
- во́время, *нареч.*, во/врем/я/, *но сущ.* во вре́мя
- во́все, *нареч.* во/вс/е/
- во всеору́жии, во все/ору́ж/и/и/
  во всеуслы́шание, во все/у/слыш/а/ни/е/
- вовсю́, *нареч.* во/вс/ю/
  во-вторы́х, во-/втор/ых/
  вода́, *вин. ед.* во́ду, *им. мн.* во́ды, *род. мн.* вод, *дат. мн.* во́дам, *тв. мн.* во́дами, *пр. мн.* о во́дах; за во́ду, на́ воду, по́ воду идти, на воде́, ехать лечиться на во́ды, вод/а
  водвори́ть, -рю́, -ри́т, во/двор/и/ть (*ср.:* вы/двор/и/ть)
  водеви́ль [дэ *и* де], *м. р., род. ед.* водеви́ля, *прил.* <-ль/н/ый>
  в одино́чку, в один/оч/к/у/
  води́тель, вод/и/тель
  води́ть, вожу́, во́дит, вод/и/ть (*ср.:* вес/ти́; *черед.* о — е, д — с, д — ж)
  водобоя́знь, вод/о/бо/я/знь
  водоворо́т, вод/о/ворот
  во́донепроница́емый, вод/о/не/прониц/а/ем/ый
  водопрово́д, вод/о/про/вод
  во́доросль, вод/о/рос/ль
  водоснабже́ние, вод/о/снабж/ени/е
  водохрани́лище, вод/о/хран/и/лищ/е
- воева́ть, во/ева/ть

  воево́да, воевод/а (*историч.* во/е/вод/а)
- воеди́но, *нареч.*, во/един/о/
- военача́льник [*не* военонача́льник], во/е/началь/ник
  военнообя́занный, во/ен/н/о/-обяз/а/нн/ый
  военнослу́жащий, во/ен/н/о/-служ/ащ/ий
  вое́нный, во/ен/н/ый
  водяно́й, вод/ян/ой, *прил.* <-/и́ст/ый>
- вожа́тый, вож/ат/ый (*ср.:* вод/и́/ть; *черед.* ж — д)
  вождь, *м. р., род. ед.* -я
  во́жжи, вожже́й, *им. ед.* вожжа́, *род. ед.* -и́ [ж'ж' *и допуск.* жж]; вожж/и
- возбраня́ть, воз/бран/я/ть
  возбуди́ть, -бужу́, -буди́т [*не* возбу́дит], воз/буд/и/ть
  возвели́чивать, воз/велич/ива/ть (*ср.:* вели́к/ий; *черед.* к — ч)
- возвраща́ться, возвращ/а/ть/ся (*ср.:* возвра́т; *черед.* т — щ)
- возвы́шенность, воз/выш/енн/ость
  возглавля́ть, воз/главл/я/ть (*ср.:* воз/гла́в/и/ть; *черед.* вл — в)
  во́зглас (*ст.-слав.* — неполногласие -ла-; *ср.* с исконно русск. «голос» — полногласие -оло-), воз/глас
  возгора́ние, воз/гор/а/ни/е
  возгорди́ться, воз/горд/и/ть/ся
  воздвига́ть, воз/двиг/а/ть
  возде́йствовать, воз/действ/ов/а/ть, *двувид.*
  возде́ланный, воз/дел/а/нн/ый
- возде́лывать, воз/дел/ыва/ть
  воздерживаться, воз/держ/ива/ть/ся

воздéржанный, воз/держ/а/нн/ый, *кратк. форма* -ан, -анна
воздухоплáвание, воздух/о/плав/а/ни/е
возжéчь, возжгý, возжжёт, воз/жечь; *черед.* **г — ж**, *о* — нуль звука
возжжённый, воз/жж/ённ/ый (*ср.:* жёг; *черед.* **г — ж**, *о* — нуль звука)
• воззвáние, воз/зв/а/ни/е
• воззрéние, воз/зр/ени/е
возлагáть, воз/лаг/а/ть
возмéздие, возмезд/и/е (*историч. от* мзд/а)
возместúть, -ещý, -естúт, воз/мест/и/ть
возмутúть, -ущý, -утúт, воз/мут/и/ть, *прич.* ⟨воз/мущ/ённ/ый⟩ ; *черед.* **т — щ**
вознаградúть, -ажý, -адúт, воз/наград/и/ть; *черед.* **д — ж**
вознаграждéние, воз/награжд/ени/е (*ср.:* нагрáд/а; *черед.* **д — жд**)
возненавúдеть, -úжу, -úдит, воз/ненавид/е/ть
• возникáть, воз/ник/а/ть (*ср.:* про/ник/á/ть, про/ниц/á/тельн/ый; *черед.* **к — ц**)
возникновéние, воз/ник/нов/ени/е
• возобладáть (*ст.-слав. неполногласие* -ла-; *ср.:* влад/é/ть), воз/облад/а/ть
возобновúть, -влю́, -вúт, воз/обновл/и/ть; *черед.* **в — вл**, *сущ.* ⟨воз/об/новл/ени/е⟩
возомнúть, возо/мн/и/ть
• возражáть (*из ст.-слав.: от основы* «раз» — резать, рубить; *ср.:* раз/и/ть), возраж/а/ть (*ср.:* возраз/и́/ть; *черед.* **з — ж**), *сущ.* ⟨возраж/éни/е⟩

• вóзраст, *род. ед.* -а, *им. мн.* вóзрасты, *род. мн.* -ов [*не* возрастá, -óв], воз/раст
• возродúть, -ожý, -одúт, воз/род/и/ть; *черед.* **д — ж**
• возрóсший, воз/рос/ш/ий, *кратк. формы нет*
вóзчик, воз/чик
возымéть, воз/ым/е/ть (*ср.:* им/é/ть)
во избежáние, во из/беж/á/ни/е
• вóин, во/ин, *сущ. собират.* ⟨-/ств/о⟩ , *прил.* • ⟨вó/ин/ск/ий⟩
воúнственный, во/ин/ств/енн/ый
воúстину, *нареч.*, во/истин/у/
вóйлок *м. р., род. ед.* -а
войтú, войдý, *прош. вр.* вошёл, во/й/тú (*ср.:* при/й/тú)
• вокáльный (*из франц., от лат.* «вокáлис» — голосовой, звучащий, гласный, «вóке» — голос), вокаль/н/ый
• вокзáл, *м. р., род. ед.* -а
• вокрýг, во/круг/ *и* **вкруг**, в/круг/, *нареч. и предлог* (посмотри вокруг, вокруг стола)
волды́рь, *м. р., род. ед.* волдыря́
волеизъявлéние, вол/е/изъ/явл/ени/е
волейбóл (*англ.* «вóлей» — полёт + «бол» — мяч), *только ед., прил.* ⟨-/ль/н/ый⟩
вóлей-невóлей, вол/ей/-не/вол/ей/
вóлжский, волж/ск/ий
волнá, *им. мн.* вóлны, *род. мн.* волн, *дат. мн.* волнáм, *тв. мн.* волнáми, *пр. мн.* о волнáх *и допуск.* вóлнам, вóлнами, о вóлнах, волн/а
• волновáть, волн/ов/а/ть

волнообра́зный, волн/о/образ/н/ый
• **волоки́та,** волокит/а
• **волокно́,** *им. мн.* воло́кна, *род. мн.* воло́кон [*не* воло́кон], *дат. мн.* воло́кнам, волокн/о
волосно́й*, волос/н/ой
во́лость*, *ж. р., род. ед.* -и, *им. мн.* -и, *род. мн.* -е́й, *прил.* ⟨-/н/о́й⟩
волосяно́й, волос/ян/ой
волочи́ть, волочу́, воло́чит *и* волочи́т, волоч/и/ть (*ср.:* волок/у́; *черед.* к — ч)
волча́нка, волчанк/а
волчо́к (игрушка) (*ср.:* волч/о́к — маленький волк)
волчо́нок, волч/онок (*ср.:* волк; *черед.* к — ч)
волше́бный, волшеб/н/ый, *кратк. форма* -бен, -бна
• **волшебство́,** *род. ед.* -а́, волшеб/ств/о
вольго́тный, вольготн/ый, *кратк. форма* -тен, -тна
вольнонаёмный, воль/н/о/-наём/н/ый
вольтме́тр, вольт/метр
вольфра́м, *прил.* ⟨-м/ов/ый⟩
волюнтари́зм* [*не* изьм], волюнтар/изм
вонзи́ть, вонжу́, вонзи́т, во/нз/и/ть (*ср.:* низ/а́/ть)
• **вообрази́ть,** -ажу́, -ази́т, вообраз/и/ть, *сущ.* ⟨вообра́ж/е́ни/е⟩
• **вообще́,** *нареч.,* во/общ/е/, *но* в о́бщ/ем/

• **воодушевле́ние,** воодушевл/е́ни/е
• **воодушевля́ть,** воодушевл/я́/ть
вооруже́ние, во/оруж/е́ни/е
воо́чию, *нареч.,* во/о́ч/ию/
во-пе́рвых [*не* во-первы́х], во-/перв/ых/
вопию́щий, воп/и/ющ/ий (*ср.:* воп/и́/ть)
• **воплоще́ние,** воплощ/е́ни/е (*ср.:* воплот/и́/ть; *черед.* т — щ)
вопль, *м. р., род. ед.* во́пля
вопроша́ть, во/прош/а́/ть (*ср.:* прос/и́/ть; *черед.* с — ш)
воркова́ть, ворк/ов/а́/ть
• **воробе́й,** *род. ед.* -ья́, вороб/ей, *прил.* ⟨воробь/и́н/ый⟩
воробу́шек, вороб/ушек *и* воро́бышек, *род. ед.* -шка, вороб/ышек
во́рон, *м. р., род. ед.* -а
• **воро́на,** ворон/а, *прил.* ⟨-/ий⟩
воронёный, *прил.* ⟨ворон/ё-н/ый⟩ (воронёная сталь)
воро́нка, *род. мн.* -нок, воронк/а
вороно́й, ворон/ой
воро́та (полногласие -оро-; *ср.:* врата́рь — неполногласие -ра), *род.* воро́т, *дат.* воро́там, ворот/а
вороти́ть (полногласие -оро-; *ср.:* враща́ть — неполногласие -ра), -очу́, -о́тит, ворот/и/ть; *черед.* т — ч

---

* в о л о с н о й — очень узкий, тонкий (волосные сосуды, то же, что капилляры)

* в о л о с т ь — административно-территориальная единица, подразделения уезда в сельской местности дореволюционной России и в первые годы Советской власти

* в о л ю н т а р и з м — в политике и общественной жизни — субъективистские произвольные решения, игнорирующие объективно существующие условия и закономерности

воротни́к, *род. ед.* -ника́, во-рот/ник
• во́рох, *им. мн.* вороха́, *род. мн.* -о́в *и* во́рохи, -ов
• ворча́ть, ворч/а/ть
ворс, *м. р., только ед., род.* во́рса
ворча́ть, ворч/а/ть, *сущ.* ⟨-/у́н, -/у́нья⟩
восвоя́си, *нареч. (историч. от* во своя́ веси — «в свои деревни, домой»)
восемна́дцать, восем/на/д-цать, по восемна́дцати
• во́семь [*не* во́сем], восьми́, восьмью́ *и* восемью́, за́ восемь *и* за во́семь, на́ восемь *и* на во́семь
• во́семьдесят, восьми́десяти, *тв.* восьмью́десятью *и* восемью́десятью, восемь/десят
• восемьсо́т, восьмисо́т, восьмиста́м, восьмиста́ми *и* восемьюста́ми, о восьмиста́х, восемь/сот
• во́семью, *нареч.*, восем/ью/
• восклица́ние, вос/клиц/а/ни/е (*ср.:* вос/кли́к/ну/ть; *черед.* к — ц)
восково́й, воск/ов/ой
воскресе́ние (*действие по глаг.* воскре́снуть — воскреси́ть), воскрес/ени/е
• воскресе́нье, *род. мн.* -ний, воскрес/ень/е (день недели)
восле́д *и* всле́д, *нареч. и предлог с дат. п.*, во/след/
• воспале́ние, вос/пал/ени/е
воспали́ть, вос/пал/и/ть, *прич.—прил.* ⟨вос/пал/ён-н/ый⟩
воспева́ть, вос/пе/ва/ть
воспита́ние, воспит/а/ни/е (*историч. от* пит/а́/ть)
• воспи́танный, воспит/а/нн/ый, *прич.* (она хорошо воспи́тана), *кратк. форма* -ан, -ана, -ано, -аны, воспи́та/н/н/а/я, *прил.* (она умна и воспи́танна), *кратк. форма* -ан, -анна, -анно, -анны, воспит/а/нн/а, *сущ.* ⟨-а/н-н/ик, -а/нн/иц/а⟩
воспита́ть, воспит/а/ть
воспламене́ние, вос/плам/е-н/ени/е
восполня́ть, вос/полн/я/ть
воспо́льзоваться, -зуюсь, -зуется, вос/польз/ов/а/ть/ся
• воспомина́ние, вос/помин/а/ни/е
• воспреща́ть, вос/прещ/а/ть (*ср.:* за/прёт; *черед.* т — щ)
воспреще́ние, вос/прещ/е-ни/е
• восприи́мчивый, вос/приим/-чив/ый, *сущ.* ⟨вос/приим/-чив/ость⟩ (*ср.:* гост/е/-прии́м/ств/о)
воспринима́ть, вос/приним/а/ть (*ср.:* вос/приня́/ть; *черед.* я — им)
• восприя́тие, вос/прия/ти/е
• воспроизведе́ние, вос/про-извед/ени/е
• воспроти́виться, вос/проти́в/и/ть/ся
восседа́ть, вос/сед/а/ть
• воссоедине́ние, *только ед.*, вос/со/един/ени/е
восстава́ть, -стаю́, -стаёт, восста/ва/ть (*историч.* вос/-ста́/ть)
восста́ние, восста/ни/е
• восстанови́ть, восстанов/и/ть (*ср.:* восстана́вл/ива/ть; *черед.* о — а, в — вл), *сущ.* ⟨восстановл/е́ни/е⟩
• восто́к, *только ед. (историч.* вос/ток)
восто́рг, *м. р., род.* -а
восто́рженный, восторж/ен-н/ый, *кратк. форма* -ен, -енна (*ср.:* восто́рг; *черед.* г — ж)

- востре́бование, вос/тре́б/о-в/а/ни/е (до востребова́ния)
- восхваля́ть, вос/хвал/я́/ть
- восхити́тельный, восхит/и́/тельн/ый (ср.: восхищ/а́/ть/ся; черед. т — щ)
- восхо́д, вос/хо́д
- восхожде́ние, вос/хожд/ени/е (ср.: вос/ход/и́/ть; черед. д — жд)
- восше́ствие, вос/ше́ств/и/е
- восьмёрка, род. мн. -рок, восьм/ёр/к/а
- восьмидеся́тый, восьм/и/деся́т/ый
- восьмисо́тый, восьм/и/со́т/ый
- восьмичасово́й, восьм/и/час/ов/о́й
- в откры́тую, в от/кры́/т/ую/
- в отме́стку, в от/ме́ст/к/у/
- во́тум*, м. р., только ед., род. -а
- вотще́, нареч., устар. (напра́сно), во/тщ/е́/ (ср.: тщ/е́т/н/ый)
- в оха́пку, в оха́пк/у/
- в охо́тку, в о/хо́т/к/у/ (ср.: хот/е́/ть)
- во что бы то ни ста́ло
- вощано́й, вощ/ан/о́й (ср.: воск; черед. ск — щ)
- вощённый, прич., вощ/ённ/ый
- вощёный, прил., вощ/ён/ый
- вощи́на, вощ/и́н/а (ср.: вощ/и́/ть, воск; черед. ск — щ)
- впа́дина, в/па́д/ин/а
- впа́янный, в/па́/я/нн/ый
- впая́ть, в/па́/я/ть (ср.: с/па́й/к/а)
- впервой [не впе́рвой], в/перв/о́й/
- впервы́е, нареч., в/перв/ы́е/
- вперебо́й, в/пере/бо́й/ (ср.: пере/би́/ть; черед. ой — и)
- вперева́лку, в/пере/ва́л/к/у/
- вперего́нки и вперегонки́, в/пере/го́н/к/и/
- вперёд, нареч., в/перёд/
- впереди́, в/перед/и́/
- вперемёжку*, в/пере/ме́ж/к/у/
- вперемёшку*, в/пере/ме́ш/к/у/
- впери́ть, -рю́, -ри́т (взор, взгляд), впер/и́/ть
- впечатле́ние, впечатл/ени/е (историч. от в/печа́т/а/ть)
- впечатли́тельный, впечатл/и́тельн/ый
- в пи́ку (сделать наме́ренно, чтобы досади́ть кому́-нибудь), в пик/у/
- вплавь, в/плавь/
- вплотну́ю, нареч., в/плотн/у́ю/ (подойти́ вплотну́ю)
- вплоть (историч. в/плоть, от плоть — «те́ло»)
- впова́лку, в/по/ва́л/к/у/
- вполго́лоса, в/пол/го́лос/а/
- вполне́, в/полн/е́/
- вполоборо́та, в/пол/оборо́т/а/
- вполови́ну, в/пол/ови́н/у/
- вполсилы, в/пол/сил/ы/
- впопыха́х, в/по/пых/а́х/ (историч. от древн. «попы́х» — «спех, торопли́вость»)
- в по́ру*
- впо́ру*, в/по́р/у/

---

* в о т у м — в парла́ментах: реше́ние, при́нятое голосова́нием: во́тум дове́рия (недове́рия) прави́тельству
* в п е р е м е ж к у — перемежа́ясь
* в п е р е м е ш к у — сме́шанно, в беспоря́дке
* в п о р у — во́время
* в п о р у — по ме́рке

- **впосле́дствии**, *нареч.*, в/по/след/ств/и/и/
- в потёмках, в по/тём/к/ах/
- **впотьма́х**, в/по/тьм/ах/
- впра́вду, *нареч.*, в/правд/у/
- **впра́ве**, в/прав/е/ (вы впра́ве сказа́ть)
- впра́во, в/прав/о/
- впредь, в/предь/ (*ср.*: пе́ред)
- вригля́дку, в/при/гляд/к/у/
- в прида́чу, в при/да/ч/у/
- вприку́ску, в при/кус/к/у/
- **вприпры́жку**, в/при/прыж/к/у/ (*ср.*: пры́г/а/ть; *черед.* г — ж)
- вприско́чку, в/при/скоч/к/у/ (*ср.*: скак/а́/ть; *черед.* о — а, к — ч)
- вприся́дку [*не* при́сядку], в/при/сяд/к/у/
- **впро́голодь**, в/про/голодь/
- в продолже́ние (к а к д о л - г о ? — в продолжение неде- ли; г д е ? — в продолжении романа), в про/долж/ени/е/
- впрок, в/прок/
- **впроса́к**, *нареч.*
- впросо́нках, в/про/сон/к/ах/
- в противове́с, в против/о/вес/
- **впро́чем**, в/проч/ем/
- впры́снуть, в/прыс/ну/ть
- впрямь, в/прямь/
- впрячь [*допуск. устар.* -ре́], впрягу́, впряжёшь, впря- гу́т, *прош. вр.* впряг [*до- пуск. устар.* -рё], в/прячь/
- впусту́ю, в/пуст/ую/
- в пух (в пух и в прах)
- впя́теро, *нареч.*, в/пят/ер/о/
- впятеро́м, *нареч.*, в/пят/е- р/ом/
- в-пя́тых, в-пят/ых/
- вра́жеский, враж/еск/ий (*ср.*: враг; *черед.* г — ж)
- **вразби́вку**, в/раз/би/в/к/у/
- **вразбро́д**, в/раз/брод/
- вразбро́с, в/раз/брос/
- **вразва́лку**, в/раз/вал/к/у/
- вразла́д, в/раз/лад/
- **вразнобо́й**, в/разн/о/бой/
- вразно́с, в/раз/нос/ (*ср.*: раз/- нос/й/ть)
- вразре́з, в/раз/рез/
- **врасплóх**, *нареч.*
- в рассро́чку, в рас/сроч/к/у/ (*ср.*: срок; *черед.* к — ч)
- **врассыпну́ю**, *нареч.* (раз- бежа́ться врассыпную), в/рас/сып/н/ую/
- враста́ть, в/раст/а/ть
- **врата́рь**, *м. р.*, *род. ед.* вра- таря́, врат/арь (*неполногла- сие* -ра-; *ср.* воро́та — *пол- ногласие* -оро-)
- враща́тельный, вращ/а/тель- н/ый (*неполногласие* -ра-; *ср.* воро́чать — *полногла- сие* -оро-)
- враща́ться, вращ/а/ть/ся (*неполногласие* -ра)
- вреди́тель, вред/и/тель
- вредоно́сный, вред/о/нос/н/- ый
- временно́й*, врем/ен/н/ой
- вре́менный*, *кратк. форма* -енна, -енно, -енны, врем/ен/н/ый
- вре́мечко, врем/ечк/о
- вре́мя, *род. ед.* вре́мени, *род. мн.* времён., *дат. мн.* вре- мена́м, врем/я, врем/ен/и (пришёл во вре́мя урока, *ср.*: пришёл во́время — в нужное время)
- времяисчисле́ние, врем/я/- ис/числ/ени/е
- **времяпрепровожде́ние**, врем/я/пре/про/вожд/ени/е

---

* в р е м е н н о́ й — указывающий время
* в р е м е н н ы й — непостоянный, бывающий или действующий в тече- ние некоторого времени

- вро́вень, в/ровень/ (*ср.*: ро́вн/ый; *черед.* **е** — нуль звука)
вро́де, *предлог*
врождённый, в/рожд/ённ/ый
в ро́зницу, в розн/иц/у/
врозь, в/розь/ (*ср.*: ро́з/н/о, *простореч.*)
врукопа́шную, *нареч.*, в/рукопашн/ую/
вручну́ю, *нареч.*, в/руч/н/ую/
всевозмо́жный, все/воз/мож/н/ый
- всегда́, *нареч.*— *прил.* ⟨-/шн/-ий⟩
вселе́нная, вселен/н/ая (*ср.*: вселе́н/ск/ий*)
всели́ться, -лю́сь, -ли́тся, в/сел/и/ть/ся
всеме́рно, вс/е/мер/н/о/
всемеро́м, в/сем/ер/ом/
всеми́рный, вс/е/мир/н/ый
всео́бщий, вс/е/общ/ий
- всеобъе́млющий, вс/е/объемл/ющ/ий (*ср.*: объём; *черед.* **м — мл**)
всё равно́, всё равн/о/
в сердца́х, в серд/ц/ах/
всеросси́йский, вс/е/российск/ий
всерьёз, в/серьёз/
всесою́зный, вс/е/союз/н/ый
всесторо́нний, вс/е/сторон/н/ий
всё-таки
всецело́, *нареч.*, вс/е/цел/о/
всечасно, вс/е/час/н/о/
всея́дный, вс/е/яд/н/ый, *кратк. форма* -ден, -дна
в си́лу (в силу обстоятельств)
вскара́бкаться, -аюсь, -ается, вс/карабк/а/ться
вскачь, в/скачь/
в скла́дчину, в склад/чин/у/

всклоко́ченный, вс/клокоч/енн/ый
вскло́ченный, вс/клоч/енн/ый
- вскользь, в/скользь/
вско́ре, в/скор/е/
вскочи́ть, в/скоч/и/ть (*ср.*: в/ска́к/ива/ть; *черед.* **а — о к — ч**)
всласть, в/сласть/
вслед, в/след/ *и* восле́д, во/-след/
всле́дствие, *предлог* (вследствие болезни), *но сущ.* в сле́дствие (в следствие по делу преступника включился прокурор), в/след/стви/е/
вслепу́ю, *нареч.*, в/слеп/ую/
вслух, в/слух/
- всмя́тку, в/с/мя/т/к/у/
вспа́ханный, вс/пах/а/нн/ый
вспаха́ть, вс/пах/а/ть
всплесну́ть, вс/плес/ну/ть (*ср.*: плеск/а́/ть); *к перед суфф.* -ну- *выпадает*
всплошну́ю, в/сплош/н/ую/
вспомина́ть, -а́ю, -а́ет, вс/помин/а/ть
вспомога́тельный, вс/помог/а/тельн/ый
вспомоществова́ние, вс/помощ/еств/ов/а/ни/е (*ср.*: вс/помощ/еств/ов/а́/ть)
- вспорхну́ть, -ну́, -нёт, вс/порх/ну/ть
вспры́снуть, -сну, -снет, вс/прыс/ну/ть
- вспы́льчивый, вс/пыль/чив/ый
вспы́хнуть, вс/пых/ну/ть (*ср.*: вс/пы́ш/к/а; *черед.* **х — ш**)
вспять, вс/пять/ (*ср.*: пя́т/и/ть/ся)
встарь, в/старь/
встрево́женный, вс/трево́ж/енн/ый, *прич.* (они этим встревожены), *прил.* (их

---

* в с е л е н с к и й — то же, что «всемирный» (*устар.*)

лица встревоженны и озабоченны)
- **встрепену́ться**, -ну́сь, -нётся, вс/трепе/ну/ть/ся (*историч. родств. слову «трепет»; т выпало перед -ну-*)

  вступи́ть, -плю́, -пит, в/сту́п/и/ть

  всухомя́тку, в/сух/о/мя/т/к/у/

  всуху́ю, *нареч.*, в/сух/ую/

  всхли́пнуть, всхлип/ну/ть (*ср.:* всхли́п/ыва/ть)

  всхо́жесть, вс/хож/есть (*ср.:* вс/ход/и́/ть; *черед.* д — ж)

  всхрапну́ть, вс/храп/ну/ть

  всю́ду, *нареч.*

  вся́ческий, всяч/еск/ий (*ср.:* вся́к/ий; *черед.* к — ч)

- **вта́йне**, в/тайн/е/

  втёмную, *нареч.*, в/тём/н/ую/

  в тече́ние (как долго? — в течение недели; где? — в течении реки), в теч/е/ни/е/

  втира́ние, в/тир/а/ни/е (*ср.:* в/тер/е́/ть; *черед.* и — е)

  втихомо́лку, в/тих/о/молк/у/

  вто́ргнуться, *прош. вр.* вто́ргнулся *и* вто́ргся, вто́рглась, вторг/ну/ть/ся

  вторже́ние, вторж/ени/е (*ср.:* вто́рг/ну/ть/ся; *черед.* г — ж)

- **вто́рник** (*историч. от* второй, *т. е.* второй день недели)

  второкла́ссник, втор/о/класс/ник

- **второпя́х**, в/торо́п/ях/

  второстепе́нный, втор/о/сте-

пен/н/ый, *кратк. форма* -е́нен, -е́нна

  в-тре́тьих, в-/треть/их/

- **втридо́рога** [*не* втридо́рога] в/три/дорог/а/

- **втро́е**, *нареч.*, в/тр/ое/

  втроём, *нареч.*, в/тр/о/ём/

  втройне́, *нареч.*, в/тр/ой/н/е

  вту́не (напра́сно), в/туне/ (*ср.:* туне́я́д/ец)

  в тупи́к (поставить кого-нибудь в тупик)

  вуа́ль, *ж. р., род. ед.* -и

  вульгаризи́ровать*, -ру́ю, -рует, вульгар/изиров/а/ть, *двувид.*

  вульгари́зм* [*не* изьм], вульгар/изм

  вульга́рный* (*от лат.* «вульга́рис» — обычный, простой), вульгар/н/ый, *кратк. форма* -рен, -рна

  в упо́р, в у/пор/

  вхолосту́ю, *нареч.*, в/холост/ую/

  в це́лом, в цел/ом/

- **вчера́**, *прил.* ⟨-/шн/ий⟩

  вчерне́, *нареч.*, в/черн/е/

- **вче́тверо**, *нареч.*, в/четв/ер/о/

  вчетверо́м, *нареч.*, в/четв/ер/ом/

  в-четвёртых, в-/четв/ёрт/ых/

  вчисту́ю, в/чист/ую/

  вчу́же, в/чуж/е/

  вше́стеро, *нареч.*, в/шест/ер/о/

- **вшестеро́м**, в/шест/ер/ом/

  вширь, *нареч.* (раздаться вширь), в/ширь/, *но сущ.* **в ширь** (в ширь степей)

---

* в у л ь г а р и з и р о в а т ь — представлять в вульгарном, грубо упрощённом, искажённом виде

* в у л ь г а р и з м — вульгарное, пошлое, непристойное слово или выражение, употреблённое в литературном языке

* в у л ь г а р н ы й — 1) пошлый, грубый; 2) упрощённый до искажения, опошления: вульгарное изложение учения

в шу́тку, в шут/к/у/
въезжа́ть [ж'ж' *и допуск.* жж], въ/езж/а́/ть
въе́сться, -е́мся, -е́стся, въ/ес/ть/ся
въявь, *нареч.*, въ/явь/ (*ср.:* я́в/н/ый)
выбира́ть, вы/бир/а́/ть (*ср.:* вы́/бер/у; *черед. и — е*)
• вы́боина, вы/бо/ин/а (*ср.:* вы́/би/ть; *черед. и — ой*)
вы́боры, *род. мн.* -ов [*не* выбора́, -о́в], вы/бор/ы
вы́вешенный (*от* вы́/вес/ить), вы/веш/енн/ый; *черед. с — ш*
вы́винченный, вы/винч/енн/ый (*ср.:* винт; *черед. т — ч*)
вы́вих, вы/вих
вы́водок, вы/вод/ок
вы́года, выгод/а
выгора́ть, вы/гор/а́/ть
выгреба́ть, вы/греб/а́/ть
вы́грести, -гребу́, -гребет, вы/грес/ти
выдвиже́нец, *род. ед.* -нца, *тв. ед.* -нцем, вы/движ/е/н/ец (*ср.:* дви́г/а/ть; *черед. г — ж*)
• выдвиже́ние, вы/движ/ени/е
вы́держанный, *прич., кратк. форма* -ан, -ана (обстановка выдержана в строгом стиле) *и прил., кратк. форма* -ан, -анна (она очень выдержанна), вы/держ/а/н/н/ый
вы́долбленный, вы/долбл/енн/ый (*ср.:* долб/и́/ть; *черед. б — бл*)
вы́дох, вы/дох (*ср.:* в/дох, в/дых/а́/ть; *черед. о — ы*)
вы́еденный, вы/ед/енн/ый
вы́езженный, вы/езж/енн/ый (*ср.:* е́зд/и/ть; *черед. д — ж*)
вы́емка, вы/ем/к/а

• вы́жженный [ж'ж' *и допуск.* жж], вы/жж/енн/ый (*ср.:* вы́/жг/у; *черед. г — ж*)
вы́жить, вы/жи/ть
• выздора́вливать, вы/здоравл/ива/ть (*ср.:* здоро́в/ье; *черед. в — вл; о — а*)
• вы́здороветь, вы́здоровею, вы́здоровеешь [*не* вы́здоровлю, вы́здоровишь], вы/здоров/е/ть
вы́зов, вы/зов
вызыва́ть, вы/зыв/ать (*ср.:* зов; *черед. о — ы*)
вы́игрыш, вы/игр/ыш
• вы́йти, вы́йду, выйдет, *прош. вр.* вы́шел, вы́шла, вы/й/ти
вы́катить, -качу, -катит, вы/кат/и/ть
выключа́тель, вы/ключ/а/тель
выкорчёвка, вы/корчёв/к/а
выкорчёвывать, вы/корчё/в/ыва/ть
вы́лазка, вы/лаз/к/а
вы́лакать, вы/лак/а/ть
вы́ложенный, вы/лож/енн/ый
вы́местить, -ещу, -стит, вы/мест/и/ть; *черед. ст — щ*
вы́мечко, вым/ечк/о (*от* вы́мя)
вымога́тельство, вымог/а/тель/ств/о
• вы́мпел, *род. ед.* вы́мпела, *им. мн.* вы́мпелы *и допуск.* вымпела́, -о́в
вы́мысел, *род. ед.* -сла, вы́/мысел; *черед. е — нуль звука*
вы́мя, *только ед., род. ед.* вы́мени, вым/я, вым/ен/и
вынима́ть, вы/ним/а/ть, *сов.* вы/ну/ть — *из* вы́/ня/ть (*историч.*); *черед. я — им*
вы́пад, вы/пад
выплыва́ть, вы/плыв/а/ть
вы́прячь, -ягу, -яжет, -ягут, вы/прячь; *черед. г — ж — ч*

57

вы́пукло-во́гнутый, выпукл/о-во/г/ну/т/ый
• вы́работка, *род. мн.* -ток, вы́/работ/к/а
выража́ться, выраж/а/ть/ся
выраже́ние, выраж/ени/е (*ср.*: вы́раз/и/ть; *черед. ж — з*)
выраста́ть, вы/раст/а/ть
выра́щивать, вы/ращ/ива/ть (*ср.*: расти́; *черед. ст — щ*)
вы́ровнять, вы/ровн/я/ть
вы́ронить, вы/рон/и/ть
вы́росший, вы/рос/ш/ий
вы́селок, *род. ед.* вы́селка, *им. мн.* вы́селки, *род. мн.* вы́селок, вы/сел/ок
вы́ситься, вы́шусь, вы́сится, выс/и/ть/ся
• вы́скочить, вы/скоч/и/ть (*ср.*: вы/ска́к/ива/ть; *черед. о — а, к — ч*)
вы́сланный, вы/сл/а/нн/ый (*от* вы́слать)
высме́ивать, вы/сме/ива/ть
высоково́льтный, выс/ок/о/вольт/н/ый
высококвалифици́рованный, выс/ок/о/квалифиц/иров/а/нн/ый
высококульту́рный, выс/ок/о/культур/н/ый
вы́спренний*, выспренн/ий, *сущ.* ⟨-н/ость⟩
вы́ставить, вы/став/и/ть
вы́стланный (*от* вы́стлать), вы/стл/а/нн/ый *и допуск.* вы/стел/енн/ый (*от* вы́/стел/и/ть)
вы́строгать *и* вы́стругать, вы/строг/а/ть, вы/струг/а/ть
вы́сший, выс/ш/ий

вытанцо́вывать, вы/танц/о/в/ыва/ть
вы́тесненный*, вы/тесн/енн/ый (*от* вы́/тесн/и/ть) (*ср.*: тесни́ть)
вы́тисненный*, вы/тисн/енн/ый (*от* вы́/тисн/и/ть) (*ср.*: ти́снуть)
вы́тяжка, вы/тяж/к/а
вы́хухоль, *м. р., род. ед.* -я *и ж. р., род. ед.* -и
• вы́честь, вы́чес/ть, *глаг.* ⟨вы/чит/а́/ть⟩; *черед. е — и, т — с*
• вы́чет, вы/чет
вычисле́ние, вы/числ/ени/е
• вычита́ние, вы/чит/а/ни/е
вышеизло́женный, выше/излож/енн/ый
вышестоя́щий, выше/сто/ящ/ий
вышеупомя́нутый, выше/у/помя/ну/т/ый
• вышина́, выш/ин/а (*ср.*: высь; *черед. с — ш*)
вы́школенный, вы/школ/енн/ый
вы́щелочить, вы/щелоч/и/ть
вы́явленный, вы/явл/енн/ый
вьюга [*не* вьюга́], вьюг/а
вьюк, *глаг.* ⟨вьючить⟩; *черед. к — ч*
вьюн, *м. р., род. ед.* -а́
вя́занный, *прич.* (вя́занная девочкой кофта), вяз/а/н/н/ый
вя́заный, *прил.* (вя́заная кофта), вяз/а/н/ый
вяза́ть, вяз/а/ть
вя́зкий, вяз/к/ий, *кратк. форма* вя́зок, вязка́ *и* вя́зка, вя́зко, вя́зки

---

* в ы́ с п р е н н и й — напыщенный, чрезмерно торжественный, украшенный (о речи), выспренний стиль речи

* в ы́ т е с н и т ь — тесня, удалить; заставить уйти

* в ы́ т и с н и т ь — сделать посредством тиснения, надавливания узор, надпись

вя́ленный, *прич.* (вя́ленная на солнце рыба), вял/енн/ый

вя́леный, *прил.* (вя́леная рыба), вял/ен/ый
вя́щий*, вящ/ий

Г

габарди́н*, *род. ед.* габарди́на *и* габарди́ну
● габари́т*, *род. мн.* -ов
● га́вань, *ж. р., род. ед.* -и
гага́чий, -чья, -чье, гаг/ач/ий/
гадю́ка, гад/юк/а
● газе́та, газет/а
● газиро́ванный (*от* газ/и́ров/а/ть), газ/иров/а/нн/ый
● газифика́ция, газ/ификаци/я
● газифици́ровать, -рую, -рует, газ/ифициров/а/ть, *двувид.*
● газо́н*, *род. ед.* -а
газообра́зный, газ/о/образ/н/ый, *кратк. форма* -зен, -зна
газопрово́д [*не* газопро́вод], газ/о/про/вод
газоубе́жище, газ/о/у/беж/ищ/е
гала́ктика, *им. мн.* -и, галактик/а

галантере́я*, *только ед.,* галантере/я, *прил.* ⟨-/й/н/-ый⟩
гала́нтный, галантн/ый, *сущ.* ⟨-н/ость⟩
галде́ть, *1-е лицо ед. не употр.,* -ди́т, галд/е/ть
гале́ра, галер/а
● галере́я*, галере/я
галёрка, галёрк/а
галета́*, галет/а
галифе́, *нескл., мн. ч.* (широ́кие галифе́)
гало́п, *только ед., род.* -а
● галлюцина́ция*, галлюцин/аци/я
га́лочий, -чья, -чье, галоч/ий/
● гало́ша, галош/а *и* кало́ша, калош/а
га́лстук, *род. ед.* -а
галу́н, *род. ед.* -а́

---

* в я́ щ и й (*устар.*) — бо́льший, более сильный: для вящего удовольствия

* г а б а р д и́ н — плотная шерстяная ткань для верхней одежды

* г а б а р и́ т — размер, величина чего-нибудь: машин, вагонов и т. д.

* г а з о́ н — площадка в саду, на бульваре и т. п., засеянная травой, которая обычно подстригается, а также трава, посеянная на этой площадке

* г а л а н т е р е́ я — общее торговое название предметов туалета и личного обихода (напр., ленты, кружева, пуговицы, нитки и др.)

* г а л е р е́ я — 1) узкое крытое помещение, соединяющее части здания, а также длинный балкон вдоль здания; 2) длинный подземный ход при горных работах и в военных сооружениях; 3) картинная галерея — музей, помещение для выставок

* г а л е́ т а — плоская сушёная лепёшка из пресного теста (употребляемая взамен хлеба в походных условиях)

* г а л л ю ц и н а́ ц и я — связанное с психическими расстройствами болезненное состояние, при котором возникает обман слуха, зрения, обоняния и т. д.

галчо́нок, галч/онок (*ср.*: га́лк/а; *черед.* **к — ч**)
гальвани́ческий, гальван/и́ческ/ий
гама́к, *род. ед.* -а́, *им. мн.* -й, *род. мн.* -о́в
гама́ши, *род. мн.* гама́ш, *им. ед.* -ша, *род. ед.* -и, гамаш/и
• га́мма, гамм/а
гангре́на*, гангре́н/а, *прил.* <-/о́зн/ый>
га́нгстер [тэ *и* те], *род. ед.* -а
• гара́ж, *род. ед.* -а́, *им. мн.* -й, *род. мн.* -е́й
гара́нт* (*от франц.* «гара́нт» — поручительство)
• гара́нтия, гарант/и/я, *глаг.* <-/и́ров/а/ть>
• гардеро́б (*франц.* «гард» — хранение + «роб» — платье), *род. ед.* -а
• гарди́на, гарди́н/а
гармо́ния (*греч.* «а́рмо» — соединяю, сочетаю), гармо́н/и/я
гармо́нь, *ж. р., род. ед.* -и
• гарнизо́н, *род. ед.* -а
• гарни́р, *род. ед.* гарни́ра *и* гарни́ру
• гарниту́р, *род. ед.* -а
• гарпу́н, *род. ед.* -а́
гарцева́ть*, -цу́ю, -цу́ет, гар-ц/ева́/ть
гастри́т (*от греч.* «га́стер» («га́строс») — желудок

гастроле́р, гастрол/ёр
• гастроно́мия* [*не* гастрономи́я] (*от греч.* «га́стер» («га́строс») — желудок + + «но́мос» — закон), гастроном/и/я, *прил.* <-/и́ческ/ий>
гауптва́хта, гауптвахт/а
га́шенный, *прич.*, гаш/енн/-ый (*от* гас/и́/ть; *черед.* **с — ш**)
гашёный, *прил.* (гашёная известь), гаш/ён/ый
• гварде́ец, гварде/ец (*ср.*: гва́рди/я; *черед.* **е — и**)
• гвозди́ка, гвозди́к/а
где бы то ни́ было
где-ли́бо, *нареч.*
где-нибу́дь, *нареч.*
где́-то, *нареч.*
• гегемо́ния* [*не* гегемони́я], гегемо́н/и/я
• ге́йзер [зэ *и допуск.* зе], *род. ед.* -а
• гекта́р [*не* ге́ктар], *род. мн.* -ров
гелиотро́п* (*от греч.* «ге́лиос» — солнце), *род. ед.* -а
гематоге́н, *только ед., род.* -а
гемоглоби́н, *только ед., род.* -а
• генера́л, *род. ед.* -а
генерали́ссимус, генерал/и́ссимус, *род. ед.* -а
генера́льный, генера́ль/н/ый
генера́тор, генер/а́тор (*ср.*:

---

* г а н г р е н а — омертвление тканей организма, сопровождающееся их гниением

* г а р а н т — государство, учреждение или лицо, дающее в чём-либо гарантию

* г а р ц е в а т ь — молодецки, ловко ездить верхом

* г а с т р о н о м и я — совокупность пищевых товаров, преимущественно закусочных

* г е г е м о н и я — руководство, главенство в руководстве

* г е л и о т р о п — 1) садовое травянистое душистое растение с тёмно-лиловыми лепестками; 2) минерал тёмно-зелёного цвета с красными крапинками

генер/и́ров/а/ть — производить, возбуждать, главным образом, электрические колебания)
гене́тика [нэ] (от греч. «ге́незис» — происхождение), генет/ик/а, прил. ⟨-/и́ч/еск/ий⟩
гениа́льный, гени/альн/ый, кратк. форма. -лен, -льна
ге́ний, род. ед. -я
геноци́д*, только ед., род. -а
геогра́фия (греч. «ге́(о)» — земля + «гра́фо» — пишу), географ/и/я
геоде́зия [дэ] (греч. «ге́(о)» — земля + «де́зиа» — разделять), геодез/и/я
геоло́гия (греч. «ге́(о)» — земля + «ло́гос» — слово, учение), геолог/и/я
геоме́трия (греч. «ге́(о)» — земля + «ме́тро» — измеряю), геометр/и/я
георги́н, род. мн. -ов и допуск. георги́на, род. мн. -ин
гера́нь, ж. р., род. ед. -и
герба́рий (лат. «ге́рбум» — растение), род. ед. -я, им. мн. -и, род. мн. -ев, гербар/ий/, прил. ⟨-/н/ый⟩
геркуле́с, род. ед. -а
гермети́ческий, гермет/и́ческ/ий (ср.: гермет/изи́ров/а/ть)
герои́зм [не изъм], геро/и́зм, прил. ⟨-/и́ческ/ий⟩
Геро́й Сове́тского Сою́за
Геро́й Социалисти́ческого Труда́
гиаци́нт, род. ед. -а

● ги́бель, ж. р., только ед., род. -и, гиб/ель (ср.: ги́б/ну/ть)
ги́бкий, гиб/к/ий (ср.: с/ги́б/а́/ть), кратк. форма ги́бок, гибка́, ги́бко
● гибри́д, род. ед. -а
● гига́нт (греч. «ги́гас» — огромный), род. ед. -а
● гига́нтский [нцᶜ], гигант/ск/ий
● гигие́на, гигиен/а, прил. ⟨-/и́ческ/ий⟩
гигроскопи́ческий*, гигроскоп/и́ческ/ий (ср.: гигроско́п)
● гидравли́ческий (греч. «гидра́вликос» — водяной), гидравлич/еск/ий (ср.: гидра́влик/а; черед. к — ч)
гидросамолёт (греч. «ги́дро» — вода, влага), гидро/сам/о/лёт
гидроэлектроста́нция, гидро/электр/о/станци/я
гие́на*, род. ед. -ы, гиен/а
гильоти́на, гильотин/а
гимна́зия, гимназ/и/я
● гимна́ст (греч. «ги́мнос» — обнажённый)
● гимнастёрка, гимнастёрк/а
● гимна́стика, гимнаст/ик/а, прил. ⟨-/и́ч/еск/ий⟩; черед. к — ч
гинеколо́гия, гинеколог/и/я
● гипе́рбола (греч. «ги́пер» — над, сверх), гипербол/а, прил. ⟨-/и́чн/ый⟩
гиперболиза́ция, гипербол/изаци/я
гипертони́я (греч. «ги́пер» —

---

* геноци́д — истребление отдельных групп населения, целых народов по расовым, национальным или религиозным мотивам
* гигроскопи́ческий — вбирающий в себя, поглощающий влагу, напр.: гигроскопи́ческая вата
* гие́на — хищное млекопитающее южных стран, питающееся палью

над, сверх + «тонос» — напряжение), гипертон/и/я, *прил.* ⟨-/йческ/ий⟩
* **гипно́з**, *род.* -а
гипнотизёр, гипнот/изёр
* **гипо́теза** [*не* тэ], гипотез/а
гипотену́за [*не* тэ], гипотенуз/а
* **гиппопота́м**, *род. ед.* -а
гипю́р*, *только ед., род.* -а
* **гирля́нда**, гирлянд/а
* **гита́ра**, гитар/а
главнокома́ндующий, *род. ед.* -его, глав/н/о/команд/у/ющ/ий
гладиа́тор, *род. ед.* -а
гладио́лус, *род. ед.* -а
гла́дкий, глад/к/ий, *кратк. форма* гла́док, гладка́, гла́дко, гла́дки, *сравн. ст.* гла́же
гла́женный, *прич.* (глаженный девочкой платок), глаж/енн/ый (*от* глад/и/ть; *черед.* д — ж)
гла́женый, *прил.* (глаженый платок), глаж/ен/ый
глазиро́ванный*, глаз/иро́в/а/нн/ый (*от* глаз/иро́в/а́/ть)
глазу́рь, *ж. р., род. ед.* -и
* **гла́сность**, *ж. р., род. ед.* -и, глас/н/ость
* **глаша́тай**, *м. р., род. ед.* -я, глаш/атай (*от* глас/и́/ть; *черед.* с — ш)
гле́тчер, *прил.* ⟨-р/н/ый⟩
гли́нистый, глин/ист/ый

гли́няный, глин/ян/ый
* **гли́ссер*** [*не* глиссёр], глисс/ер (*ср.:* глисс/иров/а/ни/е — скольжение по воде глиссера)
* **глицери́н**, *прил.* ⟨-н/ов/ый⟩
глоба́льный*, глобальн/ый
* **глода́ть**, гложу́, гло́жет, *повел. накл.* гложи́, глод/а/ть
глубина́, глуб/ин/а, *прил.* ⟨-/йн/н/ый⟩
глубо́кий, глуб/ок/ий, *кратк. форма* глубо́к, глубока́, глубо́ко и глубоко́, глубоки́ и глубо́ки; *сравн. ст.* глуб/ж/е
глубоково́дный, глуб/ок/о/вод/н/ый
глубокомы́сленный, глуб/о/к/о/мысл/енн/ый, *кратк. форма* -ен, -енна
* **глубокоуважа́емый** [*не* глубокоуважаемый], глуб/о/к/о/уваж/а/ем/ый
глухонемо́й, глух/о/нем/ой
глушь, *ж. р., только ед. род.* -й, *тв.* глу́шью
глюко́за, глюкоз/а
гляде́ть, гляжу́, гляди́, гляд/е/ть
* **гля́нец**, *только ед., род.* -нц, *прил.* ⟨глянц/еви́т/ый⟩
гнедо́й, гнед/ой
гнести́, гнету́, гнетёт, гнес/ти́, *черед.* т — с
гни́лостный, гни/л/ост/н/ый
гну́сный, гнусн/ый, *кратк. форма* -сен, -сна́, -сно
гобеле́н*, *род. ед.* -а

---

* г и п ю р — сорт кружев с выпуклым узорным рисунком

* г л а з и р о в а н н ы й — 1) покрытый, залитый глазурью — густым сахарным сиропом, в котором варят фрукты: глазированные булочки; 2) глянцевитый; глазированная бумага

* г л и с с е р — плоскодонное быстроходное судно, легко скользящее по поверхности воды

* г л о б а л ь н ы й — охватывающий весь земной шар, всеобщий

* г о б е л е н — 1) стенной ковёр с вытканными узорами, изображениями; 2) плотная декоративная ткань с вытканными узорами

говори́ть, -рю́, -ри́т, говор/и́/ть
• говя́дина, говя́д/ин/.а (от устар. «говя́до» — крупный рогатый скот, ср.: говя́ж/ий; черед. д — ж)
гогота́нье, только ед., род. -я, гогот/а/нь/е
годовщи́на, год/ов/щи́н/а
голáвль, м. р., род. ед. -я́
• голени́ще, им. мн. -а, голе́н/ищ/е (от го́лень)
• го́лень, ж. р., род. ед. -и
• голла́ндец, род. ед. -а, им. мн. -ндцы, род. мн. -ев, голла́нд/ец
голла́ндский, голла́нд/ск/ий
• голове́шка, род. мн. -шек, голове́ш/к/а (от головня́ в первом значении)
головня́[1,2]*, род. мн. -е́й, головн/я́
головокруже́ние, голов/о́/круж/е́ни/е
гололе́дица [не лё, но гололёд], гол/о/ле́д/иц/а
голосова́ние, голос/ов/а́/ни/е
голубе́ц, род. ед. -бца́, тв. ед. -бцо́м (вид кушанья)
голубо́й, голуб/о́й (ср.: го́лубь — птица названа так по голубо́му цвету оперения шейки)
голытьба́, гол/ытьб/а́

голы́ш, род. ед. -а́, тв. ед. -о́м, гол/ы́ш
гомеопа́тия*, гомеопа́т/и/я
гомери́ческий* (смех), гомери́ческ/ий, нареч. гомери́ческ/и/.
• го́мон, только ед., род. -а
гондо́ла*, гондо́л/а
гонора́р, прил. ⟨-/н/ый⟩
• гонча́р, род. ед. -а́, прил. ⟨-/н/ый⟩
гора́здо, нареч. (гора́здо лу́чше), гора́зд/о/
горемы́ка, м. и ж. р., гор/е́/мы́к/а
• го́рестный [сн], го́р/ест/н/ый, кратк. форма -стен, -стна́ [сн]
• горе́ть, гор/е́/ть, сущ. ⟨-/é/ни/е⟩
горихво́стка*, род. мн. -ток, гор/и/хво́ст/к/а
• горизо́нт (греч. «гори́зо» — ограни́чиваю, «го́рос» — преде́л; буквально 'разграни́чивающий'), прил. ⟨-/а́ль/н/ый⟩
горицве́т*, гор/и/цве́т
• гори́лла, род. ед. -ы, гори́лл/а
• го́рлинка, род. мн. -нок, го́рл/инк/а (ср.: го́рл/иц/а)
го́рлышко, род. мн. -шек, го́рл/ышк/о

---

* г о л о в н я́ [1] — тлеющее или обгорелое полено, кусок дерева, бревно
* г о л о в н я́ [2] — грибковая болезнь хлебных злаков, уничтожающая .рно
* г о м е о п а́ т и я — лечение болезни, основанное на использовании .алых доз лекарств, приготовленных главным образом из растений
* г о м е р и́ ч е с к и й — неудержимый, необычайной силы смех (хо-.т) (от описания смеха богов в поэме Гомера «Илиада»)
* г о н д о́ л а — 1) венецианская лодка с каютой для пассажиров; корзина для пассажиров воздушного шара, а также помещение для .одей в аэростате или дирижабле
* г о р и х в о́ с т к а — небольшая певчая птица с рыжим хвостом
* г о р и ц в е́ т — название некоторых диких и декоративных травя-.стых растений с ярко-жёлтыми и красными цветками

гормо́н*, *прил.* ⟨гормон/а́ль-н/ый⟩
горни́ст, горн/и́ст
го́рница, горниц/а
го́рничная [*допуск. устар.* шн], горнич/н/ая
● горноста́й, *прил.* ⟨горноста́/ев/ый⟩
● го́род (*исконно русск., полногласие* -оро-; *ср.:* град *в знач.* 'город' — *ст.-слав., неполногласие* -ра-), *им. мн.* -а́, *род. мн.* -о́в, за́ городом (в пригородной местности), за го́родом (вне города), за́ город (в пригородную местность), за го́род (вне города)
городи́ть, горожу́, горо́дит *и* городи́т, город/и́/ть; *череп. д — ж*
городи́шко, город/и́шк/о
городни́чий, *род. ед.* -его, город/нич/ий
городо́шник, город/о́ш/ник (*ср.:* город/о́к — деревянная чурка (рюха), выбиваемая палкой из города* при игре в городки)
горожа́нин, *им. мн.* -а́не, *род. мн.* -а́н, горож/анин
● горо́х, *только ед., род.* горо́ха *и* горо́ху, *сущ.* ⟨-ш/ек, -ш/ин/а, -ш/ин/к/а⟩; *череп. х — ш*
го́рсточка, *род. мн.* -чек, горст/оч/к/а
горсть, *ж. р., им. мн.* -и, *род. мн.* -е́й
горта́нь, *ж. р., род. ед.* -и
го́рче, *сравн. ст. от* го́рький (*преимущ. в знач.* 'относящийся к вкусу'; го́рче на вкус), горч/е
горчи́ца, горч/иц/а, *прил.* ⟨-/и́ч/н/ый⟩ [шн], *сущ.* ⟨-/и́ч/н/ик⟩ [шн]; *череп. ч — ц*
го́рше, *сравн. ст. от* го́рький (*в знач.* 'горестный' 'тяжёлый'; вторая беда го́рше первой), горш/е
горшо́к, *род. ед.* -шка
го́рький, горьк/ий, *кратк. форма* го́рек, горька́, го́рько, го́рьки *и допуск.* горьки́
горя́чий, горяч/ий, *сущ.* ⟨-/ность⟩
● го́спиталь, *род. ед.* -я, *им. мн.* -и, *род. мн.* -ей, *прил.* ⟨госпита́ль/н/ый⟩
госпо́дство, господ/ств/о
гостеприи́мный, гост/е/при/и́м/н/ый
гости́ная, гост/ин/ая
гости́нец, *род. ед.* -нца
● гости́ница, гостиниц/а (*историч.* гост/и́н/иц/а, *от устар.* «гость» *в знач.* 'купец', *ср.:* гости́ный двор
гость, *род. ед.* -я, *им. мн.* -и, *род. мн.* -е́й
го́стья, *род. ед.* -и, *им. мн.* -и, *род. мн.* -тий, гость/
● госуда́рство, государ/ств/о, *прил.* ⟨-/енн/ый⟩
готи́ческий, готич/еск/ (*ср.:* го́тик/а; *череп.* к — ч
● готова́льня, *род. мн.* -ле, готовальн/я
● гото́вый, готов/ый
● гофриро́ванный* [*не* гофр

---

* г о р м о н — вещество, выделяемое в кровь железами внутренней секреции и возбуждающее деятельность тех или иных органов
* г о р о д — в подвижных играх (напр., лапта, городки) место, лагерь каждой из партий (обычно обозначенные на земле чертежами)
* г о ф р и р о в а н н ы й — представляющий собой ряды параллельных волнистых фигурных складок на чём-либо (на тканях, жести и т. п.)

рованный], гофр/ирова/нн/ый
грабли, *только мн., род.* гра́бель *и* гра́блей, *тв.* гра́блями [*не* граблей, граблями], грабл/и
гравёр [*не* гра́вер], грав/ёр
• **гра́вий**, *только ед., м. р., род.* -я, *прил.* ⟨-вий/н/ый⟩
гравирова́ть, -ру́ю, -ру́ет, грав/иров/а/ть, *сущ.* ⟨-/а́/ни/е⟩
• **гравю́ра**, грав/юр/а (*от* грав/иров/а́/ть)
• **града́ция***, градаци/я
граждани́н, *им. мн.* гра́ждане, *род. мн.* гра́ждан, *дат. мн.* гра́жданам, граждан/ин, *прил.* ⟨гражда́н/ск/ий⟩
гражда́нство [*не* гра́жданство], граждан/ств/о
грамза́пись, грам/за/пись
• **грамм**, *им. мн.* гра́ммы, *род. мн.* гра́ммов, *счётные формы* грамм *и* гра́ммов
грамма́тика (*лат.* «гра́мма» — запись, буква), граммат/ик/а, *прил.* ⟨-/и́ч/еск/ий⟩; *черед.* к — ч
граммофо́н, *прил.* ⟨-фо́н/н/ый⟩
• **гра́мота**, грамот/а, *прил.* ⟨-н/ый⟩
граммпласти́нка, *род. мн.* -нок, грам/пластин/к/а
грана́т*, *прил.* ⟨-т/ов/ый⟩; *в первом знач. род. мн.* грана́тов *и допуск.* грана́т; *во втором знач.* грана́тов [*не* грана́т]

грана́та, гранат/а
грандио́зный (*лат.* «гра́ндис» — большой), грандиозн/ый, *кратк. форма* -зен, -зна
гранённый, *прич.* (гранённый мастером алмаз), гран/ённ/ый
гранёный, *прил.* (гранёный стакан), гран/ён/ый
• **грани́т** (*из итал., от лат.* «гра́нум» — зерно), *род. ед.* -а
• **грани́ца**, границ/а (*историч. от* грань)
• **графи́н**, *род. ед.* -а
• **графи́т**, *прил.* ⟨-н/ый; -ов/ый⟩
графлённый, *прич.* (графлённый учеником лист бумаги), графл/ённ/ый
графлёный, *прил.* (графлёный лист бумаги), графл/ён/ый
• **грацио́зный**, граци/озн/ый
гре́бень, *м. р., род. ед.* гре́бня [*не* гребня́], *мн. им.* гре́бни, *род. мн.* -ей [*не* гребни́, -е́й]
гре́зить, гре́жу, гре́зит, грез/и/ть; *черед.* з — ж
гре́йдер [дэ], *им. мн.* -ы, *род. мн.* -ов; *в профессион. речи* грейдера́, -о́в
гре́йпфрут* [рэ; *не* грейфру́кт], *род. ед.* -а
греме́ть, -млю́, -ми́т, грем/е/ть (*ср.*: гром; *черед.* е — о, м — мл)
грено́к, *род. ед.* -нка́, *им. мн.*

---

* г р а д а ц и я — последовательность, постепенность в расположении чего-нибудь, при переходе от одного к другому

* г р а н а т — омонимы: 1) южное дерево, а также его круглый тёмно-красный плод кисло-сладкого вкуса; 2) полудрагоценный камень, преимущ. тёмно-красного цвета

* г р е й п ф р у т — плодовое дерево семейства цитрусовых, а также плод его, напоминающий апельсин

гренки́, *род. мн.* гренко́в и *допуск.* гре́нки, гре́нок
грести́, гребу́, гребёт, грес/ти́
• гре́цкий (грецкий орех), грец/к/ий (*из* греч/еск/ий)
• гре́ческий (гре́ческий язык), греч/еск/ий (*ср.:* грек; *черед.* к — ч)
гречи́ха, греч/их/а (*ср.:* греч/а) (*историч. от* грек; *славяне узнали это растение через посредство греков*)
гре́чневый [*допуск. устар.* шн], греч/н/ев/ый
грилья́ж*, *м. р., род. ед.* -а, *тв. ед.* -жем
грим, *только ед., род.* -а, *глаг.* ⟨грим/иров/а́ть⟩
грима́са, гримас/а
гримёр, грим/ёр
грипп [п], *род. ед.* -а, *им. мн.* -ы, *род. мн.* -ов; в гриппу́ и в гри́ппе
• гри́фель, *м. р., род. ед.* -я, *им. мн.* гри́фели, *род. мн.* -ей [*не* грифеля́, -ей]
гроздь, *ж. р., род. ед.* -и, *им. мн.* гро́зди, *род. мн.* гроздей *и* гро́здья, -ев
• грома́дный, громад/н/ый
• громозди́ть, -зжу́ [ж'ж' *и допуск.* жж], -зди́шь, громозд/и́/ть, *прил.* ⟨-/к/ий⟩
громоотво́д, гром/о/от/вод
громыха́ть, -а́ю, -а́ешь, громых/а́/ть
• гроссме́йстер [с], *им. мн.* -ы, *род. мн.* -ов
гроте́ск* [тэ], *м. р., род.* -а
• грохота́ть, гро́хочу, грохо́чет, грох/от/а́/ть (*ср.:* гро́х/от)

• грош*, *м. р., род. ед.* -а́, *тв. ед.* -о́м, *им. мн.* гроши́, *род. мн.* гроше́й; *но:* Не́ было ни гро́ша, да вдру́г алты́н (*Пословица*), *прил.* ⟨грош/о́в/ый⟩
грубия́н, груб/и/ян
грубошёрстный [сн] (грубошёрстная ткань), груб/о/шёрст/н/ый
грудобрю́шный, груд/о/брюш/н/ый (*ср.:* брю́хо; *черед.* х — ш)
гру́женный, *прич.*, груж/ен/н/ый (*от* груз/и́/ть; *черед.* з — ж), *кратк. форма* -ен, -ена, -ены *и допуск.* гружённый, *кратк. форма* -ён, -ена́, -ено́, -ены́ (вагоны, гружённые лесом)
гружёный, *прил.* (гружёные вагоны), груж/ён/ый
груздь, *м. р., род. ед.* груздя́ и гру́здя, *им. мн.* -и, *род. мн.* -е́й; Назвался гру́здем — полезай в кузов (*Пословица*)
грузи́н, *род. мн.* грузи́н
грузови́к, *род. ед.* -а́, груз/о/в/ик
грузоподъёмный, груз/о/подъём/н/ый
гру́зчик, груз/чик
групо́рг, груп/орг
• гру́ппа, групп/а, *сущ.* ⟨-/к/а⟩, *глаг.* ⟨-/иров/а́/ть⟩
• гру́стный [сн], груст/н/ый, *кратк. форма* гру́стен, грустна́, гру́стно, грустны́ *и* гру́стны

---

* г р и л ь я ж — сорт шоколадных конфет с поджаренными орехами или миндалём

* г р о т е с к — в искусстве: изображение чего-нибудь в фантастическом, уродливо-комическом виде

* г р о ш — 1) старинная медная монета в две копейки, позднее полкопейки; 2) очень низкая цена (*разг.*)

грушеви́дный, груш/е/вид/-н/ый, *кратк. форма* -ден, -дна
гру́шевый [*не* грушо́вый], груш/ев/ый
грушо́вка, груш/овк/а
гры́зться, -зу́сь, -зётся, *прош. вр.* гры́зся, гры́злась, грыз/ть/ся
гря́дка, *род. мн.* -док, гряд/к/а
• гряду́щий, гряд/ущ/ий
грязелече́бница, *тв. ед.* -цей, гряз/е/леч/ебн/иц/а
гуа́шь, *ж. р., род. ед.* -и
губе́рния, губерн/и/я
гу́бка, *род. мн.* гу́бок, губк/а
гу́бчатый [*не* губча́тый], губ-ч/ат/ый (*от* гу́бк/а; *черед.* к — ч)
гулли́вый, гул/лив/ый

гуля́ш, *род. ед.* гуляша́ *и* гуля́ша
гуманиза́ция, гуман/изаци/я
• гумани́зм [*не* изьм] (*лат.* «гума́нус» — человечный, «го́мо» — человек), *только ед.*, гуман/изм
гуманита́рный, гуман/итар/-н/ый (*ср.*: гуман/ита́р/ий — человек, занимающийся гуманитарными науками, *книжн.*)
гума́нный, гуман/н/ый
гу́сеница, гусениц/а
гусь, *м. р., род. ед.* гу́ся *и допуск.* гуся́, *сущ.* ⟨-/ёнок, -/я́т/а⟩, *прил.* ⟨-/и́н/ый⟩
гутали́н, *только ед., род.* -а
гуттапе́рча*, *ж. р., только ед., род.* -и, гуттаперч/а, *прил.* ⟨-/ев/ый⟩.

Д

дава́ть, да/ва́/ть
да́вешний, даве/шн/ий (*ср.*: да́ве/ча/, *нареч.*)
давле́ние, давл/ени/е (*от* дав/и́/ть; *черед.* в — вл)
да́вленный, *прич.* давл/ен-н/ый (*ср.*: дав/и́/ть; *черед.* в — вл)
да́вленый, *прил.*, давл/ен/ый
давни́шний, давн/ишн/ий
• давны́м-давно́, *нареч.*, давн/ым-давн/о/
дагеста́нец, *род. ед.* -нца, *тв. ед.* -нцем, дагестан/-ец
• далёкий, дал/ёк/ий, *кратк. форма* далёк, далека́, далёко *и допуск.* далеко́, да-

леки́ *и* далёки
да́лее, *сравн. ст.*, дал/ее/
далеко́ *и допуск.* далёко, *нареч.*, дал/ек/о/ *и* дал/ёк/о/
дальневосто́чный, даль/н/е/-восточ/н/ый
дальне́йший, даль/н/ейш/ий
дальнобо́йный, даль/н/о/-бой/н/ый
дальнови́дный, даль/н/о/вид/-н/ый, *кратк. форма* -ден, -дна, *сущ.* ⟨даль/н/о/ви́д/-н/ость⟩
дальнозо́ркий, даль/н/о/зор/-к/ий, *кратк. форма* -рок, -рка
дальтони́зм* [*не* изьм], дальтон/изм, *сущ.* ⟨-то́н/ик⟩.

---

* г у т т а п е р ч а — упругое вещество, сходное с каучуком, которое получают из затвердевшего сока некоторых растений
* д а л ь т о н и з м — недостаток зрения: неспособность различать некоторые цвета, большей частью красный и зелёный

да́нный, *прич., кратк. форма* дан, дана́, дано́, даны́; *с отриц.* не́ дан, не дана́, не́ дано, не́ даны *и* не дано́, не даны́, да/нн/ый (*от* да/ть)
• дарвини́зм [*не* изьм], дар/вин/изм
• даре́ный *и допуск.* да́реный, *прил.* (дарёному коню в зубы не смотрят), дар/ё-н/ый
дарови́тый, дар/овит/ый
дати́ровать, -рую, -руешь, дат/иров/а/ть, *двувид.*
да́тский, дат/ск/ий
датча́нин, *им. мн.* датча́не, дат/чанин
двадцатикопе́ечный, дв/а/-дцат/и/копееч/н/ый
двадцатиле́тний, дв/а/дцат/и/лет/н/ий
двадцатипятиле́тний, дв/а/-дцат/и/пят/и/лет/н/ий
• два́дцать, *род.* двадцати́, *тв.* двадцатью́, дв/а/дцать
• двена́дцать, *род.* двена́дцати, *тв.* двена́дцатью, дв/е/на/-дцать
две́сти, двухсо́т, двумста́м, двумяста́ми, о двухста́х, дв/е/ст/и
дви́гатель, *м. р., род. ед.* -я, двиг/а/тель
движе́ние, движ/ени/е
дви́жимость, движ/им/ость (*ср.:* дви́г/а/ть; *черед.* г — ж)
дви́жимый [*не* движи́мый], *прич.* (дви́жимый отчаянием), *прил.* (дви́жимое имущество), движ/им/ый
двоевла́стие, дв/о/е/вла-ст/и/е
двоеду́шный, дв/о/е/душ/-н/ый, *кратк. форма* -шен, -шна
двоето́чие, дв/о/е/точ/и/е

двои́ться, дв/о/и/ть/ся
дво́йня, *род. мн.* дво́йней *и* дво́ен, дв/ой/н/я
двойственный, дв/ой/ствен-н/ый, *кратк. форма* -вен, -венна
дворе́ц (*историч. от* двор)
дво́рник, двор/ник
дво́рничиха, двор/нич/их/а (*ср.:* двор/ник; *черед.* к — ч)
дворня́жка, двор/няж/к/а (*ср.:* двор/ня́г/а; *черед.* г — ж)
дворяни́н, *им. мн.* -я́не, *род. мн.* -я́н, дворян/ин
• двою́родный [*не* двоюро́дный], дв/ою/род/н/ый
двуго́рбый, дв/у/горб/ый
• двугра́нный, дв/у/гран/н/ый
двудо́льный, дв/у/доль/н/ый
двузна́чный, дв/у/знач/н/ый
двукра́тный, дв/у/кратн/ый
двули́чный, дв/у/лич/н/ый, *кратк. форма* -чен, -чна
двуру́шник, дв/у/руш/н/ик (*историч. от* «две руки»: «двуручный»; *с измен.* ч в ш)
• двусмы́сленность, дв/у/смыс-л/енн/ость
• двусмы́сленный, дв/у/смыс-л/енн/ый
двусоста́вный, дв/у/состав/-н/ый
двуспа́льный *и* двухспа́льный, дв/у/сп/а/льн/ый *и* дв/ух/-сп/а/льн/ый
двуство́льный, дв/у/стволь/-н/ый
двусти́шие, дв/у/стиш/и/е
двусто́пный *и* двухсто́пный, дв/у/стоп/н/ый *и* дв/ух/-стоп/н/ый
двусторо́нний, дв/у/сторон/-н/ий
двууглеки́слый, дв/у/угл/е/-кисл/ый

двухгоди́чный, дв/ух/год/ич-н/ый
двухме́стный, дв/ух/мест/н/ый
двухпала́тный, дв/ух/палат/-н/ый
двухсо́тый, дв/ух/сот/ый
двухты́сячный, дв/ух/ты-сяч/н/ый
• двухъя́русный, дв/ухъ/ярус/-н/ый
двухэта́жный, дв/ух/этаж/-н/ый
двуязы́чный, дв/у/языч/-н/ый (*ср.*: язы́к; *черед. к — ч*)
дебати́ровать* [*не* дэ], -рую, -руешь, дебат/иров/а/ть, *сущ.* ⟨деба́т/ы⟩
дебе́лый [*не* бё], дебел/ый, *кратк. форма* дебе́л, дебе́ла, *сущ.* ⟨-/л/ость⟩
дебоши́рить, -рю, -рит, дебош/ир/и/ть
дебюти́ровать, дебют/иров/а/ть
• дебю́т* [*не* дэ], *род.* -а
девальва́ция*, девальв/аци/я (*ср.*: девальв/и́ров/а/ть)
дева́ть, -а́ю, -а́ет, де/ва/ть (*ср.*: де/ть)
• деви́з [*не* дэ], *род. ед.* -а
де́вичий *и допуск. устар.* деви́чий, дев/ич/ий
де́вочка, дев/очк/а
де́вственный, дев/ств/ен-н/ый

девяно́сто, девяност/о
девяностоле́тний, девяност/о/лет/н/ий
девятисо́тый, девят/и/сот/ый
девятна́дцать, девят/на/-дцать
девятьсо́т [цᶜот], девятисо́т, девятиста́м, девятьюста́ми, о девятиста́х, девять/сот
дёготь, *м. р., только ед., род.* дёгтя *и* дёгтю
деграда́ция [дэ], деград/а-ци/я (*ср.*: деград/и́ров/а/ть)
дегтя́рный, дегт/ярн/ый
дегуста́тор [дэ *и допуск.* де], дегуст/атор (*ср.*: дегуст/а́-ци/я)
деду́кция* [дэ *и допуск.* де], дедукц/и/я, *прил.* ⟨-кт/и́в-н/ый⟩ ; *черед. т — ц*
дееспосо́бный, де/е/способ-н/ый, *кратк. форма* -бен, -бна
• дежу́рный (*собств. русск.; образовано при помощи суф. -н- на базе франц. «де жур»; буквально* 'относящийся к сегодняшнему дню'), дежур/н/ый
• дезерти́р, *род. ед.* -а
• дезинфе́кция [*не* дэ], дез/инфекци/я
• дезорганиза́ция* [дэ *и* де], дез/организ/аци/я (*ср.*: дез/организ/ов/а́/ть)
• дезориента́ция* [дэ *и* де],

---

* д е б а т и р о в а т ь — обсуждать какой-либо вопрос, вести по нему прения, споры

* д е б ю т — первое выступление на каком-либо поприще, напр. артистическом

* д е в а л ь в а ц и я — (*спец.*) денежная реформа, состоящая в понижении официального курса обращающихся бумажных денег по отношению к золоту или иностранной валюте

* д е д у к ц и я — способ рассуждения, при котором новое положение выводится чисто логическим путём от общих положений к частным выводам

* д е з о р г а н и з а ц и я — нарушение порядка, дисциплины

* д е з о р и е н т а ц и я — введение в заблуждение, лишение правильной ориентации

дез/ориент/аци/я (*ср.:* дез/ориент/и́ров/а/ть)
де́йственность, действ/енн/ость
действи́тельный, действ/и́тельн/ый, *кратк. форма* -лен, -льна
дека́брь, *м. р., только ед.*, *род.* декабря́
дека́да [*допуск.* дэ] (*из франц., от греч.* «де́кас» («дека́дос») — десяток), декад/а
дека́н [*допуск.* дэ] (*лат.* «дека́нус» — десятник; в древнеримских войсках начальник 10 солдат)
• деклама́ция [*не* дэ] (*лат.* «декла́мо» — декламирую, говорю с жаром), деклам/а́ци/я
деклами́ровать, деклам/иров/а/ть
• деклара́ция* [*не* дэ], деклар/а́ци/я
деклари́ровать, деклар/иров/а/ть
• декора́ция [*не* дэ] (*лат.* «деко́ро» — украшаю), декор/а́ци/я
• декре́т* [*не* дэ], *род. ед.* -а
де́ланный, дел/а/нн/ый
делега́т, *род. ед.* -а, делег/ат
• делега́ция, делег/а́ци/я
делеги́ровать, делег/иров/а/ть

деликате́с* [тэ́], *м. р., род. ед.* -а, *прил.* ⟨-те́с/н/ый⟩
• делика́тный*, деликат/н/ый, *кратк. форма* -тен, -тна
дели́мость, *ж. р., только ед., род.* -и, дел/и́м/ость
делопроизво́дство, *только ед.,* дел/о/производ/ств/о
де́льта [дэ́], дельт/а
• дельфи́н [*не* дэ], *сущ.* ⟨-н/-а́рий⟩
демаго́гия* [*не* дэ], демагог/и/я (*ср.:* демаго́г)
• демисезо́нный [*не* дэ], деми/сезо́н/н/ый
демилитаризо́ванный, де/милитар/изов/а/нн/ый
• демобилиза́ция [*допуск.* дэ] (*из франц., от лат.* приставки «де» — *в знач.* отделения, удаления, отмены + «мобилиза́ция», *от лат.* «мо́билис» — подвижный), демобилиз/а́ци/я
демогра́фия*, демограф/и/я, *прил.* ⟨-граф/и́ческ/ий⟩
• демокра́тия [*не* дэ] (*из греч.* «де́мос» — народ + «кра́тос» — власть), демократ/и/я
де́мон [*не* дэ], *прил.* ⟨-/и́ческ/ий⟩
• демонстра́ция [*не* дэ] (*лат.* «мо́нстро» — показываю, «де» — приставка, усили-

---

* **деклара́ция** — 1) объявление, торжественное провозглашение основных принципов, а также документа, в котором они изложены; 2) заявление лица, привлекаемого к уплате налога, о размерах его доходов, имущества и т. п.

* **декре́т** — постановление верховной власти по какому-либо вопросу, имеющее силу закона

* **деликате́с** — изысканное кушанье

* **делика́тный** — чуткий, вежливый, мягкий в обращении

* **демаго́гия** — использование лживых обещаний, преднамеренного извращения фактов, лести для достижения той или иной цели

* **демогра́фия** — наука о народонаселении, о его изменениях

вающая значение корня), демонстр/аци/я
демонстри́ровать, демонстр/и́-ров/а/ть
• **деморализо́ванный*** [дэ *и* де], де/морал/изов/а/нн/ый
денатура́т, денатур/а́т (*ср.:* денатур/а́ци/я)
де́ньги, *род.* де́нег, *дат.* деньга́м, *тв.* деньга́ми, *пр.* о деньга́х (*допуск. устар.* де́ньгам, де́ньгами, о де́ньгах), деньг/и́
депе́ша [*не* дэ], депеш/а
• **депо́** [дэ *и* де], *нескл.*, *с. р.*
депре́ссия* [*допуск.* дэ, *допуск.* рэ́], депресс/и/я, *прил.* ⟨-сс/и́/вн/ый⟩
депута́т, *прил.* ⟨-/ск/ий⟩
дерга́ч, *род. ед.* -а́, дерг/ач
• **деревене́ть**, -е́ю, -е́ешь, де-рев/ене/ть
дере́вня, *им. мн.* дере́вни, *род. мн.* дереве́нь, *тв. мн.* деревня́ми [*не* дере́внями], дерев/н/я (*ср.:* дерев/у́ш-к/а)
де́рево, *им. мн.* дере́вья, *род. мн.* -ев, дерев/о
деревообде́лочный, дерев/о/-об/дел/оч/н/ый
де́ревце, *род. ед.* -а, *тв. ед.* -цем, дерев/ц/е *и* **деревцо́**, *род. ед.* -а́, *тв. ед.* -цо́м, дерев/ц/о
деревя́нный, дерев/янн/ый

• **деревя́шка**, *род. ед.* -и, *дат. ед.* -е, *им. мн.* -и, *род. мн.* -шек, дерев/я́шк/а
держа́ть, держ/а/ть
де́рзкий, дерз/к/ий, *кратк. форма* де́рзок, дерзка́, де́рзко, де́рзки
дермати́н* [*не* дэ, *не* дерманти́н] (*от греч.* «де́рма» — кожа), *только ед.*, *м. р.*, *род.* -а, дерм/ат/ин (*ср.:* дерм/ат/оз)
дерю́га, дерюг/а (*ср.:* дерю́ж/к/а; *черед.* г — ж)
• **деса́нт**, *прил.* ⟨-/н/ый⟩, *сущ.* ⟨-/н/ик⟩
• **десе́рт***, *только ед.*, *прил.* ⟨-/н/ый⟩
• **деспоти́зм** [*не* дэ, *не* изьм], деспот/изм, *прил.* ⟨-/и́ческ/ий⟩
десятери́чный, десят/ер/ич/-н/ый (*ср.:* десят/ер/и́к; *черед.* к — ч)
десяти́чный, десят/ичн/ый
• **де́сять**, *род.* десяти́, *тв.* десятью́; за́ десять *и* за де́сять; на́ десять *и* на де́сять
• **дета́ль** [*не* дэ], *ж. р.*, *род. ед.* -и, *прил.* ⟨-/н/ый⟩, *глаг.* ⟨-/изи́ров/а/ть⟩
дете́ктор* [дэтэ́], *прил.* ⟨-р/-н/ый⟩, детект/ор (*ср.:* детект/иров/а/ть)
детёныш, дет/ёныш
де́ти, дете́й, де́тям, детьми́,

---

* д е м о р а л и з о в а н н ы й — находящийся в состоянии внутреннего расстройства, спада

* д е п р е с с и я — 1) угнетённое, подавленное психическое состояние (*книжн.*); 2) упадок, застой в хозяйственной жизни

* д е р м а т и н — род односторонней клеёнки, применяемой в качестве заменителя кожи

* д е с е р т — фрукты, конфеты или сладкие блюда, подаваемые в конце обеда

* д е т е к т о р — в радиотехнике: устройство для преобразования колебаний высокой частоты в колебания низкой частоты (детекторный приёмник)

о де́тях [*не* детя́м, детя́ми, о детя́х], дет/и, *прил.* ⟨де́т/ск/ий⟩
• дефе́кт* [*не* дэ], *прил.* ⟨-/и́вн/ый⟩, *сущ.* ⟨-/и́вн/ость⟩
дефи́с [*допуск.* дэ, *не* дефи́с], *м. р., род. ед.* -а
дефици́т* [*не* дэ], *только ед., прил.* ⟨-/н/ый⟩
деформа́ция (*ср.:* фо́рма; *лат.* «деформа́цио» — искаже́ние), де/фо́рм/аци/я
дехка́нин*, дехкан/ин, *сущ.* ⟨-н/к/а⟩, *прил.* ⟨-н/ск/ий⟩
децентрализа́ция, де/центр/ал/изаци/я
• дешеве́ть, -е́ет, дешев/е/ть
• дешеви́зна, дешев/изн/а
• дешёвый, дешёв/ый, *кратк. форма* дёшев, дешева́, дёшево, дёшевы, *сравн. ст.* дешевл/е
• де́ятельность, дея/тель/н/ость
дже́мпер, *м. р., род. ед.* -а, *им. мн.* -ы
джиги́т*, *м. р., род. ед.* -а
джу́нгли, *только мн., род.* -ей, джунгл/и
диабе́т, *только ед., сущ.*

⟨-т/ик⟩, *прил.* ⟨-т/и́ческ/ий⟩; *черед.* **к — ч**
• диа́гноз, *м. р., род. ед.* -а
диагности́ровать, диагност/иров/а/ть; *двувид.*
• диагона́ль, *ж. р., род. ед.* -и, *прил.* ⟨-/н/ый⟩
• диагра́мма, диаграмм/а
• диале́кт*, *прил.* ⟨-/н/ый⟩
• диале́ктика*, диалектик/а, *прил.* ⟨-и́ч/еск/ий⟩; *черед.* **к — ч**
• диале́ктико-материалисти́ческий, диалектик/о-мате-ри/ал/ист/ическ/ий
диалектоло́гия*, диалект/о/лог/и/я
• диало́г (*греч.* «ди́а» — два + + «ло́гос» — слово), *м. р., род. ед.* диало́га, *прил.* ⟨-/и́ческ/ий⟩
диапазо́н*, *м. р., род. ед.* -а
• диапозити́в, диа/позитив, *прил.* ⟨-/н/ый⟩
диафи́льм, *м. р., род. ед.* -а, диа/фильм
• диафра́гма*, диафрагм/а
• дива́н, *прил.* ⟨-н/н/ый⟩
• диве́рсия, диверс/и/я
• диви́зия, дивизи/я, *прил.* ⟨-и/о́нн/ый⟩
дивиде́нд*, *род. ед.* -а

---

* д е ф е к т — изъян, недочёт
* д е ф и ц и т — недостаток, нехватка чего-либо
* д е х к а н и н — в Средней Азии: крестьянин
* д ж и г и т — искусный наездник (*первонач.* у кавказских горцев)
* д и а л е к т — наречие, характерное для населения определённой местности; говор, местная речь
* д и а л е к т и к а — наука о всеобщих законах движения и развития природы, общества и мышления
* д и а л е к т о л о г и я — отдел языковедения, изучающий диалекты (местные говоры)
* д и а п а з о н — объём, охват, размер чего-либо
* д и а ф р а г м а — мышечная перегородка, отделяющая грудную полость от брюшной
* д и в и д е н д — доход, получаемый владельцем акции; представляет собой часть прибыли акционерного общества

диéта* [иэ], диет/а
дизáйн*, *только ед., род.* -а
дизáйнер, *род. ед.* -а (художник-конструктор, специалист по дизайну), дизайн/ер
дúзель [*не* зэ], *м. р., род. ед.* -я, *им. мн.* дúзели, *род. мн.* -ей *и допуск. в профессион. речи* дизеля́, дизелéй
дúзель-электрохóд, *род. ед.* -а, дизель-электр/о/ход
дизентерúя, дизентери/я, *прил.* ⟨-й/н/ый⟩
дикобрáз* [*не* дикообрáз], *род. ед.* -а
дикóвина (в диковину), диковин/а
• **дикóвинный,** диковин/н/ый
дикорастýщий, дик/о/раст/-ущ/ий
диктáнт, дикт/ант (*ср.:* дикт-/óв/к/а)
диктáт, *только ед., род.* -а
диктáтор, диктат/ор
• **диктатýра*,** диктат/ур/а
диктовáть, дикт/ов/а/ть
• **дúктор,** *род. ед.* -а, *им. мн.* дúкторы, *род. мн.* дúкторов [*не* дикторá, дикторóв], дикт/ор, *прил.* ⟨-/ор/ск/ий⟩

• **дúкция,** дикц/и/я
дилéмма*, дилемм/а
• **дилетáнт*,** *прил.* ⟨-/ск/ий⟩
динáмика*, динам/ик/а, *прил.* ⟨-/úч/еск/ий, -/úчн/ый⟩, *сущ.* ⟨-/úчн/ость⟩
динамúт, *прил.* ⟨-мит/н/ый⟩
динáмо-машúна, динамо-машин/а
• **динáстия,** династ/и/я
• **диплóм,** *сущ.* ⟨-/áнт, -/áнт/-к/а⟩
• **дипломáт,** *сущ.* ⟨-/к/а⟩, *прил.* ⟨-/úческ/ий, -/úчн/ый⟩, *сущ.* ⟨-/úчн/ость⟩
• **директúва*,** директив/а, *прил.* ⟨-/н/ый⟩
• **дирéктор** (*лат.* «дирéктор» — проводник, руководитель — *от* «диригéре» — направлять), *им. мн.* директорá, *род. мн.* -óв *и устар.* дирéкторы, *род. мн.* -ов, дирек/тор (*ср.:* дирекц/и/я; *черед.* т — ц)
дирижáбль, *м. р., род ед* -я
дирижёр, дириж/ёр, *прил.* ⟨-/ёр/ск/ий⟩
дирижúровать, дириж/иров/а/ть
дисбалáнс*, дис/баланс

---

* д и е т а — определенный режим питания
* д и з а й н — художественное конструирование предметов, проектирование эстетического облика промышленных изделий
* д и к о б р а з — млекопитающее из отряда грызунов с телом, покрытым длинными иглами
* д и к т а т у р а — ничем не ограниченная власть, диктатура пролетариата — государственная власть рабочего класса
* д и л е м м а — затруднительное положение, при котором необходимо принять решение, имея в виду два разных, противоположных варианта
* д и л е т а н т — тот, кто занимается наукой или искусством без специальной подготовки, обладая только поверхностными знаниями
* д и н а м и к а — состояние движения, ход развития, изменение какого-либо явления под влиянием действующих на него факторов
* д и р е к т и в а — обязательное для исполнения руководящее указание вышестоящего органа
* д и с б а л а н с — нарушение баланса

дисгармо́ния*, дис/гармон/ия
дисквалифика́ция, дис/квалифик/аци/я
дискоте́ка*, дискотек/а
дискредита́ция*, дискредит/аци/я (ср.: дискредит/и́ров/а/ть)
дискримина́ция*, дискримин/ация (ср.: дискримин/иров/а/ть, -рую, -руешь)
• диску́ссия*, дискусс/и/я (ср.: дискут/и́ров/а/ть и допуск. дискусс/и́ров/а/ть), прил. ⟨-/и/о́нн/ый⟩
• диспансе́р [сэ, не диспа́нсер], прил. ⟨-/н/ый⟩
диспе́тчер, им. мн. -ы, род. мн. -ов [не диспетчера́, -о́в], прил. ⟨-/ск/ий⟩
диспле́й, прил. ⟨-ей/н/ый⟩
диспропо́рция, дис/пропорци/я (ср.: пропорци/она́льн/ый)
ди́спут*
диссерта́ция [с'], диссерт/аци/я (ср.: диссерт/аци/о́нн/ый, диссерт/а́нт)
диссона́нс, диссон/анс (ср.: диссон/и́ров/а/ть)
дистилли́рованный, дистилл/иров/а/нн/ый
• диста́нция, дистанци/я, прил. ⟨-/о́нн/ый⟩

• дисципли́на, дисциплин/а, глаг. ⟨-/и́ров/а/ть⟩, прил. ⟨-/и́ров/а/нн/ый⟩, сущ. ⟨-/и́ров/а/нн/ость⟩
дитя́[1], род. ед. дитя́ти, тв. ед. дитя́тею и дитя́тей, пр. ед. о дитя́ти, дит/я́ (ребёнок)
дитя́[2], косв. п. ед. ч. не употр., мн. де́ти, дете́й, де́тям, детьми́, о де́тях (характерный представитель, порождение чего-нибудь: дитя́ ве́ка)
дифира́мб*, м. р., род. ед. -а
дифтери́я, дифтер/и/я (ср.: дифтер/и́т)
дифференциа́льный, дифференц/иаль/н/ый (ср.: дифференц/и́ров/ать)
дичь, ж. р., только ед., род. -и
длина́, им. мн. дли́ны (в технике, в математике), род. мн. длин, дат. мн. дли́нам, длин/а, прил. ⟨-и́н/н/ый⟩, кратк. форма дли́нен, длинна́, дли́нно и длинно́, дли́нны и длинны́
длинноно́гий, дл/ин/н/о/но́г/ий
дли́тельный, дл/и́/тельн/ый, кратк. форма -лен, -льна
дневальный, дн/ев/а́/льн/ый
дневни́к, дн/евн/и́к

---

* д и с г а р м о н и я — 1) неблагозвучное сочетание звуков, нарушение гармонии; 2) отсутствие согласия, соответствия, разлад

* д и с к о т е к а — собрание или хранилище грампластинок, дисков; музыкальный молодёжный клуб

* д и с к р е д и т а ц и я — подрыв доверия к кому-нибудь, чему-нибудь

* д и с к р и м и н а ц и я — ограничение в правах, лишение равноправия

* д и с к у с с и я — обсуждение какого-либо спорного вопроса на собрании, в печати, частной беседе; спор

* д и с п у т — публичный спор на научные, политические, литературные и т. п. темы

* д и ф и р а м б — преувеличенная, восторженная похвала

длинношёрстный [сн], длин/н/о/шёрст/н/ый

дно¹, *род. ед.* дна, со дна (достать), ко дну (пойти) у реки, у моря *и др., а также переносн.*, дн/о

дно², *род. ед.* дна, *им. мн.* донья (у бочки, кадки и т. п.), *род. мн.* доньев, дн/о

добавочный, до/бав/оч/н/ый

добела, *нареч.*, до/бел/а/

добирать, до/бир/а/ть

доблестный [сн], доблест/н/ый, *кратк. форма* -стен, -стна [сн]

добродетель, *ж. р.* (*историч.* добр/о/де/тель)

доброжелатель, *м. р., род. ед.* -я, добр/о/жела/тель

доброкачественный, добр/о/качеств/енн/ый

добросердечный, добр/о/серд/еч/н/ый, *кратк. форма* -чен, -чна

добросовестный, добр/о/совест/н/ый, *кратк. форма* -тен, -тна

доброта, добр/от/а

добывать, добы/ва/ть

добыча [*в профессион. просторечии у шахтёров, горняков* добыча], добы/ч/а (*историч. от* добы/ть)

доверенность, до/вер/енн/ость (*от* до/вер/енн/ый)

доверху, *нареч.*, до/верх/у/

доверчивый, до/вер/чив/ый

довершить, до/верш/и/ть

довесить, -ешу, -есишь, до/вес/и/ть

довлеть, -еет, довле/ть

довод, до/вод

военный, до/во/ен/н/ый

довольствоваться, доволь/ств/ов/а/ть/ся

до востребования, до вос/треб/ов/а/ни/я

догадливый, до/гад/лив/ый

догматизм [*не* изъм], догм/ат/изм

догматический, догм/ат/ич/еск/ий

● договор, *им. мн.* договоры, *род. мн.* -ов *и допуск.* договор, *им. мн.* договора, *род. мн.* договоров, до/говор

договорный, договор/н/ый

догола, до/гол/а/

доезжать [ж' ж' *и допуск.* жж], до/езж/а/ть (*ср.:* ёз/д/и/ть; *черед.* д — ж)

доенный, *прич.*, до/енн/ый (*ср.:* дой/к/а); корова ещё не доена

доёный, *прил.*, до/ён/ый; доёная корова

дождевой, дожд/ев/ой

дождемер, дожд/е/мер

дождь [дощ *и допуск.* дошт'], *м. р., род. ед.* дождя, *им. мн.* дожди [ж'ж' *и допуск.* жд']

до завтра

до зарезу, до за/рез/у/

дозировать, -рую, -руешь, доз/иров/а/ть

доискиваться, -аюсь, -аешься, до/иск/ива/ть/ся

дойный, дой/н/ый

дойти, дойду, дойдёшь, *прош. вр.* дошёл, до/й/ти (*ср.:* при/й/ти)

доказательство, доказ/а/тельств/о

докер, *м. р., род. ед.* -а, *им. мн.* -ы, *род. мн.* -ов

доклад (*историч.* до/клад)

● доконать, докона/ть (*историч.* до/кон/а/ть, *ср.:* кон/ец)

● докрасна, *нареч.*, до/красн/а/

доктор, *род. ед.* -а, *им. мн.* доктора, *род. мн.* докторов *и устар.* докторы, докторов, *прил.* ⟨-/ск/ий⟩

доктри́на*, доктрин/а (*ср* доктрин/ёр)
• докуме́нт [*не* доку́мент], *прил.* ⟨-/а́льн/ый⟩
долби́ть, долб/и/ть
долгове́чный, долг/о/веч/н/ый, *кратк. форма* -чен, -чна
долгожда́нный, долг/о/жд/а/нн/ый
долголе́тний, долг/о/лет/н/ий
долгота́, *им. мн.* долго́ты, *род. мн.* долго́т, *дат. мн.* долго́там, долг/от/а
до́ле *и* до́лее, *сравн. ст.,* дол/е *и* дол/ее
долженствова́ть, -тву́ю, -тву́ешь, долж/ен/ствов/а/ть
должно́ быть долж/н/о/бы/ть
должностно́й [сн], должност/н/ой (*от* до́лжность)
• доли́на, долин/а (*от устар.* «дол» — низ, *ср.:* доло́й, подо́л)
до́ллар [*допуск.* л; *не* долла́р], *прил.* ⟨-/ов/ый⟩
долото́, *им. мн.* доло́та, *род. мн.* доло́т, *дат. мн.* доло́там
до́льше, *сравн. ст.,* доль/ше/е
до́менный, домен/н/ый (*ср.:* до́мн/а; *черед.* е — нуль звука)
домини́ровать*, домин/иров/а/ть (*ср.:* домин/а́нт/а*)
• домкра́т, *м. р., род. ед.* -а, *им. мн.* -ы, *род. мн.* -ов
домога́ться, домога/ть/ся, *сущ.* ⟨-/тельств/о⟩
доморо́щенный, дом/о/рощ/енн/ый
домотка́ный, дом/о/тк/а/н/ый
домоча́дец, *род. ед.* -дца, *тв.* ед. -дцем, *им. мн.* -дцы, дом/о/чад/ец (*ср.:* ча́д/о)
• донба́сский, донбас/ск/ий (*от* Донба́сс)
доне́льзя [*не* до́нельзя], *нареч.* (доне́льзя грязный), до/нельзя/
до неузнава́емости, до не/у/зна/ва/ем/ост/и
доне́цкий, дон/ец/к/ий
до́низу, *нареч.,* до/низ/у/
• до́нор, *м. р., род. ед.* -а, *им. мн.* -ы, *род. мн.* -ов, *прил.* ⟨-/ск/ий⟩
доно́счик, до/нос/чик
доны́не, *нареч.,* до/нын/е/
до́нышко (*от* дно), *род. мн.* -шек, дон/ышк/о
• доокт́ябрьский, до/октябрь/ск/ий
до отва́ла, до от/вал/а/
до отка́за, до от/каз/а/
дорабо́тать, до/работ/а/ть
дораста́ть, до/раст/а/ть
• дореволюцио́нный, до/революци/онн/ый
• доро́га, дорог/а, *прил.* ⟨дорож/н/ый⟩ ; *черед.* г — ж
дороговизна́, *род. ед.* -ы, дорог/овизн/а
доро́дный, дородн/ый, *кратк. форма* -ден, -дна
до свида́ния, до с/вид/ани/я *и* до свида́нья, до с/вид/ань/я
доска́, *вин. ед.* до́ску *и допуск.* доску́, *им. мн.* до́ски, *род. мн.* досо́к, *дат. мн.* доска́м *и допуск.* до́сок, до́скам, доск/а, *прил.* ⟨дощ/а́т/ый⟩ ; *черед.* ск — щ
• доскака́ть, -скачу́, -ска́чет, до/скак/а/ть; *черед.* к — ч

---

* д о к т р и н а — учение, научная или философская теория
* д о м и н и р о в а т ь — 1) господствовать, возвышаться над окружающей местностью; 2) преобладать, быть основным
* д о м и н а н т а — господствующая, преобладающая над всем идея

доскона́льный, доскональн/ый
доскочи́ть, -скочу́, -ско́чит, до/скоч/и/ть
до́ сме́рти, до смерт/и
досро́чный, до/сроч/н/ый
доставля́ть, доставл/я́/ть (*ср.*: доста́в/и/ть; *черед. в — вл*)
доста́точный [*допуск. устар.* шн], достаточ/н/ый, *кратк. форма* -чен, -чна
дости́гнуть, достиг/ну/ть *и* **дости́чь,** достичь
достиже́ние, достиж/ени/е (*от* достиг/а́/ть; *черед. г — ж*)
достижи́мый, достиж/им/ый
• **достове́рный,** достовер/н/ый, *кратк. форма* -рен, -рна, *сущ.* ⟨-/н/ость⟩
досто́инство, досто/ин/ств/о
• **досто́йный,** достой/н/ый, *кратк. форма* -о́ин, -о́йна (*общеслав.* «досто́й» — приличие)
• **достопримеча́тельность,** досто/при/меч/а/тельн/ость
• **досу́г** [*не* до́суг], *род. ед.* досу́га, *им. мн.* досу́ги, *род. мн.* досу́гов
• **до́суха,** *нареч.,* до/сух/а/
• **до́сыта** *и допуск.* **досы́та,** *нареч.,* до/сыт/а/
досяга́ть, досяг/а́/ть
• **дотла́,** *нареч.,* до/тл/а/
дото́ле, *нареч.,* дотол/е/
дото́шный, дотошн/ый, *сущ.* ⟨-н/ость⟩
до упа́ду, до у/пад/у/
доха́, *им. мн.* до́хи, *род. мн.* дох, *тв. мн.* до́хам, дох/а
доце́нт* [*не* до́цент], *прил.* ⟨-/ск/ий⟩
до́черин *и реже* **доче́рний** [*не* до́черний], доч/ер/ин

до́чиста, *нареч.,* до/чист/а/
дочь, *род. ед.* до́чери, *тв. ед.* до́черью, *им. мн.* до́чери, *род. мн.* дочере́й, *дат. мн.* дочеря́м, *тв. мн.* дочерьми́ *и* дочеря́ми, *пр. мн.* о дочеря́х
дошко́льный, до/школь/н/ый, *сущ.* ⟨-/н/ик, -/н/иц/а⟩ ; *черед. к — ц*
доща́ник, дощ/ан/ик (*ср.*: дощ/ан/о́й, доск/а́; *черед. ск — щ*)
доя́рка, *род. мн.* -рок, до/-яр/к/а (*ср.*: до/я́р)
драгоце́нный, драг/о/цен/н/ый, *кратк. форма* -е́нен, -е́нна
драже́, *нескл., с. р.*
• **дразни́ть,** дразню́, дра́знит, дразн/и/ть
драко́н, *м. р., род. ед.* -а
• **дра́ма,** драм/а, *сущ.* ⟨-/а-ту́рг⟩ , *прил.* ⟨-/атиче́ск/-ий⟩
дра́ный, *прил.,* др/ан/ый
драпиро́вка, драп/иров/к/а
дра́тва, дратв/а, *прил.* ⟨-тв-енн/ый⟩
драчу́нья, *род. мн.* -ний, др/ач/унь/я (*ср.*: драк/а; *черед. к — ч*)
• **дребезжа́ть,** -зжу́, -зжи́шь, -зжи́т [*ж'ж' и допуск.* жж], дребезж/а/ть
древеси́на, (*ст.-слав. неполногласие* -ре-; *ср.*: «де́рево» — *исконно русск. полногласие* -ере-), древес/ин/а
древе́сный, древес/н/ый
дре́вко [*не* древко́], древ/к/о
древонасажде́ние, древ/о/на/сажд/ени/е (*ср.*: сад; *черед. д — ж*)

---

* д о ц е н т — учёное звание преподавателя высшего учебного заведения

- **дрейф**, *только ед., род.* -а, *глаг.* ⟨-/ов/á/ть⟩
дремáть, дремлю́, дрéмлет, дрем/а/ть; *черед.* **м — мл**
дремóта [*не* дремотá], дрем/от/а
дремýчий, дрем/уч/ий
дренáж*, *род. ед.* -а, *им. мн.* дренáжи, *род. мн.* дренáжей *и в профессион. речи* дренажá, дренажóм, дренажи́, дренажéй, дрен/аж (*ср.*: дрен/и́ров/а/ть)
- **дрессирóванный**, дрессир/ов/а/нн/ый (*от* дрессир/ов/á/ть)
дробь, *ж. р., только ед., род.* -и; *в матем. ед. и мн. ч.*— дробь, дрóби, дробéй
дровосéк, дров/о/сек
дровяни́к, дров/ян/ик
дровянóй, дров/ян/ой
дрожáть, дрож/а/ть
- **дрóжжи**, *только мн., род.* дрожжéй [ж'ж' *и допуск.* жж], дрожж/и
дрожь, *ж. р., только ед., род.* -и
дрозд, *род. ед.* -á, *прил.* ⟨д/óв/ый⟩
дрофá, *род. ед.* -ы́, *им. мн.* дрóфы, *род. мн.* дроф, дроф/а
дружелю́бный, друж/е/люб/н/ый, *кратк. форма* -бен, -бна (*ср.*: друг; *черед.* **г — ж**)
дрýжеский, друж/еск/ий
дрýжественный, друж/еств/енн/ый
- **дружи́нник**, дружин/н/ик (*от* дружи́н/а)
дря́зги, *только мн., род.* дрязг, дрязг/и
дря́хлый, дрях/л/ый, *кратк. форма* дряхл, дряхлá, дря́хло, дря́хлы
ду́бленный, *прич.*, дубл/енн/ый (*от глаг.* дуб/и́/ть; *черед.* **б — бл**)
дублёный, *прил.* (дублёный полушубок), дубл/ён/ый
дублёр*, *род. мн.* -а, дубл/ёр
дубли́ровать, дубл/иров/а/ть
- **дубликáт***, дубл/икат
дуршлáг* [*не* друшлáг], *род. ед.* дуршлáга
духотá, дух/от/а (*ср.*: ду́ш/н/ый; *черед.* **х — ш**)
душевнобольнóй, душ/евн/о/боль/н/ой
- **дуэ́ль**, *ж. р., род. ед.* -и
- **дуэ́т***, *род. ед.* -а
ды́шащий, дыш/ащ/ий (*от* дыш/á/ть)
- **дья́вол**, *род. ед.* -а, *им. мн.* -ы, *род. мн.* -ов
- **дьяк**, *род. ед.* дьякá *и* дья́ка
дья́кон, *род. ед.* -а, *им. мн.*

---

* д р е н а ж — осушение почвы посредством системы траншей или труб

* д у б л ё р — тот, кто параллельно с кем-либо выполняет сходную, одинаковую работу

* д у б л и к а т — второй экземпляр какого-либо письменного документа, имеющий одинаковую с подлинником юридическую силу

* д у р ш л а г — кухонная посуда в виде ковша с отверстиями в дне для процеживания и протирания пищи

* д у э т — 1) музыкальное произведение для двух исполнителей (музыкантов, певцов, танцоров) с самостоятельными партиями для каждого; 2) исполнение такого произведения двумя людьми, а также сами эти исполнители

-á, *род. мн.* -óв *и* дья́коны, дьяконов
дю́жина, дюжин/а
дюралюми́ний, *только ед.*, *прил.* ⟨-ми́ни/ев/ый⟩
дюше́с, *м. р., только ед., род.* -а
• дя́тел, *род. ед.* дя́тла

Е, Ё

европе́ец, *род. ед.* -е́йца, *тв. ед.* -е́йцем, европ/е/ец
е́герь*, *род. ед.* -я, *им. мн.* егеря́, *род. мн.* -е́й *и допуск.* е́гери, е́герей
египтя́не, *род. мн.* -я́н, *им. ед.* -я́нин, *род. ед.* -а, египт/ян/е, *прил.* ⟨еги́пет/ск/ий⟩
егоза́, *только ед., м. и ж. р.*, егоз/а
егози́ть, егожу́ [*не* егозю́], егоз/и́ть
едини́ца, един/иц/а (*историч. от* «еди́н» — один)
• едине́ние, един/ени/е
единобо́рство, един/о/бор/ств/о
• единовре́менный, един/о/врем/енн/ый
единоду́шие, един/о/душ/и/е
единомы́шленник, един/о/мышл/енн/ик (*ср.:* един/о/мы́шл/енн/ый)
единонача́лие, един/о/начал/и/е
единообра́зный, един/о/образ/н/ый, *кратк. форма* -зен, -зна
еди́нственный, един/ств/енн/ый
еди́нство [*не* единство́], *род. ед.* -а, един/ств/о

е́дкий, ед/к/ий, *кратк. форма* е́док, едка́, е́дко, е́дки, *сравн. ст.* е́дче
ежеви́ка, ежевик/а, *прил.* ⟨ежеви́ч/н/ый⟩ ; *черед.* к — ч (*историч.* родственно слову «ёж»; название растению дано по признаку наличия колючек)
• ежего́дный, еже/год/н/ый
ежедне́вный, еже/дн/евн/ый
ежеме́сячный, еже/месяч/н/ый
ежемину́тный, еже/минут/н/ый
еженеде́льный, еже/недель/н/ый
• ёжиться, ёж/и/ть/ся
ежо́вый, еж/ов/ый
е́здить, е́зжу [ж'ж' *и допуск.* жж], е́здишь [*не* е́здию, е́здиешь], езд/и/ть, *повел. накл.* езжа́й [*не* е́хай]
• е́зженый [ж'ж' *и допуск.* жж], *прил.* (езженая дорога), езж/ен/ый
е́ле-е́ле, *нареч.*
ёмкий, ём/к/ий, *сущ.* ⟨-/к/ость⟩
• ено́т, *м. р., род. ед.* -а
е́ресь*, *ж. р., род. ед.* -и
• ерети́к*, *род. ед.* еретика́ [*не* ере́тик, -а́], ерет/ик
ёрзать, -аю, -ает, ёрз/а/ть

---

* е г е р ь — а) охотник-профессионал; б) солдат особых стрелковых полков в некоторых армиях
* е р е с ь — 1) у верующих: отклонение от норм господствующей религии, противоречащее церковным догматам; 2) (*переносн.*) нечто противоречащее общепризнанному мнению
* е р е т и к — отступник, последователь ереси

ерошить, -шу, -шишь, еро-ш/и/ть
ерунда, ерунд/а
есаул*, *м. р., род. ед.* -а
естественный, естеств/енн/ый, *кратк. форма* -вен *и* -венен, -венна
• естествознание, естеств/о/-зна/ни/е

естествоиспытатель, естеств/о/-ис/пыт/а/тель
• ефрейтор, *род. ед.* -а, *им. мн.* -ы, *род. мн.* -ов
ехидна, ехидн/а
ехидничать, -аю, -аешь, ехидн/ича/ть
ехидный (*от греч.* «ехидна» — змея), ехидн/ый

Ж

• жаворонок [*не* жаворонок], *род. ед.* -нка
жадничать, -аю, -ает, жад/-н/ича/ть
жаждать, -ду, -дет, жажд/а/ть, *повел. накл.* жажди *и* жаждай
жаждущий, жажд/ущ/ий
• жакет, *род. ед.* -а, *род. мн.* -ов *и* жакетка, *род. ед.* -и, *род. мн.* -ток, жакет/к/а
• жалоба, жал/об/а, *прил.* ⟨-/об/н/ый⟩
жалованный, жал/ов/а/нн/ый (*от глаг.* жал/ов/а/ть)
жалованье, жал/ов/а/нь/е
жаловаться, -луюсь, -луется, жал/ов/а/ть/ся
жалостливый, жал/ост/лив/-ый
жалче *и* жальче, *сравн. ст. от* жалкий, жал/ч/е, жаль/ч/е/
жалюзи* [*не* жалюзи], *нескл., мн. и допуск. ед., с. р.*
жандарм, *род. ед.* -а
• жаргон*, *род. ед.* -а
жаренный, *прич.* (ещё не жа-

ренные котлеты), жар/ен/н/ый
жареный, *прил.* (жареное мясо), жар/ен/ый
жаркое, *только ед., род.* -ого, жар/к/ое
жаровня, *род. мн.* -вен, жар/овн/я
жасмин, *м. р., род.* -а
жатва, жа/тв/а
жёванный, *прич.* (жёвано-пережёвано), жёв/а/н/н/ый
жёваный, *прил.* (жёваный хлеб), жёв/ан/ый
жевать, жую, жуёт, жев/а/ть
желатин, *м. р., только ед., род.* -а
• желать, жела/ть, *прил.* ⟨-/нн/ый⟩, *сущ.* ⟨-ла/-ни/е⟩
желвак, *м. р., род. ед.* -а
• желе, *нескл., с. р.*
• железа, *род. ед.* -ы, *им. мн.* железы, *род. мн.* желёз, *дат. мн.* железам [*не* желез, железам], желез/а
железистый, желез/ист/ый

---

* е с а у л — в царской армии: казачий офицерский чин, равный капитану в пехоте
* ж а л ю з и — оконные шторы из деревянных пластинок на шнурах
* ж а р г о н — речь какой-либо социальной или профессиональной группы, отличающаяся от литературного языка особым составом слов и выражений, а иногда и специфическим произношением

железнодоро́жный, желез/-н/о/дорож/н/ый
железобето́нный, желез/о/бетон/н/ый
• **желе́зо,** *только ед., род.* -а, желез/о
• **жёлоб,** *им. мн.* желоба́, *род. мн.* -о́в
желто́к, желт/ок, *род. ед.* желтка́; *черед. о — нуль звука*
• **жёлтый,** жёлт/ый, *сущ.* ⟨-/изн/а́, -/о́к⟩, *кратк. форма* жёлт, желта́, жёлто, желты́ *и* жёлты
желу́док, *род. ед.* желу́дка, *прил.* ⟨-ч/н/ый⟩; *черед. к — ч*
• **жёлудь,** *род. ед.* -я, *им. мн.* жёлуди, *род. мн.* желудей, *прил.* ⟨-ёв/ый⟩
• **жёлчь** *и допуск.* **желчь,** *род. ед.* -и, *прил.* ⟨жёлч/н/ый⟩ *и допуск.* ⟨же́лч/н/ый⟩, *кратк. форма* жёлчен, жёлчна, жёлчно, жёлчны *и допуск.* же́лчен, же́лчна, же́лчно, же́лчны
жема́нный, жеман/н/ый, *кратк. форма* -нен, -нна
• **же́мчуг,** *род. ед.* же́мчуга *и* же́мчугу, *им. мн.* жемчуга́, *род. мн.* -о́в, *сущ.* ⟨жемчу́ж/ин/а⟩; *черед. г — ж*
жена́, *род. ед.* -ы́, *им. мн.* жёны, *род. мн.* жён, жен/а
• **жени́тьба,** жен/и/ть/б/а
же́нственный, жен/ствен/н/ый, *кратк. форма* -вен *и* -венен, -венна
• **же́нщина,** жен/щин/а
жердь, *ж. р., род. ед.* -и, *им. мн.* -и, *род. мн.* жердей, *сущ.* ⟨жёрд/очк/а, *род. мн.* -чек⟩
• **жеребёнок,** *род. ед.* -нка, *им. мн.* -бя́та, *род. мн.* -бя́т, жереб/ёнок
жеребьёвка, *род. мн.* -вок, жеребь/ёв/к/а (ср.: жеребь/ёв/щик) (см.: жеребь/ёв/ый, *от* жре́бий, *устар. и простореч.* жере́бий)
• **жерло́*,** *род. ед.* -а́, *им. мн.* жёрла, *род. мн.* жерл, *дат. мн.* жёрлам [*не* жерло́, жерла́], жерл/о
• **жёрнов,** *им. мн.* -а́, *род. мн.* -о́в
же́ртвовать, -твую, -твует, жертв/ов/а/ть
• **жестикули́ровать,** -рую, -рует, жест/икул/иров/а/ть
• **жёсткий,** жёстк/ий, *кратк. форма* жёсток, жестка́, жёстко, жёстки, *сравн. ст.* жёстче
• **жесто́кий,** жесток/ий, *кратк. форма* жесто́к, жесто́ка *и допуск. устар.* жестока́, жесто́ко, жесто́ки, *сравн. ст.* жесто́че
жесть, *ж. р., род. ед.* -и, *прил.* ⟨-/ян/о́й⟩
• **жето́н*,** *м. р., род. ед.* -а
жечь, жгу, жжёт [ж'ж' *и допуск.* жж], жгут, *прош. вр.* жёг, жгла
• **жжённый** [ж'ж' *и допуск.* жж], *прич.* (жжённый в топке уголь), жж/ённ/ый
• **жжёный** [ж'ж' *и допуск.* жж], *прил.* (жжёный кофе), жж/ён/ый (ср.: жгут; *черед. г — ж*)
жи́вопись, *ж. р., только ед. род.* -и, *прил.* ⟨-/пи́с/н/ый⟩

---

* ж е р л о — 1) выходное отверстие ствола артиллерийского орудия; 2) входное отверстие в печи
* ж е т о н — металлический значок в память какого-либо события

● живо́т, *м. р., род. ед.* -а́
животново́дство, животн/о/-вод/ств/о
живо́тное, *род. ед.* -ого, животн/ое (*историч. от устар.* живот *в знач.* 'жизнь')
животрепе́щущий, жив/о/-трепещ/ущ/ий (*ср.:* трепет/а́/ть; *черед.* т — щ)
жи́дкий, *кратк. форма* -док, -дка́, -дко, -дки, жид/к/ий
жизнеде́ятельность, жи/зн/-е/дея/тель/н/ость
жи́зненный, *кратк. форма* -ен, -енна, жи/зн/енн/ый
жизнера́достный, жи/зн/е/-рад/ост/н/ый
жизнь, *ж. р., род. ед.* -и, жи/знь
● жиле́т, *прил.* ⟨-т/н/ый⟩
● жили́ще, жи/лищ/е, *прил.* ⟨-/лищ/н/ый⟩
жи́молость, *ж. р., только ед., род.* -и, *прил.* ⟨-ст/н/ый⟩
● жира́ф, *род. ед.* -а *и допуск.* жира́фа, *род. ед.* -ы, жираф/а, *прил.* ⟨-ра́ф/ов/ый⟩
жи́тница, жит/н/иц/а (*ср.:* жи́т/о), *тв. ед.* -цей

житьё-бытьё, *род.* житья́-бытья́, жи/ть/ё-бы/ть/ё
жнея́, *род. ед.* -и́, *мн.* жне́и, жней, жнея́м, жн/е/я
● жнивьё, *род. ед.* -я́ [*не* жни́вье, -я], жн/ив/ьё
жнитво́, *род. ед.* -а́, жн/ит-в/о
жоке́й*, *м. р., род. ед.* жоке́я
● жонглёр (*из франц., от лат.* «йо́кус» — шутка, игра; *латинское* «й» *во французском произносится как* «ж»), *род. ед.* -а, жонгл/ёр
жонгли́ровать, жонгл/иров/-а/ть
● жре́бий, *м. р., род. ед.* -я, *им. мн.* -и, *род. мн.* -ев
жужжа́ть, жужжу́, жужжи́т [ж'ж' *и допуск.* жж], жу-жж/а/ть
жура́вль, *м. р., род. ед.* -я́
журча́ть, журч/а/ть, *сущ.* ⟨-а́/ни/е⟩
● жу́ткий, жут/к/ий, *кратк. форма* жу́ток, жутка́, жу́тко, жу́тки, *сравн. ст.* жу́тче
жюри́* [*не* жу], *нескл., с. р.*

З

● забаллоти́ровать*, -рую, -рует [*не* забаллотирова́ть, -ру́ю, -ру́ет], за/баллот/и-ров/а/ть
● забасто́вка, *род. мн.* -вок, за/баст/ов/к/а (*ср.: итал.* «ба́ста» — довольно)
забве́ние, забв/ени/е (*от* забы́/ть)

забия́ка, *м. и ж. р.,* за/би/-як/а
● заблаговре́менно, *нареч.,* за/-благ/о/врем/ен/н/о
заблагорассу́диться, за/-благ/о/рас/суд/и/ть/ся
забо́йщик, за/бой/щик
заболева́ние, за/бол/ева/ни/е
заболо́ченный, за/болоч/ен-

---

* ж о к е й — наездник на скачках
* ж ю р и — лица, назначенные или избранные для присуждения премий и наград на конкурсах, выставках, спортивных состязаниях и т. п.
* з а б а л л о т и р о в а т ь — не избрать при баллотировке (на выборах)

н/ый (ср.: болот/о; черед. т — ч)
забор (ограда), м. р., род. ед. -а
забота, забот/а
забронировать, -рую, -рует (закрепить кого-что-нибудь за кем-чем-нибудь), за/брон/иров/а/ть
забронировать, -рую, -рует (покрыть бронёй), за/брон/иров/а/ть
заброшенный (от за/брос/и/ть; черед. с — ш), за/брош/енн/ый
забывчивый, забы/в/чив/ый
• забытьё, только ед., род. -я, пр. в забытьи, о забытье, забы/ть/ё
завалинка, род. мн. -нок, за/вал/ин/к/а (ср.: за/вал/ин/а)
заведение, устар., за/вед/ени/е (действие по глаг. за/вес/ти; черед. д — с)
заведение (учреждение), заведени/е
• заведённый [не заведенный], прич., за/вед/ённ/ый, кратк. форма -ён [не заведен], -ена, -ено, -ены
• заведовать, -дую, -дует, за/-вед/ов/а/ть, сущ. • ⟨за/-вед/у/ющ/ий⟩
заведомый, за/вед/ом/ый (см.: вед/ом/ый — известный, знакомый, устар.)
завет (историч. однокорен. привет, ответ), прил. ⟨-т/н/ый⟩
заветренный, за/ветр/енн/ый
завешанный (от завешать), прич. (стена, сплошь завешанная картинами), за/-веш/а/нн/ый

завешенный (от завесить), прич. (окно, завешенное шторой), за/веш/енн/ый; черед. с — ш
завещание, завещ/а/ни/е (ср.: заветы; черед. т — щ)
завещать, завещ/а/ть, двувид.
завзятый, завзят/ый
• завидовать, -дую, -дует, завид/ов/а/ть
• зависеть, -ишу, -исит, завис/е/ть
зависимый, завис/им/ый
• завистливый, завист/лив/ый (от зависть, ср.: завид/ов/а/ть; черед. д — ст)
завистник [сн], завис/т/ник
зависящий, завис/ящ/ий
завлекательный, за/влек/а/тельн/ый
• завод (предприятие) и завод (от глаг. за/вод/и/ть), за/-вод
заводоуправление, завод/о/у/правл/ени/е (ср.: прав/и/ть; черед. в — вл) ..
заводчик, завод/чик
• заводь, ж. р., род. ед. -и, за/водь
завоеватель, за/во/ев/а/тель
• заволакивать, за/волак/ива/ть (ср.: волок/у; черед. а — о)
заворожённый [не завороженный] (от за/ворож/и/ть), за/ворож/ённ/ый, кратк. форма -ён [не заворожен], -ена, -ены
завсегдатай, род. ед. -я, за/всегд/атай
• завтра, нареч.
завтрак, глаг. ⟨завтрак/а/ть⟩
завтрашний, завтра/шн/ий
завуалировать*, -рую, -рует, за/вуал/иров/а/ть

---

* з а в у а л и р о в а т ь — намеренно сделать неясным, затенить суть чего-нибудь

- **завя́зший,** за/вя́з/ш/ий *и допуск.* **завя́знувший,** за/-вя́з/ну/вш/ий
- **за́вязь,** *ж. р., род. ед.* -и, за/вязь (*ср.:* при́/вязь)
- **завя́нувший** *и устар.* **завя́дший,** за/вя́/ну/вш/ий
- **зага́дка,** за/га́д/к/а, *прил.* ⟨-/оч/н/ый⟩ , *сущ.* ⟨-/оч/-н/ость⟩ ; *черед.* **к — ч**
- **зага́р,** за/га́р
- **загаси́ть,** -ашу́, -а́сит, за/-га́с/и/ть, *прич.* ⟨за/га́ш/-енн/ый⟩ ; *черед.* **с — ш**
- **за глаза́,** за глаз/а́/
- **за́говор,** *род. ед.* -а, за/го́-вор
- **загово́рщик,** за/говор/щик
- **заголо́вок** [*не* за́головок], *род. ед.* -ка, за/голов/ок (*ср.:* за/гла́в/и/е)
- **загора́ть,** за/гор/а́/ть (*но* за/-га́р)
- **загоре́лый,** за/гор/е́/л/ый
- **загоро́дка,** *род. мн.* -док, за/-город/к/а (*ср.:* горож/у́, о/гражд/а́/ть; *черед.* **д — ж — жд**)
- **загота́вливать,** -аю, -ает, за/-гота́вл/ива/ть (*ср.:* за/го-то́в/и/ть; *черед.* **а — о, в — вл**)
- **загото́вка,** за/гото́в/к/а
- **заготовля́ть,** -я́ю, -я́ет, за/-готовл/я́/ть
- **загради́тельный,** за/град/и/-тель/н/ый
- **заграни́ца,** *только ед., род.* -ы, за/границ/а, *прил.* ⟨за/грани́ч/н/ый⟩ ; *черед.* **ц — ч**
- **за грани́цей,** за границ/ей, *в значении нареч.*
- **загреба́ть,** за/греб/а́/ть
- **зада́ром,** *нареч.* за/да́р/ом/
- **зада́ться,** *прош. вр.* зада́лся *и допуск. устар.* задался́, задала́сь, задало́сь, зада-

ли́сь *и допуск.* задало́сь, зада́лись, *повел. накл.* за-да́йся, за/да́/ть/ся
- **задви́жка,** *род. мн.* -жек, за/дви́ж/к/а (*ср.:* за/двиг/а́/ть; *черед.* **г — ж**)
- **задира́ть,** за/дир/а́/ть
- **задо́лго** [*не* за́долго], *нареч.,* за/долг/о/
- **задо́лженность,** за/долж/ен-н/ость (*ср.:* долг; *черед.* **г — ж**)
- **задо́р,** *прил.* ⟨-/р/н/ый⟩
- **заду́мчивый,** за/дум/чив/ый
- **заезжа́ть,** -а́ю, -а́ешь [ж'ж' *и допуск.* жж], за/езж/а́/ть (*ср.:* за/е́зд/и/ть; *черед.* **д — ж**)
- **зае́зжий** [ж'ж' *и допуск.* жж], за/езж/ий
- **зае́хать,** за/ех/а/ть
- **заём** [*не* займ], *род. ед.* за́й-ма
- **заже́чь,** -жгу́, -жжёт [ж'ж' *и допуск.* жж], -жгу́т, *прош. вр.* -жёг, -жгла́, за/-же́чь (*ср.:* за/жиг/а́/ть; *черед.* **г — ж**)
- **зажжённый** [ж'ж' *и допуск.* жж], за/жж/ённ/ый, *кратк. форма* -ён, -ена́, -ено́, -ены́
- **за́живо,** *нареч.,* за/жи/в/о/ (*ср.:* жи/ть жи/в/о́й)
- **зажига́лка,** *род. мн.* -лок, за/жиг/а/лк/а
- **зажига́ние,** за/жиг/а/ни/е
- **зажима́ть,** за/жим/а́/ть
- **заземле́ние,** за/земл/ени/е (*ср.:* зем/н/о́й; *черед.* **м — мл**)
- **зазнава́ться,** зазна/ва/ть/ся
- **заика́ться,** заик/а́/ть/ся
- **заимода́вец,** *род. ед.* -вца, *тв. ед.* -вцем, заим/о/да́-в/ец
- **заимообра́зный,** заим/о/об-раз/н/ый

заи́мствовать, заим/ство-в/а/ть, *двувид.*
заи́ндевелый *и допуск.* заиндеве́лый, за/индев/ел/ый
заи́ндеветь, -ею, -еет, за/индев/е/ть *и допуск.* заиндеве́ть, -е́ю, -е́ет
за́инька (*от* за́яц), *м. р., род. ед.* -и, *род. мн.* -нек, за/иньк/а
заискри́ться, -рю́сь, -ри́тся *и* зайскри́ться, -рюсь, -рится, за/искр/и/ть/ся
зайти́, зайду́, зайдёт, *прош. вр.* зашёл, зашла́, за/й/ти (*ср.:* при/й/ти́)
закабали́ть, за/кабал/и/ть
закавы́ка, за/кавык/а (*от* кавы́к/а — крючок, завиту́шка на письме; *простореч.*)
закады́чный, закадычн/ый (*историч.* за/кадыч/н/ый, *от* кады́к; *черед.* к — ч)
зака́зчик, заказ/чик
закалённый, *кратк. форма* -ён, -ена́, -ено́, за/кал/ён/н/ый
закали́ться, -лю́сь, -ли́шься, -ли́тся, за/кал/и/ть/ся
зака́нчивать, за/канч/ива/ть (*ср.:* конец; *черед.* а — о, ч — ц)
зака́т, за/кат
закати́ться, -качу́сь, -ка́тится, за/кат/и/ть/ся
заква́ска, *род. мн.* -сок, за/квас/к/а
закла́дка, за/клад/к/а
закла́дывать, за/клад/ыва/ть
закле́ивать, за/кле/ива/ть
заклеймённый [*не* заклеймлённый] (*от* за/клейм/и́/ть), *кратк. форма* -ён, -ена́, -ено́, -ены́, за/клейм/ённ/ый
• заклина́ть, за/клин/а/ть, *сущ.* ⟨-/а́/ни/е⟩
заколдо́ванный, за/колд/ов/а/нн/ый
• законода́тельство, закон/о/да/тель/ств/о
законопрое́кт, закон/о/проект
законтрактова́ть, -ту́ю, -ту́ет, за/контракт/ов/а/ть
закоренéлый, за/корен/е/л/ый
закорю́чка, *род. мн.* -чек, закорюч/к/а (*ср.:* закорюч/и/н/а)
• закосне́лый*, за/косн/е/л/ый
• закостене́лый*, за/кост/ене/л/ый
закоу́лок (*вост.-слав.*, образовано *от* «у́лок» — улица *и приставок* «за» *и* «ко»; *приставка* «ко» *происходит от древнего предлога* «къ»), *род. ед.* -лка, за/ко/ул/ок (*ср.:* пере/у́л/ок)
закрепости́ть, -ощу́, -ости́т, за/крепост/и/ть
• заку́порить [*не* закупо́рить], -рю, -рит, за/купор/и/ть, *сущ.* ⟨за/ку́пор/к/а⟩
заку́почный, за/куп/оч/н/ый
за́лежь, *ж. р., род. ед.* -и, за/лежь
за́литый *и допуск.* зали́тый, за/ли/т/ый, *кратк. форма* за́лит *и допуск.* зали́т, залита́, за́лито, за́литы *и допуск.* зали́то, зали́ты
зама́зка, за/маз/к/а
зама́нчивый, за/ман/чив/ый
замере́ть, -мру́, -мрёшь,

---

* з а к о с н е л ы й — остановившийся в развитии, закоренелый
* з а к о с т е н е л ы й — утративший подвижность, гибкость; затвердевший

прош. вр. за́мер, замерла́, за́мерло, за́мерли, за/мер/е/ть (*ср.:* у/мер/е́/ть)
* замёрзший, за/мёрз/ш/ий (*от* за/мёрз/ну/ть)
* за́мертво, *нареч.*, за/мертв/о/
* за́мерший *и допуск.* замёрший, за/мер/ш/ий
  заме́шанный (*от* за/меш/а́/ть), *прич.* (человек, заме́шанный в преступлении), за/меш/а/нн/ый
  заме́шенный (*от* за/мес/и́/ть), *прич.* (заме́шенное тесто), за/меш/енн/ый
  замора́живание, за/мораж/и/ва/ни/е (*ср.* мороз; *черед.* а — о; ж — з)
  заморо́зить, -о́жу, -о́зит, за/мороз/и/ть
  за́морозки, *род.* -ов, за/мороз/к/и
* за́муж, *нареч.*, за/муж/
  за́мужем, *нареч.*, за/муж/ем/
  за́мысел, *род. ед.* -сла, за/мысел (*ср.:* мысль)
  замыслова́тый, за/мысл/о/ват/ый
* за́навес, *род. ед.* -а [*не* за́навесь, -и], за/на/вес
  занаве́сить, -е́шу, -е́сит, за/на/вес/и/ть; *черед.* с — ш
* занемо́чь, -могу́, -мо́жет, -мо́гут, *прош. вр.* -мо́г, -могла́, за/не/мочь (*ср.:* не́мощь — 'нездоро́вье')
* занима́ть, заним/а/ть (*ср.:* заня́/ть; *черед.* я — им)
* за́ново, *нареч.*, за/нов/о/
* занози́ть, -ожу́, -ози́т, за/ноз/и/ть; *черед.* з — ж
  зано́счивый, занос/чив/ый
  занумерова́ть, -ру́ю, -ру́ет, за/нумер/ов/а/ть
  заня́вший [*не* за́нявший], заня/вш/ий (*от* заня́/ть, *историч.* за/ня/ть)
* заня́той [*не* за́нятый], *прил.*

(заня́той человек), заня/т/ой/
* за́нятый [*не* заня́тый], *прич.* заня/т/ый, *кратк. форма* за́нят, занята́, за́нято, за́няты
  заоблачный, за/облач/н/ый (*ср.* о́блак/о; *черед.* к — ч)
* заодно́, *нареч.*, за/одн/о/ (*ср.:* оди́н)
  заостри́ть, -рю́, -ри́т [*не* заостри́ть, -рю, -рит], за/остр/и/ть
  зао́чный, за/оч/н/ый
* за́пад, *только ед.* (*историч.* за/пад, *ср.:* за/пад/а́ть)
  западноевропе́йский, за/пад/н/о/европ/ей/ск/ий
  западня́, *род. ед.* -и́, *род. мн.* -е́й, западн/я
  запа́здывать, -ываю, -ываешь, за/пазд/ыва/ть (*ср.:* о/позд/а́/ть; *черед.* а — о)
* за па́зухой, *нареч.*, за пазух/ой/
  запа́льчивый, за/паль/чив/ый
  запанибра́та, *нареч.*, за/панибрат/а/
  запа́сливый, за/пас/лив/ый
  за́пах, за/пах (*ср.:* па́х/ну/ть)
  запева́ла, за/пе/ва/л/а
  запере́ть, -пру́, -прёт, *прош. вр.* за́пер, заперла́, за́перло, за́перли, за/пер/е/ть
  за́пертый, *прич.*, за/пер/т/ый, *кратк. форма* за́перт, заперта́, за́перто, за́перты
  запёршись, *деепричас.*, за/пер/ши/сь
  запечатле́ть, запечатл/е/ть
  запина́ться, запин/а/ть/ся
  запира́ть, за/пир/а/ть
  заплесневе́лый *и допуск.* заплеснове́лый, за/плесн/еве/л/ый (*ср.:* пле́сень)
  запломбиро́ванный [*не* за-

пломби́рованный], за/пломб/иров/а/нн/ый
запломбирова́ть, -ру́ю, -ру́ет [*не* запломби́ровать, -рую, -рует], за/пломб/иров/а/ть
запове́дать, -аю, -ает, заповед/а/ть
запове́довать, -дую, -дует, заповед/ов/а/ть
запове́дник, заповед/н/ик
• **запода́зривать** *и допуск. устар.* **заподо́зривать**, -аю, -ает, за/пода/зр/ива/ть *и* за/подо/зр/ива/ть
• **заподо́зрить**, за/подо/зр/и/ть
запороши́ть, -и́т, за/порош/и/ть
• **за́понка**, *род. мн.* -нок, запон/к/а
запрети́ть, -рещу́, -рети́т, запрет/и/ть
запреща́ть, запрещ/а/ть; (*ср.* запрет; *черед. т — щ*)
запрещённый, запрещ/ённ/ый, *кратк. форма* -ён, -ена́, -ено́
• **за́просто**, *нареч.*, за/прост/о/
запряжённый [*не* запря́женный], *прич.*, за/пряж/ённ/ый, *кратк. форма* -ён, -ена́ [*не* запряжена], -ено́, -ены́
• **запря́чь** *и допуск. устар.* **запре́чь**, -прягу́, -пряжёшь, -прягу́т, *прош. вр.* -пря́г *и допуск. устар.* -прёг, -прягла́, за/прячь; *черед. г — ж — ч*
запря́чься *и допуск. устар.* **запре́чься**, -прягу́сь, -пряжёшься, -прягу́тся, *прош. вр.* -пря́гся *и допуск. устар.* -прёгся, -прягла́сь, за/прячь/ся
• **запя́стье**, *род. мн.* -тий, за/пясть/е

запята́я, запят/ая (*историч.* от глаг. «запяти» — «воспрепятствовать, задержать»)
запятна́ть, за/пятн/а/ть
за́работок, за/работ/ок
зараже́ние, зараж/ени/е
зарази́ть, заражу́, зарази́т, зараз/и/ть; *черед. ж — з*
зара́нее, *нареч.*, за/ран/ее/
• **зараста́ть**, за/раст/а/ть
зарде́ться, за/рде/ть/ся (*ср.:* рдя/н/ый)
за́рево, зар/ев/о
зарни́ца, зар/ниц/а
заровня́ть (сделать ровным), за/ровн/я/ть
зарожда́ться, за/рожд/а/ть/ся (*ср.:* роди́ть; *черед. д — жд*)
за́росль, *ж. р., род.* -и, за/рос/ль
зарубцева́ться, за/рубц/ев/ать/ся
• **заря́**, *вин. ед.* зарю́, *им. мн.* зо́ри, *род. мн.* зорь, *дат. мн.* зо́рям *и допуск. устар.* заря́м, зар/я
• **заряди́ть**[1] (вложить заряд), -ряжу́, -ря́дит, заряд/и/ть
заряди́ть[2] (о повторяющихся действиях), -ряжу́, -ря́дит и -ряди́т (заряди́т дождь; он заряди́л одно и то же), заряд/и/ть
• **за́светло**, *нареч.*, за/свет/л/о/
засева́ть, за/се/ва/ть
• **заседа́ние**, засед/а/ни/е (*историч.* за/сед/а/ни/е; *ср.:* сед/о́к)
засекре́ченный, за/секреч/енн/ый (*ср.:* секре́т; *черед. т — ч*)
заскору́злый*, заскоруз/л/ый
заскочи́ть, -скочу́, -ско́чит,

---

* з а с к о р у з л ы й — шершавый, загрубевший

за/ско́ч/и/ть (ср.: за/ска-к/а́/ть; черед. к — ч, о — а)
• за́сланный, прич., за/сл/а́/нн/ый (от засла́ть)
заслу́женный и допуск. устар.
заслужённый, прил. (заслу́женный артист), за/служ/енн/ый (ср.: заслу́га; черед. г — ж)
застава́ть, заста/ва́/ть
застёжка, род. мн. -жек, за/стёж/к/а (ср.: за/стёг/и-ва/ть; черед. г — ж)
застели́ть, -стелю́, -сте́лет, за/стел/и́/ть, прич. ⟨за/стёл/енн/ый⟩; кратк. форма -ен, -ена, -ено, -ены
• засте́нчивый, застенчив/ый, сущ. ⟨-/ость⟩
застила́ть, за/стил/а́/ть
застла́ть, -стелю́, -сте́лет, прош. вр. -стлал, -стла́ла, -стла́ло, -стла́ли, за/стл/а́/ть, прич. ⟨за́/стл/а/нн/ый⟩, кратк. форма -ан, -ана, -ано, -аны
засто́й, за/сто́й, прил. ⟨за/сто́й/н/ый⟩
застрахова́ть, за/страх/ов/а́/ть
застрева́ть, застр/ева́/ть
застре́ленный, прич., кратк. форма -лен, -лена, -лено, -лены, за/стрел/енн/ый (от за/стрел/и́/ть)
застря́ть, застр/я́/ть
• за́сухоусто́йчивый, за/сух/о/у/сто́й/чив/ый
зате́м, нареч. (поспорили, а зате́м помирились), но мест. за те́м (за те́м домом)
• за́темно, нареч., за/те́м/н/о/
• зате́ять, зате/я́/ть
затмева́ть, за/тм/ева́/ть
затми́ть, 1-е лицо ед. ч. не употр., -ми́шь, -ми́т, за/-тм/и/ть
зато́, союз, но мест. за то́ (за то́ пальто заплатили доро́же, зато́ оно́ и лу́чше)
затрапе́зный, за/трапез/н/ый
• затушёвывать, за/туш/ёв/ыва/ть
за́тхлый, затхл/ый, кратк. форма затхл, за́тхла, за́тхло, за́тхлы
заты́лок, род. ед. -лка, за/тыл/ок
заурядный*, заурядн/ый, кратк. форма -ден, -дна
заусе́нец, род. ед. -нца, тв. ед. -нцем, заусенец и заусе́ница, род. ед. -ы, тв. ед. -цей, заусениц/а
захлебну́ться, за/хлеб/ну́/ть/ся (ср.: хлеб/а́/ть)
• захлестну́ть, за/хлест/ну́/ть
• захолу́стный, захолуст/н/ый, сущ. ⟨захолу́сть/е⟩
• зачасту́ю, нареч., за/част/у́ю/
зачем, нареч. (зачем ты прячешься от меня?), но мест. за чем (за чем бы спрятаться?)
зачёсывать, за/чёс/ыва/ть
• зачёт, прил. ⟨-/н/ый⟩
зачи́нщик, зачин/щик
защёлка, род. мн. -лок, за/щёлк/а
защи́тник, защит/ник
• защища́ть, защищ/а́/ть (ср.: защи́т/а, историч. за/щит/а от щит; черед. т — щ)
защищённость, защищ/ённ/ость
заяви́ть, заяв/и́/ть
заявле́ние, заявл/ени/е
заявля́ть, заявл/я́/ть; черед. в — вл

---

* з а у р я́ д н ы й — ничем не выделяющийся, обыкновенный, повседневный

- за́яц, за/яц (*ср.*: за́й/к/а, за́/юшк/а, *прил.* ● ⟨за́/я-ч/ий/⟩; *черед.* к — ч — ц)
зва́ный, *прил.* (зва́ный обе́д), зв/а/н/ый
- звёздный, звёзд/н/ый
звене́ть, звен/е́/ть (*ср.*: звон; *черед.* о — е)
звено́, *им. мн.* -ья, *род. мн.* -ьев, звен/о
зверёк, *род. ед.* зверька́, звер/ёк
зверобо́й[1], *м. р., род. ед.* -я, звер/о/бой (охотник)
зверобо́й[2], *м. р.*, звер/о/бой (трава)
зверолов, звер/о/лов
зве́рский, звер/ск/ий
зве́рствовать, -твую, -твуешь, звер/ств/ова/ть
звукоопера́тор, звук/о/опер/атор
звукоулови́тель, звук/о/у/лов/и/тель (*ср.*: звук/о/у/ла́вл/ива/тель; *черед.* о — а, в — вл)
зги (ни зги не ви́дно)
зда́ние, здани/е (*историч.* от созда́ть, *родственное слово* зо́дчий)
зда́ньице, *тв. ед.* -цем, здань/иц/е
здесь, *нареч.*
зде́шний (*от* здесь), здеш/н/ий; *черед.* с — ш
здоро́ваться (*исконно русск. полногласие* -оро-; *ср.*: здра́вствуй — *ст.-слав. неполногласие*: -ра-), здоро́в/а/ть/ся
здоро́вье, здоров/ье
- здра́вица*, *тв. ед.* -цей, здрав/иц/а

- здра́вница, здрав/ниц/а
- здравоохране́ние, здрав/о/о/хран/ени/е
здра́вствовать, -твую, -твуешь, здрав/ствов/а/ть
- здра́вствуй(те) здрав/ств/уй(те)
зева́ть, зев/а/ть
зеленщи́к, зелен/щик
зелёный, зелён/ый, *глаг.* ⟨зелен/е́/ть⟩
- земледе́лие, земл/е/дел/и/е
земледе́льческий, земл/е/дель/ч/еск/ий (*ср.*: земл/е/де́л/ец; *черед.* е — нуль звука; *ц — ч*)
землеме́р, земл/е/мер
землетрясе́ние, земл/е/тряс/ени/е
землечерпа́лка, *род. мн.* -лок, земл/е/черп/а/лк/а
- земляно́й, земл/ян/ой, *сущ.* ● ⟨-/ян/к/а, ● -/ян/и́к/а⟩
зени́т, *только ед., сущ.* ⟨-/чик/⟩, *прил.* ⟨-/н/ый⟩
зе́ркало, *им. мн.* зеркала́, *род. мн.* зерка́л, *дат. мн.* зеркала́м, зеркал/о, *прил.* ⟨зерка́ль/н/ый⟩
зе́ркальце, *тв. ед.* -цем, *род. мн.* -лец, зеркаль/ц/е
зерни́стый, зерн/ист/ый
зерно́, зерн/о, *прил.* ⟨-/ов/о́й⟩
зернохрани́лище, зерн/о/хран/и/лищ/е
зёрнышко, *род. ед.* -а, *род. мн.* -шек, зёрн/ышк/о
- зефи́р*, *м. р., род.* -а
зигза́г, *м. р., род. ед.* -а

---

* з д р а в и ц а — заздравный тост (*высок.*).
* з е ф и р — 1) (у древних греков) западный ветер; 2) (в поэзии) лёгкий тёплый ветерок; 3) бельевая хлопчатобумажная ткань; 4) сорт лёгкой фруктовой пастилы

зи́ждиться*, -дется, -дутся, зижд/и/ть/ся (ср.: созида́ть; черед. д — жд)
зима́, вин. ед. зи́му, им. мн. зи́мы, род. мн. зим, дат. мн. зи́мам; по зиме́ (зимо́й), в зи́му, за́ зиму, на́ зиму; зим/а, глаг. ⟨-/ов/-а́/ть⟩
зимо́вье, род. ед. -я [не зимовьё, -я́], зим/овь/е
зия́ние, зия/ни/е (ср.: зия́/ть)
злободне́вный, злоб/о/дн/е-в/н/ый
злове́щий, зл/о/вещ/ий
зловре́дный, кратк. форма -ден, -дна, зл/о/вред/н/ый
• злодея́ние, зл/о/де/яни/е
злора́дствовать, -твую, -твует, злорад/ств/ов/а/ть
злосло́вить, -влю, -вит, зл/о/-слов/и/ть; черед. в — вл
• зло́стный [сн], зл/ост/н/ый, кратк. форма зло́стен, зло́стна, зло́стно, зло́стны
• злосча́стный [ща́, сн], зло/-счаст/н/ый
злоупотребле́ние, зл/о/у/потребл/ени/е
змееви́к, род. ед. -а́, зме/евик
змея́, род. ед. -и́, им. мн. зме́и, род. мн. змей, зме/я
знако́миться, -млюсь, -мится, знаком/и/ть/ся; черед. м — мл
знако́мый, знаком/ый
знамена́тельный, кратк. форма -лен, -льна, знамен/ателʼ/-н/ый

знамени́тый, знаменит/ый
• знамено́сец [не знаменоно́сец], род. ед. -сца, знам/е/нос/ец
знамёнщик (кто несёт знамя) знам/ён/щик
• зна́мя, род. ед. зна́мени, им. мн. знамёна, род. мн. знамён, дат. мн. знамёнам знам/я
знача́щий, знач/ащ/ий
зна́чить, знач/и/ть
значо́к, род. ед. -чка́, знач/о
зно́йный, кратк. форма зно́ ен, зно́йна, зной/н/ый
• зо́дчий*, зодч/ий, сущ. ⟨-/ест в/о⟩
золо́вка, род. мн. -вок, зо лов/к/а, сущ. ⟨-лов/ушк/ а⟩
золотни́к*, прил. ⟨золотник ов/ый⟩
• зо́лото (исконно русск. пол ногласие -оро-; ср.: позла щённый — ст.-слав. непол ногласие -ла-), золот/о прил. ⟨золот/ой⟩
золоту́шный, кратк. форм -шен, -шна, золотуш/н/ы (ср.: золоту́х/а; черед. х — ш)
золочённый, прич. (от золот и́/ть), золоч/ённ/ый; черед т — ч
золочёный, прил. (золочёны орех), золоч/ён/ый
зона́льный, зон/альн/ый
• зонд*, м. р., род. ед. -а, гла ⟨-/и́рова/ть⟩

---

* з и ж д и т ь с я — основываться на чём-либо, опираться на что нибудь

* з о д ч и й — строитель, архитектор

* з о л о т н и к — 1) старая русская мера веса, равная 4,26 г; 2) ус тройство для автоматического управления потоком рабочей жидкости газа или пара

* з о н д — название приборов для исследования внутренностей орга низма, почвы, атмосферы и т. п.

онт, *род. ед.* -á, *сущ.* ⟨зóнт/-ик⟩
оолóгия, зоолог/и/я
оотéхник, зоотехн/ик (*ср.:* зоотéхн/и/я)
óренька, *род. мн.* -нек, зор/еньк/а
рачóк, *род. ед.* зрачкá (*ср.: устар.* зрак; *черед.* к — ч, о — нуль звука)
рéлище, зр/е/лищ/е
уб, *род. ед.* -а, *им. мн.* зýбы, *род. мн.* -óв (у человека, животных), зýбья, -ьев (в технике)
убúло, зубил/о, *прил.* ⟨зубúль/н/ый⟩

зубочúстка, *род. мн.* -ток, зуб/о/чист/к/а
зубрёжка, *род. мн.* -жек, зубр/ёж/к/а (*от* зубр/ёж)
зубрúть, зубрю́, зубрúт *и* зýбрит, зубр/и/ть (учить)
зубчáтый [*не* зýбчатый], зуб/ч/ат/ый
зы́биться, зы́блется, зыб/и/ть/ся
зы́бкий, зыб/к/ий, *кратк. форма* зы́бок, зыбкá *и* зы́бка, зы́бко, зы́бки
зя́бкий, зяб/к/ий, *кратк. форма* зя́бок, зябкá *и* зя́бка, зя́бко, зя́бки

И

вáн-да-мáрья*
васи́, *нескл., ж. р.*
вовый, ив/ов/ый
волга, *род. мн.* и́волог, иволг/а
глá, *им. мн.* и́глы, *род. мн.* игл, *дат. мн.* и́глам, игл/а, *прил.* ⟨игóль/чат/ый⟩
гнорúровать*, -рую, -руешь, игнор/иров/а/ть
гранный, *прич.* (много раз úгранная роль), игр/а/нн/ый
граный, *прил.* (и́граная колода), игр/ан/ый

• идеáл (*из франц., от греч.* «идéа» — понятие, представление), *прил.* ⟨-ль/н/ый⟩ ,
идеализúровать*, -рую, -рует, идеал/изиров/а/ть
идеалúзм [*не* изьм], идеал/изм, *сущ.* ⟨-/úст⟩ , *прил.* ⟨-/ист/úческ/ий⟩
• идеолóгия*, иде/о/лог/и/я, *прил.* ⟨-/úческ/ий⟩
идéя*, иде/я
• идúллия*, идилли/я, *прил.* ⟨-/и́ческ/ий⟩
идиóма, идиом/а

---

* и в а н - д а - м а р ь я — травянистое растение с жёлтыми цветками и летовыми листками
* и г н о р и р о в а т ь — умышленно не замечать
* и д е а л и з и р о в а т ь — представлять идеальным, лучше, чем есть в ствительности
* и д е о л о г и я — система взглядов и идей, мировоззрение
* и д е я — 1) мысль, общее понятие о предмете или явлении; 2) главосновная мысль художественного, научного или политического изведения
* и д и л л и я — поэтическое произведение, изображающее безмятежжизнь на лоне природы

идио́т, *прил.* ⟨-/ск/ий⟩
• идти́ [т'т'], ид/ти́, *прош. вр.* шёл, шла
иера́рхия, иера́рх/и/я, *прил.* ⟨-/и́ческ/ий⟩
• иеро́глиф [*не* иеро́глиф]
• иждиве́нец* (*из ст.-слав., от глаг.* «иждити» — *истратить, прожить*), *род. ед.* -нца, иждиве́н/ец
изба́, *вин. ед.* избу́ *и* и́збу, *им. мн.* и́збы, *род. мн.* изб, *дат. мн.* и́збам, изб/а
избавле́ние, избавл/е́ни/е (*ср.*: изба́в/и/ть; *черед. в — вл*)
избало́ванный, из/балов/а/нн/ый
избие́ние, из/би/е́ни/е
избира́тельный, из/бир/а́/тель/н/ый
избира́ть, из/бир/а́/ть
• изва́яние*, из/вая́/ни/е
и́зверг, *род. ед.* -а, из/верг (*по преданию,* с/ве́рг/ну/т/ый *с небес*)
изверже́ние, из/верж/е́ни/е (*ср.*: из/ве́рг/а/ть; *черед. г — ж*)
изве́стный [сн], из/ве́ст/н/ый, *кратк. форма* -стен, -стна
известня́к, *род. ед.* -а́, из/вест/ня́к
• и́звесть, *ж. р., род. ед.* -и
извива́ться, из/ви/ва́/ть/ся
изви́лина, изви́л/ин/а
извине́ние (*от* вина́), из/вин/е́ни/е
извле́чь, -влеку́, -влечёт, -влеку́т, *прош. вр.* -влёк, -влекла́, из/вле́чь; *черед.* к — ч
извне́, *нареч.,* из/вне́/
изво́зчик [ощ], из/во́з/чик, *прил.* ⟨из/во́з/чич/ий/, -ья, -ье⟩

изврати́ть, -ащу́, -ати́т, изврат/и́/ть; *черед.* т — щ (*ст.-слав. неполногласие* -ра-; *ср.*: поворотить — *исконно русск. полногласие* -оро-)
• изгна́нник, из/гн/а́/нн/ик
и́згородь, *ж. р., род. ед.* -и, и́з/городь (*исконно русск. полногласие* -оро; *ср.*: огра́да — *ст.-слав. неполногласие* -ра-)
• изготовля́ть, -я́ю, -я́ет, из/готовл/я́/ть (*ср.*: из/гото́в/и/ть; *черед. в — вл*)
изгры́зенный, из/грыз/ен/н/ый
издава́ть, изда/ва́/ть
• и́здавна [*не* издавна́], *нареч.,* из/давн/а/
издалека́ *и допуск.* издалёка, *нареч.,* из/дал/ек/а́/
• и́здали [*не* издали́], *нареч.,* из/дал/и/
изда́тельство, изда́/тель/ств/о
• издева́ться, издев/а́/ть/ся
издре́вле, *нареч.,* из/древ/л/е/ (*от устар.* дре́вл/ий)
изжа́ренный, из/жар/енн/ый
изжа́рить, из/жа́р/и/ть
изжева́ть, -жую́, -жуёт, из/жев/а́/ть; *черед.* ев — у
и́зжелта-зелёный, из/желт/а/-зелён/ый
изжи́ть, -живу́, -живёт, *прош. вр.* -жи́л, -жила́, -жи́ло, -жи́ли, из/жи́/ть
• изжо́га, из/жо́г/а (*ср.*: жж/е́ни/е; *черед.* о — нуль звука г — ж)
• из-за, *без удар., предлог*
• из-за грани́цы, из-за грани́ц/ы
иззубри́ть, иззу́брит *и* иззубри́т, из/зубр/и́/ть, *прич.*

---
* и ж д и в е н е ц — лицо, состоящее на чьём-либо обеспечении
* и з в а я н и е — скульптурное изображение, статуя

страд., прош. вр. ⟨из/-зу́бр/енн/ый⟩
излага́ть, излаг/а́/ть
изли́шек, *род. ед.* -шка, из/лиш/ек
изли́шество, из/лиш/еств/о
излия́ние, из/ли/я́/ни/е
изложи́ть, -ожу́, -о́жит; (*ср.* излаг/а́/ть; *черед.* **а — о, г — ж**) излож/и́/ть
• **излу́чина*,** из/луч/ин/а (*ср.:* лук/а́ — изгиб)
измара́ть, из/мар/а́/ть (*ср.:* по/ма́р/к/а)
измельчи́ть, -чу́, -чи́т, из/мель/ч/и́/ть
измени́ть, из/мен/и́/ть
изме́нник, измен/ник (*ср.:* изме́н/а, *историч.* из/мен/а)
• **изме́нчивый,** из/мен/чив/ый
изме́рить, -рю, -рит, из/мер/и/ть
• **изможде́нный**[1]**,** *прич.*, изможд/ённ/ый (*ср.:* измождё/ни/е), *кратк. форма* -ён, -ена́, -ено́, -ены́ (все измождены́ долгой дорогой)
• **изможде́нный**[2]**,** *прил.*, изможд/ённ/ый, *кратк. форма* -ён, -ённа, -ённо, -ённы (измождённое лицо)
• **и́зморозь*,** *ж. р.*, *только ед.*, *род.* -и, из/морозь (*исконно русск. полногласие* -оро-; *ср.:* ст.-слав. «мраз» — *неполногласие* -ра-)
• **и́морось*,** *ж. р.*, *только ед.*, *род.* -и, из/морось (*ср.:* морос/и́ть)
изму́чить, -чу, -чит, из/муч/и/ть (*ср.:* му́к/а; *черед.* **к — ч**)
• **изнемога́ть,** из/не/мог/а/ть,

сущ. ⟨-ж/е́ни/е⟩ ; *черед.* **г — ж**
изнемо́гший, из/не/мог/ш/ий
изнеможённый, из/не/мож/ённ/ый, *кратк. форма* -ён, -ена́, -ено́
изнемо́чь, -могу́, -мо́жешь, -мо́гут, *прош. вр.* -мо́г, -могла́, из/не/мочь
износи́ть, -ошу́, -о́сишь, из/нос/и/ть; *черед.* **с — ш**
изнури́ть, -рю́, -ри́шь, изнур/и́/ть
• **изнутри́,** *нареч.*, из/нутр/и́/
• **изоби́льный,** из/обиль/н/ый
• **изоблича́ть,** из/облич/а́/ть (*историч. от* лицо́; *черед.* **ч — ц**)
• **изобража́ть,** из/ображ/а́/ть
• **изобрета́тель,** изобрет/а/тель
изобрете́ние [*не* изобре́тение], *род. ед.* -я, изобрет/ени/е
изо́дранный, изо/др/а/нн/ый
изоли́рованный, изол/иров/а/нн/ый
• **изоли́ровать,** -рую, -рует, изол/иров/а/ть
изоля́ция, изол/яци/я
изощре́нный*, *прич.— прил.*, изощр/ённ/ый (*от* изощр/и́/ть; *историч.* из/ощр/и́/ть *от* о́стрый; *черед.* **ст — щ**), *кратк. форма* -ён, -ённа, -ённы
• **из-под,** *без ударт.* (из-под стола́); *предлог*
из-под мы́шек (*историч. от* мы́шца)
изразе́ц, *род. ед.* -зца́, *тв. ед.* -зцо́м; *черед.* **е — нуль звука**, *прил.* ⟨изразц/о́в/ый⟩
изра́ненный, из/ран/енн/ый (*от* из/ра́н/и/ть)

---

* и з л у ч и н а — крутой поворот, изгиб реки
* и з м о р о з ь — иней
* и з м о р о с ь — очень мелкий дождь
* и з о щ р ё н н ы й — утончённый, усовершенствованный

израсхо́довать, -дую, -дует, из/расход/ов/а/ть
• и́зредка. [не изредка́], нареч., из/ред/к/а/
• изрече́ние, из/реч/ени/е (ср.: речь)
изрешети́ть, -шечу́, -шети́т, из/решет/и/ть
изумру́д, прил. ⟨-/н/ый⟩
изучи́ть, -учу́, -у́чит, из/у-ч/и/ть
изъе́денный, изъ/ед/енн/ый
изъе́здить, -е́зжу [ж'ж' и допуск. жж], -е́здит, изъ/езд/и/ть
• изъяви́ть, изъ/яв/и/ть
• изъя́н*, род. ед. -а
изъясни́ть, изъ/ясн/и/ть
изъя́ть, изыму́, изы́мет, изъя/ть, сущ. ⟨-/ти/е⟩
изыма́ть, изым/а/ть; черед. я — ым
изыска́ние, из/ыск/а/ни/е
• изы́сканный, прич. (средства изы́сканы), кратк. форма -ан, -ана и прил. (блюда изы́сканны), кратк. форма -ан, -анна, прич. из/ыск/а/-нн/ый, прил. изысканн/ый (утончённый, изящный)
изыска́ть, -ыщу́, -ы́щет, из/ыск/а/ть

• изя́щный* [не шн], изящ/н/ый, кратк. форма -щен, -щна
и́листый, ил/ист/ый
• иллю́зия*, иллюз/и/я
• иллюмина́ция*, иллюмин/а/ци/я
• иллюстра́ция, иллюстр/аци/я
• имени́нник, именин/н/ик (историч. от и́мя)
имени́ны, именин/ы
• и́менно, частица
имено́ванный, им/ен/ов/а/н/ый (ср.: им/ен/ов/а́/ть)
и́мечко (от и́мя), род. мн -чек, им/ечк/о
имита́ция* (лат. «имита́ цио» — подражание), имит/аци/я
имити́ровать, имит/иров/а/ть
иммигра́ция*, им/мигр/аци/я
иммигри́ровать, -рую, -рует, им/мигр/иров/а/ть
• иммуните́т*, иммун/итет
импера́тор, род. ед. -а, импе́р/атор
• империали́зм [не изьм], им периал/изм, прил. • ⟨-ал/ист/и́ческ/ий⟩
• импони́ровать*, -рую, -рует, импонир/ов/а/ть
и́мпорт* (из англ., от лат

---

  * и з ъ я н — недостаток, порок

  * и з я щ н ы й — обладающий красотой, художественной соразмерностью частей

  * и л л ю з и я — обман чувств, вызванный искажением действительности в восприятии; несбыточная мечта

  * и л л ю м и н а ц и я — яркое освещение зданий и улиц по случаю какого-либо торжества, праздника

  * и м и т а ц и я — 1) подражание; 2) подделка подо что-нибудь: имитация кожи

  * и м м и г р а ц и я — въезд иностранцев в какую-либо страну на постоянное жительство.

  * и м м у н и т е т — невосприимчивость организма к заражению

  * и м п о н и р о в а т ь — внушать уважение; производить внушительное впечатление

  * и м п о р т — ввоз в страну иностранных товаров

«им» — в + «по́рто» — ношу, перемещаю), *только ед.*, *род.* -а, *прил.* ⟨-/н/ый⟩
импровизи́ровать, импровиз/и́ров/а/ть
● импровиза́ция*, импровиз/-аци/я
и́мпульс, *род. ед.* -а, *прил.* ⟨-льс/и́вн/ый⟩
иму́щество, им/ущ/еств/о (*ср.* им/е́/ть)
ина́че *и* и́наче, *нареч.* (так или ина́че; не и́наче как...), ин/а́ч/е (*ср.*: ин/о́й)
инакомы́слящий, ин/ак/о/-мысл/ящ/ий; *черед.* **к — ч**
● инвали́д (*из франц., от лат.* «ин» (приставка отрицания) + «вали́дус» — сильный, *буквально* 'бессильный'), *прил.* ⟨-/н/ый⟩, *сущ.* ⟨-/н/ость⟩
● инвента́рь, *м. р., только ед., род.* -я́
● инве́рсия, инверс/и/я
● инвести́ция*, инвест/ици/я
● и́ндеветь *и* допуск. индеве́ть, *1-е и 2-е лицо не употр.*, индев/е/ть
инде́ец, *род. ед.* -е́йца, *им. мн.* инде́йцы, инде/ец
инде́йка (птица), *род. мн.* -де́ек, инд/ейк/а

и́ндекс* [дэ], *сущ.* ⟨индекс/а́ци/я⟩
индиа́нка, *им. мн.* -и, *род. мн.* -нок, инди/а́нк/а
индиви́д *и* индиви́дуум*, индивид *и* индивид/уум
индивидуали́зм* [*не* изьм], индивид/уал/изм
● индивидуа́льный*, индивид/уаль/н/ый, *кратк. форма* -лен, -льна
инди́ец, *род. ед.* -и́йца, *им. мн.* инди́йцы, инди/ец, *сущ. ж. р.* ⟨-/а́н/к/а⟩
● индиффере́нтный*, индифферент/н/ый, *кратк. форма* -нтен, -нтна
● индустриализа́ция, индустри/-ализаци/я
● индюша́чий, индюш/ач/ий *и* индю́шечий, индюш/еч/ий (*ср.*: индю́к; *черед.* **к — ш**)
● и́ней, *м. р., род. ед.* -я
● ине́рция [нэ́], инерц/и/я, *прил.* ⟨ине́рт/н/ый⟩; *черед.* **ц — т**
● инжене́р (*лат.* «инге́ниум» — ум, природные склонности), *им. мн.* инжене́ры, *род. мн.* -ов [*не* инженера́, -о́в]
инжи́р, *прил.* ⟨-р/н/ый⟩
● инициа́лы (*лат.* «инициа́-

---

* и м п р о в и з а ц и я — сочинение стихов, музыкальной пьесы и т. п. в момент исполнения, без предварительной к этому подготовки

* и н в е с т и ц и я — долгосрочное вложение капитала в какое-либо предприятие, дело

* и н д е к с — указатель, цифровой или буквенный показатель чего-нибудь

* и н д и в и д и и н д и в и д у у м — отдельный живой организм, человек как отдельная личность в среде других людей

* и н д и в и д у а л и з м — 1) нравственный принцип, ставящий интересы отдельной личности выше интересов общества; 2) стремление к выражению своей личности в противопоставлении себя другим

* и н д и в и д у а л ь н ы й — личный, относящийся к отдельному лицу
* и н д и ф ф е р е н т н ы й — безразличный, безучастный

лис» — начальный), ини-
циал/ы
● **инициати́ва** (*из франц., от лат.* «ини́циум» — начало), инициат/ив/а
инко́гнито*, *нескл., м. р.*
инкримини́ровать*, -рую, -рует, инкримин/иров/а/ть (*ср.:* инкримин/а́ци/я)
● **инкуба́тор**, инкуб/атор, *прил.* ⟨-/н/ый⟩
инкубацио́нный, инкуб/а-ци/онн/ый
иногоро́дний, *допуск. устар.* иногоро́дный, ин/о/город/-н/ий
иноземец, *род. ед.* -мца, *тв. ед.* -мцем, ин/о/зем/ец (*ср.:* земл/я́; *черед.* м — мл)
иноплеме́нник, ин/о/плем/ен/-н/ик
иностра́нный, ин/о/стран/-н/ый
инсинуа́ция*, инсину/аци/я
инспекти́ровать, -рую, -рует, инспект/иров/а/ть
● **инспе́ктор**, *им. мн.* инспектора́, *род. мн.* -о́в *и* инспе́кторы, инспе́кторов, инспект/ор
инспири́ровать*, -рую, -рует, инспир/иров/а/ть
● **инста́нция***, инстанци/я

● **инсти́нкт**, *прил.* ⟨-/и́вн/ый⟩ *сущ.* ⟨-/и́вн/ость⟩
● **институ́т**, *прил.* ⟨-/ск/ий⟩ инстру́ктор, инструкт/ор
● **инструме́нт** [*не* инстру́мент], *сущ.* ⟨-/а́рий, -/а́льщик⟩, *прил.* ⟨-/а́льн/ый⟩
● **инсцениро́вка**, *род. мн.* -вок, инсцен/иров/к/а
интегра́ция*, интегр/аци/я
интелле́кт*, *прил.* ⟨-кт/уа́ль/-н/ый⟩
● **интеллиге́нция**, интеллиген-ц/и/я
● **интенси́вный** [тэ], интенс/ив/-н/ый, *кратк. форма* -вен -вна
● **интерва́л** [тэ], *м. р., род. ед.* -а **интерве́нция** [тэ], интервен-ц/и/я
● **интервью́** [тэ], *нескл., с. р.* **интервью́ировать** [тэ], -рую, -рует, интервью/иров/а/ть *двувид.*
● **интере́сный**, интерес/н/ый *кратк. форма* -сен, -сна **интересова́ться**, интерес/о-в/а/ть/ся
● **интерна́т** [тэ], *прил.* ⟨-/ск/ий⟩
● **интернациона́льный** [тэ], ин-тер/наци/ональ/н/ый

---

* и н к о г н и т о — 1) *нареч.;* действовать под вымышленным именем, не открывая своего; 2) *сущ., нескл., м. и с. р.;* лицо, скрывающее своё настоящее имя

* и н к р и м и н и р о в а т ь — вменять в вину, предъявлять кому-нибудь обвинение в чём-нибудь

* и н с и н у а ц и я — клеветническое измышление, направленное против кого-нибудь

* и н с п и р и р о в а т ь — внушать, воздействовать, влиять, подстрекать

* и н с т а н ц и я — ступень в системе подчинённых друг другу органов (напр.: в судебном разбирательстве, в организации учреждений)

* и н т е г р а ц и я — объединение в целое каких-либо частей, элементов

* и н т е л л е к т — ум, рассудок, разум; мыслительные способности человека

краток. форма -лен, -льна
интерье́р* [тэ], *м. р., род.* -а
• **инти́мный***, интим/н/ый, *сущ.* ⟨-/ость⟩, *кратк. форма* -мен, -мна, -мно
• **интона́ция**, интон/аци/я, *прил.* ⟨-/аци/о́нн/ый⟩
интри́га, интриг/а, *сущ.* ⟨интриг/а́н⟩ [*не* интрига́нт]
интуи́ция*, интуици/я (*ср.:* интуит/и́вн/ый; *черед. т — ц*)
инфанти́льный*, инфантиль-/н/ый (*ср.:* инфантил/и́зм)
инфа́ркт, *прил.* ⟨-кт/н/ый⟩
инфе́кция, инфекци/я, *прил.* ⟨-и/о́нн/ый⟩
инфля́ция*, инфляци/я
информа́тика, информ/атик/а
• **информа́ция**, информ/аци/я, *прил.* ⟨-/аци/о́нн/ый⟩
информи́ровать, -рую, -рует, информ/ирова/ть
инфраструкту́ра* (*лат.* «и́нфра» — под + структура), инфра/структур/а
• **инциде́нт*** [*не* индиндент] (*лат.* «инци́денс» («инциде́нтис») — случающийся)
инъе́кция, инъек/ц/и/я (*ср.:* инъец/и́ров/а/ть; *черед. к — ц*)
ио́н, *род. ед.* -а
ипподро́м (*греч.* «ги́ппос» — лошадь + «дро́мос» — место для бега; бег)
• **иронизи́ровать**, -рую, -рует, ирон/изиров/а/ть
иро́ния, ирон/и/я, *прил.* ⟨-/и́ческ/ий⟩
иррига́ция*, ирригаци/я, *прил.* ⟨-и/о́нн/ый⟩
• **искажа́ть**, искаж/а/ть (*ср.:* исказ/и́/ть; *черед.* ж — з)
искале́чить, ис/калеч/и/ть, *прич.* ⟨-/енн/ый⟩
исключи́ть, -чу́, -чи́т, ис/ключ/и/ть
исковеркать, ис/коверк/а/ть, *прич.* ⟨-/а/нн/ый⟩
исково́й, иск/ов/о́й
исковы́рянный [*от* исковыря́ть], ис/ковыр/я/нн/ый, *кратк. форма* -ян, -яна, -яно, -яны
исколеси́ть, ис/колес/и/ть
искони́ [*не* и́скони], *нареч.* (с самого начала), искон/и/
• **иско́нный*** [*не* иско́нний], искон/н/ый, *кратк. форма* -о́нен, -о́нна

---

* и н т е р ь е р — внутреннее помещение в здании
* и н т и м н ы й — глубоко личный, сокровенный; близкий, дружественный, задушевный
* и н т у и ц и я — чутьё, тонкое понимание, проникновение в самую суть чего-нибудь
* и н ф а н т и л ь н ы й — детски-недоразвитый, обладающий свойствами детского возраста
* и н ф л я ц и я — чрезмерное увеличение количества обращающихся в стране бумажных денег, вызывающее их обесценивание
* и н ф р а с т р у к т у р а — отрасли экономики, научно-технических знаний, обслуживания, которые непосредственно обеспечивают производственные процессы (*спец.*)
* и н ц и д е н т — случай, происшествие (обычно неприятного характера)
* и р р и г а ц и я — искусственное орошение безводных земель
* и с к о н н ы й — существующий давно, старинный

ископа́емый, ис/коп/а/ем/ый
искореня́ть, ис/корен/я/ть, *сущ.* ⟨-/е́ни/е⟩
• и́скоса, *нареч.*, ис/кос/а/
и́скра, *род. ед.* -ы, *род. мн.* искр (*в профессион. речи* искра́, *род. ед.* -ы́), искр/а
• и́скренний, искренн/ий, *кратк. форма* и́скренен, и́скренна, и́скренне, и́скренни *и* и́скренно, и́скренны, *сущ.* ⟨-ен-н/ость⟩
искривля́ть, ис/кривл/я/ть
и́скристый, искр/ист/ый, *кратк. форма* и́скрист, и́скриста, и́скристо, и́скристы *и* искри́стый, *кратк. форма* искри́ст, искри́ста, искри́сто, искри́сты
искри́ться, -рю́сь, -ри́шься, -ри́тся, искр/и/ть/ся *и* и́скриться, -рюсь, -ришься, -рится
• иску́сный*, искус/н/ый (*историч.* ис/кус/н/ый, *от несохранившегося глаг.* «куси́ти» — пытать), *кратк. форма* -сен, -сна
иску́сственный, искус/ств/ен-н/ый, *кратк. форма* -вен, -венна
• иску́сство, искус/ств/о (*историч.* ис/кус/ств/о)
испаре́ние, *им. мн.* -я, *род. мн.* -ий, ис/пар/ени/е
испа́рина, ис/пар/ин/а
• испещрённый*, ис/пещр/ён-н/ый, *кратк. форма* -ён, -ена́, -ено́, -ены́
испове́довать, -дую, -дует, ис/повед/ов/а/ть (*ср.:* пове́-д/а/ть)
• и́сподволь* [*не* исподво́ль], *нареч.*
• исподло́бья, *нареч.*, ис/под/-лоб/ья/
исподни́зу, *нареч.*, ис/под/-низ/у/
• исподтишка́, *нареч.*, ис/под/-тиш/к/а/
исполи́н*, *прил.* ⟨-/ск/ий⟩
исполко́м, *прил.* ⟨-о́м/овск/-ий⟩
и́сполу, *нареч.*, ис/пол/у/
• испо́льзовать, -зую, -зует, *сов. и несов. в.* [*не* использо́вывать, -аю, -аешь], ис/польз/ов/а/ть
испо́ртить, -рчу, -ртит, ис/-порт/и/ть; *черед.* т — ч
исправля́ть, исправл/я/ть
испроси́ть, -ошу́, -о́сит, ис/-прос/и/ть; *черед.* с — ш
испуга́ть, ис/пуг/а/ть
и́ссиня-чёрный, ис/син/я-чёр-н/ый
иссле́дование (*историч. от* след), исслед/ов/а/ни/е
иссле́довательский, исслед/о-в/а/тель/ск/ий
• иссле́довать, исслед/ов/а/ть
• и́сстари, *нареч.*, ис/стар/и/
• исступлённый*, исступл/ён-н/ый
иссу́шенный, ис/суш/енн/ый
• иссуши́ть, ис/суш/и/ть
• иссяка́ть, иссяк/а/ть (*историч.* ис/сяк/а/ть, *от несохранившегося глаг.* сяк/а́/ти)
истерза́ть, ис/терз/а/ть

---

* и с к у́ с н ы й — умелый, хорошо знающий своё дело

* и с п е щ р ё н н ы й — **очень пёстрый, разноцветный, покрытый, усе**янный мелкими надписями, пятнами

* и с п о́ д в о л ь — постепенно, понемногу, не сразу

* и с п о л и́ н — великан, **богатырь**

* и с с т у п л ё н н ы й — **крайне возбуждённый, взволнованный**

● истери́я*, истер/и́/я (ср.: ис-тёр/ик/а)
истече́ние (по истече́нии чего-нибудь), ис/теч/ени/е
и́стина, истин/а
● и́стинный, истин/н/ый, кратк. форма -инен, -инна
истоло́чь, -толку́, -толчёт, -толку́т, прош. вр. -толо́к, -толкла́, ис/толо́чь (ср.: толок/-н/о́; черед. к — ч)
истомлённый, ис/томл/ённ/ый (ср.: том/и́/ть; черед. м — мл)
истопни́к, род. ед. -а́, ис/-топ/ник
исто́ргнуть, -ну, -нет, прош. вр. -о́рг, -о́ргла, исторг/ну/ть (ср.: исторг/а́/ть)
исто́рико-филологи́ческий, истор/ик/о-филолог/ическ/ий
истори́ческий, истор/ическ/ий
исто́шный, истошн/ый
истощи́ть, ис/тощ/и́/ть, сущ. ⟨-/е́ни/е⟩, прич. ⟨-/ённ/ый⟩

● истреби́тель, м. р., род. ед. -я, истреб/и/тель
● истяза́ть, истяз/а́/ть (историч. ис/тяз/а́/ть; ср.: тя́г/а, тя/ну́/ть)
● исцеле́ние, ис/цел/ени/е (ср.: цел/ёбн/ый)
исцели́ть, -лю́, -ли́т, ис/цел/и́/ть
● исчеза́ть, -а́ю, -а́ет, исчез/а́/ть, сущ. ● ⟨-/нов/е́ни/е⟩
исче́рпанный, ис/черп/а/нн/ый
● исче́рпать, -аю, -ает, ис/черп/а/ть
исчерти́ть, -ерчу́, -е́ртит, ис/-черт/и/ть
исче́рченный, ис/черч/енн/ый (ср.: черт/ёж; черед. т — ч)
исчисля́ть, ис/числ/я́/ть
ита́к, союз ('следовательно'), (ита́к, всё кончено)
и та́к (и та́к и ся́к)
ито́г, род. ед. -а, прил. ⟨-г/о́в/ый⟩

Й

йог*, род. ед. -а
● йод, только ед., род. -а
йо́дистый, йод/ист/ый
йодофо́рм*, только ед., род. -а, йод/о/форм

● йот*, род. ед. -а
йо́та*, только ед., род. -ы, йот/а (ни на йо́ту — нисколько, ни на са́мую ма́лость)

---

* и с т е р и я — нервное заболевание, проявляющееся в расстройстве психики, двигательной сферы, чувствительности и т. п.

* й о г — (в Индии) последователь религиозно-философского учения, разработавшего особую систему приёмов и методов самопознания, позволяющих человеку управлять психическими и физическими функциями своего организма

* й о д о ф о р м — препарат йода — жёлтые кристаллы с резким запахом, употребляется в медицине как обеззараживающее средство

* й о т — согласный звук русского языка, изображаемый в латинском алфавите буквой j, напр.: йама (jama), йэль (jэлʲ)

* й о т а — буква греческого алфавита, обозначающая звук [и]

К

- кабала́, *только ед.*, кабал/а, *прил.* ⟨каба́ль/н/ый⟩
- каба́н, *род. ед.* -а́, *им. мн.* -ы́, *род. мн.* -о́в
- кабарди́нец, *род. ед.* -нца, *тв. ед.* -нцем, *им. мн.* -нцы, *род. мн.* -нцев, кабард/и́нец (*ср.:* Кабард/а́)
- ка́бель, *м. р., род. ед.* -я, *им. мн.* ка́бели, *род. мн.* ка́белей [*не* кабеля́, кабеле́й]
- каби́на, кабин/а
- кабине́т, *прил.* ⟨-/н/ый⟩
- каблу́к, *род. ед.* -а́
- кавале́р, *прил.* ⟨-ле́р/ск/ий⟩
- кавале́рия, кавалер/и/я, *прил.* ⟨-/и́й/ск/ий⟩
- кавалька́да*, кавалькад/а
- каварда́к, *только ед., род.* -а́
- ка́верзный, каверз/н/ый
- кавка́зский, кавказ/ск/ий
- кавы́чка, кавычк/а
- ка́дка, *род. мн.* -док, кад/к/а (*ср.:* кад/у́шк/а)
- кадр, *род. ед.* -а (снимок)
- кадри́ль, *ж. р., род. ед.* -и
- кады́к, *род. ед.* -а́
- каёмка, каём/к/а (*от* кайм/а́)
- каждодне́вный, кажд/о/дн/ев/н/ый
- ка́ждый [*не* ка́жный], кажд/ый
- каза́к, *род. ед.* казака́ *и допуск.* каза́ка, *им. мн.* -и́, *род. мн.* -о́в *и допуск. им. мн.* -и, *род. мн.* -ов, *прил.* ⟨каза́ц/к/ий, каза́ч/ий/, -ья, -ье⟩ ; *черед.* к — ч — ц
- каза́рма, казарм/а, *прил.* ⟨-/енн/ый⟩
- каза́ться, кажу́сь, ка́жется, каз/а/ть/ся
- каза́х, *род. ед.* -а, *им. мн.* -и, *род. мн.* -ов, *сущ.* ⟨каза́ш/к/а⟩ , *прил.* ⟨каза́х/ск/ий⟩ ; *черед.* х — ш
- каземат*, *род. ед.* -а
- казённый, казён/н/ый (*от* казн/а́)
- казначе́й, *м. р., род. ед.* -я, казн/аче́й
- казни́ть, казн/и/ть
- казуи́стика*, казу/и́стик/а (*от* ка́зус, *прил.* ⟨казу́/истич/еск/ий⟩
- кайма́, *им. мн.* каймы́, *род. мн.* каём, *дат. мн.* кайма́м, кайм/а
- какаду́, *нескл., м. р.*
- кака́о, *нескл., ср. р.*
- как бу́дто, *союз и частица*
- как бы (то) ни́ было
- как ни в чём не быва́ло
- как-ника́к, *нареч.* (*разг.*)
- како́й, как/ой
- какофо́ния*, какофон/и/я, *прил.* ⟨-фон/и́ческ/ий, -фон/и́чн/ый⟩
- ка́ктус, *род. ед.* -а
- каламбу́р*, *род. ед.* -а

---

* к а в а л ь к а д а — группа всадников и всадниц

* к а з е м а т — 1) защищённое от попадания снарядов помещение в крепости, на военных судах для орудий и т. п.; 2) (в дореволюционной России) помещение в крепости, тюрьме для содержания заключённых

* к а з у и с т и к а — изворотливость в доказательстве ложных или сомнительных положений, хитросплетения в споре; крючкотворство

* к а к о ф о н и я — лишённое всякого благозвучия сочетание звуков (в музыке, стихах)

* к а л а м б у р — шутливая игра сходнозвучащих слов, напр.: «Область рифм — моя стихия, и легко пишу стихи я...» (Д. Минаев)

- **каланча́***, *род. мн.* -е́й, каланч/а
- **кала́ч**, *род. ед.* -а́
- **калейдоско́п*** (*греч.* «ка́лос» — красивый + «эйдос» — вид + «скопео» — смотреть), *прил.* ⟨-/и́ческ/ий⟩
- **кале́ка**, *м. и ж. р.*, калек/а
- **календа́рь**, *прил.* ⟨календа́р/н/ый⟩
- **кале́чить**, калеч/и/ть
- **кали́бр***, *глаг.* ⟨калибр/ов/а́/ть⟩

кали́льщик, кал/и/льщик (*ср.*: на/ка́л)
- **кали́на**, калин/а

кали́тка, калитк/а
кали́ть, -ю́, -и́т, кал/и/ть, *прич.* ⟨кал/ённ/ый⟩ (калённый в электропечи), *прил.* ⟨кал/ён/ый⟩ (калёное железо)
каллигра́фия*, каллиграф/и/я, *прил.* ⟨-/и́ческ/ий⟩
калмы́к, *род. ед.* калмы́ка *и* калмыка́, *им. мн.* калмы́ки *и* калмыки́, *род. мн.* калмы́ков *и* калмыко́в
- **кало́рия**, калори/я, *прил.* ⟨калори́й/н/ый⟩

кало́ша, калош/а *и* гало́ша, галош/а
ка́лька*, *род. мн.* ка́лек, кальк/а
кальки́ровать, -рую, -рует, кальк/иров/а/ть
калькуля́ция*, калькул/яци/я (*ср.*: калькул/и́ров/а/ть)
кальсо́ны, *только мн.*, *род.* кальсо́н, кальсон/ы
- **ка́мбала** *и допуск.* камбала́, камбал/а

каме́лия, камели/я
каменноуго́льный [*не* каменноу́гольный], камен/н/о/-уголь/н/ый
- **каменоло́мня**, *род. мн.* -мен, камен/о/лом/н/я
- **каменотёс**, камен/о/тёс

ка́менщик, камен/щик
ка́мень, *род. ед.* ка́мня, *им. мн.* ка́мни, *род. мн.* камне́й [*не* ка́мней]
ка́мера, камер/а
- **камерто́н***, *род. ед.* -а
- **ка́мешек**, камеш/ек *и разг.* ка́мушек, камуш/ек (*от* ка́мень)

камзо́л*, *род. ед.* -а
- **ками́н***, *род. ед.* -а
- **камо́рка**, камор/к/а

---

* к а л а н ч а — наблюдательная вышка (в крепости, пожарной части и т. п.)

* к а л е й д о с к о п — оптический прибор-игрушка, в котором можно наблюдать быстро сменяющиеся разнообразные цветные узоры

* к а л и б р — диаметр канала ствола огнестрельного оружия

* к а л л и г р а ф и я — искусство писать чётким, красивым почерком

* к а л ь к а — 1) прозрачная бумага или ткань для снятия копий с чертежей и рисунков; 2) копия чертежа, рисунка на такой бумаге

* к а л ь к у л я ц и я — исчисление всех элементов себестоимости и продажной цены продукта, товара, услуг и пр.

* к а м е р т о н — упругая стальная вилка, издающая при ударе звук, которым пользуются как основным тоном при настраивании инструментов, а также в пении

* к а м з о л — старинная мужская куртка-безрукавка под верхнюю одежду

* к а м и н — комнатная печь с широкой открытой топкой и прямым дымоходом

* **кампа́ния*** (*из франц., от лат.* «ка́мпус» — поле, поле сражения), кампани/я
* **камса́**, камс/а *и* **хамса́**, хамс/а
  камфара́, *род. ед.* -ы́ *и* **ка́мфора**, -ы, камфар/а, *прил.* ⟨камфа́р/н/ый *и* ка́мфор/ный⟩
  камчада́л (*от назв.* п-ова Камча́тка), камчад/ал; *прил.* ⟨камчад/а́ль/ск/ий⟩
* **камы́ш**, *прил.* ⟨-/о́в/ый⟩
* **кана́ва**, канав/а
* **кана́л**, (*лат.* «кана́лис» — труба, жёлоб, канава; *родств. лат.* слову «ка́нна» — тростник, растение с трубчатым стеблем), *род. ед.* -а
  канализа́ция, канал/изаци/я, *прил.* ⟨-/изаци/о́нн/ый⟩
* **канаре́йка**, *род. мн.* -е́ек, канаре́й/к/а
* **кана́т**, *прил.* ⟨-/н/ый⟩
* **канва́***, канв/а
* **кандалы́**, *только мн.*, кандал/ы, *прил.* ⟨канда́ль/н/ый⟩
  канделя́бр*, *род. ед.* -а

  кандида́т, *сущ.* ⟨-/у́р/а⟩, *прил.* ⟨-/ск/ий⟩
* **кани́кулы** (*от лат.* «кани́кула» — собачка: Каникулой называлась у древних римлян звезда Сириус в созвездии Большого Пса, которая появлялась в конце июля и знаменовала собой наступление самого жаркого времени года. Именно на этот период приходился перерыв в заседаниях римского сената), *только мн., род.* -ул, каникул/ы
* **каните́ль***, *ж. р., только ед., род.* -и
  канниба́л*, *род. ед.* -а
  кано́н*, *род. ед.* -а
* **канона́да***, канонад/а
  канонёрка, *род. мн.* -рок, канонёр/к/а (*ср.*: канонер/ск/ий)
  канта́та*, кантат/а
* **кану́н***, *род. ед.* -а
* **канцеля́рия**, канцеляр/и/я *прил.* ⟨-/ск/ий⟩

---

* к а м п а н и я — 1) военные действия против кого-нибудь, война; 2) мероприятия для осуществления важной общественно-политической или хозяйственной задачи: избирательная кампания, посевная кампания

* к а н в а — 1) редкая (обычно накрахмаленная) ткань для вышивки по клеткам плетения; 2) основа чего-нибудь

* к а н д е л я б р — подсвечник для нескольких свечей, а также подставка-светильник с несколькими лампами

* к а н и т е л ь — 1) тонкая металлическая (обычно золотая или серебряная) нить, употребляемая для вышивания; 2) (*переносн.*) делать что-либо с ненужными проволочками, мешкая

* к а н н и б а л — 1) людоед; 2) (*переносн.*) жестокий, кровожадный человек, варвар

* к а н о н — правило, положение какого-нибудь направления, учения

* к а н о н а д а — частая и мощная стрельба из многих орудий

* к а н т а т а — торжественная хоровая песня с инструментальным сопровождением

* к а н у н — 1) день перед праздником; 2) время, предшествующее какому-нибудь событию

каньо́н*, *род. ед.* -а
каоли́н*, *прил.* ⟨-н/ов/ый⟩
ка́пать, -аю, -аешь *и устар.*
-плю, -плешь, кап/а/ть
капе́лла*, капелл/а
капельме́йстер, *прил.*
⟨-р/ск/ий⟩
• капилля́рный*, капилляр/-
н/ый
• капита́л*, *род. ед.* капита́ла
и во 2-м значении возможно
капита́лу
капитали́зм [*не* изьм], *только*
ед., капитал/изм
капитали́ст, капитал/ист
капиталисти́ческий, капитал/-
ист/ическ/ий
капиталовложе́ние, капита-
л/о/влож/ени/е
капита́льный, капиталь/н/ый
• капита́н, *прил.* ⟨-н/ск/ий⟩
• капитуля́ция, капитул/яци/я
• капка́н, *род. ед.* -а
ка́пля, *род. мн.* ка́пель, капл/я
(*от* ка́п/а/ть; *черед.* **п—пл**)
ка́пор, *род. ед.* -а
капо́т*, *род. ед.* -а
• капри́з, *прил.* ⟨-/н/ый⟩, *сущ.*
⟨капри́з/ник⟩, *глаг.*
⟨-нич/а/ть⟩

• капро́н*, *прил.* ⟨-/ов/ый⟩
ка́псула (оболочка), капсул/а
ка́псюль (пистон, взрыватель),
м. р., род. ед. -я, *прил.*
⟨-ль/н/ый⟩
• капу́ста, капуст/а, *прил.*
⟨-/н/ый⟩
капу́т, *нескл., м. р.*
капюшо́н (*франц.*, *от лат.*
«ка́пут» — голова)
• караби́н, *род. ед.* -а
• кара́бкаться, -аюсь, -ается,
карабк/а/ть/ся (*собств.*
русск. от слова «кара́-
бить» — бороновать, воло-
чить, *которое сохранилось*
в диалектах)
• карава́й, *м. р., род. ед.* -я
• карава́н, *прил.* ⟨-/н/ый⟩
кара́куль, *м. р., только ед*
род. -я
кара́куля, *род. ед.* -и, *им. мн*
-и, *род. мн.* кара́кулей *и* ка
ра́куль, каракул/я
• караме́ль*, *ж. р., только ед.,*
род. -и, *сущ.* ⟨-ль/к/а⟩
• каранда́ш (*заимствовано из*
тюркск., *где имело форму*
«карадаш», *от* «ка́ра» —
чёрный + «даш» — камень,

---

* к а н ь о н — глубокая узкая долина между скал, размытая рекой или искусственная

* к а о л и н — белая глина высокого сорта

* к а п е л л а — хор певчих, а также смешанный ансамбль, состоящий из певцов, артистов, играющих на музыкальных инструментах

* к а п и л л я р н ы й — волосной, тонкий (по отношению к порам, каналам, сосудам и т. п.)

* к а п и т а л — 1) стоимость, средства производства, позволяющие получать прибавочную стоимость; 2) (*разг.*) деньги, большая сумма денег

* к а п о т — 1) (*устар.*) домашнее женское платье свободного покроя, род халата; 2) откидная металлическая крышка у различных механизмов, предохраняющая их от пыли, порчи и т п

* к а п р о н — род искусственного волокна, а также ткань из такого волокна

* к а р а м е л ь — сорт жёстких конфет, обычно с начинкой, приготовленных из сахара и патоки

шифер), *род. ед.* -á, *прил.* ⟨-/н/ый⟩
* **карантин***, *прил.* ⟨-/н/ый⟩
* **кара́сь**, *м. р., род. ед.* -я́, *им. мн.* -и́, *род. мн.* -е́й
* **карау́л**, *сущ.* ⟨-ль/щик⟩, *прил.* ⟨-ль/н/ый⟩
  карби́д* (*лат.* «ка́рбо» — уголь + *греч.* «э́йдос» — вид), *род. ед.* -а, *прил.* ⟨-д/н/ый⟩
  карбо́ловый (*лат.* «ка́рбо» — уголь), карбол/ов/ый; *сущ.* ⟨карбо́л/к/а⟩
  карбона́р, *род. ед.* -а и **карбона́рий***, *род. ед.* -я (*итал.* «карбона́р» — буквально 'угольщик'), карбонар/ий
  карбона́т* (*лат.* «ка́рбо» — уголь), *род. ед.* -а, карбон/ат, *прил.* ⟨-/а́т/н/ый⟩
  карбу́нкул* (*лат.* «карбу́нкулюс» — уголёк), *род. ед.* -а
* **карбюра́тор**, карбюр/атор (*ср.*: карбюр/а́ци/я), *прил.* ⟨-/а́тор/н/ый⟩
* **кардина́льный***, кардиналь-н/ый
  кардиогра́мма* (*греч.* «ка́рдиа» — сердце + «гра́мма» — запись), кардиограм-м/а
  каре́л, *род. ед.* -а, *им. мн.* каре́лы, *род. мн.* каре́л и каре́лов, *прил.* ⟨каре́ль/ск/ий⟩
  каре́та (*из польск., от лат.* «карру́с» — род телеги), карет/а
* **карикату́ра**, карикатур/а, *сущ.* ⟨-/и́ст⟩, *прил.* ⟨-/н/ый⟩
  ка́рий, кар/ий
  карка́с, *род. ед.* -а
* **карма́н**, *сущ. с уменьшит.-ласкат. знач.* ⟨карма́ш/ек⟩
* **карми́н**, *только ед., род.* карми́на, *прил.* ⟨-/н/ый, -/ов/ый⟩
* **карнава́л**, *прил.* ⟨-ль/н/ый⟩
* **карни́з**, *род. ед.* -а
* **карта́вый**, картав/ый
* **карте́чь**, *ж. р., только ед., род.* -и
* **карти́на**, картин/а, *прил.* ⟨-н/н/ый⟩, *сущ.* ⟨-н/н/ость⟩
  картогра́мма (*греч.* «гра́мма» — запись, рисунок), картограмм/а
* **карто́н** [*не* кардо́н] (*из франц., от лат.* «ха́рта» — бумага)
  картоте́ка (*греч.* «те́ке» — вместилище, ящик), картотек/а
* **карто́фель**, *м. р., только ед., род.* -я
  карту́з, *род. ед.* -а́, *прил.* ⟨-з/н/ый⟩

---

* к а р а н т и н — 1) изоляция на известный срок заболевших эпидемической болезнью людей или животных; 2) санитарный пункт для осмотра прибывающих из местности, поражённой эпидемией

* к а р б и д — вещество, образующееся соединением углерода с металлом или неметаллом (*спец.*)

* к а р б о н а р и й — член **тайной революционной организации в Италии в начале XIX в.**

* к а р б о н а т — соли угольной кислоты, напр. сода, поташ и др.

* к а р б у н к у л — **гнойное воспаление кожи и подкожной клетчатки**

* к а р д и н а л ь н ы й — **самый важный, существенный, основной**

* к а р д и о г р а м м а — графическое изображение деятельности сердца

- **карусе́ль**, *ж. р., род. ед.* -и, *им. мн.* -и, *род. мн.* -ей
- **ка́рцер**, *род. ед.* -а
- **карье́ра***, карьер/а, *сущ.* ⟨-/и́ст, -/и́зм⟩
  карье́р*, *род. ед.* -а
  каса́тка*, касатк/а, *род. мн.* -ток
- **каса́ться**, кас/а/ть/ся (касаться ч е г о? (*род.*) — вопроса, темы; касаться ч е м? (*тв.*) — рукой)
- **каска́д***, *род. ед.* -а
- **ка́сса**, касс/а
- **касса́ция***, кассаци/я, *прил.* ⟨-и/о́нн/ый⟩
- **кассе́та**, кассет/а
- **касси́р**, *род. ед.* -а
  кастанье́ты, *род. мн.* -нье́т, *им. ед.* **кастанье́та**, *род. ед.* -ы, кастаньет/а
  кастеля́нша, *тв. ед.* -шей, кастелянш/а
  кастет [*не* тэ], *род. ед.* -а
- **касто́рка**, кастор/к/а
- **кастрю́ля**, кастрюл/я
  катакли́зм [*не* изьм], *род. ед.* -а
- **катако́мбы**, *род. мн.* -о́мб, *им. ед.* **катако́мб/а**, *род. ед.* -ы

  катало́г* [*не* ката́лог] (*греч.* «катало́гос» — список), *род. ед.* -а
- **ката́р***, *прил.* ⟨-/а́льн/ый⟩
- **катастро́фа***, катастроф/а, *прил.* ⟨-/и́ческ/ий⟩
- **ката́ться**, кат/а/ть/ся
- **категори́ческий***, категор/и́ческ/ий
  катего́рия, категор/и/я
  ка́тер, *род. ед.* -а, *им. мн.* катера́, *род. мн.* -о́в, *прил.* ⟨ка́тер/н/ый⟩
- **кати́ть**, кат/и́/ть (*ср.:* кач/у́, *черед.* т — ч)
- **като́к**, *род. ед.* -а, катка́, кат/о́к
- **като́лик**, *прил.* ⟨католи́ч/еск/ий⟩; *черед.* к — ч
- **ка́торга**, каторг/а, *сущ.* ⟨-ж/ник, -ж/а́нин⟩, *прил.* ⟨-ж/н/ый⟩; *черед.* г — ж
- **кату́шка**, кат/ушк/а (*ср.:* кат/и́/ть)
  кау́рый, каур/ый (светло-каштановый — о масти лошадей; *заимствовано из тюркск. яз.; ср.:* ка́рий)
- **каучу́к*** [*не* ка́учук], *только ед., род. ед.* каучу́ка

---

* к а р ь е р а — 1) продвижение в служебной деятельности; достижение известности, славы; 2) род занятий, профессия

* к а р ь е р — 1) место открытой разработки неглубоко залегающих ископаемых; 2) самый быстрый конский бег, ускоренный галоп

* к а с а т к а — вид ласточки

* к а с к а д — 1) водопад, извергающийся несколькими уступами; 2) в оперетте: быстрый танец, сопровождающийся пением

* к а с с а ц и я — просьба, заявление об отмене, пересмотре приговора

* к а т а л о г — составленный в определённом порядке перечень каких-нибудь однородных предметов (книг, экспонатов, товаров и т. п.)

* к а т а р — воспаление слизистой оболочки какого-либо органа (горла, носа, желудка и т. п.)

* к а т а с т р о ф а — внезапное бедствие, событие, влекущее за собой тяжёлые последствия

* к а т е г о р и ч е с к и й — решительный, безусловный

* к а у ч у к — сок некоторых растений, употребляемый для выработки резины

каучуконо́с, *род. ед.* -а, кау-чук/о/нос
- кафе́ [фэ], *нескл., с. р.*
- ка́федра*, кафедр/а
  ка́фельный, кафель/н/ый
- кафта́н*, *им. ед.* -а, *им. мн.* -ы
- кача́ться, кач/а/ть/ся
- каче́ли, *только мн., род.* -ей, кач/ел/и
  ка́чественный, качеств/енн/ый
  кашало́т*, *род. ед.* -а
  кашева́р, *род. ед.* -а, каш/е/-вар
- ка́шель, *только ед., род.* ка́шля
- кашеми́р, *род. ед.* -а, *прил.* ⟨-р/ов/ый⟩
  ка́шлять, кашл/я/ть
  кашне́ [нэ], *нескл., с. р.*
  кашта́н*, *прил.* ⟨-/ов/ый⟩
  каю́к, *в знач. сказ.; употр. с дат. п.:* каю́к ему!
- каю́та, кают/а
- ка́яться, ка/я/ть/ся (*ср.:* ка́/ешь/ся)
  квадра́т, *прил.* ⟨-/н/ый⟩
  квалифика́ция*, квалифик/а-ци/я, *прил.* ⟨-/аци/о́н-н/ый⟩
- квалифици́рованный, *прич.* (это может быть квалифици́ровано только так), *кратк. форма* -ан, -ана, квалифиц/иров/а/нн/ый и *прил.* (они очень квалифици́рованны в этой области), *кратк. форма* -ан, -анна
  кварта́л* [*не* ква́ртал — *для всех значений!*] (*лат.* «ква́ртус» — четвёртый, буквально 'четвёртая часть'), *прил.* ⟨кварта́ль-н/ый⟩
  кварте́т* (*лат.* «ква́ртус» — четвёртый; четыре инструмента или голоса)
  кварти́ра (*из польск., историч. от лат.* «ква́ртус»; первоначально слово «квартира» означало четвёртую часть города — квартал), квартир/а
  квашня́, кваш/н/я (*ср.:* ква́с/и/ть; *черед.* с — ш)
  кве́рху, *нареч.,* к/верх/у/
  квинтэссе́нция* [с] (*лат.* «кви́нта» — пятая + «эссе́нция» — сущность; в античной философии пятый элемент или стихия «эфир» противополагался четырём земным — «воде», «земле», «огню» и «воздуху» — в качестве основного элемента небесных тел), квинт/эссенци/я
- квита́нция, квитанци/я, *прил.* ⟨-/о́нн/ый⟩

---

* к а ф е д р а — 1) возвышение для лектора, оратора; 2) в вузе: объединение специалистов, ведущих одновременно педагогическую и научно-исследовательскую работу в какой-нибудь отрасли науки

* к а ф т а н — русская старинная мужская долгополая верхняя одежда

* к а ш а л о т — род зубастых китов

* к а ш т а н — дерево, дающее плоды в виде крупных орехов, а также самый плод

* к в а л и ф и к а ц и я — степень подготовленности человека для того или иного труда

* к в а р т а л — 1) часть города, ограниченная пересекающимися улицами; 2) четвёртая часть отчётного года

* к в а р т е т — ансамбль из четырёх исполнителей

* к в и н т э с с е н ц и я — основа, самая сущность чего-нибудь

кво́рум*, *только ед., род.* -а
кво́та, -ы, *ж. р.* квот/а
кекс, *м. р., род. ед.* -а
ке́мпинг*, *м. р., род. ед.* -а
• **кенгуру́**, *нескл., м. и ж. р.*
ке́пи, *нескл., с. р.*
• **кера́мика**, *только ед.*, кера-мик/а, *прил.* ⟨-и́ч/еск/ий⟩ ; *черед.* к — ч
керога́з, *род. ед.* -а, керо/-газ (*сложносокращённое слово:* керосиновый газ)
• **кероси́н**, *только ед., род.* кероси́на *и* кероси́ну, *прил.* ⟨-н/ов/ый, -н/н/ый⟩
ке́та*, *только ед., род.* -ы *и допуск.* **кета́**, *род.* -ы́, кет/а
кефа́ль*, *ж. р., только ед., род.* -и, *прил.* ⟨-ль/н/ый⟩
• **кефи́р**, *только ед., род.* кефи́ра *и* кефи́ру
• **киберне́тика** [бе; нэ́], *только ед.*, кибернетик/а, *прил.* ⟨-и́ч/еск/ий⟩ ; *черед.* к—ч
киби́тка, *род. мн.* -ток, кибитк/а
кизя́к, *род. ед.* -а́, *прил.* ⟨-к/о́в/ый⟩
• **килова́тт** [т], *род. ед.* -а, *род. мн.* -ва́тт, кило/ватт
• **килогра́мм** [м], *род. мн.* -ов, *счётные формы* -гра́мм *и* -гра́ммов, кило/грамм
• **киломе́тр** [*не* кило́метр], кило/метр
кильва́тер* [тэ], *род. ед.* -а, *прил.* ⟨-р/н/ый⟩
кинети́ческий* [нэ и не], кинетич/еск/ий
• **кинжа́л**, *род. ед.* -а
кинемато́граф (*греч.* «кинема́тос» — движение + + «гра́фо» — пишу), *род. ед.* -а
• **кино́**, *нескл., с. р.* (*сокращённое от* кинемато́граф)
• **кио́ск**, *сущ.* ⟨киоск/ёр⟩
• **кипари́с**, *прил.* ⟨кипари́с/ов/ый⟩
кипе́ть, кип/е/ть, *сущ.* ⟨-/е́/-ни/е⟩
• **кипяти́ть**, -ячу́, -яти́т, кипят/и/ть, *сущ.* ⟨-/о́к⟩
кипячённый, *прич.* (молоко, кипячённое в кастрюльке), кипяч/ённ/ый (*ср.:* кипят/о́к; *черед.* т — ч)
кипячёный, *прил.* (кипячёное молоко), кипяч/ён/ый (*ср.:* кипят/о́к; *черед.* т — ч)
• **кирги́зский**, киргиз/ск/ий
ки́рза, *род.* -ы *и допуск.* кирза́, -ы́, кирз/а
ки́рзовый* *и допуск.* **кирзо́вый**, кирз/ов/ый
• **кирпи́ч**, *род. ед.* кирпича́
кисе́ль, *м. р., род. ед.* -я́ (*исто-*

---

* к в о р у м — установленное законом или уставом количество присутствующих на собрании или заседании какого-либо органа, при котором их решения являются правомочными
* к е м п и н г — лагерь для автотуристов
* к е т а — морская промысловая рыба из семейства лососёвых
* к е ф а л ь — морская промысловая рыба с удлинённым и сжатым с боков телом
* к и л ь в а т е р — волновая струя, остающаяся позади идущего судна (идти в кильватер, в кильватере — о судах, следующих друг за другом)
* к и н е т и ч е с к и й — сообщающий движение, двигательный, напр.: кинетическая энергия — энергия механического движения
* к и р з о в ы й — изготовленный из толстой многослойной плотной ткани, пропитанной для предохранения от влаги особым составом

рич. родств. слову кис/-л/ый), прил. ⟨-ль/н/ый⟩
кисе́т, род. ед. -а
• кисе́я, только ед:, род. -и, ки-се/я, прил. ⟨кисе́й/н/ый⟩
кислоро́д, только ед., прил. ⟨-/н/ый⟩
кисте́нь, род. ед. -я́
кисть, ж. р., род. ед. -и, им. мн. ки́сти, род. мн. кисте́й
кита́ец, род. ед. -а́йца, тв. ед. -а́йцем, кита/ец, прил. ⟨кита́й/ск/ий⟩
китая́нка, род. мн. -нок, кита/янк/а
ки́тель*, м. р., род. ед. -я, им. мн. -я́, род. мн. -е́й и ки́тели, -ей
кичи́ться, кичу́сь, кичи́тся [не ки́читься, ки́чусь, ки́чишься], кич/и/ть/ся
кише́чник, кишеч/н/ик
• кишка́, им. мн. кишки́, род. мн. кишо́к, тв. мн. кишка́ми [не ки́шки, ки́шек, ки́шками], кишк/а, прил. ⟨ки-ше́ч/н/ый⟩; черед. к — ч
кишла́к*, род. ед. -а́
• клавиату́ра (из нем., от лат. «кла́вис» — ключ), клави/-ат/ур/а
• кла́виша и допуск. кла́виш, им. мн. кла́виши, род. мн. кла́виш и допуск. кла́вишей, клавиш/а
кла́дбище, кладбищ/е, прил. ⟨кладби́щ/енск/ий⟩
кладова́я, род. ед. -о́й [не кладо́вая, -ой], клад/ов/ая
• кла́няться, клан/я/ть/ся (ср.: поклони́ться; черед. а — о)
• кла́пан, род. ед. -а, им. мн.

кла́паны, род. мн. -ов, в профессион. речи допуск. клапана́, -о́в
• кларне́т [не нэ], род. ед. -а
• класс, род. ед. -а
• классифика́ция* (лат. «кла́ссис» — разряд + «фаце́ре» — делать), класс/ификаци/я, прил. • ⟨-/ификаци/о́нн/ый⟩, глаг. • ⟨-/ифициров/а/ть⟩; черед. ц — к
класси́ческий, класс/ическ/ий
• кла́ссный, класс/н/ый
кла́ссовый, класс/ов/ый
• клева́ть, клев/а́/ть (ср.: клюёшь; черед. ев — ю)
• кле́вер, им. мн. клевера́, род. мн. -о́в
клевета́ть, клевещу́, клеве́щет, клевет/а́/ть; черед. т — щ
клеёнка, род. мн. -нок, клеён-к/а, прил. ⟨клеёноч/н/ый⟩; черед. к — ч
• кле́ить, кле́ю, кле́ит, повел. накл. клей, кле/и/ть
клеймённый, прич. (скот клеймён летом), клейм/ённ/ый
клеймёный, прил. (клеймёный скот), клейм/ён/ый
• клейми́ть, -млю́, -ми́т, клейм/и/ть; черед. м — мл
• кле́йстер, род. ед. кле́йстера и кле́йстеру, прил. ⟨-р/н/ый⟩
кле́мма, клемм/а, прил. ⟨клё́мм/н/ый⟩
клёпанный, прич. (котёл не клёпан), клёп/а/нн/ый (от клеп/а́/ть)
клёпаный, прил. (клёпаный котёл), клёп/а/н/ый

---

* к и т е л ь — форменная куртка военного покроя со стоячим воротником

* к и ш л а к — селение в Средней Азии

* к л а с с и ф и к а ц и я — распределение объектов, явлений и понятий по классам, отделам, разрядам в зависимости от их общих признаков

- **клепа́ть**[1], клеплю́, кле́плет (клеветать) *(прост.)*, клеп/а́/ть
- **клепа́ть**[2], -а́ю, -а́ет (соединять заклёпками), клеп/а́/ть

клёст, *род. ед.* -а́, *им. мн.* -ы́, *род. мн.* -о́в

клетча́тка, *род. мн.* -ток, клетч/ат/к/а (*ср.:* кле́тк/а; *черед.* к — ч)

клёцка, *род. мн.* -цек, клецк/а

- **клешня́**, *род. ед.* -и́, *им. мн.* -и́, *род. мн.* -е́й, клешн/я́

клещ, *род. ед.* -а́, *им. мн.* -и́, *род. мн.* -е́й

- **клие́нт***, *сущ.* ⟨-/у́р/а⟩
- **кли́мат**, *прил.* ⟨-/и́ческ/ий⟩
- **кли́ника***, клиник/а, *прил.* ⟨-и́ч/еск/ий⟩

клино́к, *род. ед.* -нка́ (*историч. от* клин)

клич, *м. р., род. ед.* -а, *тв. ед.* -чем

- **клише́***, *нескл., ср. р.*

клоа́ка, клоак/а

- **клокота́ть**, -очу́, -о́чешь, -о́чет, клокот/а́/ть; *черед.* к — ч

клони́ть, клоню́, кло́нит, клон/и́/ть

кло́ун, *род. ед.* -а

клохта́ть, кло́хчет, клохт/а́/ть (*ср.:* кло́хт/а/нь/е; *черед.* т — ч)

клочо́к, *род. ед.* -чка́, клоч/ок; *черед.* к — ч

- **клу́бень***, *м. р., род. ед.* -бн/я, *им. мн.* -бн/и, *род. мн.* -бн/ей

клу́мба, клумб/а

клю́ква, клюкв/а, *сущ.* ⟨-в/ин/а⟩, *прил.* ⟨-в/енн/ый⟩

ключ, *м. р., род. ед.* -а́, *тв. ед.* -чо́м

ключево́й, ключ/ев/ой

- **кля́нчить**, -чу, -чит, клянч/и/ть

кля́сть, кляну́, клянёт, *прош. вр.* клял, кляла́, кля́ло, кля́ли, кля/с/ть

- **кля́сться**, кляну́сь, клянётся, *прош. вр.* клялся́ *и допуск. устар.* кля́лся, кляла́сь, кляло́сь, кляли́сь *и допуск.* кля́лось, кля́лись, кля/с/ть/ся

кля́уза, кляуз/а

кля́узничать, кляуз/н/ич/ать

кля́ча, *тв. ед.* -чей, кляч/а, *сущ.* ⟨-ч/о́нк/а⟩

кни́га, книг/а, *сущ.* ⟨-ж/о́нк/а⟩, *прил.* ⟨-ж/н/ый⟩; *черед.* г — ж

кни́зу, *нареч.*, к/низ/у/

кно́пка, *род. мн.* -пок, кнопк/а

княжна́, *род. ед.* -ы́, *род. мн.* -жо́н, княж/н/а (*ср.:* князь, *черед.* ж — з)

- **коали́ция***, коалици/я, *прил.* ⟨-/о́нн/ый⟩

кобза́рь, *м. р., род. ед.* -я́, кобз/арь (*ср.:* ко́бз/а)

- **кобура́***, кобур/а
- **ко́бчик***, *род. ед.* -а
- **кобы́ла**, кобыл/а, *сущ.* ⟨-л/и́ц/а⟩

кобы́лий, -ья, -ье, кобыл/ий/

---

* к л и е н т — постоянный покупатель или заказчик; лицо, пользующееся услугами адвоката, нотариуса и т. п.

* к л и н и к а — лечебное учреждение больничного типа

* к л и ш е — рисунок, чертёж на металле, камне, дереве для печатания

* к л у б е н ь — сильно утолщённая подземная мясистая часть стебля или корня растения

* к о а л и ц и я — объединение, союз (государств, партии и т. п.) для достижения общей цели

* к о б у р а — футляр для револьвера

* к о б ч и к — небольшая хищная птица из семейства соколиных

ко́ванный, *прич.* (лошади не ко́ваны), ков/а/нн/ый (*от* ков/а́/ть)
ко́ваный, *прил.* (кованый сунду́к), ков/ан/ый
• кова́рный, ковар/н/ый, *сущ.* ⟨-/ств/о⟩
ковбо́й*, *м. р., род. ед.* -я
• ковёр, *им. мн.* ковры́, *род. мн.* ковро́в, *прил.* ⟨ковр/о́в/ый⟩ ; *черед.* ё — нуль звука
• кове́ркать, коверка/ть
коверко́т, *род. ед.* коверко́та *и* коверко́ту, *прил.* ⟨-т/о́в/ый⟩
• коври́жка, *род. мн.* -жек, ковриж/к/а; (*ср.:* коври́г/а; *черед.* г — ж)
ковш, *м. р., род. ед.* -а́; *тв. ед.* -шо́м
• ковы́ль*, *м. р., род. ед.* -я́, *прил.* ⟨ковы́ль/н/ый⟩
ковыля́ть, ковыл/я́/ть
• ковыря́ть, ковыр/я́/ть
• когда́-либо
• когда́-нибудь
• когда́-то
когорта, когорт/а
• ко́готь, *род. ед.* ко́гтя, *им. мн.* ко́гти, *род. мн.* когте́й [*не* ко́хтя, -е́й, -я́м]
• ко́декс* [дэ], *род. ед.* -а
кодоско́п*, *род. ед.* -а
ко́жа, *тв. ед.* -жей, кож/а, *прил.* ⟨-ж/ан/ый⟩
коже́венный [*не* кожеве́нный], кож/евенн/ый

• кожими́т*, *только ед., род.* -а (*сложносокращ. слово:* кожа+имитация)
• кожу́х*, *род. ед.* -а́ [*не* ко́жух, -а], *им. мн.* -и́, *род. мн.* -о́в, кож/ух
• козёл, коз/ёл, *прил.* ⟨-л/и́н/ый⟩
• козырёк, *род. ед.* -рька́, козыр/ёк (*ср.:* козыр/я́/ть*)
козырно́й *и допуск. устар.* козы́рный, козыр/н/о́й *и* козыр/н/ый
ко́зырь, *м. р., род. ед.* -я, *им. мн.* -и, *род. мн.* -ей
козя́вка, козявк/а (*от* коза́)
кок, *род. ед.* -а
кока́ин, *только ед., род.* -а, кок/аин (*ср.:* ко́к/а — растение, из которого добывают кокаин)
кока́рда*, кокард/а
• коке́тство, кокет/ств/о
• коклю́ш [*не* ко́клюш], *только ед., род.* коклюша
• ко́кон, *род. ед.* -а
коко́с, *род. ед.* -а, *прил.* ⟨-с/о́в/ый⟩
• колбаса́, *им. мн.* колба́сы, *род. мн.* колба́с, *дат. мн.* колба́сам, колбас/а, *прил.* ⟨-/н/ый⟩
колдо́бина, колдобин/а
• колду́н, *род. ед.* -а́, колд/ун, *сущ.* ⟨колд/у́н/ья⟩
• колеба́ть, коле́блю, коле́блет, колеб/а/ть; *черед.* б — бл

---

* к о в б о й — в Северной Америке: пастух, пасущий стада верхом

* к о в ы л ь — степной дикорастущий злак с узкими листьями

* к о д е к с — систематизированный свод законов

* к о д о с к о п — комбинированная оптическая доска

* к о ж и м и т — материал — заменитель кожи

* к о ж у х — 1) верхняя одежда из кожи, овчинный тулуп; 2) футляр для механизмов или их частей (*спец.*)

* к о з ы р я т ь — приветствовать по-военному, прикладывая руку к козырьку

* к о к а р д а — жестяной значок на форменной фуражке

● **коленко́р***, *только ед., род.* коленко́ра *и* коленко́ру, *прил.* ⟨-/ов/ый⟩

● **коле́но**¹ (*сустав, соединяющий бедро и голень*), *род. ед.* -а, *им. мн.* коле́ни, *род. мн.* коле́ней, *дат. мн.* коле́ням, *с предлогами* до коле́н, с коле́н

● **коле́но**² (*изгиб, отдельная фигура в танцах, пении*), *им. мн.* коле́на, *род. мн.* коле́н, *дат. мн.* коле́нам, колен/о

● **коле́но**³ (*звено, сочленение*), *им. мн.* коле́нья, *род. мн.* коле́ньев

коле́нчатый, колен/чат/ый

ко́лер*, *род. ед.* -а, *им. мн.* колера́, *род. мн.* колеро́в *и* ко́леры, -ов

колесни́ца, *тв. ед.* -цей, колес/ниц/а

● **колесо́** (*историч. восходит к общеслав. слову* «ко́ло» — колесо́), *им. мн.* колёса, *род. мн.* колёс, *дат. мн.* колёсам, колес/о, *прил.* ⟨колёс/н/ый⟩, *глаг.* ⟨колес/и́/ть⟩

● **колея́**, *род. ед.* -и́, *им. мн.* колеи́, *род. мн.* коле́й, *дат. мн.* колея́м, коле/я (*ср.*: уз/к/о/-коле́й/н/ый)

● **коли́бри**, *нескл., м. и ж. р.*

● **коли́чественный**, количеств/енн/ый

● **колле́га*** [л'] (*лат.* «ле́го» — собираю, избираю *и приставка* «кон» — со, совместно; в приставке последний согласный уподобился корневому [л], в результате чего в слове пишется двойное л), коллег/а

колле́гия* [л'], коллеги/я, *прил.* ⟨-и/а́льн/ый⟩

колле́дж* [л', *допуск.* ко́], *род. ед.* -а, *тв. ед.* -ж/ем

● **коллекти́в** [л'], *род. ед.* -а, *сущ.* ⟨-/и́зм. -/и́ст⟩, *прил.* ⟨-/н/ый⟩

коллективиза́ция [л'], коллектив/изаци/я

● **колле́ктор*** [л'], *род. ед.* -а, коллект/ор

коллекционе́р [л'], коллекци/онер

коллекциони́ровать [л'], -рую, -рует, коллекци/ониров/а/ть

● **колле́кция** [л'] (*лат.* «колле́кцио» — собрание), коллекци/я

колли́зия*, *род. ед.* -и, коллизи/я

---

* к о л е н к о р — род хлопчатобумажной ткани, употребляемой преимущественно для книжных переплётов и подкладки у одежды

* к о л е р — цвет, окраска (*спец.*)

* к о л л е г а — товарищ по совместной учёбе, работе, профессии

* к о л л е г и я — группа лиц, образующих какой-либо административный, распорядительный или совещательный орган, напр.: коллегия министерства

* к о л л е д ж — название некоторых (высших и средних) учебных заведений в зарубежных странах

* к о л л е к т о р — 1) широкий канал (труба) для отвода жидкостей и газов; 2) часть генератора постоянного тока; 3) учреждение, распределяющее что-либо по подведомственным ему организациям (библиотечный коллектор)

* к о л л и з и я — столкновение противоположных взглядов, стремлений, интересов

коллóквиум* [ló и допуск. лё] (лат. «коллóквиум»— собеседование), род. ед. -а, им. мн. -ы
- **колобóк*** (историч. восходит к слову «кóлоб» — круглый небольшой хлеб), род. ед. колобкá, колоб/ок
- **колóда**, колод/а
- **колóдец**, род. ед. -дца
- **колóдезный**, колодез/н/ый (от устар. колóдезь)
- **колóдка**, колод/к/а
- **кóлокол**, им. мн. колоколá, род. мн. -óв
  колокóльня, род. мн. -лен, колоколь/н/я
- **колониáльный**, колон/и/альн/ый (ср.: колóн/и/я)
  колóния, колон/и/я
- **колóнка**, род. мн. -нок, колон/к/а
- **колóнна**, колонн/а
  коллоннáда*, колонн/ад/а
- **колорúт***, колор/ит, прил. ⟨-/úт/н/ый⟩
- **кóлос**, им. мн. колóсья, род. мн. -ьев
- **колóсс*** (греч. «колóссос» — статуя огромных размеров), род. ед. -а, прил. ⟨-/áльн/ый⟩
- **колотúть**, колочý, колóтит, колот/и/ть, сущ. ⟨-/ýшк/а⟩ ; черед. т — ч

- **колóть**, кол/о/ть (ср.: кóл/к/а)
- **колпáк**, род. ед. -á
- **колхóз** (сложносокращ. слово: коллективное хозяйство)
  колчáн, род. ед. -а
  колчедáн*, род. ед. -а
- **колыбéль**, ж. р., род. ед. -и, прил. ⟨-ль/н/ый⟩
  колымáга, колымаг/а
- **колыхáть**, колы́шу, колы́шет и допуск. колыхáю, колыхáет, повел. накл. колы́шь и колыхáй, колых/а/ть
- **кóлышек**, род. ед. -шка, кол/ышек
  колье́*, нескл., с. р.
  кольцó (историч. возникло на базе слова «кóло»; см. «колесó»), им. мн. -ца, род. мн. -éц, дат. мн. -ам, кольц/о (ср.: колéч/к/о; черед. ч — ц)
  кольчýга, кольчуг/а (историч. от кольцó — сделано из колéц), кольчуг/а
  колю́чка, кол/юч/к/а
- **коля́ска**, коляск/а
  комáнда (из нем.), команд/а
- **командúр**, команд/ир, прил. ⟨-/úр/ск/ий⟩
  командировáть, командиров/а/ть
  командирóвка, род. мн. -вок, командиров/к/а

---

* к о л л о к в и у м — беседа преподавателя с учащимися (студентами) с целью выяснения знаний, особый вид экзамена
* к о л о б о к — небольшой круглый хлебец
* к о л о н н а д а — ряд колонн, составляющих архитектурное целое
* к о л о р и т — сочетание, соотношение цветов в картине, фреске, мозаике и т. п.
* к о л о с с — 1) статуя, колонна, обелиск громадных размеров; 2) (переносн.), гигант, исполин
* к о л ч е д а н — минерал, являющийся соединением железа, меди и др. металлов с серой, а также мышьяком и сурьмой
* к о л ь е — ожерелье с драгоценными украшениями, подвесками

кома́ндовать, -дую, -дует, команд/ов/а/ть
кома́р, *род. ед.* -а́
• **комба́йн**, *прил.* ⟨-/ов/ый⟩
комба́йнер, *им. мн.* -ы, *род. мн.* -ов *и* **комба́йнёр**, *им. мн.* -ы, *род. мн.* -ов, комбайн/ер
• **комбина́т**, комбин/ат
комбина́ция*, *ж. р., род. ед.* -ии, комбин/аци/я (*ср.*: комбин/и́рова/ть)
• **комбинезо́н**, *род. ед.* -а, *им. мн.* -ы, *род. мн.* -ов
• **коме́дия**, ком/еди/я (*ср.*: ко́м/ик), *сущ.* ⟨-/а́нт, -/а́нт/-ка⟩
коменда́нт, коменд/ант, *прил.* ⟨-/ск/ий⟩
комендату́ра, коменд/атур/а
• **коме́та**, комет/а
• **комисса́р**, *прил.* ⟨-/ск/ий⟩
комиссариа́т*, комиссар/иат
• **коми́ссия**, комисс/и/я
комите́т, *род. ед.* -а
• **коми́ческий**, ком/ич/еск/ий
ко́мкать, -аю, -ает, комк/а/ть (*ср.*: ком/о́к)
коммента́рий*, коммент/арий, *род. ед.* -я, *им. мн.* -и, *род. мн.* -ев
комменти́ровать, -рую, -рует, коммент/иров/а/ть (ч т о? *вин. п.* — ход спортивных состязаний)
коммерса́нт*, коммерс/ант, *прил.* ⟨-с/а́нт/ск/ий⟩
• **комме́рческий***, коммерч/еск/ий
коммивояжёр [*не* жер], *прил.* ⟨-/ск/ий⟩
комму́на, *род. ед.* -ы, коммун/а
коммуна́льный*, коммун/альн/ый
• **коммуни́зм** [*не* и́зьм], (*из франц., от лат.* «комму́нис» — общий, всеобщий), *только ед.*, коммун/изм
коммуника́ция*, коммуник/аци/я, *прил.* ⟨-к/аци/о́нн/ый, -к/ати́вн/ый, -к/а́бель/н/ый⟩
коммуни́ст, коммун/ист, *прил.* ⟨-/ист/и́ческ/ий⟩
• **коммута́тор***, коммут/атор
• **коммюнике́***, *нескл., с. р.*
• **ко́мната**, *им. мн.* ко́мнаты, *род. мн.* ко́мнат, комнат/а
• **комо́д**, *род. ед.* -а
комо́к, *род. ед.* -мка́, ком/ок

---

* к о м б и н а ц и я — 1) сочетание, взаимное расположение чего-нибудь; 2) (*переносн.*) сложный замысел, система приёмов для достижения чего-нибудь; 3) женское бельё в виде рубашки, надеваемое непосредственно под платье

* к о м и с с а р и а т — военный комиссариат — орган местного военного управления в СССР, ведающий учётом и призывом военнообязанных

* к о м м е н т а р и й — объяснение или толкование какого-либо текста

* к о м м е р с а н т — лицо, занимающееся частной торговлей

* к о м м е р ч е с к и й — торговый

* к о м м у н а л ь н ы й — 1) от «коммуна»; 2) относящийся к городскому хозяйству

* к о м м у н и к а ц и я — 1) путь сообщения (напр., водные коммуникации); 2) сообщение, общение (речь как средство коммуникации)

* к о м м у т а т о р — прибор для переключения тока, а также устройство для соединения телефонных аппаратов

* к о м м ю н и к е — официальное правительственное сообщение по вопросам международного значения

- **компа́ктный***, компактн/ый, кратк. форма -тен, -тна
- **компа́ния*** (*из франц., от лат.* «ком» — со, вместе+«па́нис» — хлеб), компан/и/я
- **ко́мпас**, *род. ед.* -а *и в профессион. речи моряков* компа́с, компа́са
- **компенса́ция***, компенс/аци/я
- **компете́нтный*** [*не* тэ], компетент/н/ый (*ср.*: компете́нц/и/я), кратк. форма -нтен, -нтна
- **ко́мплекс***, *прил.* ⟨-кс/н/ый⟩
- **компиля́ция***, компил/яци/я
- **компле́кт***, *глаг.* ⟨-кт/ов/а́/ть⟩
- **комплиме́нт***, *род. ед.* -а
- **компози́тор**, композит/ор (*ср.*: компози́ц/и/я; черед. *т — ц*)
- **компоне́нт***, компон/ент
- **компо́стер***, компост/ер
  компости́ровать, -рую, -руешь, компост/иров/а/ть

- **компо́т**, *род. ед.* -а
- **компре́сс**, *прил.* ⟨-сс/н/ый⟩
- **компре́ссор**, *род. ед.* компре́ссора, *им. мн.* компре́ссоры, *род. мн.* компре́ссоров, компресс/ор, *прил.* ⟨-/ор/-н/ый⟩
- **компромети́ровать*** [*не* компроменти́ровать], -ру́ю, -ру́ет, компромет/иров/а/ть (*ср.*: компромет/а́ци/я)
- **компроми́сс***, *прил.* ⟨-/н/ый⟩
  компью́тер*, *род. ед.* -а
- **комсомо́л** (*сложносокращ. слово*: Коммунисти́ческий сою́з молодёжи)
- **комсомо́лец**, комсомол/ец, *прил.* ⟨-ль/ск/ий⟩
  комфо́рт*, *прил.* ⟨-/а́бель/н/ый⟩
  комяче́йка, *род. мн.* -е́ек, ком/-ячей/к/а (коммунистическая ячейка)

---

* к о м п а к т н ы й — плотный, сжатый

* к о м п а н и я — 1) общество, группа лиц, проводящих вместе время; 2) капиталистическое торгово-промышленное объединение предпринимателей

* к о м п е н с а ц и я — 1) возмещение, вознаграждение за что-нибудь; 2) уравновешение чего-нибудь нарушенного (*спец.*): компенсация порока сердца

* к о м п е т е н т н ы й — знающий, сведущий в определённой области

* к о м п л е к с — совокупность, сочетание каких-нибудь явлений

* к о м п и л я ц и я — (*книжн.*) соединение результатов чужих исследований, мыслей, без самостоятельной обработки источников, а также сама работа, составленная таким методом

* к о м п л е к т — полный набор, состав чего-нибудь

* к о м п л и м е н т — лестное замечание в адрес кого-либо, похвала

* к о м п о н е н т — составная часть чего-нибудь

* к о м п о с т е р — аппарат, обозначающий проколом на пассажирском билете дату отправления, номер поезда, парохода, самолёта и т. п.

* к о м п р о м е т и р о в а т ь — выставлять в неблаговидном свете, порочить

* к о м п р о м и с с — соглашение на основе взаимных уступок

* к о м п ь ю т е р — электронная вычислительная машина (ЭВМ)

* к о м ф о р т — совокупность бытовых удобств, уют

- **конве́йер** *, *прил.* ⟨-/н/ый⟩.
конве́рсия*, конверс/и/я, *глаг.* ⟨конверт/и́ров/а/ть; *черед.* т — с; *прил.* конверт/и́ров/а/нн/ый⟩
конве́рт, *прил.* ⟨-ве́рт/н/ый⟩
конве́нция, конвенци/я
конво́й, конво/ий
- **конво́ировать**, -и́рую, -и́рует, конво/ир/ов/а/ть
конву́льсия, конвульс/и/я, *прил.* ⟨-льс/и́вн/ый⟩
конгломера́т*, *прил.* ⟨-т/н/ый⟩
- **конгре́сс** [*допуск.* рэ]
конгрессме́н*, конгресс/мен
конденса́тор, конденс/атор, *прил.* ⟨-нс/а́тор/н/ый⟩
конди́терская, кондитер/ск/ая
- **конди́ция***, кондици/я
ко́ндор*, *род. ед.* -а
кондуи́т, *род. ед.* -а
- **конду́ктор**[1], *род. ед.* -а, *им. мн.* -а́, *род. мн.* -о́в и конду́кторы, конду́кторов (работник транспорта)
- **конду́ктор**[2], *род. ед.* -а, *им. мн.* -ы, *род. мн.* -ов (деталь машины)
коне́ц, *род. ед.* конца́, *прил.* ⟨конеч/н/ый⟩; *черед.* ч — ц
- **коне́чно** [шн], *вводное слово*
конкре́тика*, конкрет/ик/а
- **конкре́тный*** [*не* рэ], конкрет/н/ый, *кратк. форма* -тен, -тна
конкурентоспосо́бный, *кратк. форма* -бен, -бна, конкур/ент/о/способн/ый
- **конкуре́нция***, конкур/енци/я
ко́нница, кон/н/иц/а
- **конопа́тить**, конопат/и/ть
ко́новязь, *ж. р., род. ед.* -и, кон/о/вязь
конопа́тый, конопат/ый
конопля́, конопл/я́
конопля́ный, конопл/ян/ый
консе́нсус*, *род.* -а (*лат.* «кон-

---

* к о н в е́ й е р — устройство для непрерывного перемещения обрабатываемого изделия от одного рабочего к другому или транспортировки грузов
* к о н в е́ р с и я (*лат.* «конверсио» — превращение, изменение) — 1) обмен, превращение, перерасчёт; конверсия валюты — обмен одной валюты на другую по действующему валютному курсу; 2) изменение производства (его профиля, типа продукции и т. д.)
* к о н г л о м е р а́ т — 1) механическое соединение чего-нибудь разнородного, беспорядочная смесь; 2) горная порода из разных минералов, связанных другой породой (*спец.*)
* к о н г р е с с м е́ н — член палаты представителей конгресса США
* к о н д и́ ц и я — условие, норма, которой должна соответствовать поставляемая продукция
* к о́ н д о р — большая птица из семейства грифов, питающаяся падалью
* к о н к р е́ т и к а — совокупность определённых реальных предметов и фактов
* к о н к р е́ т н ы й — вполне определённый в отличие от абстрактного, отвлечённого
* к о н к у р е́ н ц и я — соперничество, борьба за достижение наивысших выгод, преимуществ
* к о н с е́ н с у с — общее согласие по спорным вопросам, к которому приходят участники международных конференций, переговоров

сенсус» — согласие, единодушие)
- **консерва́тор***, консерват/ор, *прил.* ⟨консерват/и́вн/ый⟩

  консервати́зм (*из франц., от лат.* «консерва́ре» — охранять, сохранять), консерват/изм
- **консервато́рия*** (*из итал., от лат.* «консерва́ре» — охранять, сохранять; первоначально консерватория — приют для сирот, где детей обучали разным ремёслам), консерватор/и/я
- **консерви́ровать**, -рую, -рует, консерв/иров/а/ть

  консе́рвы (*из франц., от лат.* «кон» — со+«се́рво» — хранить), *только мн., род.* -ов, консерв/ы

  конси́лиум*, *род. ед.* -а

  консолида́ция*, консолид/аци/я (*ср.:* консолид/и́ров/а/ть)

  консо́рциум, *род. ед.* -а
- **конспе́кт**, *прил.* ⟨-т/и́вн/ый⟩
- **конспира́ция*** (*лат.* «кон» — со+«спи́ро» — дышу; *буквально* 'согласие', 'единодушие', 'заговор'), конспир/аци/я, *сущ.* ⟨конспир/а́тор⟩
- **констати́ровать*** [*не* константи́ровать] (*из франц., от лат.* «ко́нстат» — известно), -рую, -рует, *сущ.* ⟨констат/а́ция⟩ , констат/иров/а/ть
- **конститу́ция**, конституци/я, *прил.* ⟨конституци/о́нн/ый⟩

  констру́ктор, *им. мн.* -ы, *род. мн.* -ов, конструкт/ор, *прил.* ⟨-/ор/ск/ий⟩

  конструкти́вный, конструкт/ивн/ый
- **констру́кция**, конструкц/и/я
- **консульта́ция**, консульт/аци/я, *прил.* ⟨-/аци/о́нн/ый⟩
- **конта́кт**, *прил.* ⟨-кт/н/ый⟩

  конте́йнер* [тэ], *прил.* ⟨-р/н/ый⟩
- **конте́кст*** [*не* тэ], (*лат.* «кон» — со, вместе + «текст» — связь)
- **континге́нт***, *прил.* ⟨-т/н/ый⟩
- **контине́нт**, *прил.* ⟨-/а́льн/ый⟩
- **конто́ра**, контор/а, *прил.* ⟨-р/ск/ий⟩
- **контраба́нда***, контрабанд/а, *сущ.* ⟨-/и́ст⟩

---

* к о н с е р в а т о р — противник прогресса, всего передового

* к о н с е р в а т о р и я — высшее музыкальное учебное заведение

* к о н с и л и у м — совещание врачей для выяснения характера болезни и установления способов её лечения

* к о н с о л и д а ц и я — упрочение, укрепление чего-либо; объединение, сплочение отдельных лиц, групп, организаций для усиления борьбы за общие цели

* к о н с п и р а ц и я — сохранение, соблюдение тайны

* к о н с т а т и р о в а т ь — устанавливать наличие, несомненность чего-нибудь

* к о н т е й н е р — приспособление, тара, предназначенные для перевозки грузов без упаковки

* к о н т е к с т — законченная в смысловом отношении часть текста

* к о н т и н г е н т — состав людей какого-либо коллектива (учреждения, организации, предприятия, армии и т. п.)

* к о н т р а б а н д а — тайный провоз товаров через границу без внесения налога

- **контра́кт***, *глаг.* ⟨-кт/о-в/а/ть⟩
- **контра́льто**, *нескл., с. р.*
- **контрама́рка**, *род. мн.* -ок, контрамарк/а
- **контра́ст***, *прил.* ⟨-/н/ый⟩
- **контрата́ка**, контр/атак/а
- **контролёр**, контрол/ёр
- **контро́ль**, *м. р., только ед., род.* -я, *прил.* ⟨-ль/н/ый⟩
- **контрразве́дка***, *род. мн.* -док, контр/развед/к/а
- **контрреволю́ция**, контр/револю́ци/я
- **конту́женный**, *прич.* (солдат, конту́женный в бою), контуж/енн/ый
- **конту́женый**, *прил.* (контуженый солдат), контуж/ен/ый
- **конту́зить**, -у́жу, -у́зит, конту́з/и/ть; *черед. ж — з*
- **конту́зия**, контуз/и/я
- **конура́**, *им. мн.* конуры́, *род. мн.* кону́р, *дат. мн.* конура́м, конур/а
- **конфедера́ция*** [*допуск.* дэ], конфедерац/и/я
- **конферансье́**, *нескл., м. р.*
- **конфере́нция** (*лат.* «кон» — вместе+«фе́ро» — говорить, обсуждать), конференци/я
- **конфе́та**, конфет/а
- **конфетти́***, *нескл., с. р.*
- **конфиденциа́льный*** [*допуск.* дэ], конфиденц/иальн/ый (*ср.:* конфиде́нци/я, *устар.*), *кратк. форма* -лен, -льна
- **конфиска́ция***, конфиск/аци/я
- **конфиско́ванный**, конфиск/о-в/а/нн/ый (*от* • конфиск/ов/а́/ть)
- **конфли́кт**, *прил.* ⟨-/н/ый⟩
- **конфо́рка**, *род. мн.* -рок, конфорк/а
- **конфронта́ция*** («кон» — против + «фронс» («фронтис») — лоб, фронт), конфронтаци/я
- **конфу́зиться**, конфуз/и/ть/ся
- **концентра́т***, концентр/ат (*ср.:* концентр/и́ров/а/ть)
- **концентрацио́нный**, концентр/аци/онн/ый
- **концентра́ция**, концентр/аци/я

---

* к о н т р а к т — письменный договор, соглашение

* к о н т р а с т — резко выраженная противоположность

* к о н т р р а з в е д к а — организация для противодействия разведке противника, для борьбы со шпионажем, диверсиями и т. п.

* к о н ф е д е р а ц и я — 1) объединение, союз каких-нибудь общественных организаций; 2) постоянный союз государств, сохраняющих независимое (суверенное) существование, объединяющихся с целью координации своей деятельности

* к о н ф е т т и — разноцветные бумажные кружочки, которыми осыпают друг друга на балах, маскарадах

* к о н ф и д е н ц и а л ь н ы й — доверительный, не подлежащий огласке, секретный

* к о н ф и с к а ц и я — 1) принудительное и безвозмездное изъятие имущества, денег в собственность государства в соответствии с судебным решением; 2) изъятие из обращения произведений печати в случае их вредности с точки зрения государства

* к о н ф р о н т а ц и я — противопоставление, противоборство идейно-политических принципов, столкновение

* к о н ц е н т р а т — готовый пищевой продукт в сухом, прессованном виде

- **концентри́ческий,** концентр/и-ческ/ий
- **конце́пция*,** концепц/и/я, *прил.* концепт/уа́льн/ый; *черед. т — ц*
- **конце́рн,** *род. ед.* -а
- **конце́рт,** *прил.* ⟨-/н/ый⟩
- **конце́ссия*,** концесси/я
- **конъюнкту́ра*,** конъюнктур/а, *прил.* ⟨-р/н/ый⟩
- **ко́нчиться,** конч/и/ть/ся
- **коньки́,** *род. мн.* -о́в, *им. ед.* конёк, *род. ед.* коньк/а, конь-к/и
- **конькобе́жец,** *род. ед.* -жца, *тв. ед.* -жцем, коньк/о/беж/ец
- **коню́шня,** *род. мн.* -шен, кон/юш/н/я
- **кооперати́в,** коопер/ати́в
- **коопера́ция*,** коопер/аци/я
- **коопти́ровать,** -рую, -рует, коопт/иров/а/ть, *сущ.* ⟨кооптация*⟩
- **координа́та,** координ/ат/а
- **координа́ция,** координ/аци/я, *прил.* ⟨-н/аци/о́нн/ый⟩
- **копа́ть,** коп/а/ть
- **копе́йка,** копейк/а (*ср.:* копе́еч/к/а; *черед.* к — ч)
- **копирова́льный,** коп/иро-в/а́/льн/ый (*от* коп/иро-в/а́/ть)
- **копна́,** *род. ед.* -ы́, *вин. ед.* -у́, *им. мн.* ко́пны, *род. мн.* ко-пён *и* ко́пен, *дат. мн.* копна́м *и* ко́пнам, копн/а
- **ко́поть,** *только ед., род.* -и
- **копоши́ться,** -шу́сь, -ши́тся, копош/и/ть/ся
- **копчённый,** *прич.* (копчённый в дыму окорок), копч/ён-н/ый (*от глаг.* копт/и́/ть; *черед. т — ч*)
- **копчёный,** *прил.* (копчёная рыба), копч/ён/ый
- **ко́пчик*,** *прил.* ⟨-к/ов/ый⟩
- **копчу́шка,** *род. мн.* -шек, коп-ч/ушк/а (*ср.:* копт/и́ть)
- **копы́то,** *им. мн.* копы́та, *род. мн.* копы́т, копыт/о
- **копьё,** *род. ед.* -я́, *им. мн.* ко́пья, *род. мн.* ко́пий, *дат. мн.* ко́пьям, копь/ё (*ср.:* копь/ец/о́)
- **кораблекруше́ние,** корабл/е/-круш/ени/е
- **кора́бль,** *м. р., род. ед.* -я́ (*ср.:* линко́р — линейный корабль)
- **кора́лл,** *прил.* ⟨-/ов/ый⟩
- **кордо́н*,** *род. ед.* -а

---

* **концепция** — система взглядов на что-нибудь; основная мысль

* **концессия** — 1) договор, заключённый государством с частным предприятием, предпринимателем на право добычи полезных ископаемых, строительство различных сооружений; 2) само предприятие, организованное на основе этого договора

* **конъюнктура** — создавшееся положение в какой-нибудь области общественной жизни, влияющее на ход каких-либо событий, дел

* **кооперация** — 1) особая форма организации труда, при которой много людей совместно участвуют в одном и том же или в различных, связанных между собой процессах труда; 2) коллективное объединение в области производства и обмена

* **кооптация** — пополнение какого-либо выборного органа новыми членами собственным решением без проведения новых выборов

* **координация** — согласование, сочетание, приведение в порядок, в соответствие (понятий, действий, составных частей чего-либо и т. д.)

* **копчик** — нижняя конечная часть позвоночника

* **кордон** — пограничный или заградительный отряд

корёжить, корёж/и/ть
корейка (свиная или телячья грудинка), корейк/а
• **коренастый** (от слова корень), корен/аст/ый
• **корень**, род. ед. корня, им. мн. корни, род. мн. корней, дат. мн. корням, тв. мн. корнями, пр. мн. о корнях (ср.: кореш/ок); черед. ш — н
кореянка, коре/янк/а
• **корзина** (от вост.-слав. слова, известного ныне в говорах, «корзать» — рубить ветви), корзин/а
• **коридор**, прил. ⟨-/н/ый⟩
корить, -рю, -рит, кор/и/ть
корифей*, род. ед. -я
корица, тв. ед. -цей, кориц/а
• **коричневый**, коричнев/ый (историч. от кора, т. е. цвета коры)
• **корма**, корм/а
кормёжка [ш], род. мн. -жек, корм/ёжк/а
кормилец, род. ед. -льца, тв. ед. -льцем, корм/и/лец
кормить, кормлю, кормит, корм/и/ть
кормчий, род. ед. -его, корм/-ч/ий (от корм/á)
корневище, тв. ед. -щем, корн/евищ/е
корнеплод, род. ед. -а, корн/е/плод
корноухий, корн/о/ух/ий
• **коробить**, короб/и/ть
• **коробка**, короб/к/а
• **корова**, коров/а, прил. ⟨коров/ий/⟩

короед, кор/о/ед
королёк, род. ед. -лька, корол/ёк
• **король**, м. р., род. ед. короля, сущ. ⟨корол/ёв/а⟩
• **коромысло**, род. ед. -а, им. мн. -а, род. мн. -сел, коромысл/о
• **корона**, корон/а
короста, корост/а
коростель, м. р., род. ед. коростеля, им. мн. -й, род. мн. -ей
• **коротать**, корот/а/ть
• **короткий**, корот/к/ий, кратк. форма короток, коротка, коротко, коротки и допуск. устар. короток, коротко, коротки (ср.: короч/е; черед. т — ч)
корпеть, -плю, -пишь, корп/е/ть
корпорация*, корпорац/и/я, прил. ⟨корпорат/ивн/ый⟩; черед. т — ц
корректив, род. -а, им. мн. -ктивы, род. мн. -ктивов, коррект/ив (ср.: коррекц/и/я; черед. т — ц)
• **корректор*** (от лат. «рего» — правлю и приставки «кон» — со, которая перед [р] перешла в «кор»; буквально значит 'правлю совместно с кем-нибудь'), род. ед. -а, им. мн. -ы, род. мн. -ов, коррект/ор
коррекция, коррекц/и/я
• **корреспондент***, корреспонд/ент, прил. ⟨-/ент/ск/ий⟩

---

* к о р и ф е й — выдающийся деятель на каком-нибудь поприще
* к о р п о р а ц и я — объединённая группа, круг лиц одной профессии, одного сословия и т. п.
* к о р р е к т о р — работник издательства и типографии, читающий и правящий корректуру (оттиск набора)
* к о р р е с п о н д е н т — 1) лицо, находящееся в переписке с кем-нибудь; 2) автор корреспонденций в газете, журнале

корреспонде́нция*, корреспонд/енци/я
корро́зия*, коррози/я
коррумпи́ровать*, коррумп/ир/ова/ть
корру́пция (*лат.* «корру́пцио» — подкуп), коррупц/и/я
корса́ж, *род. ед.* -а, *тв. ед.* -жем
корсе́т, *род. ед.* -а
корте́ж [тэ], *род. ед.* -а
ко́рточки (присесть на корточки), корточк/и
• **корчева́ть**, корч/ев/а/ть
корчёвка, *род. мн.* -вок, корч/ёв/к/а
ко́рчить, -чу, -чит, корч/и/ть
корчма́, *им. мн.* корчмы́, *род. мн.* корче́м, корчм/а
• **коры́сть** [не ко́рысть], *ж. р., только ед., род.* -и, *прил.* ⟨коры́ст/н/ый⟩
• **коры́то**, *род. ед.* -а, *им. мн.* -а, корыт/о
коря́вый, коряв/ый
• **коря́га**, коряг/а
коря́читься, коряч/и/ть/ся
коса́[1] (заплетённые волосы), *род. ед.* -ы́, *вин. ед.* ко́су и *допуск.* косу́, *им. мн.* ко́сы, *род. мн.* кос, *дат. мн.* ко́сам; за́ косу, за́ косы (**дё**ргать, таскать и т. д.), кос/а
коса́[2–3] (сельскохозяйственное орудие; отмель), *род. ед.* -ы́, *вин. ед.* ко́су и *допуск.* косу́, *им. мн.* ко́сы, *род. мн.* кос, *дат. мн.* ко́сам, кос/а
ко́свенный (*из ст.-слав., историч. от слова «косой», что буквально означает 'изогнутый, кривой'*), косвенн/ый
коси́ть[1], кошу́, ко́сит (срезать косой, косилкой), кос/и/ть
коси́ть[2], кошу́, коси́т (делать косым, быть косым), кос/и/ть
косма́тый, косм/ат/ый (*ср.:* ко́см/ы)
• **косме́тика** (*греч.* «ко́смео» — украшаю), космети́к/а, *прил.* ⟨-и́ч/еск/ий⟩; *черед. к — ч*
ко́смос, косм/ос, *сущ.* ⟨косм/о/дро́м, косм/о/на́вт⟩, *прил.* ⟨-/и́ческ/ий⟩
косну́ться, косну́сь, коснёшься, кос/ну/ть/ся
• **ко́сный*** (*из ст.-слав., историч. от слова «косой»*), косн/ый, *сущ.* ⟨-/ость⟩, *кратк. форма* ко́сен, косна́, ко́сно, ко́сны
косого́р, *род. ед.* -а, кос/о/гор
косо́й, кос/ой, *кратк. форма* кос, коса́, ко́со, ко́сы и *допуск.* косы́
костёл, *род. ед.* -ёла
костене́ть, -е́ю, -е́ешь, кост/ене/ть
• **костёр**, *род. ед.* костра́
костля́вый, кост/ляв/ый

---

* к о р р е с п о н д е н ц и я — 1) обмен письмами, переписка; 2) письма, почтово-телеграфные отправления; 3) сообщения о текущих событиях, присланные откуда-нибудь в газету, журнал

* к о р р о з и я — разрушение поверхности твёрдых тел под воздействием различных физико-химических и биологических факторов (коррозия металлов)

* к о р р у м п и р о в а т ь — подкупать кого-либо деньгами или другими материальными благами

* к о с н ы й — невосприимчивый к новому, отсталый

- **ко́стный** [сн] (*от* кость), кост/н/ый
- **костое́да**, кост/о/ед/а
- **косты́ль**, *м. р., род. ед.* -я (*историч. от* «кость»)
- **кость**, *род. ед.* -и [*род., дат. ед. не* кости], *им. мн.* ко́сти, *род. мн.* косте́й, *дат. мн.* костя́м; широк в кости́ (о крупном человеке), лечь костьми́ (погибнуть), *прил.* ⟨кост/ян/о́й⟩
- **костю́м**, *прил.* ⟨-/н/ый⟩
- **костяни́ка**, кост/ян/ик/а
- **косы́нка** (*вост.-слав.*, *от слова* «косой»; название дано по внешнему признаку предмета — косо отрезанному куску материи), косынк/а
- **косьба́**, кось/б/а (*ср.*: кос/и́/ть)
- **кося́к**, *род. ед.* -а́, кос/як
- **котёл**, *род. ед.* котла́, *им. мн.* котлы́
- **коти́ться**, -ти́тся, -тя́тся, кот/и/ть/ся (рождать — о кошке, овце)
- **котле́та**, *род. ед.* котле́т, котлет/а
- **котлова́н** (*историч. от* котёл)
- **кото́мка**, *род. мн.* -мок, котом/к/а
- **кото́рый**, котор/ый
- **котте́дж*** [тэ], *род. ед.* -а
- **ко́фе** [*не* фэ], *нескл., м. р. и допуск. с. р.*
- **кофе́йн**, *род. ед.* -а, кофе/ин
- **кофе́йня**, *род. мн.* кофе́ен, кофе/йн/я
- **коча́н**, *род. ед.* кочана́ *и допуск.* кочна́
- **кочева́ть**, кочев/а/ть, *сущ.* ⟨-/ник⟩
- **коче́вье**, *род. ед.* -я, *род. мн.* -вий, кочевь/е
- **кочега́р**, *род. ед.* -а
- **коченéть**, кочене/ть
- **кочерга́**, *род. ед.* -и́, *им. мн.* -и́, *род. мн.* кочерёг, *дат. мн.* кочерга́м, кочерг/а
- **кочеры́жка**, *род. мн.* -жек, кочерыж/к/а
- **коша́чий**, кош/ачий/ *и* ко́шечий, кош/ечий/
- **кошелёк** (*собств. русск.*, *от общеслав.* «кошь» — корзина), *род. ед.* -лька́, кошел/ёк (*ср.*: коше́ль)
- **кошёлка** (*от общеслав.* «кошь» — корзина), *род. мн.* -лок, кошёл/к/а
- **ко́шенный**, *прич.* (уже ко́шенный луг), кош/енн/ый
- **ко́шеный**, *прил.* (ко́шеный луг), кош/ен/ый
- **кошма́**, *род. ед.* кошмы́, *им. мн.* ко́шмы, *род. мн.* кошм, *дат. мн.* ко́шмам *и* кошмы́, кошма́м, кошм/а
- **кошма́р***, *род. ед.* -а, *им. мн.* -ы
- **коще́й**, *м. р., род. ед.* -я (*вост.-слав., историч. от слова* «кость»; *черед.* **ст — щ**)
- **кощу́нство**, кощунств/о, *прил.* ⟨-/енн/ый⟩
- **коэффицие́нт**, *прил.* ⟨-т/н/ый⟩
- **кра́денный**, *прич.* (кра́денные вором вещи), крад/енн/ый
- **кра́деный**, *прил.* (кра́деные вещи), крад/ен/ый
- **краеуго́льный**, кра/е/уголь/н/ый
- **кра́ешек**, *род. ед.* -шка, кра/е/шек (*ср.*: край)
- **край**[1], *род. ед.* -я, *пр. ед.* на краю́ *и допуск.* на кра́е, *им. мн.* края́, *род. мн.* -ёв; с

---

* к о т т е д ж — небольшой дом для одной семьи, обычно с мансардой
* к о ш м а р — 1) тяжёлый сон с гнетущими видениями; 2) (*переносн.*) нечто тягостное, неприятное, **отвратительное**

кра́ю, конца́-кра́ю не вида́ть, на пере́днем кра́е (на передово́й) (преде́льная ли́ния, грань и т. п.)

край², *род. ед.* -я, *пр. ед.* в краю́ и в кра́е, *им. мн.* края́, *род. мн.* краёв (страна́, ме́стность, террито́рия)

край³, *род. ед.* -я, *пр. ед.* в кра́е, *им. мн.* края́, *род. мн.* -ёв (администрати́вно-территориа́льная едини́ца), в Краснода́рском кра́е

кра́йний, край/н/ий

крамо́ла, крамо́л/а, *прил.* ⟨мо́ль/н/ый⟩

крапи́ва, *род. ед.* -ы [*не* крапива́, -ы́], крапи́в/а

краси́вый, крас/и́в/ый, *сущ.* ⟨-/от/а́⟩, *сравн. ст.* краси́вее [*не* красиве́е]

краси́льня, *род. мн.* -лен, крас/и́/льн/я

красноарме́ец, *род. ед.* -е́йца, *тв. ед.* -е́йцем, красн/о/арме/ец

красногварде́ец, *род. ед.* -е́йца, *тв. ед.* -е́йцем, красн/о/гварде/ец

краснознамённый, красн/о/-знам/ён/н/ый

краснолесье, *род. ед.* -я, красн/о/лесь/е

• красноре́чие, красн/о/реч/и/е

краснота́, *род. ед.* -ы́, красн/от/а

кра́сный, красн/ый (*истори́ч. от* крас/а́; *первонач. в знач.* 'краси́вый')

красота́, *им. мн.* -о́ты, *род. мн.* -о́т, крас/от/а́

кра́сочный, крас/очн/ый (*ср.* кра́с/к/а; *черед.* к — ч)

• кра́тер [тэ *и* те], *род. ед.* кра́тера, *им. мн.* кра́теры, *род. мн.* -ов

• крахма́л, *прил.* ⟨-/ль/н/ый⟩

кра́шенный, *прич.* (крыша не кра́шена), краш/енн/ый

кра́шеный, *прил.* (кра́шеные во́лосы), краш/ен/ый

креве́тка*, *род. мн.* -ток, креве́тк/а

• креди́т*, *прил.* ⟨-/н/ый⟩

• кре́йсер [*допуск.* рэ́ и сэ́], *им. мн.* -а́, *род. мн.* -о́в *и допуск. им. мн.* кре́йсеры, *род. мн.* -ов

кремато́рий* [*не* рэ] (*лат.* «крема́цио» — сжига́ние), *м. р., род. ед.* -я, крем/ато́рий (*ср.:* крем/а́ци/я, крем/и́ров/а/ть)

креме́нь, *м. р., род. ед.* кремня́ [*не* кре́мень, кре́мня], *им. мн.* -и́, *род. мн.* -е́й

кремнезём, кремн/е/зём

кре́мний, кремн/ий

• кре́ндель, *м. р., род. ед.* кре́нделя, *им. мн.* кренделя́, *род. мн.* кренделе́й *и* кре́ндели, -ей; выпи́сывать, выде́лывать кренделя́ — 'идти́ шата́ясь'

крени́ться, креню́сь, кре́нится [*не* кре́нится], крен/и/ть/ся

крепдеши́н [дэ], *род. ед.* крепдеши́на *и* крепдеши́ну, *прил.* ⟨-н/ов/ый⟩

крепи́ть, креплю́, крепи́т [*не* кре́пит], креп/и́/ть; *черед.* п — пл

кре́пко-на́крепко, *нареч.*, креп/-к/о-на/креп/к/о

крепостни́к, крепост/н/ик

---

* кр е в е т к а — некру́пный морско́й (быва́ет и пресново́дный) рак
* кр е д и́ т — предоставле́ние в долг това́ров или де́нег
* кр е м а т о́ р и й — зда́ние, где происхо́дит крема́ция (сжига́ние) те́ла уме́ршего

сущ. ⟨-н/и́ч/еств/о⟩ ; черед. к — ч
крепостно́й* (*вост.- и южнослав., от* «кре́пость» — присяга, подтверждение), крепост/н/о́й
кре́пость, *ж. р., род. ед.* -и, *им. мн.* кре́пости, *род. мн.* крепосте́й, креп/ость
кре́сло, *род. мн.* -сел, кресл/о, *сущ. с уменьшит.-ласкат. знач.* ⟨кре́сл/иц/е⟩
крестья́нин, *им. мн.* -я́не, *род. мн.* -я́н, крестья́н/ин, *прил.* ⟨-/ск/ий⟩
кре́чет, *прил.* ⟨-чет/ий/; -чет/ов/ый⟩
кривизна́, крив/изн/а́ (*ср.*: крив/о́й)
кривля́ться, кривл/я́/ть/ся (*ср.*: крив/и́/ть/ся); *черед.* в — вл
кривоше́ий, -е́яя, -е́ее, крив/о/ше/ий
кри́зис*, *прил.* ⟨-/н/ый⟩
кримина́льный*, криминаль/н/ый
криминоге́нный* (*лат.* «крима́лис» — преступный + + генный — *от греч.* «ге́нос» — род, происхождение), кримин/о/ге́нн/ый
криста́лл (*греч.* «криста́ллос» — лёд), *прил.* ⟨-/и́ческ/ий⟩

кристаллиза́ция, кристалл/иза́ци/я
● **криста́льный**, кристаль/н/ый
● **крите́рий***, *род. ед.* -я [тэ́ *и допуск.* те]
кри́тика, *только ед.*, критик/а
крича́ть, крич/а́/ть, *сущ.* ⟨крик/у́н⟩ ; *черед.* к — ч
● **крова́ть**, *ж. р., род. ед.* -и
кро́вельщик, кровель/щик (*от* кро́вл/я; *черед.* е — нуль звука)
кровено́сный, кров/е/но́с/н/ый
● **кровообраще́ние**, кров/о/обра́щ/ени/е
кровопроли́тный, кров/о/про/ли́/т/н/ый
кровотече́ние, кров/о/те́ч/ени/е
кровяно́й, кров/ян/о́й
крои́ть, крою́, кро́ишь, *повел. накл.* крой, кро/и́/ть, *прич.* ⟨кро́/енн/ый⟩ (платье ещё не кро́ено), *прил.* ⟨кро/ён/ый⟩ (кроёное платье)
кроке́т*, *род. ед.* -а
● **крокоди́л**, *прил.* ⟨крокоди́л/ий/, крокоди́л/ов/ый⟩
● **кро́личий**, -чья, -чье, кроли́ч/ий/
кро́ме (со слабым ударением), *предлог*
● **кроме́шный**, кроме́шн/ый
● **кромса́ть**, кромс/а́/ть

---

* к р е п о с т н о й — относящийся к общественному строю, при котором помещик имел право на принудительный труд, имущество и личность принадлежащих ему крестьян

* к р и з и с — резкий перелом, переходное состояние, обострение положения

* к р и м и н а л ь н ы й — уголовный, преступный; относящийся к преступлениям

* к р и м и н о г е н н ы й — порождающий преступность

* к р и т е р и й — мерило оценки, суждения

* к р о к е т — игра, в которой деревянные шары прогоняются молотками через проволочные воротца

крон/ци́ркуль*, *м. р., род. ед.* -я, *им. мн.* -и, *род. мн.* -ей, крон/циркуль
кронште́йн* [тэ], *род. ед.* -а
кропи́ть, -плю́, -пи́т, кроп/и́/ть
• **кропотли́вый**, кропот/лив/ый (*ср.*: кро́пот/н/ый, *простореч.*)
• **кросс**, *род. ед.* -а
кроссво́рд (*англ.* «кросс» — крест + «ворд» — слово; название дано по фигуре, разбитой на квадраты, расположенные по горизонталям и вертикалям)
кро́ткий, крот/к/ий, *кратк. форма* кро́ток, кротка́, кро́тко, кро́тки
кро́хотный, крох/отн/ый, *кратк. форма* -тен, -тна
круглосу́точный, кругл/о/суточ/н/ый
кругосве́тный, круг/о/свет/н/ый
• **кру́жево**, *им. мн.* кружева́, *род. мн.* кру́жев, *дат. мн.* кружева́м, кружев/о
крупи́тчатый, круп/ит/чат/ый (*ср.*: круп/и́ц/а; *черед. т—ц*)
крупнобло́чный, крупн/о/блоч/н/ый
• **крутизна́**, крут/изн/а
кру́ченный, *прич.* (нитки не кру́чены), круч/енн/ый (*от* крут/и́/ть; *черед. т — ч*)
кручёный, *прил.* (кручёные нитки), круч/ён/ый
• **крыжо́вник** [*не* кру], крыжов/ник
• **кры́лышко**, *род. мн.* -шек, крыл/ышк/о
кры́нка *и* **кри́нка**, *род. мн.* -нок, крынк/а *и* кринк/а

крючо́к, *род. ед.* -чка́, (*ср.*: крюк), крюч/ок; *черед. к — ч*
кря́ду, *нареч.* (пять раз кря́ду), к/ряд/у/
кряж, *м. р., род. ед.* -а, *мн.* -и́, -е́й *и* кряжа́, -и, -ей
кря́жистый, кряж/ист/ый
кряхте́ть, -хчу́, -хти́т, кряхт/е/ть; *черед. т — ч*
• **кста́ти**, *нареч.*, к/стат/и/
ку́барем, *нареч.*, кубар/ем/
кува́лда, кувалд/а
кувши́н, *род. ед.* кувши́на *и допуск.* кувшина́, *им. мн.* кувши́ны, *род. мн.* -ов
кувши́нка, *род. мн.* -нок, кувшинк/а
• **кувырка́ться**, -а́юсь, -а́ется, кувырк/а/ть/ся
куда́хтать, -хчу, -хчет, кудахт/а/ть
куде́сник, кудес/ник (*историч. однокоренное слово* чу́до; *ср.*: чуд/е́с/ник), *сущ.* ⟨кудес/ниц/а⟩
кузне́чик, *род.* -а (*историч. от* кузн/е́ц; *черед. ц — ч*)
ку́зница, кузн/иц/а
ку́зов, *им. мн.* кузова́, *род. мн.* -о́в *и* ку́зовы, -ов
кукова́ть, куку́ю, куку́ет, кук/о́в/а/ть
ку́колка, *род. мн.* -лок, кукол/к/а (*от* кукл/а)
кукуру́за, кукуруз/а, *прил.* ⟨-з/н/ый⟩
куку́шка, *род. мн.* -шек, кукушк/а
кула́к, *род. ед.* -а́, *прил.* ⟨-ла́ц/к/ий⟩; *черед. к — ц*, *сущ.* ⟨-ла́ч/еств/о⟩; *черед. к — ч*

---

* к р о н ц и р к у л ь — 1) чертёжный инструмент в виде пружинного циркуля, раствор которого устанавливается винтом; 2) измерительный инструмент в виде циркуля с дугообразно изогнутыми ножками

* к р о н ш т е й н — укреплённая в стене косая подпорка балкона, полки и т. п.

кулина́рия* *и допуск.* кулина-
ри́я, кулинар/и/я
• кульмина́ция*, кульмин/аци/я,
прил. ⟨-/аци/о́нн/ый⟩
кули́са, кулис/а, *прил.*
⟨-с/н/ый⟩
куло́н*, *род. ед.* -а
кулуа́ры*, *только мн., род.* -ов,
кулуар/ы, *прил.* ⟨-р/н/ый⟩
• культива́тор*, культив/атор
культиви́ровать*, -рую, -рует,
культив/иров/а/ть
кума́ч*, *м. р., род. ед.* -а́, *тв.
ед.* -чо́м, *прил.* ⟨-ч/о́в/ый⟩
купа́льня, *род. мн.* -лен, ку-
п/а/льн/я
• купе́ [пэ], *нескл., с. р., прил.*
⟨купе́/йн/ый⟩ [не пэ]
ку́пленный, купл/енн/ый (*от*
куп/и́/ть; *черед.* **п — пл**)
ку́пол, *род. ед.* -а, *им. мн.* купо-
ла́, *род. мн.* -о́в
• купоро́с, *род. ед.* -а
купю́ра*, купюр/а
курага́* (*от тюркск.* «ку-
ру́г» — *сухой*), *только ед.,
род.* -и́, кураг/а
ку́рица, *им. мн.* ку́ры, *род. мн.*
кур, *дат. мн.* ку́рам [*не*
куре́й, куря́м] *и* ку́рицы,
ку́риц, ку́рицам, кур/иц/а
курно́сый, курнос/ый
куроле́сить, -е́шу, -е́сит, куро-
лес/и/ть; *черед.* **с — ш**
куропа́тка, *род. мн.* -ток, куро-
патк/а
куро́рт (*от нем.* «кур» — *лечение* + «орт» — *место*), *прил.*
⟨-т/н/ый⟩
курьёз*, *род. ед.* -а
курьёзный, курьёз/н/ый,
кратк. форма -зен, -зна
• курье́р*, *прил.* ⟨-/ск/ий⟩
кусо́к, *род. ед.* -ска́, *сущ.*
⟨кусо́ч/ек⟩ ; *черед.* **к — ч**
куста́рник, куст/арник
куста́рщина, кустар/щин/а
кутерьма́, кутерьм/а
ку́хня, *род. мн.* ку́хонь, кухн/я
ку́хонный [*не* кухо́нный] (*от*

─────────────────────────────

* к у л и н а р и я — искусство приготовления пищи
* к у л ь м и н а ц и я — наиболее напряжённый момент в развитии какого-либо действия, события и т. д.
* к у л о н — 1) единица измерения количества электричества; 2) женское украшение в виде одного или нескольких ценных камней на цепочке,
надеваемое на шею
* к у л у а р ы — 1) помещение вне зала заседания (в парламенте,
на съезде и т. п.); 2) (*переносн.*) в выражениях: *в кулуарах, из кулуар* —
о неофициальных разговорах в осведомлённых политических, общественных
кругах
* к у л ь т и в а т о р — сельскохозяйственное орудие для рыхления
вспаханной почвы, междурядной обработки, уничтожения сорняков
* к у л ь т и в и р о в а т ь — 1) подвергать культивации (см. выше);
2) разводить, выращивать (растения, злаки); 3) развивать, совершенство-
вать что-либо каким-либо способом, приёмом; насаждать
* к у м а ч — хлопчатобумажная ткань ярко-красного цвета
* к у п ю р а — 1) сокращение в тексте; 2) ценная бумага (облигация,
денежный бумажный знак и т. д.)
* к у р а г а — разрезанные пополам и высушенные абрикосы без косто-
чек
* к у р ь ё з — странный, диковинный или смешной случай
* к у р ь е р — посыльный учреждения для разноски деловых бумаг

ку́хня), кух/онн/ый
ку́цый, куц/ый
ку́чер, *род. ед.* -а, *им. мн.* -á, *род. мн.* -óв

- ку́шанье, *род. мн.* -ний, куш/а/нь/е
- кюве́т, *род. ед.* -а

Л

- лабири́нт*, *род. ед.* -а
  лабора́нт* (*лат.* «ла́бор» — труд, работа), лабор/а́нт, *сущ.* ⟨-/а́нт/к/а⟩, *прил.* ⟨-/а́нт/ск/ий⟩
- лаборато́рия*, лабор/а́тор/и/я
- лави́на, лавин/а, *прил.* ⟨-и́н/-н/ый⟩
- лави́ровать*, -ру́ю, -ру́ешь, лавиров/а/ть
  лавр, *род. ед.* -а
  ла́вровый (*в ботанике:* ла́вровая роща, семейство ла́вровых)
  лавро́вый (лавро́вый лист, лавро́вый венок), лавр/о́в/ый
  лавса́н*, *род. ед.* -а
- ла́герь¹ (военный, пионерский и т. п.), *род. ед.* -я, *им. мн.* -я́, *род. мн.* -е́й, *прил.* ⟨-/н/ый⟩
- ла́герь² (общественно-политическая группировка), *род. ед.* -я, *им. мн.* -и, *род. мн.* -ей
- ла́герь³ (временная стоянка под открытым небом), *род. ед.* -я, *им. мн.* -я, *род. мн.* -е́й, *прил.* ⟨-/н/ый⟩

- ладо́нь, *ж. р., род. ед.* -и, *им. мн.* -и, *род. мн.* -ей
- ладья́*, *род. ед.* -и́, *им. мн.* -и́, *род. мн.* -е́й, ладь/я́
  ла́занье, *с. р., род. ед.* -я, лаз/ань/е
  лазаре́т* (*нем.* от *итал.* «ла́ззаро» — прокажённый, т. е. больной проказой), *род. ед.* -а, *им. мн.* -ы, *род. мн.* -ов, *прил.* ⟨-/н/ый⟩
  лазе́йка, *род. мн.* -е́ек, лаз/е́йк/а
  ла́зить, ла́жу, ла́зит [не ла́зию, ла́зиет] и ла́зать, ла́заю, ла́зает, *повел. накл.* лазь [не ла́зий], лаз/и/ть и лаз/а/ть
- лазу́рь, *ж. р., только ед., род.* -и, *прил.* ⟨-/н/ый⟩
  лазу́тчик, лаз/ут/чик, *сущ.* ⟨лаз/у́т/чиц/а⟩
- лака́ть, -а́ю, -а́ет, лак/а/ть
  лаке́й, *прил.* ⟨-е́й/ск/ий⟩
  лакиро́ванный, лак/иров/а/н/ный (*ср.:* лак/иров/а́/ть)
  ла́кмус, *прил.* ⟨-с/ов/ый⟩
  ла́комство, лаком/ств/о, *сущ.* ⟨ла́ком/к/а⟩
  лакони́ческий* (по названию

---

* л а б и р и н т — большое здание со сложно расположенными переходами

* л а б о р а н т — научно-технический сотрудник лаборатории, научного учреждения

* л а б о р а т о р и я — помещение для научных и технических опытов, исследований, а также учреждение, где занимаются такими опытами

* л а в и р о в а т ь — двигаться не прямо, искусно обходя препятствия

* л а в с а н — род искусственного волокна

* л а д ь я — 1) лодка; 2) фигура в шахматах в форме башни

* л а з а р е т — небольшая военная больница

* л а к о н и ч е с к и й и л а к о н и ч н ы й — отличающийся краткостью, немногословием

древнегреч. области Лако́нии, речь жителей которой, по преданию, отличалась краткостью и простотой), лакон/и́ческ/ий и лакони́чный, лакон/и́чн/ый
лампа́да*, ламп/а́д/а, *сущ.* с *уменьш. знач.* ⟨ламп/а́д/-к/а⟩
лампа́с, *род. ед.* -а, *им. мн.* -ы, *род. мн.* -ов
● ландша́фт* (*от нем.* «ланд» — страна, земля, равнина), *прил.* ⟨-/н/ый⟩
ла́ндыш, *род. ед.* -а
ланце́т, *род. ед.* -а
лапида́рный* (*из франц., от лат.* «ла́пис» («ла́пидис») — камень, буквально 'высеченный на камне', *т. е.* предельно краткий), лапида́рн/ый (*ср.:* лапида́рн/ость)
ла́поть (*историч. от* ла́п/а), *род. ед.* ла́птя, *им. мн.* ла́пти, *род. мн.* -е́й
лапта́, *род. ед.* -ы́, лапт/а́
ла́пчатый, лап/чат/ый
лапша́, *только ед.*, лапш/а́
ларёк, *род. ед.* ларька́, лар/ёк (*ср.:* ларь)
ла́ска¹ (проявление нежности), *род. ед.* -и, *род. мн.* ласк, ласк/а
ла́ска² (животное), *род. ед.* -и, *род. мн.* ла́сок, ласк/а
ласка́ть, ласк/а́/ть
● ла́ститься, ласт/и́/ть/ся
ла́сточка, ласточк/а
ла́танный, *прич.* (пальто́ ла́тано), лат/а/нн/ый (*от* лат/а́/ть)
ла́таный, *прил.* (ла́таное пальто́), лат/а/н/ый
латви́йский, латвий/ск/ий
● лати́нский, латин/ск/ий
● лату́нь, *ж. р., только ед., род.* -и, *прил.* ⟨лату́н/н/ый⟩
латы́нь, *ж. р., только ед., род.* -и
латы́ш, *род. ед.* -а́, *им. мн.* -и́, *род. мн.* -е́й
● лауреа́т (*от лат.* «лауреа́тус» — увенчанный лавро́вым венком), *род. ед.* -а, *им. мн.* -ы, *род. мн.* -ов
лафе́т*, *род. ед.* -а
● лачу́жка, *род. ед.* -и, *род. мн.* -ек, лачуж/к/а (*ср.:* лачу́г/а; *черед.* г — ж)
● ла́ять, ла/я/ть (*ср.:* лай)
лгу́нья, *род. ед.* -и, *род. мн.* -ний, лг/ун/ья
● лебеда́, лебед/а́
лебёдка, *род. ед.* -и, *род. мн.* -док, лебёдк/а
● ле́бедь, *м. р., род. ед.* -я, *им. мн.* -и, *род. мн.* -е́й, *прил.* ● ⟨лебед/и́н/ый, лебя́ж/ий/⟩ ; в народно-поэтич. речи возможно ед. ле́бедь, *ж. р.,* -и (для обозначения самки)
● лебези́ть, -ежу́, -зи́шь, лебез/и́/ть; *черед.* з — ж
левко́й, *род. ед.* -я, *им. мн.* -и, *род. мн.* -ев
● левобере́жный [не левобере́жный], лев/о/береж/н/ый
● лега́вый (*из польск., от* «лежа́щий», «лежа́ть»; легавый — об охотничьей собаке, которая, выследив дичь, лежит перед ней, давая этим знак

---

* л а м п а́ д а — небольшой сосуд с фитилём, наполненный маслом и зажигаемый перед иконами
* л а н д ш а ф т — общий вид местности, пейзаж
* л а м п и д а́ р н ы й — краткий, но отчётливый и ясный
* л а ф е́ т — станок артиллерийского орудия

охотнику), легав/ый (ср.: лёг, лежа́ть; черед. г — ж)
* лега́льный* (лат. «лекс» — закон, «лега́лис» — законный, сообразный с законом), кратк. форма. -лен, -льна, легаль/н/ый, глаг. ⟨легал/изов/а́/ть⟩
* леге́нда, легенд/а, прил. ⟨-/а́р-н/ый⟩
* легио́н*, род. ед. -а, им. мн. -ы
лёгкий, лёгк/ий, кратк. форма лёгок, легка́, легко́, легки́, сравн. ст. ле́гче [хч]
* легкоатле́т [хк, не -лёт, не легкоа́тлет], легк/о/атлет
лёгкое, род. ед. -ого, им. мн. -ие, род. мн. -их, лёгк/ое
легкомы́сленный, легк/о/мысл/енн/ый, кратк. форма -лен, -ленна
лёгонький, лёг/оньк/ий и допуск. лёгенький, лёг/еньк/ий
лёгочный, лёгоч/н/ый
ледене́ц, род. ед. -нца́, тв. ед. -нцо́м (историч. от лёд)
* ледени́ть, -ню́, -ни́т, лед/ени/ть
ле́дник (погреб), род. ед. -а, лед/ник
ледни́к (глетчер), род. ед. -а́, лед/ник
* ледяно́й, лед/ян/ой

ле́ечка, род. мн. -чек, ле/еч/к/а (от ле́й/к/а)
лежа́ть, леж/а/ть (ср.: лёг; черед. г — ж)
лежебо́ка, род. ед. -и, м. и ж. р., леж/е/бок/а
* ле́звие, род. ед. -я [не лезвиё, -я́], им. мн. -я, род. мн. -ий, дат. мн. -ям, лезви/е
лезги́н, род. мн. -и́н, прил. ⟨-н/ск/ий⟩
* лезги́нка*, род. ед. -и, род. мн. -нок, лезгин/к/а
* лезть, ле́зу, ле́зешь, прош. вр. лез, ле́зла, лез/ть
ле́йка, лей/к/а (ср.: ли/ть; черед. ей — и)
лейкоци́т*, род. ед. -а
лейкоцито́з*, род. ед. -а, лейко-цит/оз
* лейтена́нт, прил. ⟨-/ск/ий⟩
* лейтмоти́в*, род. ед. -а, лейт/-мотив
* лека́ло*, род. ед. -а, лекал/о, сущ. ⟨лека́ль/щик⟩
* лека́рство, род. ед. -а, лек/ар/ств/о (ср.: леч/и́/ть; черед. к — ч)
* ле́ксика (греч. «ле́ксис» — слово), лексик/а, прил. ⟨-и́ч/еск/ий⟩ ; черед. к — ч
лексико́н, лексик/он

---

* л е г а л ь н ы й — признанный, допускаемый законом

* л е г и о н — 1) крупная боевая единица римского войска; 2) (переносн.) громадное число, множество

* л е з г и н к а — 1) быстрый кавказский танец, а также музыка к нему; 2) название лиц женского пола одного из кавказских народов, составляющих часть населения Дагестана

* л е й к о ц и т — белое кровяное тельце, бесцветная шарообразная клетка крови

* л е й к о ц и т о з — увеличение числа лейкоцитов в крови при инфекционно-воспалительных и других заболеваниях

* л е й т м о т и в — основной мотив, повторяющийся в музыкальном произведении, основная тема произведения

* л е к а л о — фигурная линейка для образования, вычерчивания кривых линий

лéктор, *род. ед.* -а, *им. мн.* -ы, *род. мн.* -ов [*не* лекторá, -óв], лектор
лéкция, лекци/я, *прил.* ⟨-и/óн-н/ый⟩
• лелéять, леле/я/ть
лéмех, *род. ед.* -а, *им. мн.* лемехá, *род. мн.* -óв *и допуск.*
лемéх, *род. ед.* лемехá, *им. мн.* -хи́, *род. мн.* -óв
лéнинец, ленин/ец
• ленини́зм [*не* и́зьм], ленин/изм
лéнинский, ленин/ск/ий
лéнта, лент/а
лентя́й, лен/тяй
леопáрд, *род. ед.* -а
• лепестóк, *род. ед.* -ткá, *им. мн.* -тки́, *род. мн.* -ткóв
• лепетáть, лепечу́, лепéчет, лепет/а/ть; *черед.* *т — ч*
лепёшка, *род. ед.* -и, *род. мн.* -шек, леп/ёшк/а
лесá[1], *род. ед.* -ы́ *и* лéса, *род. ед.* -ы, *им. мн.* лéсы, *род. мн.* лес, *дат. мн.* лесáм, лес/а (нить у удочки)
лесá[2], *только мн.*, *род.* -óв (временное сооружение при строительстве, ремонте здания), лес/а
• лéсенка, лес/енк/а
лесни́к, лес/ник
• лесни́чий, лес/нич/ий
лесопи́льня, лес/о/пиль/н/я
лесостéпь, *ж. р., род. ед.* -и, лес/о/степь
лесотехни́ческий, лес/о/техни́ч/еск/ий
лесоту́ндра, лес/о/тундр/а
лёсс, *род. ед.* -а

• лéстница, лестниц/а
• лéстный, лест/н/ый, *кратк. форма* лéстен, лестнá *и* лéстна, лéстно, лéстны
• лесть, *ж. р., только ед., род.* -и
летарги́я*, летарг/и/я, *прил.* ⟨-/и́ческ/ий⟩
летéть, лечу́, лети́т, лет/е/ть; *черед.* *т — ч*
летопи́сец, *род. ед.* -сца, *тв. ед.* -сцем, лет/о/пис/ец
летосчислéние [*не* летоисчи́сление], лет/о/с/числ/ени/е
лётчик, лёт/чик
лечéбница, *тв. ед.* -цей, леч/ебн/иц/а
лéченный, *прич.* (лéченный медикамéнтами мáльчик), леч/енн/ый (ср.: лéк/арь; *черед.* *к—ч*)
лéченый, *прил.* (лéченый мáльчик), леч/ен/ый
лечь, ля́гу, ля́жешь, ля́гут, *прош. вр.* лёг, леглá, *повел. накл.* ляг
лéший, *род. ед.* -его, леш/ий (*от* лес; *черед.* *ш — с*; *букв.* 'лес/н/ой')
лещ, *м. р., род. ед.* -á
лжесвидéтель, *род. ед.* -я, лж/е/свидетель
• лиáна, лиан/а
• либерáл* (*из франц., от лат.* «либерáлис» — свободный), *прил.* ⟨-ль/н/ый⟩
либерали́зм* [*не* и́зьм], либерал/изм
• либрéтто* [*допуск.* рэ], *нескл., с. р.* (ср.: либретт/и́ст)

---

* л е т а р г и я — похожее на длительный сон болезненное состояние с почти неощутимым в тяжёлых случаях дыханием и пульсом

* л и б е р а л — сторонник либерализма

* л и б е р а л и з м — 1) политическое течение, объединяющее сторонников парламентского строя и свободного предпринимательства; 2) (*разг.*) излишняя снисходительность, вредное попустительство

- **ли́вень**, *м. р., род. ед.* ли́вня, лив/ень (*ср.*: ли/ть)
- **ли́вер**, *род. ед.* ли́вера *и* ли́веру, *прил.* ⟨-р/н/ый⟩
- **ливмя́**, *нареч.* (ливмя́ лить, литься), лив/мя/
- **ли́дер** [*не* дэ], лид/ер, *глаг.* ⟨-/и́ров/а/ть⟩
- **лиза́ть**, лижу́, ли́жешь, лиз/а/ть; *черед.* **ж — з**
- **ликвида́ция**, ликвид/аци/я
- **ликвиди́ровать**, -рую, -рует, ликвид/иров/а/ть, *двувид.*
- **ликёр**, *род. ед.* ликёра *и* ликёру, *прил.* ⟨-р/н/ый⟩
- **ликова́ть**, ликов/а/ть (*от устар.* лик), *сущ.* ⟨-а́/-ни/е⟩
- **лилипу́т**, *сущ.* ⟨-/к/а⟩
- **ли́лия**, лили/я, *прил.* ⟨лилей/н/ый⟩
- **лило́вый** (*итал.* «ли́лас» — сирень; *буквально* 'цве́та сире́ни'), лил/ов/ый, *прил.* ⟨-л/ова́т/ый⟩
- **лима́н***, *род. ед.* -а
- **лими́т***, *род. ед.* -а
- **лимо́н**, *сущ.* ⟨лимон/а́д⟩, *прил.* ⟨-/н/ый⟩
- **ли́мфа***, лимф/а
- **лимо́нно-жёлтый**, лимон/н/о/-жёлт/ый
- **лимфати́ческий**, лимф/атическ/ий (*ср.*: ли́мф/а)
- **лингви́стика*** (*из франц., от лат.* «ли́нгва» — язык), лингв/ист/ик/а, *прил.* ⟨-/и́ч/еск/ий⟩ ; *черед.* **к — ч**
- **лине́ечка**, *род. мн.* -чек, лине/еч/к/а
- **лине́йка** (*ср.*: ли́ни/я; *черед.* **ей — и**), *род. ед.* -и, *род. мн.* -е́ек, линей/к/а
- **лино́ванный**, *прич.* (лино́ванный в клетку лист бумаги), лин/ов/а/нн/ый
- **лино́ваный**, *прил.* (лино́ваный лист бумаги), лин/ов/а/н/ый
- **лино́леум*** (*лат.* «ли́нум» — полотно + «о́леум» — масло)
- **линю́чий**, лин/юч/ий
- **линя́ть**, лин/я/ть
- **ли́пкий**, лип/к/ий, *кратк. форма* ли́пок, липка́, ли́пко, ли́пки
- **ли́пнуть**, лип/ну/ть
- **ли́рика**, лир/ик/а, *прил.* ⟨-/и́ч/еск/ий⟩ ; *черед.* **к — ч**
- **ли́сий**, -ья, -ье, лис/ий/
- **лиси́ца**, лис/иц/а
- **ли́сонька**, *род. ед.* -и, *род. мн.* -нек, лис/оньк/а
- **ли́ственница**, лист/в/енн/иц/а
- **ли́ственный**, лист/в/енн/ый
- **лита́вры**, *ж. р., им. ед.* -а, *род. ед.* -ы, *род. мн.* -а́вр, литавр/ы
- **литерату́ра** (*от лат.* «ли́тера» — буква), литерат/ур/а
- **литогра́фия*** (*греч.* «ли́тос» — камень + «гра́фо» — пишу), литограф/и/я

---

* л и м а н — залив в низовьях реки, а также солёное озеро вблизи моря, обычно богатое целебными, лечебными грязями

* л и м и т — предельная норма чего-либо

* л и м ф а — бесцветная жидкость в теле человека и позвоночных животных, омывающая все ткани и клетки организма

* л и н г в и с т и к а — наука о языке, языкознание

* л и н о л е у м — толстая ткань, пропитанная смесью особого цемента с олифой; употребляется для покрытия полов, обивки стен

* л и т о г р а ф и я — печатание с плоской поверхности камня, на которой сделан рисунок, а также рисунок, напечатанный таким способом

литр, *род. ед.* -а, *им. мн.* -ы, *род. мн.* -ов
лифт, *род. ед.* -а, *пр. ед.* в (на) лифте [*не* в лифту́], *им. мн.* лифты, *род. мн.* лифтов [*не* лифты́, лифто́в]
лифчик, лиф/чик
лиха́ч, *м. р., род. ед.* -а́, *тв. ед.* -чо́м, лих/ач
лиходе́й, *м. р., род. ед.* -я, лих/о/дей
лихои́мство, лих/о/им/ств/о
лихоле́тье, *род. ед.* -я, лих/о/-лет/ье
лихо́й, лих/ой, *кратк. форма* лих, лиха́, ли́хо, лихи́ и ли́хи
● лихора́дка, лихорад/к/а
лицево́й, лиц/ев/ой
лицеде́й* (*из ст.-слав.; буквально значит* 'делающий лицо кого-либо другого'), *м. р., род. ед.* -я
лицезре́ние, лиц/е/зр/ен/и/е
● лице́й*, *м. р., род. ед.* -я
● лицеме́рие, лицемер/и/е
лицо́, *род. ед.* -а́, *им. мн.* ли́ца, *род. мн.* лиц
личи́нка, *род. мн.* -нок, личин-к/а
● лиша́й, *м. р., род. ед.* -я́, *им. мн.* -и́, *род. мн.* -ёв
● лиша́ть, лиш/а/ть, *сущ.* ⟨-/е́-ни/е⟩
● лишь то́лько
лобза́ние*, лобза/ни/е (*ср.:* лобза́/ть)

● ло́бзик, *род. ед.* -а
лоботря́с, *род. ед.* -а, *глаг.* ⟨-с/нича/ть⟩
● лови́ть, ловлю́, ло́вит, лов/и/ть; *черед.* в — вл
лову́шка, лов/ушк/а
● логари́фм (*греч.* «ло́гос» — отношение + «ари́фмос» — число), *прил.* ⟨-/и́ческ/ий⟩
● ло́гика, *только ед.,* логик/а, *прил.* ⟨логи́ч/еск/ий⟩ ; *черед.* к — ч
ло́говище, *тв. ед.* -щем, лог/ов/ищ/е
ло́гово, *род. ед.* -а, лог/ов/о
лоды́жка, *род. мн.* -жек, лодыж/к/а (*ср.:* лоды́г/а; *черед.* г — ж)
● ло́дырь, *м. р., род. ед.* -я, *глаг.* ● ⟨ло́дыр/нича/ть⟩
● ложби́на, лож/бин/а (*ср.:* лог; *черед.* г — ж)
● ложи́ться, ложу́сь, ложи́тся, лож/и/ть/ся
ло́жка, *род. мн.* -жек, ложк/а
ложь, *только ед., род.* лжи, *тв.* ло́жью (*ср.:* лг/а/ть; *черед.* г — ж)
лозня́к, *только ед., род.* -а́, лоз/няк
локализо́ванный*, локал/изо-в/а/нн/ый (*ср.:* локал/и-заци/я; *от лат.* «лока́-лис» — местный)
лока́льный, локаль/н/ый
лока́тор*, лок/атор (*от лат.* «лока́ре» — помещать)

---

* л и ц е д е́ й — то же, что актёр, артист (*устар.*)
* л и ц е́ й — в дореволюционной России мужское привилегированное учебное заведение; ныне среднее учебное заведение
* л о б з а́ н и е — поцелуй
* л о к а л и з о́ в а н н ы й — ограниченный в своём распространении какими-нибудь пределами
* л о к а́ т о р — устройство для определения местонахождения различных объектов

локомоти́в* (*из франц., от лат.* «ло́кус» — место + «мо́цио» — движение), *прил.* ⟨-/н/ый⟩
- **ло́кон**, *род. ед.* -а
  ло́коть, *м. р., род. ед.* ло́ктя [*не* локтя́], *им. мн.* -и, *род. мн.* -ей
  ло́манный, *прич.* (ло́манный в карьере камень), лом/а/нн/ый
  ло́маный, *прил.* (ло́маная линия), лом/а/н/ый
- **лома́ть**, -а́ю, -а́ет, лом/а/ть
- **ломо́ть**, *род. ед.* ломтя́ и *допуск.* ло́моть, ло́мтя, *им. мн.* ло́мти *и* ломти́, *род. мн.* ломте́й
  ло́пасть*, *ж. р., род. ед.* -и, *им. мн.* -и, *род. мн.* -е́й *и допуск.* ло́пастей
- **лопа́та**, лопат/а
  лопоу́хий, лопоух/ий
- **лопу́х**, *род. ед.* -а́
  лорне́т*, *род. ед.* -а
- **лоску́т**, *род. ед.* -а́, *им. мн.* лоску́тья *и* лоскуты́, *род. мн.* лоску́тьев *и* лоскуто́в
  лосни́ться, -ню́сь, -ни́шься, *в поэтич. речи возможно* лосни́ться, -ню́сь, -нится, лосн/и/ть/ся
  лососи́на, *род. ед.* -ы, лосос/ин/а
- **лосо́сь** *и* ло́сось*, *род. ед.* лосо́ся *и* ло́сося, *им. мн.* лосо́си *и* ло́соси, *род. мн.* лосо́сей *и* ло́сосей, *прил.* ⟨лосос/ёв/ый *и* лосо́с/ий/, -ья, -ье⟩
- **лотере́я** [тэ *и допуск.* те], *род. ед.* -и, лотере/я
- **лото́**, *нескл., с. р.*
  лото́к, *род. ед.* -ка́
  лото́чник (*от* лото́к) [*допуск. устар.* шн], лоточ/ник, *сущ.* ⟨лоточ/ниц/а⟩; *черед.* к — ч
  лото́шник (игрок в лото), лото/шник
- **лоха́нь**, *ж. р., род. ед.* -и
- **лохма́тый**, лохм/ат/ый
- **лохмо́тья**, *только мн., род.* -ьев, лохм/оть/я
- **ло́цман**, *род. ед.* -а, *им. мн.* -ы, *род. мн.* -ов; *у моряков* лоцмана́, -о́в
- **ло́шадь**, *ж. р., род. ед.* -и, *им. мн.* -и, *род. мн.* -е́й, *дат. мн.* -я́м, *тв. мн.* -ми́ *и допуск.* -я́ми, *пр. мн.* о лошадя́х
  лощённый, *прич.* (бумага лощёна), лощ/ённ/ый
  лощёный, *прил.* (лощёная бумага), лощ/ён/ый
- **лощи́на**, лощин/а
- **лоя́льный***, лоя́льн/ый, *кратк. форма* -лен, -льна
  луб*, *род. ед.* -а, *им. мн.*

---

* л о к о м о т и в — машина, движущаяся по рельсам и предназначенная для передвижения железнодорожных поездов (о паровозе, **тепловозе**, электровозе)

* л о п а с т ь — плоская гребная часть весла судовых колёс, гребных и воздушных винтов

* л о р н е т — складные очки в оправе с ручкой

* л о с о с ь — морская промысловая рыба с мясом красноватого или розоватого цвета

* л о я л ь н ы й — 1) держащийся в границах законности; 2) тактично относящийся к кому-либо, чему-либо

* л у б — 1) волокнистая ткань растения, по которой происходит перемещение органических веществ; 2) кусок, пласт коры липы, вяза и **др.** лиственных деревьев вместе с волокнистой внутренней частью

лу́бья, *род. мн.* -ьев, *прил.* ⟨-/ян/о́й⟩
лубо́чный [*не* лу́бочный], луб/оч/н/ый
луг, *род. ед.* -а, *им. мн.* -а́, *род. мн.* -о́в, *сущ.* ⟨-ж/о́к⟩ ; *черед.* г — ж
лужённый*, *прич.* (кастрюля лужена́), луж/ённ/ый (*от* луд/и́/ть; *черед.* д — ж)
лужёный, *прил.* (лужёная кастрюля), луж/ён/ый
лу́жица, луж/иц/а (*от* лу́ж/а)
лу́ковица, лук/ов/иц/а, *прил.* ⟨-/ов/ич/н/ый⟩ ; *черед.* ч — ц
лукомо́рье (*от* «лука́» — (изгиб) моря), *род. ед.* -я, лук/о/морь/е
луко́шко, *род. ед.* -а, *род. мн.* -шек, лукошк/о
лу́нник, лун/ник
лупогла́зый, луп/о/глаз/ый
● лучеза́рный*, луч/е/зар/н/ый, *кратк. форма* -рен, -рна
лу́чше [у́тш], *сравн. ст. от* хоро́ший
● лу́чший [у́тш], лучш/ий
лущённый, *прич.* (горох лущён), лущ/ённ/ый
лущёный, *прил.* (лущёный горох), лущ/ён/ый
льви́ный, льв/ин/ый
льго́та, *род. ед.* -ы, льгот/а, *прил.* ⟨-т/н/ый⟩

льнозагото́вки, *род.* -вок, льн/о/за/готов/к/и
льняно́й (*от* лён), льн/ян/ой
● льсти́ть, льщу́, льсти́шь, льст/и/ть (*ср.*: льст/е́ц)
● любо́вь, *только ед.*, *род.* люб- ви́, *тв.* любо́вью, люб/овь
любозна́тельный, люб/о/зна́/- тельн/ый, *кратк. форма* -лен, -льна
любопы́тный, любопыт/н/ый, *кратк. форма* -т/ен, -т/н/а, *сущ.* ⟨-пы́т/ств/о⟩
лю́бящий, люб/ящ/ий
лю́ди (*мн. от сущ.* челове́к), *род.* люде́й, *дат.* лю́дям, *тв.* людьми́, *пр.* о лю́дях [*не* людя́м, людя́ми, о людя́х], люд/и
люминесце́нция* (*от лат.* «лю́мен» — *род. п. от* «лю́минис» — свет), люминесц/енци/я, *прил.* ⟨люминесц/е́нт/н/ый⟩ ; *черед.* т — ц
ляг (*повел. накл. от* лечь), ля́гте, ляг/те
ляга́ть (*вост. и зап.-слав., от* «ля́га» — нога, бедро), ляг/а/ть
● лягу́шка, *род. ед.* -и, *род. мн.* -шек, лягушк/а (*историч.* ляг/ушк/а, *от* ляг/а́/ть), *прил.* ⟨лягуш/а́ч/ий⟩ *и* ⟨лягу́ш/еч/ий⟩
ля́жка, *род. мн.* -жек, ляжк/а

---

* л у ж ё н н ы й — покрытый полудой, т. е. тонким слоем олова
* л у ч е з а́ р н ы й — полный света, сияния, блеска
* л ю м и н е с ц е́ н ц и я — свечение тела (или вещества), возбуждаемое каким-либо источником энергии: внешним излучением, падающим на тело, электрическим разрядом, химическим процессом и т. д.

М

- мавзоле́й*, *род. ед.* -я
- магази́н [*не* мага́зин], *род. ед.* -а, *прил.* ⟨-/н/ый⟩
- маги́стр*, *род. ед.* -а
- магистра́ль*, *ж. р., род. ед.* -и
- маги́ческий, маг/и́ческ/ий
- ма́гия* (*от* маг), маг/и/я
- магна́т*, *род. ед.* -а
- магне́зия* [нэ́ *и допуск.* не], магн/е́зи/я (*от* ма́гний)
- магнети́зм*, *только ед., род.* -а, магнет/и́зм
- магни́т, *прил.* ⟨-ни́т/н/ый⟩
- магнитогра́мма, *род. ед.* -ы, магнит/о/гра́мм/а
- магнито́ла, магнит/о́л/а
- магнитофо́н, магнит/о/фо́н, *прил.* ⟨магнит/о/фо́н/н/ый⟩
- магно́лия, магно́ли/я, *прил.* ⟨магно́ли/ев/ый⟩
- мадаполам, *род. ед.* мадапола́ма *и* мадапола́му, *прил.* ⟨-м/н/ый, -м/ов/ый⟩
- мадья́р, *сущ.* ⟨-р/к/а⟩, *прил.* ⟨-р/ск/ий⟩
- мажо́рный*, мажо́р/н/ый, *кратк. форма*, -рен, -рна
- мазу́рка*, *род. ед.* -и, *род. мн.* -рок, мазу́р/к/а
- мазу́т (*историч. от* ма́з/а/ть)
- майоне́з* [йя; нэ́], *только ед., род.* -а
- майо́р [аё], *род. ед.* -а
- макаро́ны, *только мн., род.* -о́н, макаро́н/ы, *прил.* ⟨-/н/ый⟩
- мака́ть, -а́ю, -а́ешь, мак/а́/ть
- маке́т, *прил.* ⟨-/н/ый⟩
- макинто́ш*, *тв. ед.* -шем
- макну́ть, мак/ну́/ть
- максимали́зм*, максим/али́зм, *сущ.* ⟨максим/али́ст⟩, *прил.* ⟨максим/али́ст/ск/ий⟩
- ма́ксимум*, ма́ксим/ум, *прил.* ⟨максим/а́льн/ый⟩
- макулату́ра (*от лат.* «ма́-

---

  * м а в з о л е й — монументальное надгробное сооружение
  * м а г и с т р — 1) в некоторых зарубежных странах и в дореволюционной России учёная степень, а также лицо, имеющее её; 2) в средние века: глава духовно-рыцарского ордена
  * м а г и с т р а л ь — основная, главная линия в системе какой-нибудь сети (железнодорожной, электрической, телеграфной и т. п.)
  * м а г и я — чародейство, волшебство, колдовство, пережиток представлений, свойственных дикарю
  * м а г н а т — крупный землевладелец-феодал или (*переносн.*) крупный капиталист, напр. финансовый магнат
  * м а г н е з и я — белый порошок, представляющий собой окись магния
  * м а г н е т и з м — совокупность магнитных явлений; земной магнетизм
  * м а ж о р н ы й — бодрый, радостный
  * м а з у р к а — польский национальный танец, а также музыка к нему
  * м а й о н е з — соус из растительного масла, яичного желтка и различных приправ
  * м а к и н т о ш — пальто из прорезиненной ткани, плащ
  * м а к с и м а л и з м — чрезмерная крайность в каких-либо требованиях, взглядах, не оправданная реальной действительностью
  * м а к с и м у м — наибольшее количество, наибольшая величина в ряду данных, самое большое

кула» — пятно), *только ед.*, макулатур/а
• маку́шка, *род. ед.* -и, *род. мн.* -шек, макуш/к/а
малева́ть, -лю́ю, -лю́ет, мал/ев/а/ть
• мали́на, *только ед.*, малин/а, *сущ.* ⟨-/ник⟩, *прил.* ⟨-/ов/ый⟩
малова́жный, мал/о/важн/ый, *кратк. форма* -жен, -жна
малогра́мотный, мал/о/грамот/н/ый, *кратк. форма* -тен, -тна
малоду́шный, мал/о/душ/н/ый, *кратк. форма* -шен, -шна
малое́зженый [ж'ж' *и допуск.* жж], мал/о/езж/ен/ый
малозна́чащий, мал/о/знач/ащ/ий
малокали́берный, мал/о/калибер/н/ый
малоле́тний, мал/о/лет/н/ий
малолитра́жный, мал/о/литр/аж/н/ый
ма́ло-ма́льски, *нареч.*, мал/о/маль/ск/и/
маломо́щный, мал/о/мощ/н/ый
ма́ло-пома́лу, мал/о/-по/мал/у/
малоупотреби́тельный, мал/о/у/потреб/и/тельн/ый
ма́льчик, мальч/ик (*от* мал/ец)

мальчо́нка, *м. р., род. ед.* -и, *им. мн.* -и, *род. мн.* -нок, мальч/онк/а
• маля́р, *род. ед.* -а́, *им. мн.* -ы́, *род. мн.* -о́в
маляри́я, маляри/я, *прил.* ⟨маляри́й/н/ый⟩
мамалы́га*, мамалыг/а
• ма́монт, *прил.* ⟨-/ов/ый⟩
• мандари́н, *род. мн.* мандари́нов [*не* мандари́н]
• мандат* (*от лат.* «ма́ндо» — вручаю; *буквально* 'вручённый')
мандоли́на, мандолин/а
• манёвр*, *род. ед.* -а, *им. мн.* -ы, *род. мн.* -ов *и допуск. им. мн.* мане́вры, *род. мн.* -ов
маневри́ровать, -рую, -руешь, маневр/иров/а/ть
мане́ж*, *м. р., тв. ед.* -жем
манеке́н* [*не* нэ], *род. ед.* -а
• мане́ра, манер/а, *прил.* ⟨-/н/ый⟩
мане́рка (фляжка), *род. мн.* -рок, манерк/а
маниака́льный*, мани/ак/альн/ый (*ср.:* ма́ни/я, мань/я́к)
• манже́та (*от франц.* «манш» — рукав), *ж. р., род. ед.* -ы, *им. мн.* -ы, *род. мн.* -е́т, манжет/а
маникю́р (*из франц., от лат.* «ма́нус» — рука + «кура́ре» — заботиться), *род. ед.* -а, *прил.* ⟨-/р/н/ый⟩

---

* м а м а л ы г а — каша из кукурузной муки

* м а н д а т — документ, удостоверяющий те или иные полномочия предъявителя, право на что-нибудь

* м а н ё в р — 1) организованное, целенаправленное передвижение войск в боевой обстановке; 2) (*переносн.*) уловка, ловкий приём

* м а н е ж — место или специальное большое здание для верховой езды или занятий спортом; 2) арена цирка

* м а н е к е н — фигура из дерева или пластмассы в форме человеческой фигуры для показа одежды в ателье и т. п.

* м а н и а к а л ь н ы й — одержимый манией, направленный на одну мысль или на одно желание

мани́ловщина (от имени одного из персонажей поэмы Н. В. Гоголя «Мёртвые души» Манилова), манилов/щин/а

манипуля́ция* (*из франц., от лат.* «мани́пулюс» — горсть), манипул/я́ци/я, *сущ.* ⟨манипул/я́тор⟩, *глаг.* ⟨манипул/и́ров/а/ть⟩

мани́ть, маню́, ма́нишь (*устар.* мани́шь), ман/и́/ть

● **манифе́ст***, *род. ед.* -а

манифеста́ция*, манифест/а́ци/я

мани́шка*, *род. мн.* -шек, манишк/а

ма́нна, *род. ед.* ма́нны, манн/а

● **манове́ние** (*устар.*), *только ед., род.* -я (по манове́нию жезла́), мановени/е (*историч. от* ман/у́/ть)

мано́метр, *род. ед.* -а, *прил.* ⟨манометр/и́ческ/ий⟩

манса́рда*, мансард/а

манто́*, *нескл., с. р.*

● **мануфакту́ра*** (*лат.* «ма́нус» — рука + «фаце́ре» — делать), мануфактур/а

маньчжу́рский, маньчжур/ск/ий

манья́к*, *род. ед.* -а, мань/я́к, *прил.* ⟨-/я́ч/еск/ий⟩; *черед.* к — ч

мара́л*, *род. ед.* -а

● **мара́ть**, мар/а́/ть (*ср.:* ма́р/к/ий)

марафо́нский (бег), марафо́н/ск/ий

ма́рганец, *только ед., род. ед.* ма́рганца *и* ма́рганцу

ма́рганцевый (относящийся к марганцу, содержащий марганец), марганц/ев/ый

марганцо́вый (содержащий марганцовку), марганц/о́в/ый

маргари́н, *только ед., род.* маргари́на *и* маргари́ну, *прил.* ⟨-/ов/ый⟩

маргари́тка, маргаритк/а

ма́рево*, *род. ед.* -а, мар/ев/о (*ср.:* марь)

марина́д, *только ед., род.* ма-

---

* м а н и п у л я ц и я — 1) движение руки или обеих рук, связанное с выполнением определённой задачи, напр. при управлении каким-либо устройством; 2) (*переносн.*) ловкая, мошенническая проделка

* м а н и ф е с т — 1) (*устар.*) торжественное письменное обращение верховной власти к населению; 2) письменное обращение политической партии, общественных организаций, имеющее программный характер: Манифест мира

* м а н и ф е с т а ц и я — массовое уличное шествие для выражения сочувствия или протеста

* м а н и ш к а — нагрудник, пришитый или пристёгиваемый к мужской сорочке, а также особый нагрудник к женскому платью

* м а н с а р д а — жилое помещение на чердаке под скатом крыши

* м а н т о — широкое дамское пальто из меха

* м а н у ф а к т у р а — 1) предприятие, на котором производство ведётся ручными орудиями при детальном разделении труда; 2) ткани, текстильные изделия

* м а н ь я к — человек, одержимый манией

* м а р а л — крупный олень с большими ветвистыми рогами

* м а́ р е в о — 1) мираж, призрачное видение; 2) туман, непрозрачность воздуха

рина́да *и* марина́ду, марин/ад
марини́ст* (*лат*. «ма́ринус» — морской, «ма́ре» — море), марин/ист
● марино́ванный, марин/ов/а/нн/ый (*от* ● марин/ов/а́/ть)
● марионе́тка* [*не* нэ], *род. мн.* -ток, марионетк/а, *прил.* ⟨-не́т/н/ый⟩
маркизе́т, *только ед., род.* маркизе́та *и* маркизе́ту, *прил.* ⟨-т/ов/ый⟩
маркиро́вка, марк/иров/к/а
● маркси́зм [*не* и́зьм], маркс/изм
● маркси́зм-ленини́зм [*не* и́зьм], маркс/изм-ленин/изм
● маркси́ст, маркс/ист, *прил.*
● ⟨-/и́ст/ск/ий⟩
маркше́йдер*, *род. ед.* -а, *прил.* ⟨-/ск/ий⟩
ма́рля, марл/я, *прил.* ⟨-л/ев/-ый⟩
● мармела́д [*не* мармала́д], *род. ед.* мармела́да *и* мармела́ду
мароде́р*, *род. ед.* -а, *прил.* ⟨-р/ск/ий⟩
марселье́за*, марсельез/а
● марте́н [тэ], *прил.* ⟨-/овск/ий⟩
● марты́шка, *род. мн.* -шек, мартышк/а
ма́ршал, *прил.* ⟨ма́ршаль/-ск/ий⟩

● марширова́ть, -ру́ю, -ру́ет, марш/иров/а/ть
● маршру́т (*франц.* «марш» — ход + «рут» — путь), *прил.* ⟨-/н/ый⟩
маскара́д (*от* ма́ска), *прил.* ⟨-/н/ый⟩
● маскирова́ть, -ру́ю, -ру́ет, маск/иров/а/ть
маскиро́вка, *род. мн.* -вок, маск/иров/к/а
ма́сленица, масл/ен/иц/а
маслёнок, *род. ед.* -нка, *им. мн.* -ля́та, *род. мн.* -ля́т, масл/ёнок
ма́сленый, *прил.* ('покрытый, пропитанный маслом': ма́сленые руки *и в переносн. знач.* ма́сленый голос, *соотносит. с глаг.* ма́слить), масл/ен/ый
ма́сличный (о растениях, дающих масло), масл/ичн/ый
масли́чный (*от* масли́на), масл/ичн/ый
ма́сло, *род. ед.* -а; *в спец. употр. им. мн.* масла́, *род. мн.* ма́сел, *дат. мн.* масла́м, масл/о
маслобо́йня, *род. мн.* -о́ен, масл/о/бой/н/я
● масляни́стый, масл/ян/ист/ый
● ма́сляный ('из масла, относящийся к маслу': ма́сляные краски, ма́сляные пятна), масл/ян/ый

---

* м а р и н и с т — художник, изображающий морские виды

* м а р и о н е т к а — 1) театральная кукла, приводимая в движение шнурками или нитками и исполняющая разные роли; 2) (*переносн.*) лицо, государство, являющееся слепым, послушным орудием в чужих руках

* м а р к ш е й д е р — специалист по геодезическим съёмкам горных разработок и правильной эксплуатации недр

* м а р о д ё р — тот, кто грабит население в районе военных действий, а также убитых и раненых на поле сражения; грабитель

* м а р с е л ь е з а — песня, сложенная в 1792 г. во время французской буржуазной революции, ставшая впоследствии национальным гимном Франции

- ма́сса, масс/а
- масса́ж, масс/аж, *сущ.* ⟨-/аж/-и́ст, -/аж/и́ст/к/а⟩ (*ср.:* масс/и́ров/а/ть)
- масси́вный, масс/и́в/н/ый, *кратк. форма* -вен, -вна
  массови́к, масс/ов/и́к
  ма́ссовый, масс/ов/ый
  ма́стер, *им. мн.* -а́, *род. мн.* -о́в
- мастерска́я, *род. ед.* -о́й, мастер/ск/ая
  мастерски́ [*не* ма́стерски], *нареч.,* мастер/ск/и/
  ма́стерский*, мастер/ск/ий
  мастерско́й* [*не* ма́стерский], мастер/ск/ой
- масти́ка, мастик/а
- масти́тый*, мастит/ый
- масшта́б, *прил.* ⟨-/н/ый⟩
- матема́тика, математик/а, *прил.* ⟨математи́ч/еск/ий⟩ ; *черед.* **к — ч**
  материа́л, матер/и/ал
- материали́зм* [*не* и́зьм], матер/и/ал/изм, *сущ.* ⟨-/ал/-и́ст⟩ , *прил.* ⟨-/ал/ист/-и́ческ/ий⟩
  матери́к, *род. ед.* -а́
  мате́рия, матер/и/я
  мате́рчатый, матер/чат/ый
  матёрый, -ая, -ое, матёр/ый *и допуск. устар.* матеро́й, -а́я, -о́е
- матра́с, *род. ед.* -а *и* матра́ц, *род. ед.* -а
  матриарха́т (*лат.* «ма́тер» («ма́трис») — мать + *греч.* «архе́» — власть), матриарх/ат, *прил.* ⟨матриарх/а́льн/ый⟩.
- матро́с, *прил.* ⟨-/ск/ий⟩
- матч, *м. р., род. ед.* -а, *тв. ед.* -ем
  ма́ть-герои́ня, мать-геро/ин/я
  ма́ть-и-ма́чеха, *только ед.,* мать-и-мачех/а
  ма́узер, *род. ед.* -а
  ма́фия*, маф/и/я, *сущ.* ⟨маф/и́ст⟩
  махина́ция, махин/аци/я, *сущ.* ⟨махин/а́тор⟩
  маха́ть, машу́, ма́шет *и допуск. разг.* маха́ю, маха́ешь, *повел. накл.* маши́ *и* маха́й, мах/а/ть
  махну́ть, мах/ну/ть
  махови́к, *род. ед.* -а́, мах/ов/и́к
  махо́рка, махор/к/а (*ср.:* махр/а́; *черед.* **о** — нуль звука), *прил.* ⟨махо́р/оч/н/ый⟩
  махро́вый, махр/ов/ый (*ср.:* махр/ы́ — висящие бахромой лоскутья, нитки по краям старой одежды; то же, что бахрома) *и переносн.* махро́в/ый (ярко выраженный со стороны какого-нибудь отрицательного качества: махро́вый реакционе́р)
- ма́чеха, мач/ех/а
- маши́на, машин/а, *сущ.* ⟨-/и́ст⟩ , *прил.* ⟨-/н/ый⟩
  машина́льный, машин/а́льн/ый, *кратк. форма* -лен, -льна
  машини́стка, машин/ист/к/а

---

* м а́ с т е р с к и й — принадлежащий мастеру
* м а с т е р с к о́ й — искусный, совершенный
* м а с т и́ т ы й — почтенный, заслуженный, преклонных лет
* м а т е р и а л и з м — философское направление, признающее существование объективного мира вне зависимости от сознания, мышления
* м а́ ф и я — 1) тайная разветвлённая террористическая организация крупных уголовных преступников; 2) (*переносн.*) организованная группа людей, тайно и преступно действующая в своих интересах

машиностроéние, машин/о/-стро/ени/е
ма́шущий, маш/ущ/ий и допуск. маха́ющий, мах/а/ющ/ий
* мая́к, род. ед. -а́
* ма́ятник, род. ед. -а
* ма́яться, ма́юсь, ма́ется, ма/я́/ть/ся
  мая́чить, -чу, -чит, мая́ч/и/ть (ср.: мая́к; черед. к — ч)
  мгла, род. ед. -ы́, мгл/а, прил. <мгл/и́ст/ый>
* мгновéние (от миг), мг/новен/и/е
  мгновéнный, мг/новен/н/ый, кратк. форма -éнен, -éнна
* мéбель, ж. р., только ед., род. -и, сущ. <мéбель/щик>, прил. <мéбель/н/ый>
  меблирóвка, род. мн. -вок, мебл/иров/к/а (ср.: мебл/иров/а́/ть)
  меда́ль ж. р., род. ед. -и
  медальóн* [льё], род. ед. -а
  медвéдица, тв. ед. -цей, медвед/иц/а
* медвéдь (буквально 'тот, который есть мёд'), род. ед. -я, им. мн. -и, род. мн. медвéдей [не медведéй]
  медвежóнок, род. ед. -нка, им. мн. -жа́та, род. мн. -жа́т, медвеж/онок
  медвя́ный, мед/вян/ый
  медеплави́льный, мед/е/плав/и/льн/ый
* медикамéнты [не медика́менты], род. мн. -ов, им. ед. -éнт, род. ед. -а, медикамéнт/ы
* медици́на, медицин/а, прил. <-/ск/ий>
* мéдленный, медл/енн/ый, кратк. форма -лен и -ленен, -ленна
  мéдно-кра́сный, мед/н/о-крас-н/ый
  медуни́ца*, тв. ед. -цей, мед/униц/а
  медяни́ца (змеевидная ящерица), тв. ед. -цей, мед/ян/н/иц/а (ср.: мед/я́н/к/а; черед. ц — к)
  междомéтие, междомет/и/е, прил. <междомéт/н/ый>
* междоусóбица, междоусоб/иц/а (ср.: междоусóб/н/ый)
  мéжду (со слабым удар. или без удар.) [не между́], предлог
* междугорóдный и допуск. междугорóдний, между/город/н/ый
  междунарóдный, между/народ/н/ый
  межконтинента́льный, меж/континент/альн/ый
  межпланéтный, меж/планет/н/ый
  межрегиона́льный, меж/регион/альн/ый
  мезони́н*, род. ед. -а
* меланхóлия*, меланхол/и/я, прил. <-/и́ческ/ий>
  мелиора́ция* (лат. «мéлиор» — лучший), мелиор/а/ци/я (ср.: мелиор/и́ров/а/ть)

---

* м е д а л ь о н — ювелирное изделие в форме овальной или круглой коробочки (чаще всего для портрета)
* м е д у н и ц а — травянистое растение с мелкими душистыми цветками
* м е з о н и н — надстройка над серединой дома
* м е л а н х о л и я — болезненно-угнетённое состояние, тоска, хандра
* м е л и о р а ц и я — улучшение плодородия земель путём их осушения или орошения

мелкобуржуа́зный*, мелк/о-/буржуа́з/н/ый
мелково́дье, *род. ед.* -я, *род. мн.* -дий, мелк/о/во́дь/е
мелкопоме́стный, мел/к/о/-поме́ст/н/ый
мелодекламáция, мело/деклам/а́ци/я
• мело́дия (*греч.* «ме́лос» — песнь), мелод/и/я, *прил.* ⟨-/и́ч/н/ый⟩
мелодра́ма*, мело/дра́м/а
мелочно́й (товар), мелоч/н/ой
ме́лочный (человек), мелоч/-н/ый
ме́лочь, *ж. р., род. ед.* -и, *им. мн.* -и, *род. мн.* -е́й
мелька́ть, мельк/а́/ть
ме́льком *и допуск.* мелько́м *нареч.*, мельк/ом/
ме́льник, мель/ник, *сущ.* ⟨ме́ль/нич/их/а⟩ ; *черед.* к — ч
• ме́льница, мель/ниц/а, *прил.* ⟨-/нич/н/ый⟩ ; *черед.* ч — ц
ме́льче [*не лч*], сравн. ст. от ме́лкий, мель/ч/е/
мелюзга́, мел/юзг/а

• мембра́на*, мембра́н/а
• мемора́ндум* (*лат.* «мемора́ндум» — что надо помнить)
• мемориа́льный* (*от лат.* «ме́морис» — память), мемориа́ль/н/ый (*от* мемориа́л)
• мемуа́ры*, *род.* -ов, мемуа́р/ы, *прил.* ⟨-/н/ый⟩
ме́неджер*, *прил.* ⟨-/жер/ск/ий⟩
• мензу́рка, *род. ед.* -и, *род. мн.* -рок, мензу́рк/а
мениги́т*, *прил.* ⟨-нги́т/-н/ый⟩
менуэ́т*, *род. ед.* -а
• меньшеви́стский, меньше-в/и́ст/ск/ий
• меньши́нства, *в основном мн., род.* меньши́нств, *дат.* меньши́нствам, *ед.* (*малоупот.*), *им.* меньши́нство, *род.* меньши́нства *и* меньши́нства (национа́льные меньши́нства)
• меньшинство́, *род.* -а́, *пр. о* меньшинстве́ (меньшая часть), мень/ш/и́нств/о
• меню́, *нескл., с. р.*
ме́ргель*, *м. р., род. ед.* -я, *им. мн.* мергеля́, *род. мн.*

---

* м е л к о б у р ж у а з н ы й — относящийся к мелкой буржуазии, отражающий её идеологию

* м е л о д р а м а — драма, в которой преувеличенно трагическое сочетается с сентиментальным, чувствительным

* м е м б р а н а — перепонка или тонкая пластинка из упругого материала, возбуждающая звуковые колебания

* м е м о р а н д у м — дипломатический документ с изложением взглядов правительства на какой-нибудь вопрос

* м е м о р и а л ь н ы й — служащий для увековечения памяти кого-нибудь

* м е м у а р ы — воспоминания, записки о прошлых событиях, современником или участником которых был автор

* м е н е д ж е р — специалист по управлению производством, работой предприятия

* м е н и н г и т — болезнь, воспаление мозговых оболочек

* м е н у э т — старинный французский танец, а также музыка в ритме этого танца

* м е р г е л ь — горная порода, состоящая из известняка, углекислого магния и глины

мергелей *и* мергели, мергелей
мережка, *род. мн.* -жек, мережк/а
мерещиться, -щусь, -щишься, мерещ/и/ть/ся
мерзкий, мерз/к/ий, *кратк. форма* мерзок, мерзка, мерзко, мерзки
мерзлота, *род. ед.* -ы, *им. мн.* мерзлоты, мерз/л/от/а
• меридиан, *род. ед.* -а
меридиональный, мериди/ональн/ый
меринос, *род. ед.* -а, *прил.* ⟨-с/ов/ый⟩
• мерить, мерю, мерит, *повел. накл.* мерь *и допуск.* меряю, меряет, меряй, мер/и/ть
мерлушка*, *род. мн.* -шек, мерлушк/а, *прил.* ⟨-шк/ов/ый, -шеч/ий/⟩ ; *черед.* е — нуль звука, к — ч
мероприятие, мер/о/прияти/е
месиво, мес/ив/о (*ср.:* мес/и/ть)
местком, *сложносокращ. слово:* местный комитет
• местность, *ж. р., род. ед.* -и, *им. мн.* -и, *род. мн.* -ей [*не* местностей], мест/н/ость
местный, мест/н/ый
местожительство, мест/о/жи/тель/ств/о
местоимение, местоимен/и/е, *прил.* ⟨местоимён/н/ый⟩ *и допуск.* ⟨местоимен/н/ый⟩
местопребывание, мест/о/пре/бы/ва/ни/е

• месяц, *род. ед.* -а, *тв. ед.* -ем, *им. мн.* -ы [*не* месяца], *род. мн.* -ев; по месяцам (в течение месяцев)
• металл, *род. ед.* -а, *прил.* ⟨-/ическ/ий⟩
металлорежущий, металл/о/реж/ущ/ий
металлургия *и допуск.* металлургия [л], металл/ург/и/я
• метаморфоза*, *род. ед.* -ы *и допуск. спец.* метаморфоз. *род. ед.* -а, метаморфоз/а
метать¹, мечу, мечет, мечут (бросать), *повел. накл.* мечи, мет/а/ть; *черед.* т — ч
метать², метаю, метает (шить), *повел. накл.* метай, мет/а/ть
• метафора (*греч.* «мета» — пере + «фора» — несу), метафор/а, *прил.* ⟨-/ическ/ий⟩
метель, *ж. р., род. ед.* -и, мет/ель (*ср.:* мет/у́)
• метеор, *прил.* ⟨-óр/н/ый⟩
метеорит, метеор/ит
• метеорология*, метеоролог/и/я
метиловый, метил/ов/ый (*ср.:* метил)
• метод, *сущ.* ⟨метод/ик/а⟩, ⟨метод/ист⟩, *прил.* ⟨метод/ич/еск/ий⟩
метонимия* (*греч.* «мето» — пере + «онима» — имя; *буквально* 'переименование'), метоними/я, *прил.* ⟨метоними/ческ/ий⟩
метрика, метрик/а, *прил.* ⟨-рич/еск/ий⟩ ; *черед.* к — ч

---

* м е р л у ш к а — мех из шкурки ягнёнка, молодой овцы

* м е т а м о р ф о з а — полная совершенная перемена, изменение, в спец. литературе: видоизменение, превращение, переход в другую форму развития с приобретением нового внешнего вида

* м е т е о р о л о г и я — учение о погоде и способах её предсказания

* м е т о н и м и я — замена одного слова другим, смежным по значению, напр. *стол* вместо *еда*

- **метро́**, *нескл., с. р.*
  метроно́м*, *род. ед.* -а
- **метрополите́н*** [тэ]
  механизи́ровать, -рую, -рует, механ/изиров/а/ть
- **меха́ник**, механ/ик, *прил.* ⟨механ/и́ч/еск/ий⟩; *черед.* к — ч
  меховой, мех/ов/ой
  мецена́т*, *род. ед.* -а, *прил.* ⟨-т/ск/ий⟩
  меч, *м. р., род. ед.* -а́, *тв. ед.* меч/о́м
  ме́ченный, *прич.* (страницы не ме́чены), меч/енн/ый (*от* ме́т/и/ть; *черед.* т — ч)
  ме́ченый, *прил.* (ме́ченые атомы), меч/ен/ый
- **мечта́**, *род. ед.* -ы́, *им. мн.* мечты́, *род. мн.* нет, мечт/а
  мечта́ть, -а́ю, -а́ет, мечт/а/ть
- **ме́шанный** (*от* меша́ть), *прич.* (каша не ме́шана), ме/ш/а/нн/ый
- **ме́шаный**, *прил.* (ме́шаное молоко), меш/а/н/ый
- **ме́шенный** (*от* меси́ть), *прич.* (тесто ещё не ме́шено), ме/ш/енн/ый

ме́шеный, *прил.* (ме́шеное тесто), меш/ен/ый
- **мешо́к**, *род. ед.* -к/а́ (*историч. уменьш. от* мех)
- **мещани́н***, *род. ед.* -а, *им. мн.* меща́не, *род. мн.* меща́н, мещан/ин
  мзда, *только ед., род.* -ы́, мзд/а (*ср.:* мзд/о/и́м/ец)
  мига́ть, мига́ю, мига́ет, миг/а/ть
  мигра́ция* мигр/аци/я, *прил.* ⟨-аци/о́нн/ый⟩
- **мигре́нь***, *ж. р., род. ед.* -и
  мизантро́п*, *сущ.* ⟨-троп/-к/а⟩
- **мизе́рный*** *и допуск.* ми́зерный, мизер/н/ый, *кратк. форма* -рен, -рна
- **мизи́нец**, *род. ед.* -ица
- **микро́б**, *род. ед.* -а, *им. мн.* -ы, *род. мн.* -ов
  микро́н, *прил.* ⟨-ро́н/н/ый⟩
  микроско́п (*греч.* «ми́крос» — малый + «ско́пео» — смотрю), *прил.* ⟨-/и́ческ/ий⟩
  микрофо́н (*греч.* «ми́крос» — малый + «фо́нэ» — звук)
  миксту́ра, миксту́р/а

---

* м е т р о н о м — механический прибор, отмечающий ударами короткие промежутки времени, употребляется при измерениях, при определении темпа в музыке

* м е т р о п о л и т е н — подземная или наземная (на эстакадах) городская электрифицированная железная дорога

* м е ц е н а т — покровитель наук и искусств; вообще тот, кто покровительствует какому-нибудь делу, начинанию

* м е щ а н и н — 1) (в царской России) лицо городского сословия, состоящего из мелких торговцев и ремесленников, низших служащих и т. п.; 2) (*переносн.*) человек с мелкими интересами и узким кругозором (*презр.*)

* м и г р а ц и я — перемещение, переселение

* м и г р е н ь — приступ сильной головной боли

* м и з а н т р о п — человек, отличающийся нелюбовью, ненавистью к людям

* м и з е р н ы й — маленький, весьма незначительный, ничтожный

- **милитари́зм*** [не и́зьм] (лат. «милита́рис» — военный), только ед., милитар/изм
- **милиционе́р** [не нэ́], милици/оне́р
  мили́ция (лат. «ми́лес» — воин), милици/я
  миллиа́рд, прил. ⟨-а́рд/н/ый⟩
- **миллигра́мм**, род. ед. -а, им. мн. -ы, род. мн. -ов; счётные формы -гра́мм и -гра́ммов, милли/грамм
  миллиме́тр [л'; не милли́метр], милли/метр
- **миллио́н** [миллио́н и допуск. мильё́н]
  милови́дный, мил/о/вид/н/ый, кратк. форма -ден, -дна
- **ми́лостливый**, мил/ост/лив/ый
  ми́лость, мил/ость
  ми́лостыня, род. ед. -и, род. мн. -ынь, мил/ост/ын/я
- **ми́мика***, мимик/а, прил. ⟨мими́ч/еск/ий⟩ ; черед. к — ч
  мимикри́я* [не мими́крия], род. ед. -и, мимикри/я
- **мимо́за**, мимоз/а
  минаре́т*, род. ед. -а
- **минда́лина**, миндал/ин/а
  минё́р, род. мн. -ов, мин/ёр
  минера́л, род. ед. -а
- **минерало́гия***, минерал/оги/я (из минерал/о/ло́г/и/я; один из одинаковых слогов «ло» выпал)
- **миниатю́ра***, миниатюр/а
- **ми́нимум***, миним/ум, прил. ⟨миним/а́льн/ый⟩
  мини́ровать, -рую, -рует, мин/иров/а/ть
- **мини́стр**, прил. ⟨министе́р/ск/ий⟩
  минова́ть, -ну́ю, -ну́ет, мин/ов/а/ть
  мино́га*, миног/а, прил. ⟨-нож/ий/, -жья/, -жье/⟩ ; черед. г — ж
  миномё́т, мин/о/мёт, прил. ⟨-/н/ый⟩
  миноно́сец, мин/о/нос/ец, род. ед. -сца
- **мино́рный***, минор/н/ый, кратк. форма. -рен, -рна
- **мину́та**, минут/а, прил. ⟨-/н/ый⟩
  миокарди́т (греч. «мис» («ми́ос») — мышца + «ка́рдиа» — сердце), только ед., род. -а, миокард/ит
  мир[1], род. ед. -а (совокупность всех форм материи, вселенная), прил. ⟨-/ов/о́й⟩; происхождение мира
  мир[2], род. ед. -а (отсутствие

---

* м и л и т а р и з м — политика гонки вооружения с целью подготовки новых империалистических войн

* м и м и к а — движение лицевых мышц соответственно переживаемым чувствам и настроениям

* м и м и к р и я — покровительственная (защитная) окраска и форма у некоторых животных или растений

* м и н а р е т — башня при мечети — молитвенном доме у мусульман

* м и н е р а л о г и я — наука о минералах

* м и н и а т ю р а — произведение искусства малой формы (напр., небольшая картина, драматическая сцена, скетч и т. п.)

* м и н и м у м — наименьшая величина, самое необходимое наименьшее количество, низший предел чего-либо

* м и н о г а — водное позвоночное животное со змеевидным телом

* м и н о р н ы й — связанный с грустным, подавленным настроением (книжн.)

вражды, войны; соглашение воюющих сторон), *прил.* ⟨-/н/ый⟩ ; Миру — мир
мир³, *род. ед.* -а (земной шар, Земля и её население); объехать весь мир, чемпион мира
мира́ж*, *м. р., род. ед.* миража́ и мира́жа
мириа́ды (*греч.* «ми́риос» («мириа́дос») — десять тысяч; *употр. в знач.* 'великое, неисчислимое множество'), *только мн., род.* мириа́д, мириад/ы
• **мировоззре́ние***, *только ед.,* мир/о/воз/зр/ени/е
• **миросозерца́ние***, *только ед.,* мир/о/созерца/ни/е
• **ми́ссия***, мисси/я
ми́стика, мист/ик/а, *прил.* ⟨мист/и́ч/еск/ий⟩ ; *черед.* *к — ч*
• **ми́тинг**, *глаг.* ⟨-/ов/а́/ть⟩
миткаль, *м. р., только ед., род.* -я́, *прил.* ⟨миткал/ев/ый⟩ и ⟨миткал/ёв/ый⟩
• **мифоло́гия**, *только ед.,* миф/о/лог/и/я
ми́чман, *им. мн.* ми́чманы, *род. мн.* -ов, (*профессион. у моряков*) мичмана́, -о́в
мичу́ринец, *род. ед.* -нца, *тв. ед.* -нцем, мичурин/ец
• **мише́нь***, *ж. р., род. ед.* -и
мишура́*, *род. ед.* -ы́, мишур/а, *прил.* ⟨мишу́р/н/ый⟩

• **младе́нец**, *род. ед.* -нца, млад/енец
младе́нчество, млад/енч/еств/о (*ср.:* млад/е́нец; *черед.* *е* — нуль звука, *ц — ч*)
• **млекопита́ющее**, млек/о/пит/а/ющ/ее
мнить, мню, мнишь, мн/и́/ть
многогра́нный, мног/о/гран/н/ый, *кратк. форма* -а́нен, -а́нна
многозначи́тельный, мног/о/знач/и/тельн/ый, *кратк. форма* -лен, -льна
многонациона́льный, мног/о/наци/ональ/н/ый, *кратк. форма* -лен, -льна
многообра́зный, мног/о/образ/н/ый, *кратк. форма* -зен, -зна
многосторо́нний, мног/о/сторон/н/ий, *кратк. форма* -о́нен, -о́ння
многосторо́нность, *род.* -и, мног/о/сторон/н/ость
многостра́дальный, мног/о/страд/а/льн/ый, *кратк. форма* -лен, -льна
многоуважа́емый, мног/о/уваж/а/ем/ый
мно́жественный, множ/еств/енн/ый
мно́жество, множ/еств/о
мно́житель, *род. ед.* -я, множ/и/тель
• **мобилиза́ция** (*из франц., от*

---

* м и р а ж — обманчивое видение; нечто кажущееся, призрачное

* м и р о в о з з р е н и е — система взглядов, воззрений на природу и общество

* м и р о с о з е р ц а н и е — совокупность взглядов на мир, действительность, миропонимание

* м и с с и я — 1) ответственное задание, роль, поручение; 2) дипломатическая делегация специального назначения

* м и ш у р а — 1) медные посеребрённые или позолоченные нити, идущие на галуны, ёлочные украшения; 2) (*переносн.*) о показном блеске без внутреннего содержания

лат. «мобилис» — подвижный), мобилиз/аци/я
мобильный, мобиль/н/ый
могикане*, *род.* -áн, *им. ед.* -áнин, *род. ед.* -а, могикан/е
• **могила**, могил/а, *прил.* ⟨могиль/н/ый⟩
• **могучий**, мог/уч/ий, *кратк. форма* -уч, -а
• **модель** [дэ], *ж. р., род. ед.* -и, *глаг.* ⟨-л/ир́ов/а/ть⟩
модернизация, модерн/иза/ци/я
модернизировать* [дэ], -рую, -рует, модерн/изиров/а/ть *и* **модернизовать**, -зую, -зует, модерн/изов/а/ть
модификация*, модифик/а/ци/я (*ср.:* модифиц/ир́ов/а/ть; *черед.* к — ц)
можжевельник [*допуск.* ж'ж'], можжевель/ник
мозаика*, мозаик/а, *прил.* ⟨мозайч/н/ый⟩ ; *черед.* к — ч
• **мозжечок*** [ж'ж' *и допуск.* жж], *род. ед.* -ка́, мозж/ечок
мозжить, -зжу́, -зжи́т [ж'ж' *и допуск.* жж], мозж/и/ть
• **мозоль**, *ж. р., род. ед.* мозо́ли, *тв. ед.* мозо́лью [*не* мозо́ля, мозо́лю, мозо́лём, *о* мозо́ле], *им. мн.* мозо́ли, *род. мн.* мозо́лей [*не* мозоли́, мозоле́й]
мокко*, *сущ., нескл., м. и с. р.*

• **мокрота** (слизь), *род. ед.* -ы, мокр/от/а
• **мокрота́** (сырость), *род. ед.* -ы́, мокр/от/а
мо́крядь, *ж. р., род. ед.* -и (сырая погода), мокр/ядь
• **молекула**, молекул/а, *прил.* ⟨-/я́рн/ый⟩
моллюск, *род. ед.* -а
молниеносный, молни/е/нос/н/ый, *кратк. форма* -сен, -сна
молния, молни/я
• **молодёжь** [*не* мо́лодежь], *ж. р.*, молод/ёжь, *прил.* ⟨-/ёж/н/ый⟩
молодо́й, молод/ой, *кратк. форма* мо́лод, молода́, мо́лодо, мо́лоды
молодцева́тый, молодц/еват/ый (*ср.:* молоде́ц; *черед.* е — нуль звука)
• **молоко́**, молок/о́, *прил.* ⟨моло́ч/н/ый⟩ [*допуск.* шн]; *черед.* к — ч
молотилка, *род. мн.* -лок, молот/и/лк/а
молотить, молочу́, моло́тит, молот/и/ть
• **молоток**, *род. ед.* молотка́, молот/ок (*ср.:* мо́лот)
• **молоть**, мелю́, ме́лет, моло/ть, *прич.— прил.* ⟨мо́ло/т/ый⟩
• **молотьба́**, молоть/б/а (*от* молот/и́/ть)

---

* **могикане** — последний из могикан — последний представитель чего-нибудь отмирающего, исчезающего (по названию романа Ф. Купера о вымершем племени американских индейцев)

* **модернизировать** — делать современным, напр.: обновлять оборудование, технологический процесс

* **модификация** — видоизменение чего-нибудь

* **мозаика** — рисунок или узор из скреплённых между собой цветных камешков, кусочков стекла, эмали и др.

* **мозжечок** — часть головного мозга, лежащая под большим мозгом в затылке

* **мокко** — сорт кофе

молох*, *род. ед.* -а [*не* мо́-лох, -а]
моло́ченный, *прич.* (хлеб не моло́чен), молоч/енн/ый (*от* молот/и́/ть; *черед. т — ч*)
моло́ченый, *прил.* (моло́ченый хлеб), молоч/ен/ый
молча́ть, молч/а/ть
моль, *ж. р., только ед., род.* -и
мольбе́рт, *род. ед.* -а
● моме́нт, *прил.* ⟨-/а́льн/ый⟩
● мона́рхия, монарх/и/я, *прил.* ⟨-/и́ческ/ий⟩
монасты́рь, *м. р., род. ед.* -я́, *им. мн.* -и́, *род. мн.* -е́й
мона́х, *род. ед.* -а, *им. мн.* мона́хи, *род. мн.* мона́хов
мона́хиня [*не* монахи́ня], *род. ед.* -и, *род. мн.* -инь, монах/ин/я
● монго́л, *род. ед.* -а, *род. мн.* -ов
● моне́та, монет/а, *прил.* ⟨-/н/ый⟩
монограмма*, (*греч.* «мо́нос» — один + «гра́мма» — буква), монограмм/а
моногра́фия*, (*греч.* «мо́нос» — один + «гра́фо» — пишу), монографи/я
моно́кль*, *м. р., род. ед.* -я
монолитный*, монолит/н/ый, *кратк. форма* -тен, -тна

● моноло́г (*греч.* «мо́нос» — один + «ло́гос» — речь), *род. ед.* -а
монополисти́ческий, монопол/ист/ическ/ий
монопо́лия* (*греч.* «мо́нос» — один + «по́лео» — продаю), монопол/и/я, *прил.* ⟨-по́ль/н/ый⟩
● моното́нный*, моно/тон/н/ый, *кратк. форма* -о́нен, -о́нна
монпансье́, *нескл., с. р.*
● монта́ж, *род. ед.* монтажа́ [*не* монта́жа], монт/аж, *сущ.* ⟨-/а́ж/ник⟩, *прил.* ⟨-/а́ж/н/ый⟩
● монтёр, монт/ёр
● монуме́нт*, *прил.* ⟨-/а́льн/ый⟩
● мора́ль (*из франц., от лат.* «мос», *род. пад.* «мо́рис» — нрав, обычай, образ жизни), *ж. р., только ед., род.* -и, *сущ.* ⟨морал/и́ст⟩, *прил.* ⟨мора́ль/н/ый⟩
морато́рий (*лат.* «морато́риус» — задерживающий, замедляющий), моратор/ий, *прил.* ⟨мора́тор/н/ый⟩
морга́ть, -а́ю, -а́ет, морг/а/ть

---

* м о л о х — 1) у древних финикиян, карфагенян и др. бог солнца, огня и войны, которому приносились человеческие жертвы; 2) (*переносн.*) нечто, требующее тяжёлых жертв, напр. молох войны

* м о н о г р а м м а — вязь из двух или более букв, обычно начальных фамилии и имени

* м о н о г р а ф и я — научное исследование, посвящённое одному вопросу, теме

* м о н о к л ь — круглое оптическое стекло для одного глаза, употребляется вместо очков

* м о н о л и т н ы й — высеченный из одного куска камня, напр. монолитная колонна

* м о н о п о л и я — исключительное право на производство или продажу чего-нибудь, а также исключительное пользование чем-нибудь

* м о н о т о н н ы й — однообразный по тону, интонации

* м о н у м е н т — архитектурное или скульптурное сооружение в память выдающегося события или лица; памятник

мордва́, *только ед., род.* -ы́, мордв/а, *прил.* ⟨мордо́в/ск/ий⟩ ; *черед.* **о** — нуль звука
морж, *род. ед.* -а́, *тв. ед* -о́м, *им. мн.* моржи́, *род. мн.* -е́й
море́на*, морен/а, *прил.* ⟨-н/н/ый⟩
морепла́вание, мор/е/плав/а/-ни/е
• морко́вь, *ж. р., только ед., род.* -и, *прил.* ⟨-в/н/ый⟩
• моро́женое, *только ед., род.* -ого, морож/ен/ое
• моро́з, *род. ед.* -а, *прил.* ⟨-/н/ый⟩ (*русск. полногласие* -оро-; *ср.:* мраз — *ст.-слав. неполногласие* -ра-)
моросить, -си́т (дождь моро́сит), морос/и́/ть
• моро́чить, -о́чу, -чит, мороч/и/ть
моро́шка, морошк/а
морти́ра*, мортир/а
мо́рфий, *м. р., только ед., род.* -я
• морфоло́гия (*греч.* «мо́рфе» — форма + «ло́гос» — понятие, учение), морфолог/и/я
мо́рщиться, -щусь, -щится, морщ/и/ть/ся, *сущ.* ⟨-/и́н/а⟩
моря́к, *род. ед.* -а́, мор/як
москворе́цкий, москв/о/рец/к/ий
моски́т*, *прил.* ⟨-ски́т/н/ый⟩
мостки́, *род.* -о́в, мост/к/и
мостова́я (*от* мост/и́/ть), мост/ов/ая
• мота́ть, -а́ю, -а́ет, мот/а/ть
моте́ль* [тэ], *м. р., род. ед.* -я

• моти́в, *глаг.* ⟨-/и́ров/а/ть⟩
• мото́р (*лат.* «мо́цио» — двигаю), *прил.* ⟨-/н/ый⟩
моторизо́ванный, мотор/изова/нн/ый
• мотоци́кл, *род. ед.* -а *и* мотоцикле́т, *род. ед.* -а, мотоцикл/ет
мотоцикле́тный, мотоцикл/ет/н/ый
моты́га, мотыг/а
• мотылёк, *род. ед.* -лька́, мотыл/ёк
• мохна́тый, мох/нат/ый
мохноно́гий, мох/н/о/ног/ий
мохови́к (гриб), *род. ед.* -а́, мох/ов/ик
моховой, мох/ов/ой
моцио́н, *род. ед.* -а
• моча́лка, мочал/к/а
мочи́ть, мочу́, мо́чит, мо́чат, моч/и/ть
• моше́нник (*историч. от* мошн/а́ — карман, кошелёк)
мошкара́, мошк/ар/а
мощённый, *прич.* (улица, мощённая торцом), мощ/ён/н/ый (*от* мост/и́/ть; *черед.* ст — щ), *кратк. форма* -ён, -ена́, -ено́, -ены́
мощёный, *прил.* (мощёная улица), мощ/ён/ый
мо́щный [*не* шн], мощ/н/ый, *кратк. форма* мо́щен, мощна́, мо́щно, мо́щны
мощь, *ж. р., только ед., род.* -и
мразь, *ж. р., только ед., род.* -и
мракобе́сие, *только ед., род.* -я, мракобес/и/е

---

* м о р е н а — скопление обломков горных пород, образуемое передвижением ледников (*спец.*)

* м о р т и р а — короткоствольное артиллерийское орудие

* м о с к и т — мелкое двукрылое насекомое южных стран, причиняющее болезненные укусы

* м о т е л ь — гостиница на автомобильной дороге для владельцев автомобилей

- **мра́мор**, *только ед., род.* мра́мора *и* мра́мору, *прил.* ⟨-/н/ый⟩
- **мстить**, мщу, мстит, мст/и́/ть (*ср.:* месть; *черед.* е — нуль звука)
- **мудрёный**, мудр/ён/ый, *кратк. форма* мудрён, мудрена́, мудрёно, мудрёны *и допуск. устар.* мудрена́, мудрено́, мудрены́
- **му́дрствовать**, -твую, -твует, мудр/ствов/а/ть
- **му́жественный**, муж/еств/ен-н/ый, *кратк. форма* -ствен *и* -ственен, -ственна
- **мужско́й**, муж/ск/ой
- **мужчи́на**, муж/чин/а
- **музе́й** [*не* зэ], *прил.* ⟨-/н/ый⟩
- **музици́ровать**, -рую, -рует, музиц/иров/а/ть
- **му́зыка**, музык/а, *прил.* ⟨-/а́льн/ый⟩
- **мулине́*** [нэ] (*из франц.* «мулине́» — кручёная нить), *нескл., с. р.*
- **мультиплика́ция*** (*лат.* «мультипликацио» — умножение), мультиплик/аци/я, *прил.* ⟨мультиплик/а-ци/о́нн/ый⟩
- **му́мия**, муми/я
- **мунди́р**, *род. ед.* -а, *прил.* ⟨-р/н/ый⟩
- **мундшту́к** [ншт], *род. ед.* -а́

- **мураве́й**, *род. ед.* -ья, *сущ.*
  - ⟨мураве́й/ник⟩, *прил.*
  - ⟨муравь/и́н/ый⟩
- **му́скул**, *род. ед.* -а
- **мускулату́ра**, мускул/атур/а
- **му́скулистый**, мускул/ист/ый, *кратк. форма* -ист, -а *и* **мускули́стый**, *кратк. форма* -и́ст, -а
- **мусс***, *род. ед.* -а
- **мусси́ровать***, -рую, -рует, мусс/иров/а/ть (*см.:* мусс)
- **муссо́н**, *род. ед.* -а
- **мухомо́р**, *род. ед.* -а, мух/о/-мор
- **му́ченик**, муч/ен/ик (*ср.:* му́к/а; *черед.* к — ч)
- **му́чить**, му́чу, му́чит, *повел. накл.* мучь *и допуск.* му́чаю, му́чает, му́чай, муч/и́/ть
- **му́читься**, му́чусь, му́чится, *повел. накл.* му́чься *и допуск.* му́чаюсь, му́чается, му́чайся, муч/и́/ть/ся
- **мушкетёр**, мушкет/ёр (*ср.:* мушке́т)
- **муштрова́ть**, -ру́ю, -ру́ет, муштр/ов/а/ть
- **мы́сленный**, мысл/енн/ый
- **мы́слимый**, мысл/им/ый
- **мысль**, *ж. р., род. ед.* -и, *прич. и прил.* ⟨-/ящ/ий⟩
- **мышело́вка**, *род. мн.* -вок, мыш/е/лов/к/а
- **мы́шечный**, мышеч/н/ый (*ср.:*

---

* м у л и н е — кручёные нитки (шёлковые, штапельные) для вышивания

* м у л ь т и п л и к а ц и я — 1) съёмка в кино последовательных фаз движений рисованных или объёмных фигур, в результате чего на экране у зрителей создаётся иллюзия движения этих фигур; 2) фильм, сделанный посредством такой съёмки

* м у с с — сладкое кушанье из взбитой в пену фруктовой, ягодной, шоколадной и т. п. массы с манной крупой или желатином

* м у с с и р о в а т ь — 1) взбивать пену, вспенивать (действие по значению слова «мусс»); 2) распространять, преувеличивая значение (каких-нибудь известий)

мышц/а; черед. *е* — нуль звука, *ц* — *ч*)
- **мышле́ние*** *и допуск.* мы́шление, мышл/ени/е (*от* мы́сл/и/ть; *черед.* ш — с)

мышо́нок, *род. ед.* -о́нка, *им. мн.* -ша́та, *род. мн.* -ша́т, мыш/онок

мы́шца, *род. ед.* -ы, *тв. ед.* -цей, *род. мн.* мышц, мышц/а

- **мышь**, *ж. р., род. ед.* -и, *тв. ед.* -ью, *прил.* ⟨мыш/и́н/ый⟩

мышья́к, *род. ед.* мышьяка́ *и* мышьяку́, *прил.* ⟨мышьяк/о́в/ый⟩

мэр*, *род. ед.* -а
- **мя́гкий** [хк], мяг/к/ий, *кратк. форма* мя́гок, мягка́ [хк], мя́гко [хк], мя́гки *и допуск.* мягки́; *сравн. ст. от* мя́гкий — мя́г/ч/е [хч]

мяки́на, мяк/ин/а

мя́киш, *род. ед.* -а, *тв. ед.* -шем, мяк/иш

мя́конький *и* мя́ценький, мяк/оньк/ий *и* мяк/еньк/ий

мя́коть, *род. ед.* -и, мяк/оть (*ср.:* мя́к/иш)

- **мяте́ж**, *род. ед.* мятежа́ (*историч. от глаг.* мят/у́, *ср.:* сму́т/а; *черед.* я — у)

Н

набало́ванный [*не* наба́лованный], на/балов/а/нн/ый

наба́т*, *прил.* ⟨-/н/ый⟩

на бегу́, на бег/у/

набедоку́рить, -рю, -ришь, на/бедокур/и/ть

набекре́нь, *нареч.*

на́бело *и допуск.* набело́, *нареч.,* на/бел/о/

на́бережная, *род. ед.* -ой, на/береж/н/ая

наблюда́тельный, наблюд/а/тель/н/ый

- на́бок, *нареч.,* на/бок/

на боку́, на бок/у/

набо́рщик, на/бор/щик

нава́га, наваг/а, *прил.* ⟨нава́ж/ий/, -жья, -жье⟩ ; *черед.* г — ж

наважде́ние* (*из ст.-слав., от* «ва́дити» — клеветать, манить, обманывать), наважд/ени/е

навева́ть, -а́ю, -а́ет, на/ве/ва/ть

наве́к [*не* на́век], *нареч.,* на/век/

- наве́ки, *нареч.,* на/век/и/

наверста́ть, -а́ю, -а́ет, наверст/а/ть

- наве́рх [*не* на́верх], *нареч.,* на/верх/

- наверху́, *нареч.,* на/верх/у/

наве́с (кровля), на/вес

на ве́с (продавать на вес)

наве́сить, -е́шу, -е́сит, на/вес/и/ть; *черед.* с — ш

навести́ть, -ещу́, -ести́т, навест/и/ть (*ср.:* навещ/а́/ть; *черед.* ст — щ)

---

* м ы ш л е н и е — способность человека рассуждать, мыслить, делать умозаключения

* м э р — глава муниципалитета, городского правления в ряде стран (напр., в Англии, США, во Франции)

* н а б а т — удары в колокол, служащие сигналом к сбору людей в случае тревоги, пожара или другого бедствия

* н а в а ж д е н и е — по суеверным представлениям: то, что внушено злой силой с целью соблазнить, увлечь чем-нибудь, запутать

на весу́, на вес/у/
наве́чно, *нареч.*, на/веч/н/о/ (*ср.*: век; *черед.* к — ч)
наве́шанный (*от* наве́шать) (наве́шано много белья), на/всш/а/нн/ый
наве́шенный (*от* наве́сить) (наве́шена дверь), на/веш/енн/ый
наве́ять, на/ве/я/ть, *прич.* ⟨-/я/нн/ый⟩
на взгля́д, на вз/гляд/
● на́взничь, *нареч.*, на/вз/ничь/ (*ср.*: нич/к/о́м/)
● навзры́д, *нареч.*, на/вз/рыд/ (*ср.*: рыд/а́/ть)
навива́ть, -а́ю, -а́ет, на/ви/ва/ть (*от* вить)
навига́ция* (*от лат.* «на́вис» — корабль), навига-ц/и/я
на ви́д/
на виду́, на вид/у/
на вку́с/
навлека́ть, -а́ю, -а́ет, на/влек/а/ть
навле́чь, -еку́, -ечёт, -еку́т, на/влечь, *прош. вр.* -ёк, -екла́; *черед.* к — ч
наводне́ние, на/вод/н/ени/е
наво́дчик, на/вод/чик
● на́волочка, *род. мн.* -чек, на/волоч/к/а
на вре́мя, на врем/я/
● навсегда́, *нареч.*, на/всегда/
навстре́чу, *нареч. и предлог* (идти навстре́чу, *но*: навстре́чу ч е м у? *дат. п.* — опа́сности), на/встреч/у/
навы́ворот, *нареч.*, на/вы/ворот/
навы́кат, *нареч.*, на/вы/кат/
● навы́лет, *нареч.*, на/вы/лет/
навы́нос, *нареч.*, на/вы/нос/
навы́пуск, *нареч.*, на/вы/пуск/

● навы́тяжку, *нареч.*, на/вы/тяж/к/у/
на вы́учку, на вы/уч/к/у/
навью́чить, на/вьюч/и/ть
навя́зчивый, на/вяз/чив/ый, *кратк. форма* -ив, -ива
нага́йка (плётка), *род. мн.* -а́ек, нагайк/а
нага́н, *прил.* ⟨-а́н/н/ый⟩
● нагиба́ть [*не* нагина́ть], -а́ю, -а́ет, на/гиб/а/ть
нагишо́м, *нареч.*, наг/ищ/ом/
на гла́з, на глазо́к, на глаз/ок/
на́глость, *ж. р., только ед.*, *род.* -и, нагл/ость
● на́глухо, *нареч.*, на/глух/о/
нагляде́ться, -яжу́сь, -яди́тся, на/гляд/е/ть/ся; *черед.* д — ж
нагнета́ть, на/гнет/а/ть
нагное́ние, на/гно/ени/е
наго́й, наг/ой, *кратк. форма* наг, нага́, на́го, на́ги
● на́голо *и* наголо́ (о стрижке), *нареч.*, на/гол/о/
наголо́, *нареч.* (держать шашку наголо́), на/гол/о/
● на́голову, *нареч.* (разбить на́голову), на/голов/у/
нагоня́й, *м. р., род. ед.* -я́я, на/гон/яй
на-гора́, *нареч.*
нагора́ть, -а́ет, на/гор/а/ть
● нагото́ве, *нареч.*, на/готов/е/
награди́ть, -ажу́, -ади́т, на/град/и/ть, *сущ.* ⟨награ́д/а⟩, *прил.* ⟨наград/н/ой⟩
награжда́ть, награжд/а/ть
нагрева́ть, на/гре/ва/ть, *сущ.* ⟨на/гре/ва́/ни/е⟩
нагроможда́ть, на/громожд/а/ть
нагромоздить, -зжу́ [ж'ж' и

---

* н а в и г а ц и я — судоходство, мореплавание, а также время, в течение которого возможно судоходство

допуск. жж], -здит, на/гро-
мозд/и/ть
● над и надо, *предлог*
● надвое [*не* надвое], *нареч.*,
на/дво/е/
надевать (надевать пальто),
на/де/ва/ть
надежда, надежд/а
надёжный, надёж/н/ый, *кратк.
форма* -жен, -жна
надеяться, -еюсь, -еется, на-
де/я/ть/ся
надзиратель, над/зир/а/тель
надзор, *м. р., род.* -а, над/-
зор
на диво, на див/о/
надкостница, *тв. ед.* -цей,
над/кост/н/иц/а
надлежащий, надлеж/ащ/ий
надменный, надменн/ый,
кратк. форма -енен, -енна
на днях, на дн/ях/
надоедать, -аю, -ает, надое-
д/а/ть (*ср.:* надоесть; *черед. д — с*)
● надолго [*не* надолго], *нареч.*,
на/долг/о/
на дом
надомница, *тв. ед.* -цей, на/-
дом/ниц/а
на дому, на дом/у/
надоумить, -млю, -мит, на-
до/ум/и/ть
надсмотрщик, над/смотр/щик
● надтреснутый, над/трес/ну/-
т/ый (*ср.:* треск)
на дыбы, на дыб/ы/
● наедине, *нареч.*, на/един/е/
наездник [з'н'], на/езд/ник,
сущ. ⟨на/езд/ниц/а⟩
наезжать, -аю, -ает [ж'ж' и
допуск. жж], на/езж/а/ть
наём [*не* найм], *род. ед.*
найма
наесться, -емся, -ешься, -естся,

-едимся, -едитесь, -едятся,
на/ес/ть/ся; *черед. д — с*
наждак*, *только ед., род.* -а,
прил. ⟨наждач/н/ый⟩ ; *черед. к — ч*
назавтра, *нареч.* (назавтра
отправились в путь), на/-
завтра/, *но сущ.* на завтра
(не откладывай дела на
завтра, *т. е.* на завтрашний
день)
● назад, *нареч.*, на/зад/
назади, *нареч.*, на/зад/и/
названный, *прич.*, на/зв/а/н-
н/ый, *кратк. форма* назван,
названа *и допуск. устар.*
названа, названо, названы
названый (названый брат, сын,
названая сестра, дочь),
на/зв/а/н/ый
наземь, *нареч.*, на/земь/
● назидательный, назида/тель-
н/ый, *кратк. форма* -лен,
-льна
● назло *и допуск.* назло, *нареч.*,
на/зл/о/
назойливый, назойлив/ый
назревать, -ает, на/зре/ва/ть
назубок, *нареч.*, на/зуб/ок/
● наиболее, *нареч.*, наи/бол/ее/
наивный, наивн/ый, *кратк.
форма* -вен, -вна
на изготовку, на из/готов-
/к/у/
на измор, на из/мор/
● наизнанку, *нареч.*, на/изнан-
к/у/
● наизусть, *нареч.*, на/из/усть/
● наилучший [утш], наи/луч-
ш/ий
● наименее, *нареч.*, наи/мен/ее/
● наименование, на/им/ен/о-
ва/ни/е (*ср.:* имя)
● наискось, *нареч.*, на/ис/кось/
на исходе, на ис/ход/е/

---

* н а ж д а к — минерал, употребляемый для шлифовки и чистки
металлических изделий

найти́, найду́, найдёт, *прош. вр.* нашёл, нашла́; най/ти́
наказа́ние, наказ/а́/ни/е
накаля́ть, на/кал/я́/ть
● **накану́не,** *нареч.*, на/кану́н/е/
на кара́чках, на карачк/ах/
нака́чанный (*от* накача́ть), на/кач/а/нн/ый
на́кипь, *ж. р., только ед., род.* -и, на/кипь
накладна́я*, на/клад/н/а́я
накле́енный (*от* накле́ить), на/кле/енн/ый
наклони́ть, -оню́, -о́нит, на/клон/и́/ть
● **накова́льня** [*не* на́ковальня], *род. мн.* -лен, на/ков/а́/льн/я
● **наконе́ц,** *нареч.*, на/коне́ц/, *но сущ.* на коне́ц (сесть на коне́ц скамьи́)
на ко́рточках, на ко́рточки, на корточк/ах/, на корточк/и
● **на́крепко,** *нареч.*, на/креп/к/о/
● **на́крест,** *нареч.*, на/крест/
на кула́чках, на кула́чки, на кулач/к/ах, на кулач/к/и
налага́ть, на/лаг/а/ть
нала́дчик, на/лад/чик
на ла́д, на ладу́, на лад/у
● **нале́во,** *нареч.*, на/лев/о/
налегке́, *нареч.*, на/лег/к/е/
на лету́, на лет/у́/
налива́ть, на/ли/ва/ть
нали́м, *прил.* ⟨-ли́м/ий/, -ья, -ье⟩
налицо́, *нареч.* (оказа́ться налицо́), на/лиц/о́/ (*ср.:* нали́чие; *черед.* **ч — ц**), *но сущ.* на лицо́ (бры́зги попа́ли на лицо́)
налогообложе́ние, налог/о/-об/лож/ени/е
нало́женный* (нало́женным платежо́м), на/лож/енн/ый
наложи́ть, -ожу́, -о́жит, на/лож/и́/ть (*ср.:* на/лаг/а́/ть; *черед.* **а — о, г — ж**)
на мане́р/
нама́яться, на/ма/я́/ть/ся
намека́ть, намек/а́/ть
намерева́ться [*не* намерева́ться], -а́юсь, -а́ется, намер/ева́/ть/ся
● **наме́рение** [*не* намере́ние], намер/ени/е
наме́стник*, на/ме́ст/ник
на ми́г
намока́ть, на/мок/а́/ть
намо́рдник, на/морд/ник
на не́т
паниза́ть, -ижу́, -и́жет, на/низ/а́/ть; *черед.* **з — ж**
● **на́ново,** *нареч.*, на/нов/о/
наня́ть, *прош. вр.* на́нял, наняла́, на́няло, на́няли, на/ня/ть (*ср.:* наним/а́/ть; *черед.* **ня — им**)
нанято́й, *прил.*, наня/т/о́й
на́нятый, *прич.*, наня/т/ый, *кратк. форма* на́нят, нанята́ [*не* на́нята], на́нято, на́няты
● **наоборо́т,** *нареч.*, на/оборо́т/
● **наобу́м,** *нареч.*
● **наотма́шь** [*не* на́отмашь], *нареч.*, на/от/ма́шь/
наотре́з, *нареч.*, на/от/ре́з/
на о́щупь, на о/щупь/
напада́ть, напад/а́/ть (*ср.:* напа́с/ть; *черед.* **д — с**)

---

* **накладна́я** — препроводительный документ к перевозимому грузу

* **нало́женный** (нало́женный платёж) — способ расчётов между отправителем и получателем, при котором с получателя взыскивается стоимость корреспонденции или товара для передачи её отправителю

* **наме́стник** — начальник, правитель какой-либо области с особыми полномочиями (*устар.*)

напа́дки, *только мн., род.* -док, напад/к/и
на па́мять
напа́рник, на/пар/ник
- наперебо́й, *нареч.*, на/пере-/бой/
- наперевес, *нареч.*, на/пере-/вес/
- наперегонки́ *и допуск.* наперего́нки, *нареч.*, на/пере-/гон/к/и/
наперёд, *нареч.*, на/перёд/
наперекор, *нареч.*, на/пере-/кор/
- наперерез, *нареч.*, на/пере-/рез/
наперерыв, *нареч.*, на/пере-/рыв/
наперсник* (*историч. от устар.* «перс» — грудь), наперс/ник, *сущ.* ⟨наперс/ниц/а⟩
наперехват, *нареч.*, на/пере-/хват/
- наперечёт, *нареч.*, на/пере-/чёт/
напёрсток, *род. ед.* -тка, на-/пёрст/ок (*от устар.* «перст» — палец; *ср.*: пе́рстень)
напира́ть, на/пир/а/ть (*ср.*: на/пор; *черед. и — о*)
- напова́л, *нареч.*, на/по/вал/
- наподо́бие, *предлог с род. п.*, на/подоб/и/е
напо́енный, *прич.* (ребёнок напоен и накормлен), на-/по/енн/ый
напоённый, *прил.* (наполненный, насыщенный чем-нибудь), *кратк. форма* -ён, -ена́, -ено́, -ены́
- напока́з, *нареч.*, на/показ/
- наполови́ну, *нареч.*, на/пол/о-/вин/у/

- напомина́ние, на/помин/а-/ни/е
напомина́ть, на/помин/а/ть
на пору́ках, на пору́ки, на по/рук/ах/, на по/рук/и/
напосле́док, *нареч.*, на/пос-/лед/ок/
- напра́во, *нареч.*, на/прав/о/
напра́слина, напрас/лин/а
- наприме́р, *нареч.*, на/пример/
- напрока́т, *нареч.*, на/про/кат/
- напроло́м, *нареч.*, на/про/лом/
- напропалу́ю, *нареч.*, на/про-/па/л/ую/
- напро́тив, *нареч.*, на/против/
напряга́ть, на/пряг/а/ть (*ср.*: за/пряг/á/ть)
напряжённость, напряж/ён-/н/ость
напряжённый, *прич.* (нервы напряжены), напряж/ён-/н/ый, *кратк. форма* -ён, -ена́, -ено́, -ены́
напряжённый, *прил.* (движения неуверенны и напряжённы), *кратк. форма* -ён, -ённа, -ённо, -ённы
- напрями́к, *нареч.*, на/прям-/ик/
- напря́чь, -прягу́, -пряжёт, -прягу́т, *прош. вр.* -пря́г, -прягла́; *черед. г — ж — ч*
напу́тствовать, -твую, -твует, на/пут/ствов/а/ть, *двувид.*
напы́щенный, напыщ/енн/ый, *сущ.* ⟨-щенн/ость⟩
- наравне́, *нареч.*, на/равн/е/
на ра́достях, на рад/ост/ях
- нараспа́шку, *нареч.*, на/рас-/паш/к/у/
- нараспе́в, *нареч.*, на/рас/пев/
нараста́ть, -а́ю, -а́ет, на/раст-/а/ть
нарасти́ть, -ащу́, -асти́т, на-/раст/и/ть; *черед. ст — щ*

---

* н а п е р с н и к — любимец, пользующийся особым доверием (*устар.*)

- **нарасхва́т**, *нареч.*, на/рас/-хват/
- **наращéние**, на/ращ/ени/е (*ср.*: на/раст/и́/ть)
  наращённый, *прич.*, на/ращ/ённ/ый, *кратк. форма* -ён, -ена́, -ено́, -ены́
  нара́щивать, на/ращ/ива/ть
  на ре́дкость, на ред/к/ость
- **нарека́ние**, на/рек/а/ни/е
  наре́чие, нареч/и/е, *прил.* ⟨-ч/н/ый⟩
  нарза́н*, *прил.* ⟨-/н/ый⟩
- **нарица́тельный**, нарица/тель/н/ый (*от устар.* нарицать, называть)
  наркобизнес, нарк/о/бизнес
- **нарко́з***, *прил.* ⟨-ко́з/н/ый⟩
  наркома́ния, нарк/о/мани/я
- **нарко́тик***, наркот/ик, *прил.* ⟨-т/и́ч/еск/ий⟩ ; *черед.* к — ч
- **наро́д**, *род. ед.* -а *или* -у (история наро́да, много наро́ду)
  наро́дничество, народ/н/ич/еств/о (*ср.*: наро́д/н/ик; *черед.* к — ч)
  народнохозя́йственный, на-род/н/о/хозяй/ств/енн/ый
  народовла́стие, народ/о/власт/и/е
  народонаселе́ние, народ/о/на/сел/ени/е
  нарожда́ться, на/рожд/а/ть/ся
  нарочи́тый*, нароч/ит/ый, *кратк. форма* -и́т, -а
- **наро́чно** [шн], *нареч.*, на-роч/н/о/
- **нару́жу**, *нареч.*, наруж/у/

- **на́ руку**, на рук/у/
  нарци́сс, *м. р.*, *род. ед.* -а
  нары́в, *род. ед.* -а, на/рыв (*ср.*: рв/а/ть; *черед.* ы — нуль звука)
  на рыся́х, на рыс/ях/
  наря́д (задание)
  наря́д (*в знач.* одежды), на/-ряд (*ср.*: ряд/и́/ть/ся, ря́-ж/ен/ый)
- **наряду́**, *нареч.* (*в знач. предлога* с кем? *или* с чем? *тв. п.*: наряду́ со всеми), на/ряд/у/
  наряжа́ть, на/ряж/а/ть
  насади́ть[1] (посадить, назначить в каком-нибудь качестве; крепко надеть на ручку, на древко), -ажу́, -а́дит, на/сад/и/ть
  насади́ть[2] (внедрить), -ажу́, -адит, на/сад/и/ть
  насажда́ть, на/сажд/а/ть
  насе́дка, *род. мн.* -док, на/-сед/к/а
- **насеко́мое**, насеком/ое
  насекомоя́дный, насеком/о/-яд/н/ый
  населе́ние, на/сел/ени/е
  наси́лу, *нареч.*, на/сил/у/
- **наси́льно**, *нареч.*, на/силь/н/о
  на скаку́, на скак/у/
- **наскво́зь**, *нареч.*, на/сквозь/
  наско́лько, *нареч.*, на/сколь-к/о/
- **на́скоро**, *нареч.*, на/скор/о/
  на сла́ву, на слав/у/
  наслажда́ться, на/слажд/а/-ть/ся (*ср.*: сла́док; *черед.* жд — д)

---

* н а р з а н — лечебная минеральная вода
* н а р к о з — искусственно вызванная потеря чувствительности каким-нибудь органом (местный наркоз) или усыпление с потерей сознания
* н а р к о т и к — лекарственное вещество, парализующее центральную нервную систему и вызывающее временный сон и безболезненность
* н а р о ч и т ы й — намеренно, умышленно сделанный

наслажде́ние, на/слажд/ени/е
насла́ть, нашлю́, нашлёт, на/сл/а/ть (*ср*.: на/сы-л/а́/ть; *черед*. ы — нуль звука, с — ш)
насле́дственность, наслед/ств/енн/ость
наслое́ние, на/сло/ени/е (*ср*.: слой)
на слу́х/
насма́рку, на/с/мар/к/у/ (*ср*.: мар/а́/ть)
• на́смерть, *нареч*. (стоять насмерть), на/смерть/
насмеха́ться, на/смех/а/ть/ся (*ср*.: смех)
• на́сморк, на/сморк (*ср*.: сморк/а́/ть)
на со́весть/
• на́спех, *нареч*., на/спех/
наставле́ние, наставл/ени/е (*ср*.: наста́в/и/ть; *черед*. в — вл)
наста́ивать, наста/ива/ть (*ср*.: насто/я́/ть; *черед*. о — а)
• настега́ть, на/стег/а/ть
• на́стежь, *нареч*.
настига́ть, настиг/а/ть
настила́ть, на/стил/а/ть
настла́ть *и допуск*. настели́ть, *прош*. *вр*. -стла́л, -стла́ла [*не* -стлала́], -стла́ло, -стла́ли *и допуск*. -стели́л, -стели́ла, -стели́ло, -стели́ли; на/стл/а/ть *и* на/стел/и/ть
насто́йчивый, настой/чив/ый
насто́лько, *нареч*. (насто́лько сердит, что не желает разговаривать), на/столь/к/о/, *но местоим*. (на сто́лько частей)
• настороже́, *нареч*., на/сторож/е/, *русск*. *полногласие*

-оро- (*ср*.: *ст*.-*слав*. страж — *неполногласие* -ра-)
• насторо́женность *и допуск*. насторо́женность, на/сторож/ённ/ость
насторожи́ться, на/сторож/и/ть/ся
насто́янный (*от* настоя́ть), насто/я/нн/ый
на стра́же, на страж/е, *ст*.-*слав*. *неполногласие* -ра- (*ср*.: *русск*. сто́рож — *полногласие* -оро-)
• на́строго, *нареч*., на/строг/о/
настрое́ние, настро/ени/е
• на́сухо, *нареч*., на/сух/о/
насу́щный [*не* шн], насущн/ый, *кратк*. *форма* -щен, -щна
насчёт, *предлог* (говорили насчёт меня), *но сущ*. на счёт (жить на счёт отца)
насчи́тывать, на/счит/ыва/ть
насыла́ть, на/сыл/а/ть
на́сыпь, *ж*. *р*., *род*. *ед*. -и, на/сыпь
насы́щенный, на/сыщ/енн/ый (*ср*.: на/сы́т/и/ть; *черед*. т — щ)
натоло́чь, -толку́, -толчёт, -толку́т, *прош*. *вр*. -толо́к, -толкла́, на/толочь; *черед*. к — ч
• натоща́к, *нареч*., на/тощ/ак/ (*ср*.: то́щ/ий)
натрави́ть, -авлю́, -а́вит, на/трав/и/ть
• на́трое, *нареч*., на/тр/о/е/
• на́туго, *нареч*., на/туг/о/
нату́ра (*лат*. «нату́ра» — природа), натур/а, *прил*. ⟨натур/а́льн/ый⟩
натурали́ст*, натур/алист
нату́рщик, натур/щик
• натюрмо́рт* (*франц*. «на-

---

* н а т у р а л и с т — естествоиспытатель, учёный, занимающийся изучением природы (преим. зоологией и ботаникой)

* н а т ю р м о р т — картина или рисунок, на которых изображены неодушевлённые предметы

тюр» — природа + «морт» — мёртвый)

натя́жка, *род. мн.* -жек, на/-тяж/к/а (*ср..* на/тя́г/и-ва/ть; *черед. г — ж*)

• науга́д, *нареч.*, на/у/га́д/ (*ср.:* гад/а́/ть)

• наудалу́ю, *нареч.* (ринуться наудалу́ю), на/удал/у́ю/

науда́чу, *нареч.* (сказал науда́чу), на/уда́ч/у/, *но сущ.* на уда́чу (надейся на уда́чу)

на ура́/

нау́ськивать, науськ/ива/ть

науте́к, *нареч.*, на/у/тёк/

нау́тро, *нареч.* (нау́тро выступили в поход), на/у́тро/, *но сущ.* на у́тро (отложить работу на у́тро)

нау́шник, на/у́ш/ник (*ср.:* у́х/о, у́ш/и; *черед. х — ш*)

науще́ние, нау́щ/ени/е (*ср.:* науща́/ть)

нафтали́н*, *только ед., род.* нафтали́на *и* нафтали́ну

наха́л, *прил.* ⟨-ль/н/ый⟩

нахи́мовец, нахи́мов/ец, *прил.* ⟨-/ск/ий⟩

нахлобу́чивать, нахлобу́ч/ива/ть

на ходу́, на ход/у́/

нахо́дчивый, нахо́д/чив/ый

на́цело, *нареч.*, на́/цел/о/

национализа́ция*, наци/онал/иза́ци/я

• национа́льный, наци/она́ль/н/ый

на цы́почках, на цы́почк/ах, на цы́почки, на цы́почк/и

• на́чатый, на́ча/т/ый, *кратк. форма* на́чат, начата́ [*не* на́чата], на́чато, на́чаты

нача́ть, *прош. вр.* на́чал, начала́ [*не* нача́ла], на́чало, на́чали; нача́/ть (*ср.:* начн/у́/, начин/а́/ть; *черед. а — ин*)

• начеку́, *нареч.*, на/чек/у́/ (*историч.* на/чек/у́, *от* «чек» — стража, ожидание)

• на́черно *и допуск.* начерно́, *нареч.*, на/черн/о/

начёс, на/чёс (*ср.:* на/че-с/а́/ть)

на четвере́ньках, на четвере́ньки, на чет/вер/ень/к/ах, на чет/вер/ень/к/и

начётчик, начёт/чик

• начина́ть, начин/а́/ть

• на́чисто, *нареч.*, на/чи́ст/о/

• начистоту́, *нареч.*, на/чи́ст/от/у́/

начи́танный, *прил., кратк. форма* -ан, -анна (она умна́ и начи́танна), на/чи́т/а/нн/ый

• нашаты́рный, нашаты́р/н/ый

нашёптывать, на/шёпт/ы-ва/ть

на юру́*, на юр/у́

• наяву́, *нареч.*, на/я́в/у́/

небезопа́сный, не/без/опа́с/-н/ый, *кратк. форма* -сен, -сна

небезызве́стный, не/без/ы́з/-вест/н/ый

небеспристра́стный, не/бес/при/стра́ст/н/ый

---

* н а ф т а л и н — белое кристаллическое вещество с очень резким запахом, употребляемое в технике, а также для предохранения шерсти и меха от моли

* н а ц и о н а л и з а ц и я — передача из частной собственности в собственность государства предприятий и целых отраслей народного хозяйства, земель, банков, жилых и общественных зданий

* н а ю р у — на возвышенности, открытом месте, юр — открытое возвышенное место, отовсюду видное, не защищённое от ветров

неблаговидный, не/благ/о/-вид/н/ый, *кратк. форма* -ден, -дна
небо, *им. мн.* небеса, *род. мн.* небес, *дат. мн.* небесам, неб/о
нёбо, *только ед., род.* -а, *дат.* -у, нёб/о
невдалеке, *нареч.*, не/в/дал/ек/е/
невдомёк, *нареч.*, не/в/до/-мёк/ (*ср.:* на/мек/а/ть)
неведение, не/вед/ени/е
• невежа*, *м. и ж. р., им. ед.* -и, *род. мн.* -еж, не/веж/а (*историч.* от ведать — знать; *черед. д — ж*)
• невежда*, *м. и ж. р.*, не/вежд/а (*ср.:* не/веж/а; *черед. жд — ж*)
неверие, не/вер/и/е
невероятный, не/вероят/н/ый
невесомость, не/вес/ом/ость
невеста, невест/а (*историч.* неизвестная родным жениха, так как она из другого рода)
невестка, *род. мн.* -ток, невест/к/а
невзвидеть, -ижу, -идит (невзвидеть света), не/вз/вид/е/ть
невзгода, невзгод/а
невзирая на, *предлог* (невзирая на усталость), не/-взира/я на
невзлюбить, не/вз/люб/и/ть
• невзначай, *нареч.* (*от устар.* «чаяти» — ждать)
невидаль, *ж. р., только ед., род.* -и, не/вид/а/ль
невиданный, не/вид/а/нн/ый
невидимо, не/вид/им/о/
невинный, не/вин/н/ый
невменяемый, не/вмен/я/е-м/ый (*ср.:* вмен/и/ть), *сущ.* ⟨-м/ость⟩
невмешательство, не/в/меш/а/-тельств/о
• невмоготу, не/в/мог/от/у/
• невмочь, не/в/мочь/
невод, *род. ед.* -а, *им. мн.* -а, *род. мн.* -ов *и* неводы, -ов
невоздержанный, не/воз/дер-ж/а/нн/ый, *кратк. форма* -ан, -анна
невоздержный, не/воз/дер-ж/н/ый, *кратк. форма* -жен, -жна
невозможный, не/воз/мож/-н/ый, *кратк. форма* -жен, -жна
невольный, не/воль/н/ый
невосприимчивый, не/вос/-приим/чив/ый
• невпопад, *нареч.*, не/в/по/пад/
невралгия, невралги/я
неврастения, неврастени/я
невредимый, не/вред/им/ый
невроз, *род. ед.* -а
невтерпёж, *нареч., в знач. сказ.*, не/в/терп/ёж/
невропатолог, невр/о/пато-лог (*ср.:* псих/о/патолог)
невыносимый, не/вы/нос/и-м/ый
• негатив, *прил.* ⟨-ти/в/н/ый⟩
негативный, негатив/н/ый
негде, не/где
негодование, негод/ов/а/ни/е
негодовать, негод/ов/а/ть
негр, *род. ед.* -а, *им. мн.* -ы, *род. мн.* -ов
неграмотный, не/грамот/-н/ый, *кратк. форма* -тен, -тна
недавно, не/давн/о/
недалёкий, не/дал/ёк/ий
• недаром, *нареч.*, не/дар/ом/ (*в знач.* 'не без основа-

---

* н е в е ж а — грубый, невоспитанный человек
* н е в е ж д а — необразованный, малосведущий человек

ния'), *но не да́ром* (*в знач.* 'не бесплатно')
недви́жимый, *прил.* (недви́жимое иму́щество), не/движ/им/ый
недвижи́мый (неподвижный), *прил., кратк. форма* -и́м, -ма, -мо, не/движ/им/ый (*ср.:* дви́г/а/ть; *черед.* г — ж)
неде́ля, недел/я (*историч. от* не де́лати — день отдыха, *в знач.* 'воскресенье'; *ср.:* понеде́льник)
недобросо́вестный, не/добр/о/совест/н/ый, *кратк. форма* -тен, -тна
недове́рие, не/до/вер/и/е
недово́льство, не/доволь/ств/о
недовы́полнить, недо/вы/полн/и/ть
недога́дливый, не/до/гад/лив/ый
недоде́лка, *род. мн.* -лок, не/до/дел/к/а
недоеда́ние, недо/ед/а/ни/е
недои́мка [*не* недо́имка], *род. мн.* -мок, недоим/к/а
недо́лгий, не/долг/ий, *кратк. форма* недо́лог, недолга́, недо́лго, недо́лги
недолёт, недо/лёт
недолю́бливать, недо/любл/ива/ть
недомога́ть, недомог/а/ть
недомо́лвка, *род. мн.* -вок, недо/молв/к/а
недооце́нка, недо/о/цен/к/а
● **недоразуме́ние**, недо/разум/е/ни/е
недоро́д, *род. ед.* -а, *им. мн.* -ы, *род. мн.* -ов, недо/род
не́доросль, *м. р., род. ед.* -я, недо/рос/ль
недосмотре́ть, -отрю́, -о́трит, недо/смотр/е/ть
недоспе́лый, недо/спел/ый

недостава́ть, -аёт, не/доста/ва/ть
недоста́ча, не/доста/ч/а
недостижи́мый, не/достиж/им/ый
недосу́г, не/досуг/
недосыпа́ть, недо/сып/а/ть
● **недосяга́емый**, не/досяг/а/ем/ый
недотро́га, *м. и ж. р., род. ед.* -и, недо/трог/а
недоумева́ть, недо/ум/ева/ть
недоу́чка, *м. и ж. р., род. мн.* -чек, недо/уч/к/а
недочёт, недо/чёт
не́дра, *только мн., род.* недр, недр/а
не́друг, не/друг
● **неду́г** [*не* не́дуг] (*историч.* не/дуг; *ср.:* дю́жий)
● **недю́жинный**, не/дюжин/н/ый
нежда́нно-нега́данно, не/жд/а/нн/о/-не/гад/а/нн/о/
нежда́нный, не/жд/а/нн/ый
не́жели, *союз*
не́женка, *м. и ж. р., род. мн.* -нок, неж/ен/к/а (*ср.:* не́ж/н/ый; *черед.* е — нуль звука)
нежило́й, не/жи/л/ой
незабве́нный, не/забв/енн/ый
незабу́дка, незабудк/а (*от* не забу́дь)
незабыва́емый, не/забы/ва/ем/ый
незави́симый, не/завис/им/ый
незада́ча, *тв. ед.* -чей, не/задач/а
незадо́лго [*не* неза́долго], *нареч.*, не/за/долг/о
незамени́мый, не/за/мен/им/ый
незамыслова́тый, не/за/мысл/оват/ый
незате́йливый, не/затей/лив/ый

незауря́дный, не/заурядн/ый
не́зачем, не/за/чем/
незва́ный, *прил.* (незва́ный гость), не/зв/а/н/ый
нездоро́виться, не/здоров/и/ть/ся
незы́блемый, не/зыбл/ем/ый
неизбе́жный, не/избеж/н/ый, *кратк. форма* -жен, -жна
неизве́стный, не/извест/н/ый, *кратк. форма* -стен, -стна
неизглади́мый, не/изглад/им/ый
неизлечи́мый, не/из/леч/им/ый
неизъясни́мый, не/изъ/ясн/им/ый
неимове́рный, неимоверн/ый (*историч.* не/им/о/вер/н/ый, *т. е.* не имеющий веры), *кратк. форма* -рен, -рна
неиму́щий, не/им/ущ/ий
неиссяка́емый, не/иссяк/а/ем/ый
неи́стовство, неистов/ств/о (*ср.:* не/и́стов/ый)
неистощи́мый, не/ис/тощ/им/ый
неистреби́мый, не/истреб/им/ый
неисчерпа́емый, не/ис/черп/а/ем/ый
● **нейло́н*** [нэ *и* не], *прил.* ⟨-/ов/ый⟩
неймётся, *безл.* (других форм нет)
нейтралите́т, нейтрал/итет
нейтра́льный*, нейтраль/н/ый
неказ́истый, неказист/ый

(*историч. от* каз/и́ст/ый — —ви́дный, краси́вый)
не́когда, не/когда/
не́кого, не/кого
не́который, не/котор/ый
● **некроло́г** (*греч.* «не́крос» — мёртвый + «ло́гос» — сло́во) [*не* некро́лог], *род. ед.* -а, *им. мн.* некроло́ги, *род. мн.* некроло́гов [*не* некро́логи, некро́логов]
некта́р, *прил.* ⟨-та́р/н/ый⟩
некста́ти, не/к/стат/и
не́кто, *им. ед.,* не/кто (других форм нет)
не кто́ друго́й (ино́й), как (*но* никто́ друго́й (ино́й) не...; ничто́ друго́е (ино́е) не...)
нелега́льный («не» + *лат.* «лега́лис» — зако́нный, сообра́зный с зако́ном), не/легаль/н/ый, *кратк. форма* -лен, -льна
неле́пость, *ж. р., род. ед.* -и, не/леп/ость (*ср.:* велик/о/ле́п/н/ый)
нелицеприя́тный, не/лицеприя́т/н/ый, *кратк. форма* -тен, -тна, *сущ.* ⟨не/лицеприя́т/и/е⟩
нело́вкий, не/ловк/ий
нельзя́ (*от устар.* льзя — мо́жно)
нелюди́мый, не/люд/им/ый
неме́дленно, не/медл/енн/о/
неме́для, *нареч.,* не/медл/я/
не ме́для, *дееприч.* (не ме́для ни мину́ты)
немилосе́рдный, не/мил/о/серд/н/ый
немину́емый, не/мин/у/ем/ый
не́мощь, *ж. р., род. ед.* -и, не/мощь

---

* н е й л о н — похо́жее на шёлк синтети́ческое волокно́, ткань из э́того волокна́

* н е й т р а л ь н ы й — не примыка́ющий ни к одно́й из бо́рющихся сторо́н, стоя́щий в стороне́

немы́слимый, не/мысл/им/ый
• **ненави́деть**, ненавид/е/ть
ненадо́лго [*не* нена́долго], *нареч.*, не/на/долг/о/
• **нена́стный**, ненаст/н/ый (*историч. от* наст — затвердевший от мороза снег), *кратк. форма* -тен, -тна
необжито́й, не/об/жи/т/ой
необита́емый, не/обит/а/ем/ый
необлага́емый, не/об/лаг/а/ем/ый
• **необу́зданный**, *прил.*, не/об/узд/а/нн/ый, *кратк. форма* -ан, -анна
необъясни́мый, не/объ/ясн/им/ый
необъя́тный, не/объят/н/ый, *кратк. форма* -тен, -тна
неограни́ченный, не/о/гранич/енн/ый
• **неодоли́мый**, не/одол/им/ый (*ср.:* одол/е́/ть)
неологи́зм [*не* нэ] (*греч.* «не́ос» — новый + «ло́гос» — слово)
неопису́емый, не/о/пис/у/ем/ый
неординарный, не/ординарн/ый
• **неотврати́мый**, не/отврат/им/ый
• **нео́ткуда**, *нареч.*, не/от/куда/
неотло́жный, не/от/лож/н/ый, *кратк. форма* -жен, -жна
неотрази́мый, не/отраз/им/ый
• **неотъе́млемый**, не/отъемл/ем/ый
неохо́та[1] (нежелание), *род.* -ы (пошёл с неохо́той), не/охот/а
неохо́та[2], *в знач. сказ.* (неохо́та мне с ним говори́ть)
неоцени́мый, не/о/цен/им/ый
неплате́льщик, не/плат/ель/щик, *сущ.* ⟨не/плат/е́ль/щиц/а⟩
недосу́г, не/досуг

непобеди́мый, не/побед/им/ый
неповинове́ние, не/по/вин/ов/ени/е
неповоро́тливый, не/по/ворот/лив/ый
непого́да, не/погод/а
• **неподалёку**, *нареч.*, не/по/дал/ёк/у/
неподража́емый, не/подраж/а/ем/ый
не под си́лу
не под ста́ть
непосе́да, *м. и ж. р., род. ед.* -ы, не/по/сед/а
непосре́дственный, не/посредственн/ый
непоколеби́мый, не/по/колеб/им/ый
неправдоподо́бный, не/правд/о/подоб/н/ый, *кратк. форма* -бен, -бна
непредвзя́тый, не/предвзят/ый
непредви́денный, не/пред/вид/енн/ый
непредсказу́емый, не/пред/сказ/у/ем/ый
непреклонный, не/пре/клон/н/ый
непрело́жный, непреложн/ый
непреме́нный, непременн/ый, *кратк. форма* -енен, -енна
• **непреодоли́мый**, не/пре/одол/им/ый
• **непререка́емый**, не/пре/рек/а/ем/ый
непреры́вный, не/пре/рыв/н/ый, *кратк. форма* -вен, -вна
• **непримири́мый**, не/при/мир/им/ый
• **неприхотли́вый**, не/при/хот/лив/ый
неприча́стный, не/причаст/н/ый, *кратк. форма* -тен, -тна
непристо́йный, не/пристой/н/ый

непристу́пный, не/при/ступ/н/ый, *кратк. форма* -пен, -пна
неприя́зненный, не/приязн/енн/ый, *кратк. форма* -знен, -зненна
непромока́емый, не/про/мок/а/ем/ый
• **непроница́емый**, не/прониц/а/ем/ый
непротивле́ние, не/противл/ени/е (*ср.*: про́тив; *черед. в — вл*)
• **непро́шеный**, не/прош/ен/ый
• **неработоспосо́бный**, не/работ/о/способн/ый
неради́ние, не/рад/ени/е (*ср.*: рад/е́/ть)
нераствори́мый, не/рас/твор/им/ый
нерасторо́пный, не/растороп/н/ый
нерв, *род. мн.* не́рвов
• **не́рвничать**, нерв/н/ича/ть
нерента́бельный, не/рентабельн/ый
нержаве́ющий, не/ржав/е/ющ/ий
не ро́вен час *и* **не ровён час**
неря́шливый, неряш/лив/ый
несбы́точный, не/сбы/т/очн/ый (*ср.*: сбы́/ть/ся)
несве́дущий, не/свед/ущ/ий
несвоевре́менный, не/сво/е/врем/ен/н/ый
несгора́емый, не/с/гор/а/ем/ый
несде́ржанный, не/с/держ/а/нн/ый, *кратк. форма* -ан, -анна
несдоброва́ть, *в знач. сказ.*
не сего́дня-за́втра/
несказа́нный, не/сказ/а/н/ый, *кратк. форма м. р. не употр.*, -а́нна, -а́нно, -а́нны
• **не́сколько**, не́скольким, не́сколькими, о не́скольких; по не́скольку *и* по не́сколько, не/скольк/о
неслы́ханный, не/слых/а/нн/ый
несмотря́ на, *предлог* (несмотря́ на плохую погоду), не/смотр/я́/, *но дееприч.* не смотр/я́/ (не смотря в окно...)
несогла́сие, не/со/глас/и/е
несоизмери́мый, не/со/из/мер/им/ый
несомне́нный, не/сомн/енн/ый, *кратк. форма* -е́нен, -е́нна
неспроста́, *нареч.*, не/с/прост/а/
нестаби́льный, не/стабиль/н/ый
нестерпи́мый, не/с/терп/им/ый
несто́ящий (плохой), не/сто/ящ/ий; *но:* ничего не сто́ящий, *кратк. форма* -ящ, -яща
нестроево́й, не/стро/ев/ой
несура́зный, несураз/н/ый, *кратк. форма* -зен, -зна, *сущ.* ⟨несура́з/иц/а⟩
несча́стный, не/счаст/н/ый
неувяда́емый, не/у/вяд/а/ем/ый
неугомо́нный, не/у/гомон/н/ый, *кратк. форма* -о́нен, -о́нна
неудовлетвори́тельный, не/удовлетвор/и/тельн/ый
• **неуже́ли**, *частица* (*историч. от сращения частиц* не, уже *и* ли)
неуклю́жий, неуклюж/ий (*историч. от устар.* «клю́жий» — красивый, статный)
неукроти́мый, не/у/крот/им/ый (*ср.*: кро́т/к/ий)
неуме́стный, не/у/мест/н/ый, *кратк. форма* -тен, -тна
неурожа́й, *род. ед.* -я, не/урожай
неуря́дица, *тв. ед.* -цей, не-

уряд/иц/а (ср.: неуря́д/лив/ый), устар. простореч.
неутоми́мый, не/у/том/им/ый
не́уч, м. р., род. ед. -а, тв. ед. -чем, не/у́ч
нефрма́льный, не/форм/а́ль/н/ый, сущ. ⟨неформа́л⟩ (разг.)
• **нефтено́сный**, нефт/е/но́с/н/ый, краткая форма -сен, -сна
нефтеперераба́тывающий, нефт/е/пере/раба́т/ыва/ющ/ий
• **нефтя́ник**, род. ед. -а [не нефтяни́к, -а́], нефт/я́н/ик
нефтяно́й, нефт/ян/о́й
• **не́хотя**, нареч., не/хо́т/я/
• **неча́янный**, неча́янн/ый
не́чего, не/чего
не́чет, только ед., род. -а, не/чет
не́что, им. и вин. ед. (других форм нет), не/что
нея́вка, не/я́в/к/а
ни да́ть ни взя́ть, ни да/ть ни взя/ть
нивели́ровать*, -рую, -руешь [не нивелирова́ть, -ру́ю, -ру́ет], нивелир/ов/а́/ть, сущ. ⟨-/о́в/ка⟩
• **нигили́ст*** (от лат. «ни́гиль» — ничего), нигил/и́ст, прил. ⟨-/и́ческ/ий⟩
нижеподписа́вшийся, ниж/е/под/пис/а́/вш/ий/ся
нижепоимено́ванный, ниж/е/по/им/ен/о́в/а/нн/ый
нижесле́дующий, ниж/е/сле́д/у/ющ/ий

ни жив ни мёртв
• **низверга́ть**, низ/верг/а́/ть, сущ. ⟨низ/верж/е́ни/е⟩; черед. г — ж
ни зги не вида́ть
ни́зкий, низ/к/ий, кратк. форма ни́зок, низка́, ни́зко, ни́зки и низки́
низкопокло́нство, низ/к/о/по/кло́н/ств/о
низлага́ть, низ/лаг/а́/ть
ни́зменность, низменн/ость
ни́зменный, низменн/ый (от устар. ни́змень — низина)
ни́зший, низ/ш/ий
никако́й, ни/как/ой
никели́рованный, никел/и́ров/а/нн/ый
ни́кель, м. р., только ед., род. -я
нико́им о́бразом, ни/ко/им о́браз/ом
• **никоти́н**, только ед., род -а
никто́, никого́, никому́, никого́, нике́м, ни о ко́м, ни/кто́
никуда́, ни/куда́/
• **никчёмный** [не никче́мный], никчёмн/ый, кратк. форма -мен, -мна
нима́ло, нареч., ни/мал/о/
ни́мфа, нимф/а
ни на йо́ту
ниотку́да, ни/от/куда/
нипочём, ни/по/чём/
ни при ко́м
ни при чём (оста́лся)
ниско́лько, нареч. (ниско́лько не винова́т), ни/сколь/к/о/
ни слу́ху ни ду́ху

---

* н и в е л и р о в а т ь — 1) определять специальными приборами разность высот двух или многих точек земной поверхности; 2) (*переносн.*) приводить к одному уровню, сглаживать различия

* н и г и л и с т — 1) в 60-х годах XIX в. в России свободомыслящий человек, интеллигент-разночинец, резко отрицательно относящийся к буржуазно-дворянским традициям и обычаям; 2) человек, относящийся ко всему резко отрицательно, скептически

ниспада́ть, нис/пад/а/ть
- ниспроверга́ть, нис/про/верг/а/ть
нитеви́дный, нит/е/вид/н/ый
нитроглицери́н*, нитр/о/глицерин
- ни́тяный, нит/ян/ый
ниче́йный (*от* ниче́й), ни/чей/н/ый
- ничко́м, *нареч.*, нич/к/ом/ (*ср.*: ниц, ни́к/ну/ть; *череd. к — ч — ц*)
ничто́ [шт], ничего́, ничему́, ничто́, ниче́м, ни о чём, ни/что
ничто́жество, ничтож/еств/о (*ср.*: ничто́ж/н/ый) (*историч. от* ничто + *частица* ж)
- ничу́ть, *нареч.*, ни/чуть/
- нищета́, нищ/ет/а
ни́щий, нищ/ий, *прил.*
⟨-/ен/ск/ий⟩
нова́тор, нов/атор
- нове́лла* [вэ́ *и* ве; *допуск.* л], *род. ед.* -ы, *им мн.* -ы, *род. мн.* нове́лл, новелл/а
новизна́, нов/изн/а
новичо́к, нов/ичок
новобра́нец, *тв. ед.* -нца, нов/о/бр/а/н/ец
- нововведе́ние, нов/о/в/вед/е/ни/е
нового́дний, нов/о/год/н/ий
- новорождённый [*не* новоро́жденный], нов/о/рожд/ён/н/ый

новосе́лье, нов/о/сель/е
новостро́йка, *род. мн.* -о́ек, нов/о/строй/ка
но́вшество, нов/шеств/о
нога́ец, *род. ед.* -а́йца, *тв. ед.* -а́йцем, нога/ец, *прил.* ⟨нога́й/ск/ий⟩
но́готь, *м. р., род. ед.* но́гтя, *им. мн.* но́гти, *род. мн.* ногте́й [*не рекомендуется устар.* но́хтя, но́хти, но́хтей и т. д.]
но́жницы, *только мн., род.* -ниц, нож/ниц/ы (*ср.*: нож/енк/и)
но́жны *и* ножны́, *только мн., род.* но́жен *и* ножо́н, нож/н/ы
- ножо́вый, нож/ов/ый *и* ножево́й, нож/ев/о́й, *сущ.* ⟨нож/о́в/к/а⟩
ноздря́, ноздр/я
нока́ут*, *род. ед.* -а, *глаг.* ⟨нокаут/и́ров/а/ть⟩
ноктю́рн*, *род. ед.* -а
ноль *и допуск. устар.* нуль, *род. ед.* ноля́ *и* нуля́, *им. мн.* ноли́ *и* нули́, *род. мн.* ноле́й *и* нуле́й; ноль це́лых, ноль часо́в, ноль-но́ль, абсолю́тный нуль, *прил.* ⟨нул/ев/о́й⟩
номенклату́ра*, *род. ед.* -ы, номенклатур/а
но́мер *и устар.* ну́мер, *им. мн.* -а́, *род. мн.* -о́в

---

* н и т р о г л и ц е р и н — органическое соединение, употребляемое как взрывчатое вещество и как лекарственный препарат

* н о в е л л а — небольшая повесть, рассказ

* н о к а у т — положение в боксе, когда боксёр, будучи сбитым на пол, в течение 10 сек не может встать для продолжения боя и считается побеждённым

* н о к т ю р н — небольшое лирическое музыкальное произведение

* н о м е н к л а т у р а — 1) совокупность или перечень названий, употребляемых в какой-либо отрасли науки, искусства, техники и т. д.; 2) перечень счетов, открываемых бухгалтерией предприятия

номина́льный*, номиналь/н/ый (*ср.*: номина́л*)
но́нсенс [сэ] (*из англ., от лат.* «нон» — не, нет+«сéнсус» — смысл, разум) — бессмыслица, нелепость
нора́, *род. ед.* норы́, *вин. ед.* нору́, *им. мн.* но́ры, *род. мн.* нор, *дат. мн.* но́рам, нор/а
норма́льный, норм/аль/н/ый (*ср.*: норма́ль*)
нормирова́ние *и допуск.* **норми́рование**, норм/иров/а́/ни/е
нормирова́ть, -ру́ю, -ру́ет *и допуск.* **норми́ровать**, -рую, -рует, норм/иров/а́/ть
норми́рованный *и допуск.* **норми́рованный**, норм/иров/а/нн/ый
норми́ровщик, норм/иров/щик
норови́ть, -влю́, -ви́т, норов/и́/ть
носо́к (короткий чулок, передний носок обуви), *род. ед.* -ска́, *им. мн.* носки́, *род. мн.* -о́в
ностальги́я* (*греч.* «но́стос» — возвращение домой+«а́л-

гос» — страдание), носталь-г/и/я, *прил.* ⟨-г/и́/ческ/ий⟩
• **нота́риус***, нотари/ус
нота́ция, нотаци/я
ночева́ть, ноч/ев/а́/ть
ночёвка, ноч/ёв/к/а
ночле́г, ноч/ле́г
ночь, *ж. р., род. ед.* -и, *сущ. уменьшит.-ласкат.* ⟨но́ч/к/а, ноч/еньк/а⟩
• **ноя́брь**, *только ед., род.* ноября́, *прил.* ⟨ноя́бр/ск/ий⟩
• **нра́виться**, нрав/и/ть/ся
нра́вственный, нрав/ствен/н/ый
ну́жно, нужн/о (*в знач. сказ.* ну́жно уходи́ть)
нулево́й *и* **нолево́й**, нул/ев/о́й *и* нол/ев/о́й
• **нумера́ция**, нумер/аци/я (*устар.* ну́мер)
нумизма́тика*, нумизмат/и/к/а
нутряно́й, нутр/ян/о́й
ны́не, нын/е/
ны́нешний, -яя, -ее, нын/е/шн/ий
ня́нчить, -чу, -чит, нян/ч/и/ть
ня́ня, нян/я, *сущ.* ⟨ня́н/ечк/а, *род. мн.* -чек⟩

---

* н о м и н а́ л ь н ы й — 1) обозначенный на чём-нибудь, выражаемый той или иной денежной стоимостью (номинальная цена); 2) только называющийся, но не выполняющий своего назначения, обязанностей, фиктивный (числиться где-нибудь номинально)

* н о м и н а́ л — цена, обозначенная на товаре, денежном знаке

* н о р м а́ л ь — 1) деталь установленного заводом образца, нормативно-технический документ, характеризующий образец продукции предприятия; 2) (*математ.*) перпендикуляр к касательной прямой или плоскости, проходящий через точку касания

* н о с т а л ь г и́ я — тоска по родине (*книжн.*).

* н о т а́ р и у с — должностное лицо, в обязанности которого входит свидетельствовать, оформлять различные юридические документы (договоры, завещания, доверенности и т. д.)

* н у м и з м а́ т и к а — 1) наука, изучающая историю денег и денежного обращения; 2) коллекционирование старинных монет и медалей

О

- **оа́зис***, *род. ед.* -а
- **о́ба**, *м. и с. р., род.* обо́их *дат.* обо́им, *тв.* обо́ими, об/а, *но* о́бе, *ж. р., род.* обе́их, *дат.* обе́им, *тв.* обе́ими, об/е
- **обагри́ть**, о/багр/и/ть
- **обанкро́титься**, -о́чусь, -о́тится, о/банкрот/и/ть/ся
- **обая́ние**, обая́/ни/е (*историч.* обая́ти — околдовать словами), *прил.* ⟨-/тельн/ый⟩
- **обвева́ть**, -а́ю, -а́ет (*от* обве́ять), об/ве/ва/ть
- **обвёрнутый**, об/вёр/ну/т/ый
- **обвёртка**, об/вёрт/к/а
- **обве́сить**, об/вес/и/ть, *прич.* ⟨-ш/енн/ый⟩; *черед.* с — ш
- **обве́тренный**, об/ветр/енн/ый
- **обветша́ть**, об/ветш/а/ть, *прил.* ⟨-тш/а́/л/ый⟩
- **обве́шать**, об/веш/а/ть, *прич.* ⟨-ш/а/нн/ый⟩
- **обве́ять**, об/ве/я/ть
- **обвиня́емый**, об/вин/я/ем/ый
- **обвола́кивать**, об/волак/ива/ть
- **обворожи́тельный**, об/ворож/и/тельн/ый
- **обворожи́ть**, об/ворож/и/ть
- **обгры́зенный** [*не* обгры́занный], *от* обгры́зть, об/-грыз/енн/ый
- **обдира́ть**, об/дир/а/ть
- **обе́д**, *род. ед.* -а
- **обе́денный**, обед/енн/ый
- **обезбо́лить**, обез/бол/и/ть
- **обезвре́дить**, обез/вред/и/ть, *прич.* ⟨-ж/енн/ый⟩; *черед* д — ж
- **обездо́лить**, обез/дол/и/ть, *прич.* ⟨-/енн/ый⟩
- **обезжи́рить**, обез/жир/и/ть, (*несов.* обез/жи́р/ива/ть), *прич.* ⟨-/енн/ый⟩
- **обеззара́зить**, -а́жу, -а́зит, обез/зараз/и/ть; (*несов.* обез/зара́ж/ива/ть; *черед.* ж — з)
- **обезопа́сить**, -а́шу, -а́сит, обез/опас/и/ть; *черед.* ш — с
- **обезору́жить**, обез/оруж/и/ть, *прич.* ⟨-/енн/ый⟩
- **обезу́меть**, -ею, -еет [*не* обезуме́ть, -е́ю, -е́ет], обез/ум/е/ть
- **обезья́на**, обезьян/а, *глаг.* ⟨-н/нича/ть⟩, *прил.* ⟨-н/ий⟩, *сущ.* ⟨-н/ник⟩
- **обели́ск*** (*греч.* «обе́лос» — остриё), *род. ед.* -а
- **оберну́ть**, обер/ну/ть
- **обёртка**, *род. мн.* -ток, обёрт/к/а
- **обескро́веть**, -ею, -еет, *неперех.*, обес/кров/е/ть
- **обескро́вить**, -влю, -вит, *перех.*, обес/кров/и/ть
- **обескура́жить**, обес/кураж/и/ть (*ср.*: кура́ж/и/ть/ся)
- **обеспе́чение** [*не* обеспече́ние], обес/печ/ени/е (*ср.*: о/пе́к/а; *черед.* к — ч)
- **обесси́леть**, -ею, -еет (лиши́ться си́лы), *неперех.*, о/бес/сил/е/ть
- **обесси́лить**, -лю, -лит (лиши́ть си́лы), *перех.*, о/бес/-сил/и/ть
- **обесце́нивать**, обес/цен/ива/ть

---

* о а з и с — место в пустыне, где есть растительность и вода
* о б е л и с к — памятник, сооружение в виде суживающегося кверху столба

обето́ванный*, обет/ов/а/н-н/ый
обеща́ть, обещ/а/ть
обжа́ловать, -лую, -лует, об/жал/ов/а/ть
обже́чь, обожгу́, обожжёт [ж'ж' и допуск. жж], об/-жечь
обжито́й, -а́я, -о́е, прил., об/жи/т/ой
обжито́й, -а́я, -о́е, прил., об/жи/т/ый, кратк. форма о́бжит и обжи́т, обжита́, о́бжито, о́бжиты и обжи́то, обжи́ты
обжо́ра, м. и ж. р., об/жо-р/а
оби́деть, обид/е/ть
обиня́к, м. р., род. ед. -а́, род. мн. -о́в (говорить, выражаться без обиняко́в, т. е. прямо, открыто; говорить обиняко́м или обиняка́ми, т. е. намёками, иносказательно)
обита́ть, обит/а/ть
оби́тель, ж. р., род. ед. -и
• обихо́дный, обиход/н/ый
обкле́ить, -ю, -еишь, об/-кле/и/ть
обкорна́ть, об/корн/а/ть
облага́ть, об/лаг/а/ть
облагора́живать, о/благо-раж/ива/ть (несов. вид к о/благоро́д/и/ть; черед. а — о, д — ж)
• облада́ть, облад/а/ть (истории. от об + владети ⟨владеть⟩ — неполногласие -ла-)
• о́блако, им. мн. -а́, род. мн. -о́в, облак/о, прил. ⟨о́б-лач/н/ый⟩; черед. к — ч (неполногласие -ла-; ср.:

оболо́чка — полногласие -оло-)
• о́бласть, им. мн. -и, род. мн. -е́й [не областе́й], прил. ⟨област/н/о́й⟩ (неполногласие -ла-), (заимств. из ст.-слав., образовано от несохранившегося «облада», ср.: обладать)
облегча́ть, об/легч/а/ть
облегчённый, об/легч/ён-н/ый, кратк. форма -ён, -ена́, ено́, -ены́ [не облегченный, -ен, -ена, -ено, -ены]
облегчи́ть, -чу́, -чи́т [не облегчить, -чу, -чит], об/легч/и/ть
• обледене́ть (покрыться льдом), об/лед/ене/ть, сущ. ⟨-/ене́/ни/е⟩
обле́чь, -леку́, -лечёт, -леку́т, прош. вр. -лёк, -лекла́ (облечь доверием; черед. к — ч)
• облига́ция, облигаци/я
облисполко́м
• облицева́ть, об/лиц/ев/а/ть
облицо́вывать, -аю, -ает, об/лиц/ов/ыва/ть
облича́ть, облич/а/ть
обложи́ть, -ожу́, -о́жит, об/-лож/и/ть
облокоти́ться, -локочу́сь, -локо́тится и допуск. -локоти́т-ся, об/локот/и/ть/ся
обма́н, только ед., род. обма́на и обма́ну
обме́н, род. ед. -а, об/мен
обмо́лвка, об/молв/к/а
обмоло́т, об/молот
• о́бморок (истории. об/морок, от обмере́ть)
обмундирова́ть*, об/мунди-

---

* обетованный — место, куда кто-нибудь сильно стремится попасть: обетованная земля, обетованный край

* обмундировать — снабдить форменной одеждой

р/ов/а/ть, *сущ.* ⟨-/ов/á/-ни/е⟩
• обнажа́ть, об/наж/а/ть
обнаро́довать, об/народ/ов/а/ть
обнару́живать, об/наруж/и-ва/ть
обнима́ть, обним/а/ть (*ср.:* обня́ть; *черед. я — им*)
обнища́ть, об/нищ/а/ть
обновле́ние, об/новл/ени/е; *черед. в — вл*
обобща́ть, об/общ/а/ть
• обобществле́ние, об/общ/ествл/ени/е
обогаща́ть, о/богащ/а/ть
обогна́ть, обгоню́, обго́нит, *прош. вр.* -а́л, -ала́, -а́ло, -а́ли, обо/гн/а/ть
обогрева́ть, обо/гре/ва/ть
• о́бод, *им. мн.* обо́дья, *род. мн.* -ьев
• обожа́ть, обожа́/ть
• обожжённый [ж'ж' *и допуск.* жж], обо/жж/ённ/ый, *кратк. форма* -ён, -ена́, -ено́, -ены́
обознача́ть, обо/знач/а/ть
обозна́чить, обо/знач/и/ть (*ср.:* знак; *черед. к — ч*)
• обо́и, *только мн., род.* обо́ев, обо/и
• обо́йма, обойм/а
обкра́сть, обкраду́, обкрадёт, обо/крас/ть (*ср.:* крад/у́; *черед. д — с*)
• оболо́чка, оболоч/к/а (*полногласие* -оло-; *ср.:* о́блако — *неполногласие* -ла-)
обольсти́тельный, обольст/и/тель/н/ый
обоня́ние, обоня/ни/е (*историч. от* об/вон/я́/ти, *производного от* «вонь» — *запах*)
обо́рка, *род. мн.* -рок, обор/к/а
• оборо́на, оборон/а, *прил.* ⟨оборо́н/н/ый⟩

обору́дование, оборуд/ов/а/ни/е
обостри́ть, -рю́, -ри́т [*не* обо́стрить, -рю, -рит], об/остр/и/ть, *сущ.* ⟨-/е́ни/е⟩
обо́чина, о/боч/ин/а (*ср.:* бок; *черед. к — ч*)
• обою́дный, обоюд/н/ый, *кратк. форма* -ден, -дна
обоюдоо́стрый, обоюд/о/-остр/ый
обраба́тывать, об/рабат/ыва/ть (*ср.:* рабо́та; *черед. а — о*)
образова́ние (обучение), образова/ни/е
образо́ванный[1], образова/нн/ый, *кратк. форма прил.* -ан, -анна, -анно, -анны (*ср.:* образо́ва/нн/ость); де́вушка умна́ и образо́ванна
образо́ванный[2], образ/ова/нн/ый, *кратк. форма прич.* -ан, -ана, -ано, -аны (*от глаг.* образ/ова́/ть); коми́ссия образо́вана в ию́не
обра́зчик, образ/ч/ик (*ср.:* образ/е́ц; *черед. ц — ч, е — нуль звука*)
• обрамле́ние, об/рамл/ени/е
обраста́ть, -а́ю, -а́ет, об/раст/а/ть
обрасти́, -ту́, -тёт, *прош. вр.* -ро́с, -росла́, об/рас/ти
• обраща́ть, обращ/а/ть, *сущ.* ⟨-щ/е́ни/е⟩
обрека́ть, обрек/а/ть (*ср.:* обре́чь; *черед. к — ч*)
обремени́ть, -ню́, -ни́т, о/брем/ен/и/ть
обременя́ть, -я́ю, -я́ет, о/брем/ен/я/ть
обрести́, -ету́, -етёт, *прош. вр.* -ёл, ела́, обрес/ти (*ср.:* обрет/а́/ть; *черед. т — с*)
обретённый, обрет/ённ/ый,

кратк. форма -ён, -ена́, -ено́
обречённый, обреч/ённ/ый, *кратк. форма* -ён, -ена́, -ено́
обре́чь, -еку́, -ечёшь, -еку́т, *прош. вр.* -ёк, -екла́; *черед.* к — ч
обру́шиваться, об/руш/ива/-ть/ся
обрю́згший, о/брюзг/ш/ий
обряжа́ть, об/ряж/а/ть (*ср.:* на/ря́д; *черед.* д — ж)
• **обсервато́рия*** (*лат.* «обсерва́ре» — наблюдать), обсерватор/и/я
обстано́вка, обстановк/а
обстоя́тельство, обстоятельств/о
обстреля́ть, об/стрел/я́/ть, *прич.* <-/я/нн/ый>
обтека́емый, об/тек/а/ем/ый
обтира́ние, об/тир/а/ни/е
обтира́ть, об/тир/а/ть
• **обузда́ть,** -а́ю, -а́ет, обузд/а/ть
• **обу́зить,** -у́жу, -у́зит, об/у́з/и/ть; *черед.* ж — з
обурева́емый, обурева/ем/ый (*от глаг.* обурева́/ть)
обусло́вить, об/услов/и/ть
• **обусла́вливать,** об/уславл/ива/ть *и* обусло́вливать, об/условл/ива/ть; *черед.* а — о
обу́ть, -у́ю, -у́ет, об/у́/ть
обу́х, *род. ед.* обуха́, *мн.* -и́, -о́в *и* о́бух, *род. ед.* о́буха, *мн.* -и, -ов; Плетью о́буха не перешибёшь (*Пословица*)
обуче́ние, об/уч/ени/е
обуя́ть, обуя/ть, *прич.* <обуя́/нн/ый>
обходи́тельный, об/ход/и/-тельн/ый
обшла́г, *род. ед.* -а́, *им. мн.* -а́, *род. мн.* -о́в
общеевропе́йский, общ/е/европ/ей/ск/ий
общежи́тие, общ/е/жи/ти/е
общеобразова́тельный, общ/е/образ/ов/а/тельн/ый
обще́ственность, общ/еств/енн/ость
• **о́бщество,** *им. мн.* о́бщества, *род. мн.* о́бществ, *дат. мн.* о́бществам [*не* общества́, обще́ств, обществам], общ/еств/о
общечелове́ческий, общ/е/челове́ч/еск/ий
о́бщий, общ/ий, *кратк. форма* общ, обща́, о́бще, о́бщи *и* допуск. общи́, *нареч.* <общ/о́>
о́бщина, *род. ед.* -ы *и* общи́на, *род. ед.* -ы, общ/ин/а
объеда́ться, -а́юсь, -а́ется, объ/ед/а/ть/ся
объеде́ние, объ/ед/ени/е
объе́денный, объ/еденн/ый
объеде́нный, объ/ед/енн/ый
• **объедини́ть,** объ/един/и/ть
объе́здить, -зжу [ж'ж' *и* допуск. жж], -здит, объ/езд/и/ть, *сущ.* <объ/е́зд/чик>
• **объе́кт*,** *прил.* <-е́кт/н/ый>
объекти́в*, *род. ед.* -а

---

* о б с е р в а т о р и я — здание, оборудованное для астрономических, метеорологических и т. п. наблюдений, а также учреждение, в котором они ведутся

* о б ъ е к т — явление, предмет, на который направлена какая-нибудь деятельность

* о б ъ е к т и в — переднее стекло (или несколько передних стёкол) оптического прибора

объекти́вный*, объектив/н/ый
объём, *род. ед.* -а, *прил.*
⟨объём/н/ый⟩
объе́сться, -е́мся, -е́шься, -е́стся, -еди́мся, -еди́тесь, -едя́тся, *повел. накл.* -е́шься, объ/е́с/ть/ся; *черед.* **д — с**
● **объявле́ние**, объ/явл/ени/е
объясне́ние, объ/ясн/ени/е
объя́ть, объя́/ть
● **обы́денный**, обыден/н/ый, *кратк. форма* -ен, -енна *и допуск. устар.* **обыдённый**, *кратк. форма* -ён, -ённа
● **обыкнове́нный**, обыкнов/ен/н/ый, *кратк. форма* -е́нен, -е́нна, *сущ.* ⟨-нов/е́ни/е⟩
обы́ндеветь, -ею, -еет *и допуск.* **обындеве́ть**, -е́ю, -е́ет, об/ындев/е/ть
обыска́ть, об/ыск/а/ть
обы́чай, обыч/ай
обя́занность, обяз/а/нн/ость
обяза́тельный, обяз/а/тельн/ый
● **ова́льный**, оваль/н/ый, *кратк. форма* -лен, -льна
● **ова́ция** (*лат.* «ова́цио» — ликование), оваци/я
● **овёс**, *род. ед.* овса́, *им. мн.* овсы́, *род. мн.* -о́в
ове́ять, о/ве/я/ть, *прич.* ⟨-/я/нн/ый⟩
ови́н, *род. ед.* -а
овладева́ть, о/влад/ева/ть (*ср.:* владе́/ть) (*неполногласие* -ла-)
о́вод, *им. мн.* овода́, *род. мн.* -о́в, *и* о́воды, -ов
о́вощи, *род. мн.* овоще́й, *им. ед.* о́вощ, *род. ед.* -а, ово́щ/и (Всякому о́вощу своё вре́мя), *прил.* ⟨-щ/н/о́й⟩

овощехрани́лище, *тв. ед.* -ем, *род. мн.* -ищ, овощ/е/-хран/и/лищ/е
● **овра́г** (*ср.:* овраж/ек; *черед.* **г — ж**)
● **овся́ный**, овс/ян/ый *и* **овсяно́й**, овс/ян/ой
овца́, *род. ед.* -ы́, *вин. ед.* -у́, *им. мн.* о́вцы, *род. мн.* ове́ц, *дат. мн.* о́вцам, овц/а
овча́рка, овч/ар/к/а
овча́рня, *род. мн.* -рен, овч/арн/я
овчи́на, овч/ин/а
огиба́ть, о/гиб/а/ть
оглавле́ние, о/главл/ени/е (*неполногласие* -ла-: глав/а́; *черед.* **в — вл**; *ср.:* голов/а́ — *полногласие* -оло-)
огласи́ть, -ашу́, -аси́шь, о/глас/и/ть; *черед.* **с — ш** (*неполногласие* -ла-; глас — *ст.-слав.*; *ср.:* го́лос — *исконно русск.*, *полногласие* -оло-)
● **оглаша́ть**, о/глаш/а/ть (*неполногласие* -ла-, как и в слове огласи́ть)
огло́бля, *род. мн.* огло́блей *и* огло́бель, оглобл/я
о́гненный, огн/енн/ый, *кратк. форма* о́гнен, о́гненна
огнеопа́сный, огн/е/опас/н/ый, *кратк. форма* -сен, -сна
огни́во, [*не* о́гниво], огн/ив/о
оговори́ть, -рю́, -ри́т, о/говор/и/ть, *прич. страд. прош.* оговорённый, -ён, -ена́, -ено́
огово́рка, *род. мн.* -рок, о/говор/к/а
оголте́лый, оголтел/ый
● **огоро́д** (*историч. от* город/и/ть, *полногласие* -оро-; *ср.:*

---

* объекти́вный — 1) существующий вне нас как объект; 2) непредвзятый, беспристрастный

огра́да — *неполногласие -ра-*)
огороди́ть, огорожу́, огоро́дит *и* огороди́т, о/горо́д/и/ть (*полногласие -оро-, как и в слове* огоро́д)
огорчи́ть, о/горч/и/ть (*ср.:* го́рьк/ий; *черед.* **к — ч**)
ограбле́ние, о/грабл/ени/е (*ср.:* о/гра́б/и/ть; *черед.* **б — бл**)
огражда́ть, о/гражд/а/ть (*неполногласие -ра-; ср.:* огороди́ть — *полногласие -оро-*)
ограниче́ние, о/ránич/ени/е (*ср.:* грани́ц/а; *черед.* **ц — ч**)
ограни́чивать, -аю, -ает, о/гранич/ива/ть
ограни́чить, о/гранич/и/ть
огро́мный, огромн/ый
огры́зок, *род. ед.* -зка, о/грыз/ок
огу́льный, огуль/н/ый, *кратк. форма* -лен, -льна
• **огуре́ц**, *род. ед.* огурца́
одарённый, *прич.* (она богато одарена́ природой), *кратк. форма* -ён, -ена́, -ено́, -ены́ *и прил.* (она очень одарённа), *кратк. форма* -ён, -ённа, -ённо, -ённы, о/дар/ённ/ый
одева́ть, о/де/ва/ть (кого-нибудь, *но:* калоши, пальто наде́ть, *а не* оде́ть)
• **оде́жда**, одежд/а
• **одеколо́н** [*не* дэ], *род. ед.* -а *и* -у (*франц.* «о дэ Коло́н», буквально 'вода из Ке́льна')
• **одеревене́ть**, о/дерев/ене/ть
одея́ло, одеял/о (*историч. от устар.* оде́яти)
одея́ние, оде/яни/е
оди́н, *род. ед. м. и с. р.* одного́, *ж. р.* одно́й

• **оди́ннадцать** [н], оди́ннадцати, *тв.* -ью, один/на/дцать
• **одна́жды**, *нареч.*, одн/а́/жды/
одна́ко, *союз; междом.*
однобо́ртный, одн/о/борт/н/ый
одновреме́нный, одн/о/врем/ен/н/ый, *кратк. форма* -ёнен, -ённа *и допуск.* **одновре́менный**, *кратк. форма* -енен, -енна [*не* одновремённый]
однозна́чный, одн/о/знач/н/ый (*ср.:* знак; *черед.* **к — ч**)
однообра́зный, одн/о/образ/н/ый, *кратк. форма* -зен, -зна
односторо́нний, одн/о/сторон/н/ий
одноэта́жный, одн/о/этаж/н/ый
• **одолева́ть**, одол/ева/ть (*историч. от* до́ля)
одолже́ние, о/долж/ени/е
одува́нчик (*историч. образовано от* дуть)
одутлова́тый, одутл/оват/ый (*ср.:* оду́тл/ость)
• **одухотворённый**, *прич.*, о/дух/о/твор/ённ/ый, *кратк. форма* -ён, -ена́, -ено́, -ены́ *и прил.* (её лицо одухотворённо), *кратк. форма* -ён, -ённа, -ённо, -ённы
одушевлённый, о/душ/евл/ённ/ый
оды́шка, о/дыш/к/а
ожере́лье, *род. мн.* -лий, ожерель/е (*историч. от* го́рло)
ожесточе́ние, о/жесточ/ени/е
оже́чь, ожгу́, ожжёт [ж'ж' *и допуск.* жж], ожгу́т, *прош. вр.* ожёг, ожгла́, о/жечь; *черед.* **г — ч**

оже́чься, ожгу́сь, ожжёшься [ж'ж' *и допуск.* жж], ожгу́тся, *прош. вр.* ожёгся, ожгли́сь, о/жечь/ся
оживле́ние, о/жи/вл/ени/е
• **ожида́ть,** о/жид/а/ть (*ср.*: под/жид/а́/ть), *сущ.* ⟨-/а́/ни/е⟩
• **ожо́г,** *сущ.* (обожжённое место), о/жог, *но глаг.* **ожёг** (ожёг руку), о/жёг
озабо́ченный, о/забоч/енн/ый
озагла́вить, о/за/глав/и/ть
озада́чить, о/задач/и/ть
оздоровле́ние, о/здоровл/ени/е
• **о́земь,** *нареч.,* о/земь/
• **ози́мый,** озим/ый (*историч.* о/зим/ый, *от* зима́)
• **о́зимь,** *ж. р. ед.* -и
• **озира́ться,** о/зир/а/ть/ся
ознакомле́ние, о/знакомл/ени/е (*ср.:* знако́м/ый; *черед.* м — мл)
ознаменова́ть, о/знам/ен/ов/а/ть
означа́ть, о/знач/а/ть
озно́б, о/зноб
озо́н, *род. ед.* -а, *глаг.* ⟨-н/и́/ров/а/ть⟩
озорни́к, *род. ед.* -а́, озор/н/ик
• **ока́зия,** оказ/и/я
ока́зываться, -аюсь, -ается, оказ/ыва/ть/ся
окаймля́ть, о/каймл/я/ть
окамене́ть, о/камен/е/ть
окантова́ть, -ту́ю, -ту́ет, о/кант/ов/а/ть
окая́нный, окаян/н/ый (*ср.:* окая́н/ств/о) (*историч. от глаг.* «ока́яти» — проклясть, осудить; *ср.:* ка́яться)
• **океа́н,** *прил.* ⟨-/ск/ий⟩
оккупа́ция, оккуп/аци/я
оккупи́рованный, оккуп/и/ров/а/нн/ый
оккупи́ровать, *двувид.,* оккуп/иров/а/ть
оклевета́ть, оклевещу́, оклеве́щет, о/клевет/а/ть; *черед.* т — щ
окле́ить, -е́ю, -е́ит, о/кле/и/ть, *повел. накл.* окле́й, *прич.* ⟨-/енн/ый⟩
око́вы, *только мн., род.* око́в, о/ков/ы (*от* ков/а́/ть)
• **око́лица,** околиц/а (*историч. от* «ко́ло» — круг)
о́коло (*со слаб. удар.*), *предлог* (*историч. от* «ко́ло» — круг)
околозе́мный, около/зем/н/ый
око́лыш, *сущ.* ⟨-лыш/ек⟩
оконча́тельный, о/конч/а/тельн/ый
• **о́корок,** *род. ед.* -а, *им. мн.* -а́, *род. мн.* -о́в
• **окостене́ть,** -е́ю, -е́ет, о/кост/ене/ть, *сущ.* ⟨-/ене́/ни/е⟩
• **окочене́ть,** о/кочен/е/ть
окра́ина, о/кра/ин/а
оконе́чность, о/конеч/н/ость (*ср.:* коне́ц; *черед.* ц — ч)
окре́стность, окрест/н/ость (*от ст.-слав.* «окре́ст» — вокруг)
о́круг, *прил.* ⟨окруж/н/о́й⟩; *черед.* г — ж
окружи́ть, -жу́, -жи́т, о/круж/и/ть, *прич.* ⟨-ж/ён/ый⟩, *сущ.* ⟨-ж/е́ни/е⟩
• **октя́брь,** *только ед., род.* октября́, *прил.* ⟨октя́брь/ск/ий⟩
• **Октя́брь,** *род.* -я́ (название праздника; О прописное), *сущ.* ⟨октябр/я́т/а⟩
окули́ст (*лат.* «о́кулюс» — глаз), *сущ.* ⟨окули́ст/к/а⟩
• **о́кунь,** *род. ед.* -я, *им. мн.* -и, *род. мн.* -е́й
оку́чивать, о/куч/ива/ть
ола́дья, *род. мн.* -дий, оладь/я, *сущ. с уменьшит.*

знач. ⟨ола́д/ышек и ола́д/ушек; ола́д/ушк/а и ола́д/ышк/а⟩
олеа́ндр, *род. ед.* -а
оледене́ть, -е́ю, -е́ет, *неперех.*, о/лед/ене/ть
оледени́ть, -ню́, -ни́т, *перех.*, о/лед/ени/ть
оле́нь, *м. р., род. ед.* -я
• олимпиа́да (*греч.* «Оли́мпиас», «Олимпиа́дос»), олимп/иад/а (*ср.:* гора́ Оли́мп)
• оли́фа, олиф/а
• олицетворе́ние, олицетвор/е́ни/е (*историч.* о/лиц/е/твор/ени/е)
о́лово, олов/о, *прил.* ⟨-/я́н-н/ый⟩
ольха́, *им. мн.* о́льхи, *род. мн.* ольх, *дат. мн.* о́льхам, ольх/а, *сущ.* ⟨ольш/а́ник и ольш/ня́к⟩; *черед. х — ш*
ома́р*, *род. ед.* -а, *род. мн.* -ов
омле́т, *род. ед.* -а
• омо́ним (*греч.* «го́мос» — одина́ковый + «о́нима» — и́мя), *прил.* ⟨омоним/и́ческ/ий⟩
омрача́ть, о/мрач/а/ть
омша́ник, о/мш/а/ник (*ср.:* мох; *черед. о* — нуль звука, *х — ш*) (*от* о/мш/а́/н/ый)
онеме́ть, о/нем/е/ть
опа́л*, *прил.* ⟨опа́л/ов/ый⟩
опа́ла (неми́лость), опал/а (*ср.:* опа́ль/н/ый)
опали́ть, о/пал/и/ть (*ср.:* «пал» — лесной или степной пожар)
опа́мятоваться, о/памят/ов/а/ть/ся
• опа́сность, опас/н/ость
опа́сный (*от др.-русск.* «опа́с» — осторо́жность, защи́та), опас/н/ый, *кратк. форма* -сен, -сна
опаха́ло, о/пах/ал/о
• опе́ка [*не* пё], о/пек/а (*ср.:* по/печ/е́ни/е; *черед. к — ч*)
опека́ть, о/пек/а/ть
опёнок, *род. ед.* -нка, *мн.* опя́та, опя́т и опёнки, -ов (*историч.* о/пён/ок, *т. е.* гриб, расту́щий вокру́г пня́)
• о́пера (*из итал., от лат.* «о́пера» — произведение, сочинение), опер/а, *прил.* ⟨-/н/ый⟩
операти́вный, опер/ативн/ый
опера́тор, опер/атор
• опера́ция (*лат.* «опера́цио» — действие), опер/аци/я, *прил.* ⟨-/аци/о́нн/ый⟩
опереди́ть, -ежу́, -еди́шь, о/перед/и/ть; *черед. д — ж*
опере́ние, о/пер/ени/е (*ср.:* пер/о́)
опере́тка, *род. мн.* -ток, опер/ет/к/а
• опере́тта [*допуск.* т], опер/етт/а
опере́ться, обопру́сь, обопрётся, *прош. вр.* опёрся и *допуск.* оперся́, оперла́сь, оперло́сь, оперли́сь и опёрлась, опёрлось, опёрлись, *прич.* опёршийся, *дееприч.* опёршись и *допуск.* опёршись, о/пер/е/ть/ся
опери́ровать, опер/иров/а/ть
опе́шить, опеш/и/ть (*историч.* от пе́ш/ий; первонач. означало 'сбить противника с коня, сделать его пешим')
• о́пиум, *только ед., род.* о́пиума

---

* о м а́ р — кру́пный морско́й рак
* о п а́ л — прозра́чный стекловидный камень, некоторые сорта которого считаются драгоценными

опира́ться, о/пир/а/ть/ся
оплати́ть, -ачу́, -а́тит, о/плат/и/ть
оплодотворе́ние, о/плод/о/твор/ени/е
оповести́ть, о/по/вест/и/ть
• опозда́ть, о/позд/а/ть, *сущ.* ⟨-/а́/ни/е⟩
• о́ползень, *род. ед.* -зня, о/полз/ень
• ополосну́ть, -ну́, -нёт, о/полос/ну/ть
• ополче́ние, о/полч/ени/е (*ср.:* полк; *черед.* к — ч)
опо́мниться, о/помн/и/ть/ся
опорожни́ть, -ню́, -ни́т и *допуск.* опоро́жнить, -ню, -нишь, о/порож/н/и/ть
опосты́леть, -ею, -еет, о/постыл/е/ть
• оппози́ция*, оппозици/я, *прил.* ⟨-/о́нн/ый⟩
оппоне́нт* [п], оппон/ент, оппони́ровать, оппон/иров/а/ть
оппортуни́зм* [п; *не* и́зьм], оппортун/изм (*ср.:* оппортун/и́ст)
опо́шлить, о/пошл/и/ть, *сущ.* ⟨о/пошл/е́ни/е⟩
оправда́ть, о/правд/а/ть, *сущ.* ⟨-д/а́ни/е⟩
определи́ть, -делю́, -дели́т [*не* -де́лит], определ/и/ть
опро́бование, о/проб/ов/а/ни/е
опроверга́ть, о/про/верг/а/ть
• опроверже́ние, о/про/верж/ени/е (*ср.:* о/про/ве́рг/ну/ть; *черед.* г — ж)
• опроки́дывать, о/про/кид/ыва/ть
• опроме́тчивый, опромет/чив/ый
• о́прометью, *нареч.*, опромет/ью
• опроти́веть, о/против/е/ть
опры́скивать, о/прыск/ива/ть, *сущ.* ⟨о/прыск/ива/тель⟩
о́птика, оптик/а, *прил.* ⟨опти́ч/еск/ий⟩ ; *черед.* к — ч
оптима́льный* (*лат.* «о́птимус» — наилучший), оптим/альн/ый
оптими́зм, *только ед.*, оптим/изм
опто́вый, опт/ов/ый (*ср.:* о́пт/ом/, *нареч.*)
опустошённый, о/пуст/о/ш/ённ/ый, *кратк. форма* -ён, -ена́, -ено́
• о́пухоль, *ж. р., род. ед.* -и, о/пух/оль
опьяне́ние, *род.* -я, о/пьян/ени/е
• опя́ть, *нареч.*
ора́кул, *род. ед.* -а
• орангута́н, *род. ед.* -а и орангута́нг, *род. ед.* -а
ора́нжевый (*от франц.* «ора́нж» — апельсин), оранж/ев/ый
оранжере́я, оранжере/я, *прил.* ⟨оранжере́й/н/ый⟩
ора́тор, *род. ед.* -а (*лат.* «ора́ре» — говорить)
орби́та, орбит/а (*лат.* «орби-

---

* о п п о з и ц и я — противодействие, сопротивление, противопоставление своих взглядов другим взглядам
* о п п о н е н т — противник в споре
* о п п о р т у н и з м — приспособленчество, соглашательство, беспринципность; оппортунизм в рабочем движении — политика приспособления и подчинения классовых интересов пролетариата интересам буржуазии, политика соглашательства, сотрудничества с ней
* о п т и м а л ь н ы й — наиболее благоприятный, наилучший

та», *буквально* 'след колеса')
óрган, *род. ед.* -а (часть тела)
оргáн, *род. ед.* -а (муз. инструмент), *прил.* ⟨-/н/н/ый⟩
организáтор (*греч.* «óрганон» — орудие, приспособление, орган), организ/áтор
организáция, организ/áци/я
• **органи́зм**, орган/и́зм (*ср.:* óрган)
• **óрден** (*лат.* «óрдо» — ряд, разряд), *прил.* ⟨-/ск/ий⟩
• **óрдер** (*нем.* «óрдер» — порядок, приказ)
ординáрец, *род. ед.* -рца, *тв. ед.* -рцем
ординáрный (обыкновенный, заурядный), ординáрн/ый
ординáтор*, ординáт/ор (*ср.:* ординáт/у́р/а)
• **ореóл**, *род. ед.* -а
• **оре́х**, *сущ.* ⟨ореш/ник⟩ ; *черед. х — ш*, *прил.* ⟨-/ов/ый⟩
• **оригинáльный** (*лат.* «оригó» — начало), оригинáль/н/ый, *кратк. форма* -лен, -льна
• **ориенти́р**, *род. ед.* -а, ориент/и́р (*ср.:* ориент/áци/я), *глаг.* ⟨ориент/и́р/ов/а/ть/ся⟩
• **ориентирóвка** (*лат.* «ориéнс», *род. п.* «ориéнтис» — восток), ориент/и́р/ов/к/а
• **оркéстр**, *прил.* ⟨оркéстр/óв/ый⟩
• **орнáмент** (*лат.* «óрно» — украшаю)
оробéть, о/роб/é/ть
орошáть, о/рош/á/ть (*ср.:* росá; *черед. с — ш*)
• **орфогрáмма**, орфо/грáмм/а

• **орфогрáфия** (*греч.* «óрфос — правильный + «грáфо» — пишу), орфогрáф/и/я, *прил.* орфогрáф/и́ческ/ий
орфоэ́пия (*греч.* «óрфос» — правильный + «э́пос» — речь), орфоэ́п/и/я, *прил.* ⟨орфоэ́п/и́ческ/ий⟩
орхидéя [дэ], *род. ед.* -и, орхидé/я, *прил.* ⟨орхидéй/н/ый⟩
осаждáть, о/сажд/á/ть
осáнка, *род. мн.* -нок, осáн/к/а (*ср.:* осáн/ист/ый)
• **освéдомить**, -млю, -мит [*не* осведоми́ть, -млю, -ми́т], о/с/вéд/ом/и́/ть, *сущ.* ⟨о/свéд/омл/éни/е⟩ ; *черед. м — мл*
освещáть, о/свещ/á/ть (*ср.:* свет; *черед. т — щ*)
освободи́ть, о/свобод/и́/ть, *сущ.* ⟨о/свобожд/éни/е⟩ ; *черед. д — жд*
освóиться, -óюсь, -óится, о/свó/и/ть/ся (*ср.:* свой)
освяти́ть, -щу́, -ти́т, о/свят/и́/ть (*ср.:* свят/ость)
оседáть, о/сед/á/ть (*ср.:* при/сед/á/ть)
• **осéдлость** [*не* сё], о/седл/ость
• **осеня́ть***, -я́ю, -я́ет, о/сен/я́/ть
осети́н, *род. мн.* осети́н, *прил.* ⟨-/и́н/ск/ий⟩
• **осётр**, *род. ед.* осетрá, *им. мн.* осетры́, *род. мн.* осетрóв
осéчься, осеку́сь, осечётся, осеку́тся, *прош. вр.* осёкся *и допуск. устар.* осéкся, осекла́сь, осекло́сь, осекли́сь *и допуск. устар.* осéклась, осéклось, осéклись, *прич. действ. прош.* осéк-

---

* о р д и н а т о р — лечащий врач в больнице, клинике и т. д.
* о с е н я т ь — покрывать, как сенью (*устар.*), т. е. покровом (в знак защиты, покровительства)

шийся и *допуск.* осёкшийся, *дееприч.* осёкшись и *допуск.* осёкшись, о/сечь/ся; *черед.* **к — ч**
- оси́на, осин/а, *сущ.* ⟨-/ник⟩, *прил.* ⟨-/ов/ый⟩

оскверни́ть, о/скверн/и/ть
оско́лок, *род. ед.* -лка, о/с/кол/ок (*ср.:* кол/о́/ть)
оско́мина, оском/ин/а
оскорби́ть, -блю́, -би́т, оскорб/и/ть, *сущ.* ⟨оскорбл/е́ни/е⟩ ; *черед.* **б — бл**
оскудева́ть, о/скуд/ева/ть, оскудение (*не* оскуднение), о/скуд/ени/е
- осме́ивать, о/сме/ива/ть
осме́ливаться, о/смел/ива/ть/ся
оснаща́ть, о/снащ/а/ть, *сущ.* ⟨-/сна́ст/к/а⟩ ; *черед.* **ст — щ**
основополага́ющий, основ/о/по/лаг/а/ющ/ий
- основополо́жник, основ/о/по/лож/ник
осо́бенный, особ/енн/ый, *кратк. форма м. р. не употр., ж. р.* -енна, *с. р.* -енно, *мн. ч.* -енны
особняко́м, *нареч.,* особ/няк/ом/
- осо́ка, *только ед., род.* -и [*не* осока́, -и́], осок/а
о́спинка (*от* оспа), *род. мн.* -нок, осп/ин/к/а (*ср.:* осп/ин/а)
осрами́ться, о/срам/и/ть/ся
остава́ться, оста/ва/ть/ся
оставля́ть, оставл/я/ть
остально́й, оста/ль/н/ой
остана́вливаться, останавл/ива/ть/ся
оста́нки, *только мн., род.* -ов, остан/к/и
- остано́вка, останов/к/а
остеклене́ть, -е́ет, о/стекл/ене/ть

- остепени́ться, о/степен/и/ть/ся
остервене́ть, о/стерв/ене/ть
остерега́ться, о/стерег/а/ть/ся
- о́стов, *род. ед.* -а
остолбене́ть, о/столб/ене/ть
осторо́жный, о/сторож/н/ый, *кратк. форма* -жен, -жна, *сущ.* ⟨о/сторо́ж/н/ость⟩
- остра́стка, *род. мн.* -ток, о/страст/к/а (*ср.:* страща́ть; *черед.* **ст — щ**)
острига́ть, о/стриг/а/ть
остри́женный, о/стриж/енн/ый
- остриё [*не* острие́], *род. ед.* острия́, *тв. ед.* острие́м, *пр. ед.* об острие́, остр/и/ё
острога́, *род. ед.* -и́ [*не* остро́га, -и], острог/а
остроу́мный, остр/о/ум/н/ый, *кратк. форма* -мен, -мна
- осуществле́ние, о/сущ/ествл/ени/е
осчастли́вить, -влю, -вит, о/счаст/лив/и/ть
осьмино́г, осьм/и/ног (*от ст.-слав.* «осмь» — восемь)
- осяза́ние, осяза/ни/е
ота́ра, отар/а
отбира́ть, от/бир/а/ть
о́тблеск, от/блеск
отва́жный, отваж/н/ый
отва́р, *род. ед.* отва́ра и отва́ру [*не* о́твар], от/вар
отверде́ть, -е́ет, о/тверд/е/ть
отве́рженный, от/верж/енн/ый (*ср.:* от/ве́рг/ну/ть; *черед.* **г — ж**)
- отве́рстие, отверсти/е
отвёртка, *род. мн.* -ток, от/вёрт/к/а
отве́сный, от/вес/н/ый
отве́тственный, ответ/ств/енн/ый, *сущ.* ⟨отве́т/ств/енн/ость⟩
отвлека́ть, от/влек/а/ть

отвлече́ние, от/влеч/ени/е
- отвора́чиваться, от/ворач/ива/ть/ся
- отвори́ть, отворю́, отво́рит, о/твор/и́/ть (ср.: за/твор/и́/ть)
- отвраще́ние, отвращ/ени/е (ср.: отвра́т/н/ый; черед. *т — щ*)

отгада́ть, от/гад/а/ть
отдава́ть, -даю́, -даёт, от/да/ва/ть
отдалённый, от/дал/ённ/ый, *кратк. форма прил.* -ён, -ённа, -ённо
отдали́ть, от/дал/и/ть
отда́ча, *тв.* -чей от/да/ч/а
отде́л, от/дел (ср.: раз/де́л)
отдели́ть, -елю́, -е́лит, от/дел/и/ть
отдира́ть, от/дир/а/ть
отдохнове́ние, отдох/новени/е
- отдохну́ть, отдох/ну/ть (ср.: о́тдых; черед. *о — ы*)

отду́шина, от/душ/ин/а
отдыша́ться, -дышу́сь, -ды́шится, от/дыш/а/ть/ся
- оте́ль* [тэ], *м. р., род. ед.* -я
отере́ть, отру́, отрёт, *прош. вр.* отёр, отёрла, о/тер/е/ть
оте́ц, *род. ед.* отца́, *прил.* ⟨-ч/еск/ий⟩; *черед. ч — ц*, *е* — нуль звука
оте́чество, отеч/еств/о
о́тзыв (мнение), *род. ед.* -а, от/зыв
отзы́в (*действие по глаг.* отзыва́ть), от/зыв
отзы́вчивый, от/зыв/чив/ый
отказа́ть, -ажу́, -а́жет, от/-каз/а/ть; *черед. з — ж*
отклоне́ние, от/клон/ени/е

отклони́ть, -оню́, -о́нит, от/клон/и/ть
открове́нный, откровенн/ый, *кратк. форма* -енен, -енна
- отку́да, от/куда/
отку́поривать, -аю, -ает (*не* откупо́ривать], от/купор/ива/ть
отку́порить, -рю, -рит [*не* откупо́рить], от/купор/и/ть, *сущ.* ⟨от/ку́пор/к/а⟩
отлива́ть, от/ли/ва/ть
- отличи́ть, отлич/и/ть
отлома́ть, от/лом/а/ть, *прич.* ⟨-/а/нн/ый⟩
отломи́ть, от/лом/и/ть, *прич.* ⟨-мл/енн/ый⟩
- отмежева́ться, от/меж/ева/ть/ся
о́тмель, *ж. р., род. ед.* -и, от/мель
отмере́ть, отомру́, отомрёт, *прош. вр.* о́тмер, отмерла́, о́тмерло, о́тмерли, от/мер/е/ть
отмира́ть, от/мир/а/ть
- отны́не, *нареч.*, от/ныне/
отню́дь, *нареч.*
- отня́ть, от/ня/ть (ср.: от/ним/а́/ть; *черед. я — им*)
отобража́ть, от/ображ/а/ть
отобрази́ть, -ажу́, -ази́шь, от/образ/и/ть; *черед. з — ж*
- отовсю́ду, *нареч.*, ото/всюду/
- отождестви́ть*, о/тождеств/и/ть *и* отожестви́ть, -ствлю́, -стви́т, о/тожеств/и/ть
отойти́, ото/й/ти
отомкну́ть, ото/мк/ну/ть (ср.: от/мык/а́/ть; *черед. ы —* нуль звука)

---

* о т е л ь — гостиница
* о т о ж д е с т в и т ь — признать тождественным (сходным), отождествить два понятия

- **отомсти́ть,** -мщу́, -мсти́т, ото/м-ст/и/ть; *черед.* **ст — щ**
- **оторопе́ть,** -е́ю, -е́ет, оторо́п/е/ть (*ср.:* оторо́пь)
- **отпере́ть,** отопру́, отопрёт, *прош. вр.* о́тпер, отперла́, о́тперло, о́тперли, от/-пер/е/ть
- **отпеча́ток,** от/печат/ок
- **отпира́ть,** от/пир/а/ть
- **о́тповедь,** *ж. р., род. ед.* -и
- **отполиро́ванный,** от/полир/ов/а/нн/ый
- **отполирова́ть,** от/полир/ов/а/ть
- **отправля́ться,** отправл/я/ть/-ся
- **отпряга́ть,** от/пряг/а/ть
- **отпря́чь** [*допуск. устар.* ре́], -прягу́, -пряжёт, -прягу́т, *прош. вр.* -пря́г [*допуск. устар.* рё], -прягла́, от/-прячь
- **отрави́ть,** -авлю́, -а́вишь, о/трав/и/ть (*ср.:* о/тра́в/а)
- **отража́ть,** отраж/а/ть
- **отрази́ть,** отраз/и/ть (*историч. образовано от основы* «раз» — *в знач.* 'ре́зать', 'руби́ть')
- **о́трасль,** *род. ед.* -и, *им. мн.* -и, *род. мн.* о́траслей *и допуск.* отрасле́й, от/рас/ль, *прил.* ⟨от/рас‚л/ев/о́й⟩
- **отрасти́,** -ащу́, -асти́т, от/-раст/и/ть; *черед.* **ст — щ**
- **отрезви́ться,** -влю́сь, -ви́тся, о/трезв/и/ть/ся; *черед.* **в — вл**
- **отрека́ться,** от/рек/а/ть/-ся (*ср.:* от/ре́чь/ся; *черед.* **к — ч**)
- **отрёпанный,** о/трёп/а/нн/ый
- **отре́пье** (лохмотья), о/треп/ье (*ср.:* треп/а́/ть)
- **отрече́ние,** от/реч/ени/е
- **отрица́ть,** отрица/ть
- **о́троду,** *нареч.* (о́троду не ви-

дел), *но сущ.* о́т роду (шести́ лет о́т роду), от/род/у/
- **о́троческий,** отроч/еск/ий (*ср.:* о́трок; *черед.* **к — ч**)
- **отрясти́,** -су́, -сёт, *прош. вр.* отря́с, отрясла́, о/тряс/ти
- **отряха́ть,** о/трях/а/ть
- **отсро́чивать,** от/сроч/ива/ть
- **отстраня́ть,** от/стран/я/ть
- **отсу́тствие,** от/сутств/и/е
- **отсу́тствовать,** -твую, -твует, от/сутств/ов/а/ть (*ср.:* при-/су́тств/ов/а/ть)
- **отсчи́тывать,** от/счит/ыва/ть
- **отсю́да** [*допуск. су́*], *нареч.*, от/сюда/
- **отта́ивать,** от/та/ива/ть
- **отта́скивать,** от/таск/ива/ть (*несов. к* от/тащ/и́/ть; *черед.* **ск — щ**)
- **оттени́ть,** от/тен/и/ть
- **о́ттепель,** *ж. р., род. ед.* -и, от/тепель
- **оттере́ть,** ототру́, ототрёт, *прош. вр.* -тёр, -тёрла, от/-тер/е/ть
- **оттира́ть,** от/тир/а/ть
- **о́ттиск,** от/тиск
- **оттого́,** *нареч.* (заболел, оттого́ и не пришёл), *но мест.* от того́ (от того́ бе́рега)
- **оттопы́риваться,** от/топыр/ива/ть/ся
- **отто́ргнуть,** от/торг/ну/ть (*ср.:* рас/то́рг/ну/ть)
- **отту́да,** *нареч.*, от/туда/
- **оттяга́ть,** от/тяг/а/ть
- **отцвести́,** -вету́, -ветёт, *прош. вр.* -вёл, -вела́, от/-цвес/ти
- **отцвета́ть,** от/цвет/а/ть
- **отча́иваться,** отча/ива/ть/ся
- **отча́сти** [*не* о́тчасти], *нареч.* (отча́сти и сам винова́т), от/част/и/, *но сущ.* от ча́сти (от ча́сти денег отказа́лся)

отча́яние, отчая/ни/е
отча́янный, *прил.*, отчая/н-н/ый, *кратк. форма* -ян, -янна
● отча́яться, -а́юсь, -а́ется, отчая/ть/ся (*историч. от устар.* «ча́яти» — ждать, надеяться)
отчего́, *нареч.* (отчего́ ты не спишь?), *но мест.* от чего́ (от чего́ это зависит?)
отчека́нить, от/чекан/и/ть
● о́тчество, отч/еств/о
отчёт, от/чёт
отчётливый, от/чёт/лив/ый
● отчи́зна, отч/изн/а
● о́тчий, отч/ий
о́тчим, *род. ед.* -а, *им. мн.* -ы, *род. мн.* -ов, отч/им
отчисле́ние, от/числ/ени/е
отчита́ться, отчит/а/ть/ся
отчужде́ние, от/чужд/ени/е
отшатну́ться, -ну́сь, -нётся, от/шат/ну/ть/ся (*ср.:* ша́т/к/ий)
отшиби́ть, от/шиб/и/ть (*ср.:* у/ши́б)
● отщепе́нец, *род. ед.* -нца, отщепен/ец (*историч.* однокорен. слова: щёп/к/а, щеп/а́/ть)
отъезжа́ть, -а́ю, -а́ет [ж'ж' и допуск. жж], отъ/езж/а/ть
отъя́вленный, отъ/явл/енн/ый (*от устар.* отъявля́ть, объявля́ть)
отыгра́ть, от/ыгр/а/ть
отыска́ть, от/ыск/а/ть
● отягоща́ть, о/тягощ/а/ть (*ср.:* о/тягот/и́/ть; *черед. т — щ*; *историч. от* тя́га)
отяжеле́ть, -е́ю, -е́ет, *непе-рех.*, о/тяж/ел/е/ть
отяжели́ть, -лю́, -ли́шь, *перех.*, о/тяж/ел/и/ть
● отягча́ть, о/тяг/ч/а/ть
● офице́р, *им. мн.* -ы, *род. мн.* -ов [*не* офицера́, -о́в]
● официа́льный*, офици/аль-н/ый
● официа́нт, *прил.* ⟨-а́нт/ск/ий⟩
● оха́пка, *род. мн.* -пок, охап/-к/а
охлади́ть, о/хлад/и/ть, *сущ.* ⟨о/хлажд/ени/е⟩ ; *черед. д — жд*
охо́та, охот/а (*историч. от* хот/е́/ть)
охо́тничий, -чья, -чье, охот/-нич/ий/
охране́ние, о/хран/ени/е
охроме́ть, о/хром/е/ть
● оча́г, *род. ед.* -а́
очарова́ние, о/чар/ов/а/ни/е (*историч. от* «ча́ры» — колдовство)
очаро́вывать, о/чар/ов/ыва/ть (*несов. к* о/чар/ов/а́/ть)
● очеви́дец, *род. ед.* -дца, оч/е/-вид/ец
● о́чень, *нареч.*
очерёдность, о/черёд/н/ость
● о́чередь, *им. мн.* о́череди, *род. мн.* очередей [*не* о́че-редей], о/черед ь (*ср.:* черед/ов/а́/ть)
о́черк, *сущ.* ⟨очерк/и́ст⟩
очерстве́ть, -е́ю, -е́ет, о/черств/е/ть
очини́ть, о/чин/и/ть (очини́ть карандаш)
очи́стки, *только мн., род.* -ов, о/чист/к/и
очки́, *только мн., род.* очко́в, очк/и
очну́ться, очну/ть/ся
очути́ться, *1-е лицо ед. не употребл.*, очу́тится, очу́т/и/ть/ся
ошале́ть, о/шал/е/ть
● ошеломи́ть, ошелом/и/ть

---

* о ф и ц и а л ь н ы й — правительственный или должностной

ошиби́ться, ошиб/и/ть/ся (*ср.*: оши́б/к/а)
ощети́ниться, о/щетин/и/ть/-ся

о́щупью, *нареч.*, о/щуп/ью (*ср.*: щу́п/а/ть)
ощуща́ть, ощущ/а/ть

П

- павильо́н [льё], *род. ед.* -а
- павли́н, пав/лин (*ср.*: па́в/а)
- па́водок, *род. ед.* -дка, па/-вод/ок

  па́губный, па/губ/н/ый, *кратк. форма* -ен, -на

  паде́ж, *род. ед.* падежа́

  па́дкий, *кратк. форма* па́док, па́дка, па́дко, па́дки, пад/-к/ий

  па́дчерица, падчериц/а (*от устар.* дъчерь — дочь) (*историч.* па/дч/ер/иц/а)

  па́дший, пад/ш/ий (*ср.*: па́-д/а/ть)

  паёк, *род. ед.* пайка́, па/ёк (*ср.*: пай)
- па́зуха, пазух/а
- паке́т, *прил.* ⟨-т/н/ый⟩

  пакова́ть, пак/ов/а/ть
- пала́тка, палатк/а

  пала́ч, *род. ед.* палача́

  па́левый*, палев/ый
- палиса́дник, палисад/ник (*от* палиса́д; *лат.* «па́лус» — кол)

  пали́тра, палитр/а
- пали́ть, -лю́, -ли́т, пал/и/ть (жечь), *прич. страд. прош. вр.* ⟨палённый⟩, *кратк. форма* -ён, -ена́
- пали́ть, палю́, пали́т (стрелять)

- па́луба, палуб/а

  пальтецо́, *род. ед.* -а́, *тв. ед.* -цо́м, пальт/ец/о
- пальто́, *нескл., с. р.*
- памфле́т*, *сущ.* ⟨-лет/ист⟩

  па́мять, *прил.* ⟨па́мят/н/ый⟩

  пана́ма, панам/а

  панаце́я*, панаце/я
- пане́ль [нэ], *ж. р., род. ед.* -и, *прил.* ⟨пане́ль/н/ый⟩
- па́ника, паник/а, *сущ.* ⟨па-ник/ёр⟩, *прил.* ⟨пани́ч/ес-к/ий⟩; *черед.* к — ч

  панно́, *нескл., с. р.*
- панора́ма, панорам/а, *прил.* ⟨-/н/ый⟩

  пансио́н, *сущ.* ⟨пансион/а́т⟩

  панталоны́, *только мн., род.* -о́н, панталон/ы, *прил.* ⟨-ло́н/н/ый⟩
- панте́ра [нтэ *и допуск.* н'тé], пантер/а
- пантоми́ма*, пантомим/а
- па́нцирь, *м. р., род ед.* па́нциря

  папа́ха, папах/а

  папиро́са, папирос/а, *прил.* ⟨-/н/ый⟩
- папи́рус, *прил.* ⟨-/н/ый⟩
- па́поротник, *род. ед.* -а

  папуа́с, *род. ед.* -а

  пара́бола, парабол/а, *прил.* ⟨-бол/и́ческ/ий⟩

---

* па л е в ы й — бледно-жёлтый с розовым оттенком

* п а м ф л е т — злободневная, острая статья, брошюра, обычно политического характера, направленная против кого (чего)-нибудь

* п а н а ц е я — мнимое всеисцеляющее лекарство (у алхимиков; панацея от всех зол (*переносн., иронич.*)

* п а н т о м и м а — театральное представление без слов, в котором содержание сцен передаётся с помощью мимики, жестов, телодвижений

- **пара́граф**, *род. ед.* -а
- **пара́д** (*из франц., от лат.* «па́ро» — готовлю; *исходное знач.* 'смотр готовности к обороне'), *прил.* ⟨-/н/ый⟩
- **парадо́кс**, *прил.* ⟨парадокс/а́льн/ый⟩
- **парази́т** (*из франц., от греч.* «па́ра» — около + «зи́тос» — хлеб; *буквально* 'околохле́бник'; «парази́тос» — так греки называли чиновников при храмах, которые собирали хлеб), *прил.* ⟨-зит/и́ческ/ий⟩

  парализо́ванный, парализ/ов/а/нн/ый (*от* парализ/ов/а́/ть)
- **парали́ч**, *род. ед.* паралича́ [*не* пара́лич, -а]

  параллелепи́пед [л'], *род. ед.* -а

  параллелогра́мм [л'], *род. ед.* -а
- **паралле́ль** [л'] (*греч.* «паралле́лос» — рядом идущий), *ж. р., род. ед.* -и
- **парапе́т**, *род. ед.* -а
- **парафи́н**, *род. ед.* -а

  парашю́т [шу] (*греч.* «па́ра» — против + *франц.* «шют» — падение), *сущ.* ⟨-/и́ст⟩, *прил.* ⟨-/н/ый⟩

  па́рень, *м. р., род. ед.* -я, *им. мн.* па́рни, *род. мн.* парне́й, *сущ.* ⟨парен/ёк, *род. ед.* -нька́⟩
- **пари́***, *нескл., с. р.*

- **парикма́хер**, *род. ед.* -а

  парикма́херская, парикмахер/ск/ая
- **пари́ровать***, -рую, -рует, париров/а/ть

  парите́т*, *прил.* ⟨-те́т/н/ый⟩

  пари́ть, -рю́, -ри́т, пар/и/ть (лете́ть)
- **парке́т**, *прил.* ⟨-/н/ый⟩

  парла́мент* (*из англ., от лат.* «па́рло» — говорю), *прил.* ⟨-/ск/ий⟩, *сущ.* ⟨парламент/а́рий⟩

  парламентёр, *род. ед.* -а, *прил.* ⟨-тёр/ск/ий⟩

  парни́к, *род. ед.* -а́, *прил.* ⟨-к/о́в/ый⟩

  парово́з, пар/о/воз

  паровозоремо́нтный, пар/о/воз/о/ремонт/н/ый
- **паро́дия**, парод/и/я, *прил.* ⟨-/и́й/н/ый⟩, *глаг.* ⟨-/и́рова/ть⟩
- **паро́ль** (*из франц., от лат.* «па́рло» — говорю), *м. р., род. ед.* -я
- **паро́м**, *род. ед.* -а
- **парохо́д**, пар/о/ход

  партбиле́т, парт/биле́т

  партиту́ра*, партитур/а
- **парте́р** [тэ; *не* па́ртер], *род. ед.* -а
- **партиза́н**, *род. мн.* -а́н, *прил.* ⟨-/ск/ий⟩

  парти́йный, партий/н/ый (*от* па́ртия), *кратк. форма* -йен, -ийна
- **партнёр**, *род. ед.* -а, *сущ.* ⟨-/ш/а⟩

---

* п а р и — спор с условием выполнить какое-нибудь обязательство при проигрыше: выиграть пари, держать пари

* п а р и р о в а т ь — отражать удар противника

* п а р и т е т — равенство, равное отношение, одинаковое положение

* п а р л а м е н т — высший законодательный орган

* п а р т и т у р а — совокупность всех партий многоголосного музыкального произведения

- **парторганиза́ция,** парт/органи́з/аци/я
- **паруси́на,** парусин/а, *прил.* ⟨-/ов/ый⟩
- ● **парфюме́рия,** парфюмер/и/я, *прил.* ⟨парфюме́р/н/ый⟩
- **парча́,** парч/а, *прил.* ⟨-ч/о́в/ый⟩
- ● **па́сека,** пасек/а, *прил.* ⟨па́сеч/н/ый⟩, *сущ.* ⟨па́сеч/н/ик⟩ ; *черед.* к — ч
- **па́сквиль*,** *м. р., род. ед.* -я, *прил.* ⟨-виль/н/ый⟩
- ● **па́смурный,** пасмурн/ый (*историч. ср. устар.* сму́рный *в знач.* 'хмурый'), *кратк. форма* -рен, -рна
- ● **пасова́ть,** пас/ов/а/ть
- **паспарту́,** *нескл., с. р.*
- ● **па́спорт** (*из нем., восходящего к франц., от лат.* «пасса́ре» — проходить + «по́ртус» — гавань; первоначально паспорта выдавались капитанам дальнего плавания при отплытии корабля в другую страну), *им. мн.* -а́, *род. мн.* -о́в
- **паспортиза́ция,** паспорт/иза/ци/я
- **пасса́ж*** (*франц.* «пассе́» — проходить, проезжать), *тв. ед.* пасса́жем
- ● **пассажи́р** (*из нем. или голланд., от франц.* «пассе́» — проезжать), *прил.* ⟨-/ск/ий⟩
- ● **пасси́в,** *прил.* ⟨-/н/ый⟩
- ● **па́стбище,** пас/т/бищ/е
- ● **пастериза́ция** [тэ], пастериз/аци/я
- **пастерна́к** [тэ], *только ед., род.* -а
- **пасти́,** пас/ти (ср.: пас/ту́х)
- **пастила́,** *им. мн.* пасти́лы, *род. мн.* пасти́л, *дат. мн.* пасти́лам, пастил/а
- **пастьба́,** пас/ть/б/а (ср.: па́с/т/бищ/е)
- ● **пате́нт** [*не* тэ], *род. ед.* -а
- **патенто́ванный,** патент/ов/а/нн/ый
- ● **пате́тика*** [тэ], патетик/а, *прил.* ⟨патети́ч/еск/ий⟩ ; *черед.* к — ч
- ● **патефо́н** [*не* тэ], *род. ед.* -а
- **па́тока,** паток/а
- ● **патологи́ческий,** патолог/ическ/ий (*от сущ.* патоло́г/и/я; *греч.* «па́тос» — страдание + «ло́гос» — понятие, учение)
- ● **патриарха́льный,** патриарх/альн/ый, *кратк. форма* -лен, -льна
- ● **патрио́т** (*греч.* «па́трис» — родина), *сущ.* ⟨-/и́зм⟩ , *прил.* ⟨-/и́ческ/ий⟩
- ● **патро́н,** *род. ед.* -а, *прил.* ⟨-/н/ый⟩ , *сущ.* ⟨-/ник⟩
- **патронта́ш** (*от нем.* «патро́н» + «та́ше» — сумка, карман), *тв. ед.* патронта́шем, патрон/таш (*см.* ягдта́ш)
- ● **патру́ль,** *м. р., род. ед.* патруля́ [*не* патру́ля], *им. мн.* патрули́, *род. мн.* -е́й [*не* патру́ли, -ей]
- **пау́к,** *прил.* ⟨пау́ч/ий/⟩ , *сущ.* ⟨пауч/о́к⟩ ; *черед.* к — ч

---

* п а с к в и л ь — клеветническое сочинение с оскорбительными нападками

* п а с с а ж — 1) крытая галерея с торговыми помещениями; 2) часть музыкального произведения, обычно виртуозного характера; 3) странный, неожиданный случай (*переносн., устар.*)

* п а т е т и к а — страстно-взволнованный, исполненный пафоса тон: патетика публичной речи

- паути́на, паутин/а
- па́фос* (*греч.* «па́фос» — чу́вство, страсть), *только ед., род.* -а
- паха́ть, пах/а/ть, *сущ.* ⟨па́х/арь⟩
- па́хота, пах/от/а, *прил.* ⟨па́х/от/н/ый⟩ (*ср.:* паш/у́; *черед. х — ш*)
- па́хтать, па́хтаю, па́хтает, пахт/а/ть
- паху́чий, пах/уч/ий
- пацие́нт [энт] (*лат.* «па́циенс» — терпящий)
- пацифи́зм* (*лат.* «пацификус» — миротворческий), пациф/изм (*ср.:* пациф/и́ст)
- па́шня, паш/н/я, *сущ.* ⟨па́ш/ен/к/а⟩; *черед. е —* нуль звука
- паште́т [*не* тэ], *прил.* ⟨-т/н/ый⟩
- па́юсный (паюсная икра), паюсн/ый
- пая́сничать, -аю, -ает, пая́с/нича/ть (*ср.:* паяц; *черед. с — ц*)
- пая́ть, па/я́/ть, *сущ.* ⟨-я́/льн/ик⟩, *прил.* ⟨-/я́/льн/ый⟩
- пая́ц, *род. ед.* пая́ца [*не* пая́ца́]
- педаго́г (*из франц., от греч.* «пес», *род. п.* «пе́дос» — ребёнок + «агогос» — ведущий; *буквально* 'детоводитель'), *сущ.* ⟨-/ик/а⟩, *прил.* ⟨-/и́ч/еск/ий⟩; *черед. к — ч*
- педа́ль (*из франц., от лат.* «пес» («пе́дис») — нога), *ж. р., род. ед.* -и, *прил.* ⟨-ль/н/ый⟩
- педа́нт*, *прил.* ⟨-/и́чн/ый⟩ педанти́зм [*не* и́зьм], педант/изм
- педиа́тр (*от греч.* «пес», *род. п.* «пе́дос» — ребёнок + «иатре́я» — лечение), *прил.* ⟨-/и́ческ/ий⟩
- пейза́ж, *сущ.* ⟨-/и́ст⟩, *прил.* ⟨-/н/ый⟩
- пека́рня, *род. мн.* пека́рен, пек/ар/н/я
- пеклева́нный, пекл/ева/н/ый (*от глаг.* пекл/ева́/ть)
- пелена́, *род. ед.* -ы́, *им. мн.* пелены́, *род. мн.* пелён, *дат. мн.* пелена́м, пелен/а
- пелена́ть, пелен/а́/ть
- пеленгова́ть*, пеленг/ов/а/ть, *сущ.* ⟨пеленг/а́тор⟩
- пелёнка, пелён/к/а (*ср.:* пелен/а́/ть)
- пелери́на, пелерин/а, *сущ.* ⟨-ри́н/к/а⟩
- пелика́н, *род. ед.* -а
- пельме́ни (*фин.* «пель» — ухо + «нянь» — хлеб) *род. мн.* -ей, *им. ед.* -ме́нь, *род. ед.* -я, пельмен/и
- пе́мза, пемз/а, *прил.* ⟨пе́мз/ов/ый⟩
- пена́л, *род. ед.* -а
- пена́льти, *нескл., с. р.*
- пе́ние, пе/ни/е
- пеницилли́н, *род. ед.* -а

---

* п а́ ф о с — воодушевление, подъём, энтузиазм: говорить с пафосом

* п а ц и ф и з м — буржуазное политическое течение, для которого характерна пассивная проповедь мира и осуждение всяких войн, в том числе национально-освободительных, революционных и других справедливых войн

* п е д а н т — тот, кто излишне строг в выполнении мелочных формальных требований (в науке, жизни и т. п.), буквоед

* п е л е н г о в а т ь — определять местонахождение передающей радиостанции с помощью радиопеленгатора

пенопла́ст, пен/о/пласт
• **пенсионе́р**, пенси/онер (*ср.*: пе́нси/я)
пенсио́нный, пенси/онн/ый
• **пенсне́** [нэ] (*франц.* «пенс» — зажим + «не» — нос), *нескл., с. р.*
пенька́, *только ед., род.* -й. пеньк/а, *прил.* ⟨-к/о́в/ый⟩
пе́ня, *род. ед.* -и, *им. мн.* пе́ни, *род. мн.* пе́ней, пен/я
пеня́ть, пеня/ть
пе́пел, *только ед., род.* пе́пла, *сущ.* ⟨пепел/и́ще⟩, *прил.* пе́пель/н/ый⟩, *сущ.* ⟨пе-пель/н/иц/а⟩
пе́рвенец, *род. ед.* пе́рвенца, перв/енец
пе́рвенствовать, -твую, -тву-ешь *и допуск. устар.* пер-венствова́ть, -тву́ю, -тву́ет, перв/енств/ов/а/ть
первенству́ющий [*не* пе́рвен-ствующий], перв/енств/у/-ющ/ий
перви́чный, перв/ичн/ый
первобы́тный, перв/о/быт/н/-ый, *кратк. форма* -тен, -тна
Пе́рвое ма́я (название праздника)
первоисто́чник, перв/о/источ-ник
первокла́ссный, перв/о/клас-с/н/ый
пе́рво-на́перво, перв/о/-на/-перв/о/
первонача́льный, перв/о/-началь/н/ый
первообра́зный [*не* первооб-разный], перв/о/образ/-н/ый
первоочередно́й, перв/о/оче-ред/н/ой
первостепе́нный, перв/о/сте-пен/н/ый
первоцве́т, перв/о/цвет
перга́мент, *прил.* ⟨-/н/ый⟩

перебежа́ть, пере/беж/а/ть, *сущ.* ⟨-бе́ж/к/а, -бе́ж/чик⟩
перебира́ть, перебира́ю, *но* перебра́ть, переберу́, пере/-бир/а/ть, пере/бр/а/ть; *черед.* е — нуль звука, *е — и*
перевезти́, пере/вез/ти (*ср.*: пере/вез/у́)
перевести́, пере/вес/ти (*ср.*: пере/вед/у́; *черед.* д — с)
переводно́й[1] (о картинках, об экзаменах), пере/вод/н/ой
переводно́й[2] *и* перево́дный (о литературных произведениях, о почтовых бланках)
перево́дчик, пере/вод/чик
перево́зчик, пере/воз/чик
пе́ревязь, *ж. р., род. ед.* -и, пере/вязь
перегиба́ть, пере/гиб/а/ть
перегно́й, пере/гной (*ср.*: гни/ть; *черед. ой — и*)
перегора́ть, пере/гор/а/ть
перегоре́ть, пере/гор/е/ть
перегороди́ть, перегорожу́, перегоро́дит *и* перегороди́т, пере/город/и/ть
переда́тчик, пере/да/т/чик
передвиже́ние, пере/движ/е-ни/е
переде́лывать, пере/дел/ы-ва/ть
переде́ржка, пере/держ/к/а
передови́к, перед/ов/ик
передохну́ть, пере/дох/ну/ть
передра́знивать, пере/драз-н/ива/ть
переды́шка, пере/дыш/к/а
переё́зд, пере/езд
переезжа́ть [ж'ж' *и допуск.* жж], пере/езж/а/ть
пережё́вывать, пере/жёв/ы-ва/ть
переже́чь, -жгу́, -жжёт, -жгу́т, *прош. вр.* -жёг, -жгла́, пере/жечь; *черед. г — ж — ч, е —* нуль звука

пережжённый, пере/жж/ён-н/ый, *кратк. форма* -ён, -ена́, -ено́, -ены́ [ж'ж' *и допуск.* жж]
пережи́ток, пере/жи/т/ок
переименова́ть, -ну́ю, -ну́ет, пере/им/ен/ов/а/ть
переина́чить, пере/ин/ач/и/ть
перейти́, перейду́, перейдёт, пере/й/ти
перекати́-по́ле (растение), пере/кат/и-пол/е
пе́рекись, *ж. р., род. ед.* -и, пере/кись
перекочёвывать, пере/кочёв/ыва/ть
перекра́шивать, пере/краш/ива/ть
• перекрёстный, пере/крёст/н/ый
перекрёсток, *род. ед.* -тка, пере/крёст/ок
перелага́ть, *но* переложи́ть, пере/лаг/а/ть, пере/лож/и/ть; *череd.* г — ж, о — а
переле́зть, пере/лез/ть
переле́сок, *род. ед.* -ска, пере/лес/ок
перелива́ть, пере/ли/ва/ть
перели́вчатый, пере/ли/в/чат/ый
перелиста́ть, -а́ю, -а́ет, пере/лист/а/ть
перели́стывать, -аю, -ает, пере/лист/ыва/ть
переложи́ть, *но* перелага́ть, пере/лож/и/ть, пере/лаг/а/ть; *череd.* а — о, г — ж
переломи́ть, -омлю́, -о́мит, пере/лом/и/ть
перемежа́ться, пере/меж/а/ть/ся
• переме́на, пере/мен/а
перемести́ть, -ещу́, -ести́т, пере/мест/и/ть; *череd.* ст — щ
перемеще́ние, пере/мещ/ени/е
перемина́ться, пере/мин/а/ть/ся (*ср.:* мя/ть, мн/у/; *череd.* я — ин)
переми́рие, пере/мир/и/е
перемога́ться, пере/мог/а/ть/ся
переноси́ть, -ошу́, -о́сит, пере/нос/и/ть; *череd.* с — ш
перено́сица, *тв. ед.* -цей, пере/нос/иц/а
переня́ть, -йму́, -ймёт, *прош. вр.* пе́ренял *и допуск.* переня́л, переняла́, пе́реняло, пе́реняли *и допуск.* переня́ли, переня́ло, переня́/ть (*ср.:* переним/а́/ть; *череd.* я — им)
переоде́ть, пере/о/де/ть
переосвиде́тельствование, пере/о/свидетель/ств/ов/а/ни/е
• пе́репел, *род. ед.* -а, *им. мн.* перепела́, *род. мн.* -о́в
перепёлка, перепёл/к/а
перепеча́тка, пере/печат/к/а
перепи́счик, пере/пис/чик
пе́репись, *ж. р., род. ед.* -и, пере/пись
переплётчик, пере/плёт/чик
переполо́х, пере/полох (*ср.:* вс/полош/и́/ть/ся; *череd.* х — ш)
перепо́нка, перепонк/а
перепо́нчатый, перепонч/ат/ый; *череd.* к — ч
перепроизво́дство, пере/произв/од/ств/о
перепу́тье, пере/пут/ье
перерабо́тать, пере/работ/а/ть
перераста́ть, пере/раст/а/ть
перерасти́, -ту́, -тёт, *прош. вр.* -ро́с, -росла́, пере/расти (*из* пере/раст + ти)
перерасчёт, пере/рас/чёт
переро́сток, *род. ед.* -стка, пере/рост/ок
пересека́ть, -а́ю, -а́ет, пере/сек/а/ть

пересе́кший *и допуск.* пересёкший, пере/сек/ш/ий
переселе́ние, пере/сел/ени/е
пересе́чь, -секу́, -сечёт, *прош. вр.* -сёк *и допуск. устар.* -се́к, -секла́, -секло́, -секли́ *и допуск устар.* -се́кла, се́кли (*от «сечь» — рубить*), пере/сечь; *черед.* к — ч
переска́зывать, -аю, -аешь, пере/сказ/ыва/ть
перескочи́ть, пере/скоч/и/ть (*ср.:* пере/ска́к/ива/ть; *черед.* а — о, к — ч)
пересма́тривать, пере/сматр/ива/ть (*ср.:* пере/смотр/е́/ть; *черед.* а — о)
пересо́ленный (*от* пересоли́ть), пере/сол/енн/ый
переставля́ть, пере/ставл/я/ть (*ср.:* пере/ста́в/и/ть; *черед.* в — вл)
перестрахо́вщик, пере/страх/ов/щик
перестро́йка, пере/строй/к/а, *прил.* <-стро́/еч/н/ый>
перетасо́вка, пере/тасов/к/а
перетере́ть, *но* перетира́ть, пере/тер/е/ть, пере/тир/а/ть; *черед.* е — и
переу́лок, пере/ул/ок
переусе́рдствовать, пере/усерд/ств/ов/а/ть
переутомле́ние, пере/у/томл/ени/е (*ср.:* том/и́/ть/ся; *черед.* м — мл)
переучёт, пере/учёт
перефрази́ровать, пере/фраз/иров/а/ть, *двувид.*
перехлестну́ть, пере/хлест/ну/ть
пе́рец, *только ед., род.* пе́рца, *тв.* пе́рцем

пе́речень, *м. р., род. ед.* -чня
перечисле́ние, пере/числ/ени/е
перечи́ть, -чу, -чит, переч/и/ть (*ср.:* по/перёк; *черед.* к — ч)
пе́речница, *тв. ед.* -цей, переч/ниц/а
переше́ек, пере/ше/ек
переши́ва́ть, пере/ши/ва/ть
переэкзамено́вка, пере/экзамен/ов/к/а
периге́й* (*греч.* «пе́ри» — возле, около + «гео» — земля), *м. р., только ед., род.* -я
● пери́ла, *только мн., род.* пери́л, перил/а
● пери́метр (*греч.* «пе́ри» — вокруг, около + «ме́трео» — измеряю)
● пери́од, *прил.* <-/и́ческ/ий>, (*греч.* «пе́ри» — вокруг, около + «о́дос» — путь, дорога, *с исходным знач.* 'круг', 'окружность')
перипети́я, *род.* -и, перипети/я
периско́п (*греч.* «пе́ри» — вокруг, около + «ско́пео» — смотрю)
● периферия (*греч.* «пе́ри» — вокруг, около + «фе́ро» — носить, вращать), перифери/я, *прил.* <перифери́й/н/ый>
перифра́з *и* перифра́за (*греч.* «пе́ри» — вокруг + «фра́зо» — говорю), перифраз/а
● перламу́тр, *только ед., род.* -а, *прил.* <-/ов/ый>
пермане́нтный*, перманент/н/ый
перна́тый, пер/нат/ый

---

* п е р и г е й — ближайшая к Земле точка лунной орбиты или орбиты какого-либо искусственного спутника Земли; противоположное — апогей
* п е р м а н е н т н ы й — постоянный, непрерывный

перочи́нный, пер/о/чин/н/ый
перпендикуля́р (*лат.* «пер» (приставка со знач. усиления) + «пе́ндере» — висеть; *буквально* 'отве́сный', 'висят предметы отвесно'; отсюда развилось значение геометрического термина), *прил.* ⟨-/н/ый⟩
перпе́туум-мо́биле, *нескл., с. р.* (*лат.* вечно движущееся)
• **перро́н,** *прил.* ⟨-/н/ый⟩
перси́дский, перс/ид/ск/ий
пе́рсик, *прил.* ⟨-/ов/ый⟩
персона́ж, *тв. ед.* -ем, персон/аж
• **персона́л,** *только ед.,* персон/ал
• **перспекти́ва** (*не* переспекти́ва] (*лат.* прист. «пер» — *в знач.* через (сквозь что-либо) + «спе́кто» — смотрю), перспектив/а, *прил.* ⟨перспекти́в/н/ый⟩
• **пе́рстень,** *м. р., род. ед.* -тня
перфока́рта, перф/о/карт/а (перфорационная карта — листок с нанесёнными на него отверстиями)
пе́рхоть, *ж. р., только ед., род.* -и
• **перча́тка,** перчатк/а (*от устар.* перст — палец)
пёрышко, *род. ед.* -а, *род. мн.* -шек, пёр/ышк/о
пе́сенник, пе/сен/н/ик (*ср.:* пе́/сн/я)
• **песе́ц** (*историч. от* пёс)
• **песка́рь** (*историч. от* песо́к)
песнопе́ние, пе/сн/о/пе/ни/е
пе́сня, *род. мн.* пе́сен, пе/с/н/я (*ср.:* пе/ть)
• **песо́к,** *прил.* ⟨песч/а́н/ый⟩; *черед.* **к — ч**

• **пессими́зм** [*не* и́зьм] (*лат.* «пе́ссимус» — наихудший), пессим/изм
пе́стовать, -тую, -тует, пест/ов/а/ть
пестрота́, пестр/от/а
пестун, пест/ун
песцо́вый (*от* песе́ц), песц/ов/ый; *черед.* **е** — нуль звука
• **песча́ник,** песч/ан/ик
песча́ный, песч/ан/ый (*ср.:* песо́к; *черед.* **о** — нуль звука, **к — ч**)
пета́рда, петард/а
пети́ция*, петици/я
петля́, *род. ед.* -и́ *и* пе́тля, *род. ед.* -и, *им. мн.* пе́тли, *род. мн.* пе́тель, *дат. мн.* пе́тлям, петл/я, *сущ. с уменьшит.-ласкат. знач.* ⟨пе́тель/к/а⟩
петру́шка, петрушк/а
пету́ния *и* пету́нья, петуни/я, петунь/я
• **пету́х,** (*историч. от* пе/ть)
• **пехо́та,** пех/от/а (*ср.:* пе́ш/ий; *черед.* **х — ш**)
• **печа́ль,** *ж. р., род. ед.* -и, *прил.* ⟨печа́ль/н/ый⟩ (*общеслав.* «пе́ча» — забота)
• **печа́тать,** печат/а/ть
• **печа́ть** (*общеслав., от глаг.* печь, *первонач.* 'выжженный знак', 'тавро'), *род. ед.* -и
печёнка, *род. мн.* -нок, печён/к/а
печёный, *прил.* (печёные яблоки), *но прич.* печённый (печённые в духовке яблоки), печ/ён/ый, печ/ённ/ый
пе́чень, *ж. р., род. ед.* -и
пе́чка, печ/к/а
печни́к, печ/ник

---

* **пети́ция** — коллективная просьба в письменной форме, обращённая к органам государственной власти

печь, пеку́, печёт, пеку́т, *прош. вр.* пёк, пекла́
пешехо́д, пеш/е/хо́д
• **пеще́ра** [*не* ще́], пещер/а
• **пиала́**, пиал/а́
• **пиани́но**, *нескл., с. р. (итал.* «пиа́но» — тихо, негромко)
пиани́стка, пиан/и́ст/к/а
пигме́й*, *м. р., род. ед.* -я
• **пигме́нт***, *только ед.*
• **пиджа́к**, *род. ед.* -а́
• **пижа́ма**, пижам/а
пика́нтный, пика́нтн/ый, *кратк. форма* -тен, -тна
пика́п, *род. ед.* пика́па
пике́, *нескл., с. р.*
• **пике́т***, *род. ед.* -а
пики́ровать, -рую, -рует (снижаться под большим углом), пик/и́ров/а/ть
пикирова́ть, -ру́ю, -ру́ет (пересаживать растения), пик/иров/а́/ть
• **пикни́к**, *род. ед.* -а́
пи́ленный, *прич.* (дрова́ ещё не пи́лены), пил/енн/ый
пилёный, *прил.* (пилёный сахар), пил/ён/ый
пило́т, *глаг.* ⟨-/и́ров/а/ть⟩
пи́льщик, пиль/щик
пилю́ля, пилюл/я
• **пингви́н** [*не* пи́нгвин] (*из англ., от лат.* «пи́нгвис» — жирный, толстый, упитанный)
пинг-по́нг (настольный теннис)
• **пинце́т**, *род. ед.* -а
• **пио́н**, *род. ед.* -а
• **пионе́р** [*не* нэ], *прил.*
⟨-/ск/ий⟩

• **пионервожа́тый** [*не* нэ], пионер/вож/ат/ый
пипе́тка, *род. мн.* -ток, пипетк/а
• **пирами́да**, пирамид/а, *прил.*
⟨-а́льн/ый⟩
пирамидо́н, *род.* -а
• **пира́т**, *прил.* ⟨-/ск/ий⟩
пирова́ть, -ру́ю, -ру́ет, пир/ов/а/ть
• **пиро́г** (*историч.*, от слова пир; *первонач.* 'праздничный хлеб'), *прил.* ⟨пиро́ж/н/ый⟩, *сущ.* ⟨пиро́ж/ник⟩ черед. г — ж
пиро́га (ладья), пирог/а
пироксили́н (*греч.* «пир» — огонь + «о́ксис» — острый, кислый)
пироте́хник (*греч.* «пир» — огонь), пиро/техник
пиру́эт, *род. ед.* -а
• **пи́санный**, *прич.* (письмо, пи́санное давно), пис/а́/нн/ый (*от* пис/а́/ть)
• **пи́саный**, *прил.* (пи́саная красавица), пис/ан/ый
• **писа́ть**, пишу́, пи́шет, пис/а́/ть; *черед.* с — ш
• **пистоле́т**, *прил.* ⟨-/н/ый⟩
• **писто́н**, *род. ед.* -а
• **писчебума́жный** [ищ], пис/ч/е/бумаж/н/ый
• **пи́счий** [и́щ], пис/ч/ий
пи́сьменный, пись/м/енн/ый
письмо́, пись/м/о́
письмоно́сец, *род. ед.* -сца, пись/м/о/нос/ец
• **пита́тельный**, пит/а/тель/н/ый
• **пита́ть**, пит/а/ть

---

* п и г м е́ й — 1) человек, принадлежащий к одному из низкорослых племён Африки или Азии, а также (*переносн.*) вообще о человеке крошечного роста; 2) (*переносн.*) о ничтожном человеке, ничтожестве

* п и г м е́ н т — красящее вещество в организме, придающее окраску коже, волосам и т. п.

* п и к е́ т — небольшой сторожевой отряд, застава

питека́нтроп* [*допуск.* тэ], *род. ед.* питека́нтропа
● пито́мец, *род. ед.* -мца, питом/ец (*историч. от* пит/á/ть)
пито́мник, питом/ник
пито́н, *род. ед.* -а
пичу́жка, *род. мн.* пичу́жек, пичуж/к/а (*ср.*: пичу́г/а; *черед.* **г — ж**)
пища́ть, пищ/á/ть (*ср.*: писк; *черед.* **ск — щ**)
пищеваре́ние, пищ/е/вар/е/ни/е
● пия́вка [*не* пья], *род. мн.* -вок, пиявк/а
пла́вать, плав/а/ть
пла́вленый, *прил.* (пла́вленый сыр), *но прич.* пла́вленный; плавл/ен/ный, плавл/енн/ый (*ср.*: пла́в/и/ть, *черед.* **в — вл**)
плавни́к, *род. ед.* -á, плав/ник (*ср.*: пла́в/а/ть)
плавуне́ц, *тв. ед.* -цо́м, плав/унец
плаву́чий, плав/уч/ий
плагиа́т*, *только ед., род.* плагиáта
● плака́т, *род. ед.* -а, *сущ.* ⟨плакат/и́ст⟩, *прил.* ⟨плака́т/н/ый⟩
пламене́ть, плам/ен/е/ть
пла́менный, плам/ен/н/ый (*ср.*: пла́м/я), *кратк. форма* -енен, -енна
пла́мя, *только ед., род.* пла́мени, плам/я
● планёр, *род. ед.* планёра *и допуск.* пла́нер, *род. ед.* пла́нера
плане́та, планет/а, *сущ.* ⟨плане́т/а́рий⟩, *прил.* ⟨плане́т/áрн/ый⟩

планиме́трия, планиметр/и/я, *прил.* ⟨-метр/и́ческ/ий⟩
плани́ровать, -рую, -рует (плавно лететь, снижаясь, *а также* плани́ровать работу), план/иров/а/ть
планирова́ть, -ру́ю, -ру́ет *и* плани́ровать, -рую, -рует (планирова́ть участки), план/иров/а/ть, *сущ.* ⟨-/иро́в/к/а⟩
● планта́ция (*лат.* «пла́нто» — сажаю растения), плант/аци/я
● планше́т, *сущ.* ⟨-шéт/к/а⟩
пла́стик, пласт/ик (*от* пласт)
● пластили́н (*греч.* «пла́стос» — вылепленный), *прил.* ⟨-ли́н/ов/ый⟩
пласти́нка, *род. мн.* -нок, пластин/к/а (*ср.*: пласти́н/а)
пластма́сса, пласт/масс/а
пласту́нский, пластун/ск/ий (*ср.*: пласту́н)
пла́стырь, *м. р., род. ед.* -я
плата́н, *род. ед.* -а
плате́льщик, плат/ельщик (*от* пла́т/а)
пла́тина, платин/а, *прил.* ⟨-/ов/ый⟩
плати́ть, плачу́, пла́тит [*не* пло́тит], плат/и/ть
плато́ [*не* пла́то], *нескл., с. р.*
● плато́к, *род. ед.* платка́ (*от устар.* «плат» — полотно)
плато́чек, плато́ч/ек; *черед.* **к — ч**
● платфо́рма (*из франц., от лат.* «пла́тис» — плоский + «фо́рма»; *буквально* 'плоская форма'), платформ/а

---

* п и т е к а н т р о п — древнейший ископаемый человек (*спец.*)
* п л а г и а т — выдача чужого произведения или изобретения за собственное

пла́тьице, плать/иц/е (ср.: пла́ть/е)
-платяно́й, плат/ян/ой
• плафо́н, род. ед. -а
• плацда́рм, род. ед. -а (из франц. «плац» — площадь + «дэ а́рм» — для войск)
• плацка́рта (из нем. «плац» — место + «карта» — билет), плацкарт/а
плач, м. р., сущ. тв. ед. пла́ч/ем
плачь, повел. накл. от пла́к/а/ть; черед. к — ч
плашмя́, нареч.
плащ, м. р., тв. ед. плащ/о́м
плащ-пала́тка, род. мн. плащ-палаток, плащ-палатк/а
плебе́й, м. р., род. ед. -я
плебисци́т, род. -а
плева́ть, плюю, плюёт, плев/а/ть (ср.: плю́/ну/ть; черед. ев — ю)
плеври́т, только ед., род. -а, плевр/ит (ср.: пле́вр/а)
плексигла́с, только ед., род. -а, прил. ⟨плексигла́с/ов/ый⟩
племенно́й, плем/ен/н/ой
пле́мя, род. ед. пле́мени, плем/я
• племя́нник (историч. от пле́мя)
плена́рный (лат. «плена́риус» — полный), плен/ар/н/ый (ср.: пле́н/ум)
плене́ние, плен/ени/е
плени́тельный, плен/и/тельн/ый
пле́нник, плен/н/ик (ср.: пле́н/н/ый)
пле́нум (лат. «пле́нум» — полное), плен/ум

пленя́ть, плен/я́/ть
плеона́зм* (греч. «плеона́змос» — излишество), плеон/азм, прил. ⟨плеон/аст/и́ческ/ий⟩
плёс, род. ед. -а
• пле́сень, ж. р., род. ед. -и, прил. ⟨пле́сен/н/ый⟩
плеска́ть, плещу́, пле́щет, плеск/а́/ть; черед. ск — щ
пле́сневеть, -ею, -еет [не плесневе́ть, -е́ю, -е́ешь, -е́ет], плесн/еве/ть
• плесну́ть, -сну́, -снёт, плес/ну/ть
плетённый, прич. (корзина, плетённая из прутьев), плет/ённ/ый
плетёный, прил. (плетёная корзина), плет/ён/ый
плете́нь, м. р., род. плетня́ [не пле́тень, пле́тня], плет/ень (ср.: плет/у́)
плечо́, им. мн. пле́чи, род. мн. плеч, дат. мн. плеча́м, плеч/о, прил. ⟨-/ев/о́й⟩
плеши́вый, плеш/ив/ый
плешь, ж. р., род. ед. -и
плея́да, плеяд/а
плиссе́ [исэ́], нескл., с. р.
плиссирова́ть, -иру́ю, -иру́ет, плисс/иров/а/ть
плита́, плит/а
• плове́ц, плов/ец, сущ. ⟨плов/ч/и́х/а⟩; черед. ц — ч
плод, род. ед. -а́
плодо́во-овощно́й, плод/ов/о/овощ/н/ой
плодоро́дие, плод/о/род/и/е
плодотво́рный, плод/о/твор/н/ый, кратк. форма -рен, -рна
• пломби́р, род. ед. -а (мороженое)
пломбирова́ть, -ру́ю, -ру́ешь

---

* п л е о н а з м — оборот речи, в котором излишне повторяются слова, одинаковые или близкие по значению

[не пломби́ровать, -ру́ю, -ру́ет], пломб/иров/а/ть, *сущ.* ⟨пломб/и́р⟩ (*ср.:* пло́мб/а)
плоского́рье, *род. мн.* -рий, плоск/о/горь/е
плоскогу́бцы, плоск/о/губ/ц/ы
• плотва́, плот/в/а (*ср.:* плот/и́ц/а), *сущ. с уменьшит.-ласкат. знач.* ⟨плот/в/и́ч/к/а⟩ ; *черед.* ц — ч
плоти́на, плоти́н/а, *прил.* ⟨плоти́н/н/ый⟩
пло́тничать, плотнич/а/ть (*ср.:* пло́тник; *черед.* к — ч)
пло́хонький, плох/оньк/ий *и допуск.* пло́хенький, плох/еньк/ий
пло́шка, *род.* -шек, плошк/а
пло́щадь, *род. ед.* -и, *им. мн.* -и, *род. мн.* -е́й
плуг, *род. ед.* -а, *им. мн.* плуги́, *род. мн.* -о́в
плут, *сущ.* ⟨плут/и́шк/а⟩
плыву́н, плыв/ун
плюрали́зм (*лат.* «плюра́лис» — множественный), плюрал/изм
плюш, *м. р., род. ед.* -а, *тв. ед.* -шем, *прил.* ⟨-/ев/ый⟩
плющ, *м. р., род. ед.* -а́, *тв. ед.* -що́м
пляж, *м. р., род. ед.* -а, *тв. ед.* -жем, *пр. ед.* на пля́же [*не* на пляжу́]
пляса́ть, пляс/а/ть
плясу́нья, *род. мн.* -ий, пляс/унь/я (*ср.:* пля́с/к/а)
• пневмати́ческий*, пневмати́ч/еск/ий (*ср.:* пневма́тик/а; *черед.* к — ч)
пневмони́я, пневмон/и/я
по-англи́йски, *нареч.* по/английск/и/

• побе́да, побе́д/а, *прил.* ⟨-/н/ый⟩
победи́ть, *1-е лицо ед. ч. не употр.,* побед/и́/ть, *сущ.* ⟨побед/и́/тель⟩
побере́жье, по/бережь/е (*ср.:* бе́рег; *черед.* г — ж)
поблёкнуть, -ну, -нет, *прош. вр.* -блёк, -блёкла *и допуск.* побле́кнуть, -блёк, -блёкла, по/блёк/ну/ть, *прил.* ⟨по/блёк/л/ый⟩ *и допуск.* ⟨по/бле́к/л/ый⟩
побли́же, *нареч.,* по/ближ/е/
• побли́зости, *нареч.,* по/близ/ост/и
побо́ище, *тв. ед.* -щем, по/бо/ищ/е (*ср.:* бой)
по́боку, *в знач. сказ.,* по/бок/у/
• побо́льше, *нареч.,* по/боль/ш/е
• по-большеви́стски, по/большев/истск/и/
побо́рник, по/бор/ник
поборо́ть, по/бор/о/ть
• по-бу́дничному *и допуск.* по-бу́днишнему, *нареч.,* по/будн/ичн/ому/ *и* по/будн/ишн/ому/
по́вар, по/вар (*ср.:* вар/и́/ть), *сущ.* ⟨по/вар/и́х/а⟩
поведа́ть, по/вед/а/ть
• поведе́ние, по/вед/ени/е
• повелева́ть, по/вел/ева/ть
поверга́ть, -га́ю, -га́ешь, по/верг/а/ть
пове́ргнуть, -ну, -нешь, *прош. вр.* -е́рг, -е́ргла, по/верг/ну/ть (*ср.:* с/ве́рг/ну/ть)
• пове́ренный, по/вер/енн/ый
поверте́ть, -ерчу́, -е́ртишь, по/верт/е/ть; *черед.* т — ч
• пове́рх, *нареч.,* по/верх/
пове́рхностный, по/верх/

---

* п н е в м а т и́ ч е с к и й — действующий сжатым воздухом (пневмати́ческий насос, молот)

ност/н/ый, *кратк. форма* -стен, -стна
по́верху, *нареч.*, по/верх/у/
пове́рье, *род. мн.* пове́рий, по/вер/ье
пове́са, повес/а, *глаг.* ⟨по-вес/нича/ть⟩
повеселе́ть, по/весел/е/ть
• повествова́ние, повествов/а/ни/е
пове́стка, *род. мн.* -ток, по/-вест/к/а
• по́весть, *ж. р., им. мн.* -и, *род. мн.* -е́й
пове́шенный, по/веш/енн/ый (*от* по/ве́с/и/ть; *черед.* с — ш)
по-ви́димому, по/вид/им/ому/
• пови́дло, *только ед., с. р., тв.* -ом, повидл/о
повили́ка, повилик/а
пови́нность, *ж. р., род. ед.* -и
поводы́рь, *м. р., род. ед.* -я́, по/вод/ырь
пово́зка, по/воз/к/а
по возмо́жности, по воз/мож/н/ост/и
по-во́лчьи, по/волчь/и/
поврежде́ние, по/вреж́д/ени/е
повседне́вный, по/вс/е/дн/евн/ый
повсеме́стный, по/вс/е/мест/н/ый, *кратк. форма* -стен, -стна
повста́нец, повстан/ец, *тв. ед.* -цем, (*от* повста́ние)
• повсю́ду, *нареч.*, по/всюду/
по-вся́кому, *нареч.*, по/вся́к/ому/
по-вчера́шнему, *нареч.*, по/-вчера/шн/ему/
повыше́ние, по/выш/ени/е
погаси́ть, погашу́, пога́сишь, по/гас/и/ть
погаше́ние, по/гаш/ени/е
поги́бель, *ж. р., только ед., род.* -и, по/гиб/ель
• поглоти́ть, по/глот/и/ть

• поглоща́ть, по/глощ/а/ть (*ср.:* глот/а́/ть; *черед.* т — щ)
поглоще́ние, по/глощ/ени/е
погляде́ть, -яжу́, -яди́шь; *черед.* д — ж, по/гляд/е/ть
• пого́да, *только ед.*, погод/а
поголо́вный, по/голов/н/ый
поголо́вье, по/голов/ье
• пого́н, *род. ед.* -а, *род. мн.* пого́н
пого́нщик, по/гон/щик
погранзаста́ва, по/гран/за-став/а
пограни́чник, по/гранич/-н/ик
• по́греб, *род. ед.* -а, *им. мн.* погреба́, *род. мн.* -о́в [первоначально «яма» — могила] (*историч.* по/греб, *ср.:* гроб; *черед.* е — о)
• погребе́ние, погреб/ени/е
погребу́шка, *род. мн.* -шек, по/грем/ушк/а
по-гре́чески, по/греч/еск/и/ (*ср.:* грек, Гре́ц/и/я; *черед.* к — ч — ц)
погромы́хивать, по/громы-х/ива/ть
погря́зший, по/гряз/ш/ий
пода́ть, по/да/ть
по́данный (*от* пода́ть), по/-да/нн/ый
пода́рок, по/дар/ок
подберёзовик, под/берёз/о-вик
под бо́ком (живёт под боком), под бок/ом/
подборо́док, под/бород/ок
подва́л, *род. ед.* -а
• подве́тренный, под/ветр/ен-н/ый
под ве́чер *и допуск.* под ве́чер
по́двиг, *род. ед.* -а
подвижно́й, -а́я, -о́е (могущий передвигаться, передвигающийся, связанный с передвижением: подвижно́й

состав, подвижны́е части маши́ны, подвижны́е игры), по/движ/н/ой

подви́жный (лёгкий в движениях: подви́жный ребёнок, подви́жное лицо), по/движ/н/ый, *кратк. форма* -жен, -жна

подвла́стный, под/власт/н/ый (*от* власть)

подворо́тня, *род. мн.* -тен, под/ворот/н/я

подво́рье, *род. мн.* подво́рий, по/двор/ье

подвя́зка, под/вяз/к/а

подгру́ппа, под/групп/а

поддава́ться, под/да/ва/ть/ся

• **по́дданный**, поддан/н/ый, *сущ.* ⟨по́ддан/ств/о⟩

подде́лка, под/дел/к/а

поддержа́ть, под/держ/а/ть

поддра́знивать, под/дразн/ива/ть

поддува́ло, *род. ед.* -а, под/ду/ва/л/о

поде́лка, по/дел/к/а

подело́м, *в знач. сказ.* (*историч.* по/дел/ом; *т. е.* по дела́м)

поде́нщик, по/дён/щик

• **поде́ржанный**, по/держ/а/н/н/ый

подёрнуть (слегка покрыть), по/дёр/ну/ть

по-де́тски, по/дет/ск/и/

подешеве́ть, -е́ет, по/дешев/е/ть

подеше́вле, *нареч.*, по/дешевл/е/

подже́чь, подожгу́, подожжёшь [ж'ж' *и допуск.* жж], *прош. вр.* поджёг; под/жечь; *черед.* г — ч

поджига́ть, под/жиг/а/ть

• **поджо́г**, *сущ.* (поджо́г сарая), под/жог

подземе́лье, под/земел/ье

подки́дыш, *твор. ед.* -ем, под/кид/ыш

подкла́дка, под/клад/к/а

подкола́чивать, -аю, -аешь, под/колач/ива/ть

подколоти́ть, -очу́, -о́тит, под/колот/и/ть

под коне́ц

подкра́дываться, под/крад/ыва/ть/ся

по́дле, *предлог* (произносится со слаб. удар.)

подлежа́щее, подлежащ/ее

подле́зть, под/лез/ть

• **по́длинный**, подлинн/ый (*от* длин/н/ый; в Древней Руси при допросах, добиваясь истины, обвиняемых били длинными палками. Отсюда возникло выражение «узнать подлинную правду»)

• **по́дличать**, подл/ича/ть

подмасте́рье, *род. ед.* -я, *род. мн.* -ев, под/мастер/ье

подмётка, *род. мн.* -ток, под/мёт/к/а (*от* мет/а́/ть — пришивать крупными стежками)

• **подмо́стки**, *только мн., род.* -ов, под/мост/к/и

подмочи́ть, -очу́, -о́чит, под/моч/и/ть

подмы́шка, *род. ед.* -и, *род. мн.* -шек, под/мышк/а (*от* мышц/а; *черед.* к — ц)

под мы́шкой, под мы́шками, под мышк/ой, под мышк/ами

под мы́шку, под мы́шки, под мышк/у, под мышк/и

поднебе́сье, под/неб/ес/ье

поднима́ть, -а́ю, а́ет, под/ним/а/ть; *в стилистич. сниженной речи возможно* **подыма́ть**, под/ым/а/ть

• **подногтя́ная**, подногтн/ая (*историч. от* но́готь [в

Древней Руси путем особого рода пыток при допросах добивались «подноготной правды»]); *см.* подлинный
подно́счик, под/нос/чик
подня́ть, -ниму́, -ни́мет, *прош. вр.* по́днял, подняла́, по́дняло, под/ня/ть; *черед. я — им*
подоба́ть, -а́ет, подоба/ть
подо́блачный, под/облач/н/ый (*ср.*: о́блак/о; *черед. к — ч*)
подо́бный, подоб/н/ый (*ср.*: подо́б/и/е)
подобостра́стный*, подоб/о/straст/н/ый
подобру́-поздоро́ву, по/добр/у/-по/здоров/у/
пододви́нуть, подо/дви/ну/ть
пододея́льник, под/одеяль/ник
подожда́ть, подо/жд/а/ть
● подожжённый, подо/жж/ён/н/ый (*от* под/жéчь)
подозрева́ть, подо/зр/ева/ть
подо́йник, по/дой/ник
подойти́, -ойду́, -ойдёшь, *прош. вр.* -дошёл, -дошла́, подо/й/ти
подоко́нник, под/окон/ник
● подо́лгу, *нареч.*, по/долг/у/
подо́льше, по/доль/ше/
подо́нок, *род. мн.* подо́нков, по/дон/ок
подопе́чный, под/о/печ/н/ый
● подоплёка, подоплёк/а
● подоро́жник, *только ед.*, по/-дорож/ник
● подоси́новик, под/осин/овик
● подо́сланный, *прич.*, подо/сл/а/нн/ый (*от* подо/-

сл/а́/ть), *кратк. форма* -ан, -ана, -ано, -аны
● подо́стланный, *прич.*, подо/стл/а/нн/ый (*от* ● подо/стл/а́/ть), *кратк. форма* -ан, -ана, -ано, -аны
● подотчётный, под/отчёт/н/ый
подохо́дный, по/доход/н/ый
● подо́шва, *род. ед.* -ы, подошв/а (*историч. прист.* подо- + шв/а — *ср.*: шов — *букв.* 'подшитая часть обуви')
подпа́сок, под/пас/ок
подпере́ть, подопру́, *но* подпира́ть, подпира́ю, под/пер/е/ть, под/пир/а/ть
подпи́счик, под/пис/чик
подпо́чвенный, под/почв/ен/н/ый
● подража́ть (*из ст.-слав.* «дра́га» — дорога; *буквально* 'идти той же дорогой, что и кто-либо'), подраж/а/ть, *сущ.* <-/á/ни/е>
● подразделе́ние, под/раз/дел/ени/е
● подразумева́ть, под/разум/ева/ть
подраста́ть, -а́ю, -а́ет, под/раст/а/ть
подрасти́, -ту́, -тёт, *прош. вр.* -ро́с, -росла́, под/рас/ти
подровня́ть, под/ровн/я/ть
подру́га, по/друг/а, *сущ.* <по/дру́ж/к/а>; *черед. г — ж*
подря́д[1]*, *сущ.*, под/ряд
подря́д[2]*, *нареч.*, под/ряд
подсве́чник [шн], под/свеч/ник

---

* п о д о б о с т р а с т н ы й — раболепный, угодливо-покорный и льстивый

* п о д р я д[1] (от подрядиться — договор, связанный с выполнением определённой работы)

* п о д р я д[2] — один за другим, без пропуска

подслащённый, *прич.*, под/-слащ/ённ/ый (*ср*.: под/-сласт/и́/ть; *черед.* **ст — щ**)
подсне́жник, под/снеж/ник (*ср*.: снег; *черед.* **г — ж**)
подсо́лнечник, под/солн/еч/н/ик (*ср*.: со́лн/ц/е; *черед.* **ц — ч, е — нуль звука**)
подсо́лнух, под/солн/ух
подстака́нник, под/стакан/-ник
подста́нция, под/станц/и/я
под ста́ть, не под ста́ть
• **подстрека́ть**, подстрек/а́/ть
подтасова́ть, -су́ю, -су́ет, под/-тас/ов/а́/ть
подтасо́вывать, -аю, -ает, под/тас/ов/ыва/ть
подтверди́ть, -ржу́, -рди́т, под/твер́д/и/ть; *черед.* **д — ж**
подтя́жки, *род.* подтя́жек, под/тяж/к/и
подтяну́ть, под/тя/ну́/ть
поду́шка, *род. мн.* -шек, по-душк/а
• **подхали́м**, *сущ.* <-/ств/о>
подхо́д, под/ход
подцепи́ть, -цеплю́, -це́пит, под/цеп/и́/ть
• **подча́с** [*не* по́дчас], *нареч.*
подчёркивание, под/чёрк/и-ва/ни/е
• **подчине́ние**, подчин/ени/е (*от* «чин»)
подчинённый, подчин/ённ/ый, *кратк. форма* -ён, -ена́, -ено́, -ены́
• **подчини́ть**, подчин/и́/ть
подчи́стка, под/чист/к/а
подчисту́ю, *нареч.*, под/-чист/ую
подши́пник, под/шип/ник, *прил.* <-к/ов/ый>
подъе́зд, подъ/е́зд
подъём, подъём
подъе́хать, подъ/ех/а/ть

подыгра́ть, под/ыгр/а/ть (*ср*.: игр/а́)
• **подыска́ть**, под/ыск/а́/ть (*ср*.: иск/а́/ть)
• **подыто́жить**, под/ытож/и/ть (*от* итог; *черед.* **г — ж**)
поеди́нок, по/един/ок
пое́здка, по/езд/к/а
• **пожа́луйста**, *частица*
пожа́р (*историч.* по/жар)
поже́ртвование, по/жертв/о-в/а/ни/е
пожи́виться, -влю́сь, -ви́шь-ся, по/жи/в/и/ть/ся
пожи́же (*от* жи́д/к/ий), по/-жиж/е; *черед.* **д — ж**
по-за́, *предлог*
• **позавчера́**, *нареч.*, по/за/-вчера/
позавчера́шний, по/за/вче-ра/шн/ий
• **позади́**, *нареч.*, по/зад/и/
• **позапро́шлый**, поза/про/ш/-л/ый (*ср*.: шё/л, ш/л/а)
позволе́ние, по/звол/ени/е (*ср*.: до/зво́л/и/ть)
• **позвоно́к**, *прил.* <позвоно́ч/-н/ый>; *черед.* **к — ч**
• **по́здний**, позд/н/ий (*ср*.: о/по́зд/а́/ть)
по́здно, *сравн. ст.* поздне́е и по́зже [ж'ж' *и допуск.* жж], *нареч.*, позд/н/о/; *черед.* **д — ж**
поздоро́ваться, по/здоро́-в/а/ть/ся
поздорове́ть, -е́ю, -е́ет, по/-здоров/е/ть
поздравле́ние, по/здравл/е-ни/е
подземе́льный, под/земель/-н/ый
пози́ровать, поз/иров/а/ть
позити́в, *род. ед.* -а
позити́вный, позитив/н/ый
• **пози́ция**, позици/я, *прил.* <по-зици/о́нн/ый>
позлати́ть, -ащу́, -ати́т, по/-

злат/и/ть (*неполногласие* -ла-; *ср.*: золото — *полногласие* -оло-)
позлащённый, по/злащ/ённ-н/ый, *кратк. форма* -ён, -ена́, -ено́, -ены́
позолоти́ть, -очу́, -оти́т, по/золот/и/ть
позо́р (*истор.* по/зор)
позуме́нт, *род. ед.* -а
поимённо, *нареч.*, по/им/ён-н/о/
• **поимено́ванный**, по/им/ен/ов/а/нн/ый
по-ино́му, *нареч.*, по/ин/ому/
по истече́нии (срока), по ис/теч/ени/и
• **пои́стине**, *нареч.*, по/истин/е/
пойти́, пойду́, пойдёт, по/й/-ти
показа́ть, по/каз/а/ть
покая́нный, по/ка/я/нн/ый (*ср.*: ка́/я/ть/ся)
покла́дистый, покладист/ый, *сущ.* ⟨-ист/ость⟩
поклони́ться, -клоню́сь, -кло́нится, по/клон/и/ть/ся
поклоня́ться, -я́юсь, -я́ется, по/клон/я/ть/ся
покля́сться, по/кля/с/ть/ся (*ср.*: кля́/тв/а; *вставочный звук* с)
поко́й, *только ед., род.* поко́я
• **поколе́ние**, поколени/е (*историч. от* коле́но, *в старом знач.* 'род, племя')
• **покори́ть**, покор/и/ть
поко́рный, покор/н/ый
покоря́ть, покор/я/ть
поко́ящийся, -аяся, -ееся, поко/ящ/ий/ся
• **покре́пче**, по/креп/ч/е/
• **покрови́тельственный**, по-кров/итель/ств/енн/ый
полага́ть, полага́ю, *но* положи́ть, положу́, по/лаг/а/ть, по/лож/и/ть

поласка́ть, по/ласк/а/ть (*от* ла́ск/а)
по-латы́ни, по/латын/и/
полго́да, пол/год/а
по́лдень, *род. ед.* по́лдня *и* полу́дня, *им. мн.* по́лдни, *род. мн.* по́лдней, пол/день
полдне́вный, пол/дн/евн/ый
полдю́жины, пол/дюжин/ы
полево́дство, пол/е/вод/ств/о
полево́й, пол/ев/ой
полегча́ть, -а́ет [хч], по/лег-ч/а/ть
поле́гче (*от* лёгкий) [хч], по/легч/е/; *черед.* к — ч
полезащи́тный, пол/е/защит/-н/ый
поле́зный, полез/н/ый (*ср.* по́льз/а)
полемизи́ровать, -рую, -руешь, полем/изиров/а/ть
• **поле́мика**, полем/ик/а, *прил.* ⟨полем/ич/н/ый⟩; *черед.* к — ч
поле́нница [н'] (дров), *тв. ед.* -цей, полен/ниц/а
поле́но, *им. мн.* -ья, *род. мн.* -ьев, полен/о
по-ле́тнему, по/лет/н/ему/
ползти́, -зу́, -зёт, *прош. вр.* полз, ползла́, полз/ти
• **полиго́н**, *прил.* ⟨-гон/н/ый⟩
• **полиграфи́я** (*греч.* «по́ли» — много + «гра́фо» — пишу; 'многописа́ние', 'производство всех видов печатной продукции'), полиграф/и/я, *прил.* ⟨-/йческ/ий⟩
• **поликли́ника** (*греч.* «по́ли» — много + клиника; 'оказание врачебной помощи по разным специальностям'), поли/клиник/а
полиро́ванный, полир/ов/а/н-н/ый (*от* полир/ов/а́/ть)
• **полирова́ть**, -ру́ю, -ру́ет, полир/ов/а/ть

по́лис (страхово́й)
политгра́мота, полит/грамот/а
• политехниза́ция, поли/техн/изаци/я
политехни́ческий, поли/техни́ч/еск/ий
поли́тика, политик/а
поли́тико-ма́ссовый, политик/о/-масс/ов/ый
политинформа́ция, полит/информ/аци/я
• полити́ческий, политич/еск/ий
политу́ра, политур/а
по́литый и допуск. поли́тый, по/ли/т/ый, кратк. форма по́лит и допуск. поли́т, полита́, по́лито, по́литы и допуск. поли́то, поли́ты
• политэконо́мия, полит/эконом/и/я
• поли́ция, полици/я
полиэтиле́н, род. -а, поли/этилен
полко́вник, полк/ов/ник
полково́дец, полк/о/вод/ец
полкопе́йки, пол/копейк/и
пол-листа́, пол/лист/а
пол-ли́тра, пол/литр/а
полме́тра, пол/метр/а
полмину́ты, пол/минут/ы
полнове́сный, полн/о/вес/н/ый
полновла́стный [сн], полн/о/власт/н/ый, кратк. форма -стен, -стна
• полномо́чие, полномоч/и/е
полнопра́вный, полн/о/прав/н/ый, кратк. форма -вен, -вна
полно́чный, пол/ноч/н/ый
по́лночь, пол/ночь
полны́м-полно́, полн/ым/-полн/о/

по́ло, нескл., с. р. (водное по́ло)
пол-оборо́та, пол/оборот/а
по́ловец, тв. ед. -цем
• полови́ца, пол/овиц/а
• полово́дье, род. -я, пол/о/водь/е (от по́лая вода)
по́лог, род. ед. по́лога
положи́ть, положу́, но полага́ть, полага́ю, по/лож/и/ть, по/лаг/а/ть; черед. г — ж, о — а
по́лоз, им. мн. поло́зья
поло́к, род. ед. полка́
полоне́з* [нэ], род. ед. -а
• полоска́ть, полощу́, поло́щешь и допуск. полоска́ю, полоска́ет, повел. накл. полощи́ и полоска́й, полоск/а/ть; черед. ск — щ
поло́сонька (от полоса́), полос/оньк/а
• по́лость, ж. р., род. ед. -и, им. мн. -и, род. мн. -е́й [не по́лостей]
• полоте́нце, род. ед. -а, род. мн. -нец, полотенц/е (истори́ч. от полотн/о́)
• полотно́, полотн/о, прил. ⟨-я́н/ый⟩ (полногласие -оло-)
поло́ть, пол/о/ть
полоу́мный, пол/о/ум/н/ый
пол-очка́ (половина очка), пол/очк/а
полти́нник, полтин/ник
• полтора́, полу́тора, употр. с сущ. м. и с. р., полтор/а
полтора́ста, полу́тораста, полтор/а/ст/а
полторы́, полу́тора, употр. с сущ. ж. р., полтор/ы
полуботи́нки, полу/ботинк/и
полува́ттный (от ватт; полуваттная электролампочка), [т], пол/у/ватт/н/ый

---

* п о л о н е з — польский национальный танец, а также музыка к нему

полуго́дие, пол/у/год/и/е
полу́денный [*не* полудённый], пол/у/ден/н/ый
полукру́г, пол/у/круг
полуме́сяц, *тв. ед.* -цем, пол/у/месяц
полу́ночный, пол/у/ноч/н/ый *и* **полуно́чный**
полуоборо́т, пол/у/оборот
полуо́стров, *им. мн.* -а́, *род. мн.* -о́в, пол/у/остров
полуста́нок, пол/у/стан/ок
полу́торагоди́чный, полутор/а/год/ичн/ый
полуфабрика́т, пол/у/фабрик/ат
получа́ть, получ/а/ть
полушутя́, *нареч.,* пол/у/шут/я/
полушу́бок, *род. ед.* -бка, пол/у/шуб/ок
полчаса́ [*не* по́лчаса], *род.* получа́са, пол/час/а
по́лымя (пламя; из огня́ да в по́лымя), полым/я
• **полы́нь,** *ж. р., только ед., род.* -и
• **полынья́,** *род. ед.* -й, *род. мн.* -не́й, полынь/я
по́льзоваться, польз/ов/а/ть/ся
по́люс, *род. ед.* -а, *им. мн.* -ы, *род. мн.* -ов *и допуск.* полюса́, -о́в
поля́на, пол/ян/а (*от* по́л/е)
• **поля́рный,** поляр/н/ый
пома́да (*из франц., от лат.* «по́мум» — яблоко; *первонач.* 'лекарственная мазь из яблок и жира'), помад/а
помале́ньку, *нареч.,* по/мал/еньк/у/
• **пома́лу,** *нареч.,* по/мал/у/
по-маркси́стски, по/маркс/ист/ски/
по-медве́жьи, по/медвеж/ьи/
поме́ньше, по/мень/ше/

помести́тельный, по/мест/и/тельн/ый
поме́стье, *род. мн.* поме́стий, помест/ье
поме́сячно, по/месяч/н/о/
поме́шанный, по/меш/а/н/ый (*от* по/меш/а́/ть/ся)
поме́шенный, по/меш/ен/н/ый (*от* по/мес/и́/ть)
• **помеще́ние,** по/мещ/ени/е
поме́щик, помещ/ик (*историч. от* по/ме́ст/ье; *черед. ст — щ*)
поме́щичий, помещ/ич/ий (*ср.:* по/ме́ст/ье; *черед. ст — щ*)
• **помидо́р,** *род. мн.* помидо́ров (*через посредство франц., из итал., где* «помид-оро» *буквально означает* 'яблоки из золота')
• **поми́мо,** *предлог*
помину́тно, по/минут/н/о/
по́мнить, помн/и/ть
• **помно́гу,** *нареч.,* по/мног/у/
по-мо́ему, *нареч.,* но по моему́ мне́нию (*мест. с предлогом*), по/мо/ему/
помо́и, *только мн., род.* помо́ев, по/мо/и
помо́л, по/мол
помо́рье, по/мор/ье
• **помо́щник** [шн], помощ/ник
по́мощь, *ж. р., только ед., род.* -и
помышле́ние, по/мышл/ени/е (*ср.:* мысль; *черед. с — ш*)
по-над, *предлог*
• **понапра́сну,** *нареч.,* по/напрасн/у/
• **понаслы́шке,** *нареч.,* по/на/слыш/к/е/
по-настоя́щему, по/настоящ/ему/
понево́ле, *нареч.,* по/не/вол/е/
• **понеде́льник** (здесь неде́л/я *в устар. знач.* воскресе-

нье'; по неделе, в понедельник, *т. е.* 'после воскресенья')
по-неме́цки, *нареч.*, по/не́мец/к/и/
• понемно́гу, *нареч.*, по/не/-мног/у/
• по не́скольку, по не/скольк/у/
понести́сь, -су́сь, -сётся, *прош. вр.* -ёсся, -есла́сь, по/нес/ти́/сь
• пони́же, *нареч.*, по/ниж/е/
по́низу, *нареч.*, по/низ/у/
• понима́ние, поним/ани/е
по-ни́щенски, по/нищ/ен/ск/и/
по-но́вому, *нареч.*, по/нов/о/му/
поно́шенный, по/нош/енн/ый
понра́виться, по/нрав/и/ть/ся
• понто́н (*франц.* «понтон» *из лат.* «понс», «понтис» — мост), *прил.* ⟨то́н/н/ый⟩
пону́дить, по/нуд/и/ть (*ср.:* по/нужд/а́/ть; *черед.* д — жд)
пону́рый, понур/ый
по нутру́, по нутр/у/
• по́нчик, *род. ед.* -а
• поны́не, *нареч.*, по/нын/е/
по-ны́нешнему, *нареч.*, по/ны́не/шн/ему/
понято́й, понят/о́й
поня́ть, пойму́, поймёт, *прош вр.* по́нял, поняла́, по́няло, по́няли, *прич. страд. прош.* по́нятый, *кратк. форма* по́нят, понята́, по́няты, *дееприч.* поня́в, поня́ть (*ср.:* поним/а́/ть; *черед.* я — им)
пообеща́ть, по/обеща/ть
поо́даль, *нареч.*, по/о/даль/
• поодино́чке, *нареч.*, по/один/оч/к/е/
по одному́, по одн/ому
по о́череди, по о/черед/и
• поочерёдно, *нареч.*, по/о/черёд/н/о/
• поощре́ние, поощр/ени/е

поощря́ть, поощр/я/ть
• попада́ние, попад/а/ни/е
• попа́рно, *нареч.*, по/пар/н/о/
по-парти́йному, по/партий/н/ому/
попа́сться, -паду́сь, -падётся, попас/ть/ся (*ср.:* попад/а́/ть/ся; *черед.* д — с)
• поперёк, *нареч.*, по/перёк/ (*ср.:* перёч/и/ть; *черед.* к — ч)
попереме́нно, по/пере/мен/н/о/
попере́чный, по/переч/н/ый
поперхну́ться, по/перх/ну/ть/ся
• попече́ние, по/печ/ени/е (*ср.:* о/пёк/а; *черед.* к — ч)
• поплаво́к, по/плав/ок
попли́н, *род.* -а *и* -у, *прил.* ⟨-н/ов/ый⟩
• попола́м, *нареч.*, по/пол/ам/
• поползнове́ние, поползновени/е
пополне́ние, по/полн/ени/е
• пополу́дни, *нареч.*, по/пол/у/дн/и/
• пополу́ночи, *нареч.*, по/пол/у/ноч/и/
• попо́на, попон/а
по пра́вде, по правд/е
попра́вка, по/прав/к/а
по пра́ву, по прав/у
по-пре́жнему, *нареч.* (живу по-пре́жнему), по/преж/н/ему/, *но прил.* по пре́жнему (по прежнему пути)
попрека́ть, по/прек/а/ть
по прибы́тии, по прибы/ти/и
• по́прище, поприщ/е
• по́просту, *нареч.*, по/прост/у/
по проше́ствии, по про/шеств/и/и
попро́ще, *нареч.*, по/прощ/е/
• попуга́й, *м. р., род. ед.* -я
популяриза́тор, популяр/изатор
популяриза́ция, популяр/изаци/я

• популя́рный*, популя́р/н/ый, *сущ.* ⟨-/н/ость⟩ , *кратк. форма* -рен, -рна
попурри́* [р'], *нескл., с. р.*
по-пусто́му, *нареч.* (работать по-пусто́му), по/пуст/ому/, *но прил.* по пусто́му (бродил по пусто́му дому)
по́пусту, *нареч.*, по/пуст/у/
попу́тный, по/пут/н/ый
поравня́ться, по/равн/я/ть/-ся
• пораже́ние, по/раж/ени/е (*историч.* образовано от основы «раз» в знач. 'ре́зать', 'рубить'; *ср.:* раз/и́/ть)
• порази́тельный, по/раз/и/-тельн/ый
порази́ть, -ажу́, -ази́шь, по/-раз/и/ть; *черед.* ж — з
пора́ньше, *нареч.*, по/рань/-ше/
пораста́ть, пора́сту́, *прош. вр.* поро́с, поросла́, по/-раст/а/ть
пореде́ть, по/ред/е/ть
по́ристый, пор/ист/ый
• порица́ть, пориц/а/ть
• по́ровну, *нареч.*, по/ровн/у/
поро́г, *прил.* ⟨порож/ист/-ый⟩ ; *черед.* г — ж
поро́да, пород/а
породни́ться, по/род/н/и/ть/-ся
поро́жний, порожн/ий
порожняко́м, *нареч.*, порожн/як/ом/
• по́рознь, *нареч.*, по/рознь/
поро́к, *прил.* ⟨поро́ч/н/ый⟩ ; *черед.* к — ч
поролон, *только ед., род.* поролона *и* поролону, *прил.* ⟨-ло́н/ов/ый⟩

• поросёнок, *род. ед.* -нка, *им. мн.* -ся́та, *род. ед.* -ся́т, порос/ёнок
по́росль, *ж. р., род. ед.* -и, по/рос/ль
поро́ть, пор/о/ть, *прич.* ⟨по́р/о/т/ый⟩ [*не* по́роный]
по́рох, *только ед., род.* -а *и* -у
поро́чный, поро́ч/н/ый
поро́ша, *только ед., тв.* -шей, порош/а
• порошо́к (*историч.* от по́рох; *черед.* х — ш)
• портати́вный* (*из франц., от лат.* «по́рто» — ношу, перемещаю), портативн/ый, *кратк. форма* -вен, -вна
портве́йн, *только ед., род.* портве́йна *и* портве́йну
портмоне́ [нэ] (*от франц.* «порте» — носить + «монэ́» — деньги), *нескл., с. р.*
• портно́й, портн/ой (*от др.-русск.* «пъртъ» — одежда)
• портре́т, *сущ.* ⟨-/и́ст⟩ , *прил.* ⟨-/н/ый⟩
• портсига́р (*от франц.* «порте́» — носить + «сига́р» — сигары), *род. ед.* -а
портупе́я, портупе/я
• портфе́ль [*не* фэ, *не* портфэль] (*от франц.* «порте́» — носить + «фель» — листы, бумаги), *род. ед.* -я, *им. мн.* -и, *род. мн.* -ей, *дат. мн.* -ям
• портье́ра (*от франц.* «порт» — дверь), портьер/а
• портя́нка, портянк/а (*исто-

---

* п о п у л я р н ы й — общедоступный, вполне понятный по простоте, ясности изложения; известный, широко распространённый

* п о п у р р и — музыкальная пьеса, составленная из отрывков различных известных мелодий

* п о р т а т и в н ы й — удобный для ношения при себе, для' переноски

рич. *от устар.* порты́ — ткань, одежда)
пору́ка, по/рук/а
по-ру́сски, *нареч.*, по/рус/ск/и/
по́ручень, *м. р., род. ед.* -чня, *им. мн.* -чни, *род. мн.* -ней, по/руч/ень
порха́ть, порх/а/ть
по́рция, порци/я
по́рченый, *прил.* (по́рченое яблоко), порч/ен/ый (*ср.:* по́рт/и/ть; *черед. т — ч*)
• по́ршень, *м. р., род. ед.* по́ршня (*историч. от* порха́ть; *черед. х — ш*), *прил.* ⟨поршн/ев/о́й⟩
поры́вистый, по/рыв/ист/ый
поса́женный, *прич.* (*от* посади́ть), по/саж/енн/ый; *черед. д — ж*
посажёный, *прил.* (посажёный отец, посажёная мать — заменяющие родителей в свадебном обряде), по/саж/ён/ый
посвети́ть, -свечу́, -све́тит, по/свет/и/ть; *черед. т — ч*
по-сво́йски, *нареч.*, по/свой/ск/и/
• посвяти́ть, -ящу́, -яти́т, по/свят/и/ть; *сущ.* ⟨по/свящ/е́ни/е⟩ ; *черед. т — щ*
поседе́ть, по/сед/е/ть
посереди́ *и* посреди́, *нареч.*, по/серед/и/ *и* по/сред/и/
• посереди́не *и* посреди́не, *нареч.*, по/серед/ин/е/ *и* по/сред/ин/е/
• посети́ть, посет/и/ть (*историч. от др.-русск.* «сеть» — гость)
посиде́ть, по/сид/е/ть (*ср.:* сид/я)
• поскользну́ться, -зну́сь, -знётся, по/скольз/ну/ть/ся
поско́льку, *союз* (поско́льку я могу судить), по/сколь-к/у/, *но мест.* по ско́льку (по ско́льку рублей?)
• посла́нник, по/сл/а/нн/ик
посла́ть, пошлю́, пошлёт, по/сл/а/ть (*ср.:* по/сы/л/а́/ть; *черед. ы* — нуль звука)
• по́сле, *нареч.*
по́сле, *предлог* (произносится со слаб. удар.)
после́довательный, после́д/ов/а/тель/н/ый
после́дствие, по/след/ств/и/е
после́дыш, *тв.* -шем, по/след/ыш
• послеза́втра, *нареч.*, после/за́втра/
послеобе́денный, после/обе́д/енн/ый
• послеоктя́брьский, после/октя́брь/ск/ий
послесло́вие, после/слов/и/е
посло́вица, по/слов/иц/а
• посме́нно, *нареч.*, по/смен/н/о/
• посме́шище, по/смеш/ищ/е (*ср.:* смех; *черед. х — ш*)
по-соба́чьи, *нареч.*, по/собач/ьи/
посо́льство, посоль/ств/о
посрамле́ние, по/срамл/ени/е (*ср.:* срам; *черед. м — мл*)
посреди́, по/сред/и/
посре́дственный, посре́дственн/ый (*историч.* находящийся посередине), *сущ.* ⟨-/ость⟩ , кратк. форма -вен, -венна
• постаме́нт [*не* поста́мент], *род. ед.* -а
• постановле́ние, постановл/ени/е
по-стари́нному, *нареч.*, по/стар/ин/н/ому/
по-ста́рому, *нареч.*, по/стар/ому/

постéль, *ж. р., род. ед.* -и, по/стель
• постепéнный, постепенн/ый, *кратк. форма* -éнен, -éнна
постлáть *и* постелúть, -стелю́, -стéлешь, *прош. вр* -стлáл, -стлáла, -стлáло, -стлáли *и* -стелúл, -стелúло, -стелúла, -стелúли, по/стл/а/ть *и* по/стел/и/ть
пóстный, пост/н/ый, *кратк. форма* пóстен, постнá, пóстно, пóстны
постóльку, *нареч.* (поскóльку решенó, постóльку нáдо дéйствовать), по/стольк/у/, *но мест.* по стóльку (по стóльку часóв)
посторóнний, по/сторон/н/ий
постоя́лец, *тв. мн.* -цем, постоя́л/ец (*историч. от устар.* стоя́ть *в знач.* 'жить')
постоя́нный, постоя́н/н/ый, *сущ.* ⟨постоя́н/ств/о⟩
пострóйка, по/строй/к/а
постскрúптум*, *род. ед.* -а (*лат.* после напúсанного; обозначáется латúнскими бýквами P. S.)
• посýда, по/суд/а (*ср.:* суд/о/-мóй/к/а)
посýточный, по/суточ/н/ый
пóсуху, *нареч.*, по/сух/у/
посчастлúвиться, *безл. глаг.*, по/счаст/лив/и/ть/ся
• посягáть, посяг/а/ть (*ср.:* посяг/ну/ть)
• потакáть, по/так/а/ть (*от* так)
потáш, *только ед., тв.* поташóм
потёмки, *только мн., род.* потёмок, по/тём/к/и

• потенциáльный* [тэ], потенци/альн/ый
потеплéть, по/тепл/е/ть
потеря́ть, по/тер/я/ть, *прич.* ⟨-/я/нн/ый⟩
потирáть, -áю, -áет, *но* потерéть, -трý, -трёт, *прош. вр.* -тёр, -тёрла, по/тир/а/ть, по/тер/е/ть; *черед. е — и*
• потихóньку, *нареч.*, по/-тих/оньк/у/
потóк, по/ток (*ср.:* тек/у́т; *черед. е — о*)
• потолóк, *род. ед.* потолкá
• потóм, *нареч.*
• потóмок, *род. ед.* -мка, потом/ок (*от* потóм), т. е. тот, кто появúлся пóзже, *сущ.* ⟨-/ств/о⟩, *прил.* ⟨-/ств/-енн/ый⟩
потомý, *нареч.* (заболéл, потомý и не пришёл), *но мест.* по томý (по томý пути́)
потомý что, *союз*
поточный, поточ/н/ый (*ср.:* потóк; *черед. к — ч*)
потребúтель, потреб/и/тель, *прил.* ⟨-/ск/ий⟩
потреблéние, потребл/ени/е
потревóженный, по/тревож/-енн/ый
пó трое, по тр/о/е
потрохá, *род. мн.* -óв, *ед. ч.* пóтрох, *род. ед.* -а, по/трох/а
потрясáть, по/тряс/а/ть
по-турéцки, по/турец/к/и/ (*ср.:* Тýрц/и/я; *черед. е —* нуль звýка)
• пóтчевать, -чую, -чует, потч/ева/ть
потягáться, по/тяг/а/ть/ся
поутрý [*не* пóутру], *нареч.*, по/утр/у/

---

* п о с т с к р и п т у м — припúска к окóнченному и подпúсанному письмý

* п о т е н ц и а л ь н ы й — существýющий в скры́том вúде, возмóжный

201

по-францу́зски, по/франц/уз/ск/и/
похище́ние, по/хищ/ени/е
похо́дка, по/ход/к/а
похожде́ние, по/хожд/ени/е
похо́жий, похож/ий
• по́хороны, *только мн.*, *род.* похоро́н, *дат.* похорона́м [*не* по́хорон, по́хоронам], по/хорон/ы
• поцелу́й, по/целуй (*ср.*: целов/а́/ть; *черед.* ов — у)
поча́ток, *род. ед.* початка
поча́ще (*от* ча́стый), по/ча́щ/е/
по́чва, почв/а
по́чвенный, почв/енн/ый
почём (по какой цене), *нареч.*
почему́, *нареч.* (почему́ не пришёл?), по/чем/у/, *но мест.* по чему́ (по чему переходил ручей — по мосту или по бревну?)
по́черк [*не* по́дчерк], *род. ед.* -а, *им. мн.* -и, *род. мн.* -ов *и допуск.* почерка́, -о́в (*историч.* по/черк)
по́честь, *ж. р.*, *им. мн.* -и, *род мн.* -ей, по/честь
поче́сть, почту́, почтёт, по/чес/ть (*ср.* по/чит/а́/ть; *черед.* е — и, т — с)
почётный, почёт/н/ый
почива́ть, почи/ва/ть
почи́нка, по/чин/к/а
почи́ще (*от* чи́ст/ый), по/чищ/е/; *черед.* ст — щ
почтальо́н, почт/альон
• почта́мт, *род. ед.* -а, почт/амт
• почте́нный, почт/енн/ый, *кратк. форма* -е́нен, -е́нна
почу́ять, -у́ю, -у́ет, по/чу/я/ть
пошатну́ться, по/шат/ну/ть/ся
• по́шлина, пошлин/а

• по́шлость, *ж. р.*, *род. ед* -и, пошл/ость
поща́да, по/щад/а (*ср.*: щад/и́/ть)
• пощёчина, по/щёч/ин/а (*ср.*: щек/а́; *черед.* к — ч)
поэ́зия [*в высок. стиле* по], поэз/и/я
поэ́ма [*в высок. стиле* по], поэм/а
• поэ́т [*в высок. стиле* по], *сущ.* < • поэт/е́сс/а >
поэ́тому, *нареч.* (он заболел, поэ́тому и не пришёл), *но мест. с предлогом* по э́тому (по э́тому мосту ходить опасно)
• по́яс, *им. мн.* -а́, *род. мн.* -о́в
поясне́ние, по/ясн/ени/е
поясни́ца, пояс/ниц/а
праба́бушка, пра/баб/ушк/а
прав, права́, пра́во, пра́вы, *полн. формы нет* [*не* правы́]
• правдоподо́бие, правд/о/подоб/и/е
• пра́вило, правил/о
• прави́тельство, прав/и/тель/ств/о
правобере́жный [*не* правобе́режный], прав/о/береж/н/ый
правонаруше́ние, прав/о/наруш/ени/е
правописа́ние, прав/опис/а/ни/е
правосу́дие, прав/о/суд/и/е
правофланго́вый, прав/о/фланг/ов/ый
пра́вый, прав/ый (*в знач.* 'противоположный левому')
прагмати́зм (*греч.* «пра́гма» — дело, действие) прагмат/изм
праде́душка, пра/дед/ушк/а
пра́здник [з'н'], *род. ед.* -а (*историч. от древн.* «праздь» — свобода; сво

бодный, нерабочий день). праздн/ик, *сущ.* ⟨пра́здн/е-ств/о⟩, *прил.* ⟨пра́здн/ич/н/ый⟩; *черед.* **к — ч**
пра́здный, праздн/ый
практика́нт, практик/ант
пра́порщик, *род. ед.* -а, пра-пор/щик (*см. устар.* пра́пор — знамя)
прапра́дед, пра/пра/дед
• пра́чечная [шн], прачеч/н/ая
пра́чка, прачк/а
праща́, *тв. ед.* -що́й, пращ/а
преа́мбула, преамбул/а
• пребыва́ть, пре/бы/ва/ть (быть, находиться где-нибудь)
превали́ровать*, -ли́рует, превалир/ов/а/ть
превенти́вный (*лат.* «превенти́вус» — предупреждающий, опережающий действия противной стороны), превентивн/ый
• превзойти́, пре/взо/й/ти
• превозмо́чь, пре/воз/мочь
превозноси́ть, пре/воз/нос/и/ть
превосходи́ть, пре/вос/ход/и/ть
• превосхо́дный, пре/вос/ход/н/ый
• преврати́ть, -ащу́, -ати́т, пре-врат/и/ть; *черед.* **т — щ**
превра́тный, превратн/ый, *кратк. форма* -тен, -тна
превраща́ть, превращ/а/ть
превы́сить, -ы́шу, -ы́сит, пре/выс/и/ть; *черед.* **с — ш**
превыша́ть, -а́ю, -а́ет, пре/-выш/а/ть
превы́ше, пре/выш/е/
прегра́да, пре/град/а (*ср.*: перегоро́дка; *черед.* **ере — ре, оро — ра**)

прегради́ть, -ажу́, -ади́т, пре/град/и/ть
прегражда́ть, пре/гражд/а/ть (*ср.*: пре/град/а; *черед.* **д — жд**)
• предава́ть, преда/ва/ть
• преда́ние, предани/е
преда́тель, преда/тель
• предвари́тельный, предвар/и/тельн/ый
предве́стник, пред/вест/ник
предвеща́ть, пред/вещ/а/ть
предвзя́тый, предвзят/ый
предви́дение, пред/вид/е/-ни/е (*от* пред/ви́д/е/ть)
предви́деть, -и́жу, -и́дит, пред/вид/е/ть
предвкуше́ние, пред/вкуш/е/ни/е
предводи́тель, пред/вод/и/-тель
предвосхи́тить, -и́щу, -и́тит [*не* предвосхити́ть, -ищу́, -ити́т], пред/восхит/и/ть; *сущ.* ⟨предвосхищ/е́ни/е⟩; *черед.* **т — щ**
предго́рье, пред/гор/ье
преддве́рие, пред/двер/и/е
• преде́л*, *род. ед.* -а
преде́льный, предель/н/ый
предзнаменова́ние, пред/знам/ен/ов/а/ни/е
• предисло́вие, преди/слов/и/е
предлага́ть, -а́ю, -а́ет, *но* предложи́ть, -ожу́, -о́жит, пред/лаг/а/ть, пред/-лож/и/ть; *черед.* **о — а, г — ж**
предло́г, *род. ед.* -а, *им. мн.* -и
• предложе́ние, предложени/е, граммати́ч.
• предложе́ние, пред/лож/е/ни/е (*от* пред/лож/и́/ть)
предме́стье, пред/мест/ье

---

* п р е в а л и́ р о в а т ь — преобладать, иметь перевес
* п р е д е́ л — граница, рубеж

- **предме́т**, *род. ед.* -а
- **преднаме́ренный**, пред/на-мер/енн/ый, *кратк. форма* -рен, -ренна
- **предначерта́ние**, пред/на/-черт/а/ни/е
- **предобе́денный**, пред/обе-д/енн/ый
- **предо́брый**, пре/добр/ый
- **предоста́вить**, пред/о/ста-в/и/ть
- **предоставля́ть**, пред/о/ставл/я́/ть
- **предостереже́ние**, пред/о/-стереж/ени/е
- **предостере́чь**, -егу́, -ежёт, -егу́т, *прош. вр.* -ёг, -егла́, пред/о/стеречь; *черед. г — ж — ч*
- **предосторо́жность**, пред/о/-сторож/н/ость
- **предосуди́тельный**, пред/о/-суд/и/тельн/ый, *кратк. форма* -лен, -льна
- **предотврати́ть**, -ащу́, -ати́т, пред/от/врат/и/ть; *черед. т — щ*
- **предохрани́ть**, пред/о/хра-н/и́/ть
- **предписа́ние**, пред/пис/а/-ни/е
- **предпле́чье**, пред/плеч/ье
- **предполага́ть**, пред/по/ла-г/а́/ть
- **предположе́ние**, пред/по/лож/ени/е
- **предпосле́дний**, пред/последн/ий
- **предпочте́ние**, пред/почт/е-ни/е
- **предприи́мчивый**, пред/при-им/чив/ый
- **предпринима́тельство**, пред/-приним/а/тель/ств/о
- **предприня́ть**, -приму́, -при́-мешь, *прош. вр.* -при́нял, -приняла́, -при́няло, -при́-няли, пред/приня́/ть, *сущ.* ⟨пред/приним/а́/тель⟩ ; *черед. я — им*
- **предприя́тие**, предприяти/е
- **предрасполо́женный**, пред/-рас/полож/енн/ый
- **предрассве́тный**, пред/рас/-свет/н/ый
- **предрассу́док**, пред/рас/су-д/ок
- **предреки́ть**, пред/рек/а/ть
- **предре́чь**, пред/речь (*ср.:* на-ре́чь — назвать)
- **председа́тель** (*букв.* 'занимающий переднее место'), *прил.* ⟨-/ск/ий⟩
- **предсе́рдие**, пред/серд/и/е
- **предсказа́ть**, пред/сказ/а/ть
- **предсме́ртный**, пред/смерт/-н/ый
- **представи́тель**, представ/и/-тель
- **представле́ние**, представл/е-ни/е
- **предубежде́ние**, пред/убежд/-ени/е
- **предубеждённый**, пред/убеж-д/ённ/ый
- **предупреди́тельный**, пред/у/-пред/и/тельн/ый, *кратк. форма* -лен, -льна
- **предупрежда́ть**, -ежу́, -еди́т, пред/у/прежд/а/ть
- **предупрежде́ние**, пред/у/-прежд/ени/е
- **предусмотри́тельный**, пред/-у/смотр/ительн/ый, *кратк. форма* -лен, -льна
- **предчу́вствие**, пред/чувст-в/и/е
- **предше́ственник**, пред/шест-в/енник
- **предъюбиле́йный**, предъ/ю-бил/ей/н/ый
- **предъявля́ть**, предъ/явл/я/ть
- **предыду́щий** [*не* преды́ду-щий], пред/ыд/ущ/ий (*ср.:* ид/ти́)
- **предысто́рия**, пред/ыстор/и/я

- **пре́емник*** [*не* ё], преем/ник
  прее́мственный, преем/ств/енн/ый, *кратк. форма* -вен, -венна
  пре́жде, *нареч.*, прежд/е/ (*от* пред; *черед.* **жд — д**)
- **пре́жний**, преж/н/ий (*от* пред; *черед.* **ж — д**)
- **президе́нт*** (*лат.* приставка *пре-* (*пред-*), которая в языке-источнике имеет написание «ргае», придаёт слову знач. 'сидящий впереди, во главе') *сущ.* ⟨президе́нт/ств/о⟩, *прил.* ⟨президе́нт/ск/ий⟩
- **прези́диум*** (см. «президент»)
- **презира́ть**, презир/а/ть (относиться пренебрежительно)
  презре́ть (отнестись пренебрежительно; *не смешивать* с призр/е́/ть — приютить), презр/е/ть, *сущ.* ⟨-зр/е́/ни/е⟩
- **преиму́щество**, преимущест-в/о, *прил.* ⟨-еств/енн/ый⟩
- **прейскура́нт***, *прил.* ⟨-а́нт/н/ый⟩
- **преклони́ть**, -клоню́, -клони́т, пре/клон/и/ть
  прекло́нный (возраст), преклонн/ый
- **прекосло́вить**, прекослов/и/ть
- **прекра́сный**, пре/крас/н/ый (*от устар.* кра́сный *в знач.* 'краси́вый')
  прекрати́ть, -ащу́, -ати́т, пре/крат/и/ть (*ср.*: пре/кращ/а́/ть; *черед.* **т — щ**)
- **преле́стный** [сн], прелест/н/ый (*первонач. в знач.* 'льсти́вый, кова́рный'; *ср.*: лесть), *кратк. форма* -стен, -стна
  преломле́ние, пре/ломл/ени/е
  прельсти́ть, -льщу́, -льсти́т, прельст/и/ть (*ср.*: лесть; *черед.* **ст — щ**)
  прельща́ть, прельщ/а/ть
- **прелю́дия***, прелюд/и/я
  премиа́льный, прем/и/альн/ый
- **премину́ть***, -ну, -нет [*не* премину́ть, -ну́, -нёт], премин/у/ть
  премиро́ванный [*не* премиро́ванный], прем/иров/а/нн/ый
  пре́мия, прем/и/я
- **премирова́ть**, -ру́ю, -ру́ешь [*не* преми́ровать, -рую, -руешь], прем/иров/а/ть, *сущ.* ⟨прем/иров/а́/ни/е⟩ [*не* премирование]
- **премье́ра***, премьер/а
- **премье́р-мини́стр***
- **пренебрега́ть**, пренебрег/а/ть
  пренебре́чь, -егу́, -ежёт, -егу́т, *прош. вр.* -ёг, -егла́, пренебре́чь; *черед.* **г — ж — ч**

---

* п р е е́ м н и к — чей-нибудь продолжатель; тот, кто занял чьё-то место
* п р е з и д е́ н т — выбранный на определённый срок глава государства
* п р е з и́ д и у м — группа лиц, избранных для руководства съездом, собранием, заседанием, руководящий орган какой-либо организации, учреждения
* п р е й с к у р а́ н т — справочник цен и сортов товаров
* п р е л ю́ д и я — (*переносн.*) вступление, введение
* п р е м и н у́ т ь — упустить, забыть: не преминул прийти
* п р е м ь е́ р а — первое представление нового спектакля
* п р е м ь е́ р - м и н и́ с т р — в ряде современных государств: глава правительства, совета министров

- **пре́ния,** *только мн., род.* -ий, прени/я
- **преоблада́ть,** пре/облад/а/ть
  преобража́ть, пре/ображ/а/ть
  преобрази́ть, -ажу́, -ази́т, пре/образ/и/ть; *черед.* з — ж
  преобразова́ние, пре/образ/ов/а/ни/е
  преодолева́ть, пре/одол/е/ва/ть (*ср.:* одол/е́/ть)
  преодоле́ть, -е́ю, -е́ет, пре/одол/е/ть
- **препара́т** (*лат.* «па́ро» — гото́влю), препар/ат (*ср.:* препар/и́ров/а/ть)
- **препина́ние,** препин/а/ни/е (*от устар. глагола* препина́ть)
  препира́тельство, препира́/тель/ств/о
- **преподава́тель,** препода/ва́/тель (*от* препода/ва/ть)
- **преподнести́,** пре/под/нес/ти́
  препо́на, *им. мн.* препо́ны, *род. мн.* препо́н, препон/а
  препоручи́ть, -ручу́, -ру́чит, пре/поруч/и/ть
- **препроводи́ть,** -ожу́, -оди́т, пре/про/вод/и/ть
  препровожда́ть, -а́ю, -а́ет, пре/про/вожд/а/ть
  препя́тствовать, -твую, -твует, препятств/ов/а/ть (*историч. от устар.* препина́ть; *черед.* я — ин)
  прерва́ть, -рву́, -рвёт, *прош. вр.* -рва́л, -рвала́, -рва́ло, -рва́ли, пре/рв/а/ть (*неполногласие* -ре-; *ср.:* перерва́ть — *полногласие* -ере-)
- **пререка́ние,** пре/рек/а/ни/е (*ср.:* речь)
  пре́рия, прери/я
- **прерогати́ва*,** прерогатив/а
  прерыва́ть, пре/рыв/а/ть, *прил.* ⟨пре/ры́в/ист/ый⟩
- **пресека́ть,** -а́ю, -а́ет, пре/сек/а/ть (*неполногласие* -ре-; *ср.:* пересека́ть — *полногласие* -ере-)
  пресе́чь, -секу́, -сечёшь, -секу́т, *прош. вр.* -се́к *и* -сёк, -секла́, -секло́, -секли́ *и допуск. устар.* -се́кла, -се́кло, -се́кли, пре/сечь; *черед.* к — ч
- **пресле́довать,** -дую, -дует, пре/след/ов/а/ть
  пресло́вутый, пресловут/ый (*историч. от* «словутый» — известный)
  пресмыка́ться, пре/смык/а/ть/ся
- **пресмыка́ющееся,** пре/смык/а/ющ/ее/ся
- **пре́сный,** пресн/ый
- **пресс** [*не* рэ], *род. ед.* -а, *им. мн.* пре́ссы, *род. мн.* -ов [*не* пресса́, -о́в]
  пре́сса [*допуск.* с; *не* рэ], *только ед., род.* -ы, пресс/а
  пресс-конфере́нция, пресс-конференци/я [*не* прэсс]
  прессо́ванный [с], пресс/ов/а/нн/ый
  пресс-папье́ (с; *не* прэ], *нескл., с. р.*
  пресс-це́нтр [*не* прэсс], *род. ед.* -а
  престаре́лый, пре/стар/ел/ый
- **прести́ж,** *род. ед.* -а
  преступи́ть (закон) (*не* смешивать с «приступи́ть» — в смысле 'начать'), преступ/и/ть (*неполногласие* -ре-, *ср.:* переступи́ть — *полногласие* -ере-)
  престо́л, *род. ед.* -а

---

* п р е р о г а т и в а — исключительное право, привилегия государственного органа, должностного лица

- **престу́пник,** преступ/н/ик (*ср.*: преступ/и́/ть)
  пресы́титься, -ы́щусь, -ы́тится, пре/сыт/и/ть/ся
  пресыща́ться, -а́юсь, -а́ется, пре/сыщ/а/ть/ся
- **претвори́ть,** пре/твор/и/ть
- **претенде́нт,** претенд/ент
  претендова́ть, -ду́ю, -ду́ет, претенд/ов/а/ть
- **прете́нзия** [*допуск.* тэ́], претенз/и/я
  претенцио́зный*, претенц/и/-озн/ый, *кратк. форма* -зен, -зна
- **претерпе́ть,** -терплю́, -те́рпит, пре/терп/е/ть; *черед.* **п — пл** (*неполногласие* -ре-; *ср.*: перетерпеть — *полногласие* -ере-)
- **прети́ть,** -ти́т (мне это прети́т), прети/ть
- **преткнове́ние,** пре/тк/новени/е
- **преувеличе́ние,** пре/у/велич/ени/е
  преуспева́ть, пре/успе/ва/ть
  преуспея́ние, пре/успе/яни/е
- **преходя́щий,** пре/ход/ящ/ий (*неполногласие* -ре-; *ср.*: переходящий — *полногласие* -ере-)
- **прецеде́нт*** [*не* прецеде́нт], *род. ед.* -а
  приба́вка, при/бав/к/а
  прибау́тка, прибаутк/а (*историч.* от «ба́ять» — говорить, сочинять)
  приберега́ть, -а́ю, -а́ет, при/берег/а/ть
- **приберечь,** -егу́, -ежёт, -егу́т, *прош. вр.* -ёг, -егла́, при беречь; *черед.* **г — ж — ч**

прибира́ть, при/бир/а/ть (*ср.*: при/бер/у́; *черед.* **е — и**)
прибли́женный, *прич.*, при/-ближ/енн/ый
приближённый, *прил.*, при/-ближ/ённ/ый
приблизи́тельный, при/близ/и/тельн/ый, *кратк. форма* -лен, -льна
прибо́й, при/бой, *прил.* ⟨при/бой/н/ый⟩
прибо́р, *род. ед.* -а
прибра́ть, *сов.*, прибер́у, приберёшь, при/бр/а/ть, *несов.* при/бир/а/ть; *черед.* **е — и — нуль звука**
прибре́жный, при/бреж/н/ый
прибыва́ть, при/бы/ва/ть
прибы́вший, при/бы/вш/ий
при́быль, *род. ед.* -и, *род. мн.* при́былей (*не* прибы́лей), при/быль (*ср.*: у́/быль)
прибы́ть, -бу́ду, -бу́дет, *прош. вр.* при́был, прибыла́, при́было, при́были, при/бы/ть
прива́л, при/вал
- **приведе́ние,** при/вед/ени/е (*от глаг.* при/вес/ти́; *черед.* **д — с**)
привезти́, -зу́, -зёт, *прош. вр.* -вёз, -везла́, при/вез/ти
привере́дливый, веред/лив/ый
приве́рженец, *род. ед.* -нца, привержен/ец (*ср.*: привержен/н/ый)
привести́, -веду́, -ведёт, *прош. вр.* -ёл, -ела́, при/вес/ти; *черед.* **д — с**
- **приве́тствовать,** -твую, -тву-

---

* **п р е т е н ц и о з н ы й** — претендующий на оригинальность, вычурный
* **п р е ц е д е н т** — случай, имевший ранее место и служащий примером или оправданием для последующих случаев подобного рода

ет, привет/ств/ов/а/ть, *сущ.* ⟨привéт/ств/и/е⟩
привúвка, приви/в/к/а
• **привидéние,** при/вид/ени/е (призрак)
• **привилéгия*** (*лат.* «привилéгиум» — исключительное право; *образовано от* «привус» — отдельный, частный, особый + «лекс», *род. п.* «лéгис» — закон), привилег/и/я, *прил.* ⟨привилег/ирóванн/ый⟩
привлекáтельный, при/влек/а/тельн/ый, *кратк. форма* -лен, -льна
• **привлекáть,** при/влек/а/ть
приводнéние, при/вод/н/ени/е
приводнúться, при/вод/н/и/ть/ся
привóз, при/воз
привóлье, при/воль/е
• **привóльный,** при/воль/н/ый
привскочúть, при/в/скоч/и/ть
привстáть, при/в/ста/ть
• **привходящий,** при/в/ход/ящ/ий
• **привычка,** *род. мн.* -чек, при/выч/к/а
• **привязанность,** при/вяз/а/нн/ость
привязчивый, при/вяз/чив/ый
пригвоздúть, -зжу́ [ж'ж' *и допуск.* жж], -здúт, при/гвозд/и/ть
приглáдить, -áжу, -áдит, при/глад/и/ть; *черед.* д — ж
приглашáть, при/глаш/а/ть
приглашéние, при/глаш/ени/е
приглушúть, при/глуш/и/ть
приглядéться, при/гляд/е/ть/ся
• **приглядываться,** при/гляд/ыва/ть/ся
приглянýться, -янýсь, -янется [*не* приглянётся], при/гля/ну/ть/ся
приговáривать, при/говар/ива/ть
пригóдный, при/год/н/ый
пригóжий, при/гож/ий (*ср.:* гóд/н/ый; *черед.* д — ж)
пригорáть, при/гор/а/ть
пригорéть, при/гор/е/ть
пригóрок, при/гор/ок
• **прúгоршня,** *род. ед.* -и, *род. мн.* прúгоршней *и* пригóршен *и* **пригóршня,** *род. ед.* -и, *род. мн.* пригóршней *и* пригóршен, пригоршн/я (*историч. от* горсть; *черед.* ст — ш)
пригорю́ниться, при/гор/юн/и/ть/ся
приготóвиться, -влюсь, -вится, при/готов/и/ть/ся; *черед.* в — вл
приготовля́ть, при/готовл/я/ть
пригревáть, -áю, -áет, при/гре/ва/ть
пригрéть, -éю, -éет, при/гре/ть
• **придавáть,** при/да/ва/ть (ч т о ? — *вин. п.,* ч е м у ? — *дат. п.*)
прúданный, при/да/нн/ый, *кратк. форма* прúдан, приданá (*разг.* прúдана), прúдано, прúданы
придáное [*не* прúданое], при/да/н/ое
придáть, *прош. вр.* прúдал *и допуск. устар.* придáл, придалá, прúдало, прúдали *и допуск. устар.* придáла, придáли, *повел. накл.* придáй, при/да/ть
придéлать, при/дел/а/ть
придержáть, при/держ/а/ть
придирáться, -áюсь, -áется, при/дир/а/ть/ся
придúрчивый, при/дир/чив/ый
приедáться, при/ед/а/ть/ся

---

* п р и в и л е г и я — исключительное право, преимущество, предоставленное кому-либо

приезжий [ж'ж' и допуск. жж], при/езж/ий
приём, род. ед. -а
• приемлемый, приемл/ем/ый
приёмник, приём/ник
приёмыш, приём/ыш
приесться, при/ес/ть/ся
приехать, -еду, -едет, при/ех/а/ть
прижечь, -жгу, -жжёт, -жгут, прош. вр. -жёг, -жгла, при/жечь; черед. г — ж — ч
прижигать, при/жиг/а/ть
• призадуматься, при/за/дум/а/ть/ся
• призвание, призва/ни/е
приземистый, при/зем/ист/ый
приземлиться, при/земл/и/ть/ся
приземляться, при/земл/я/ть/ся
призирать, призир/а/ть (к о- г о? — вин. п.)
признаваться, призна/ва/ть/ся
призреть (приютить), призрю, призрит и допуск. призрит, призр/е/ть
призывник, род. ед. -а [не призывник, -а], при/зыв/н/ик
• приск, им. мн. -и, при/иск
прииска́ть, при/иск/а/ть
прийти [прит'т'и и прийти], приду, придёт, прош. вр. пришёл, пришла, при/й/ти
• приказ (историч. однокорен. наказ, заказ, показ)
приказать, -ажу, -ажет, приказ/а/ть
прикасаться, -аюсь, -ается, но прикосну́ться, -нусь, -нётся, при/кас/а/ть/ся, при/кос/ну/ть/ся; черед. о — а
приклад, при/клад
• прикладной, при/клад/н/ой
приклеить, -ею, -еит, при/кле/и/ть, прич. ⟨при/кле/енн/ый⟩

• приклонить, -клоню, -клонит, при/клон/и/ть
• приключение, приключ/ени/е
• приколачивать, при/колач/ива/ть (ср.: при/колот/и/ть; черед. а — о, ч — т)
прикомандировать, при/командиров/а/ть
• прикорнуть, прикорну/ть
• прикосновение, при/кос/нов/ени/е
прикрашивать, при/краш/ива/ть
прикрепить, -плю, -пит, при/креп/и/ть
прикрикнуть, при/крик/ну/ть
прикрытие, при/кры/т/и/е
прилагательное, прилагатель/н/ое
прилагать, -аю, -ает, но приложить, -ожу, -ожит, при/лаг/а/ть, при/лож/и/ть
приласкать, при/ласк/а/ть
• прилежание, прилеж/а/ни/е
прилечь, -лягу, -ляжешь, -лягут, повел. накл. приляг [к], при/лечь
приличный, прилич/н/ый
прилунение, при/лун/ени/е
приманка, при/ман/к/а
применить, примен/и/ть
пример (историч. от мер/а)
• примерять, при/мер/я/ть
примета, при/мет/а
примечание, при/меч/а/ни/е
• примирение, при/мир/ени/е
примиренчество, при/мир/енч/еств/о
примирять, при/мир/я/ть
примитивный, примитив/н/ый, кратк. форма -вен, -вна
примолкнуть, при/молк/ну/ть
примочка, при/моч/к/а
• примыкать, при/мык/а/ть
• принадлежать, принадлеж/а/ть
• принадлежность, принадлеж/н/ость

принарядить, -яжу́, -я́дит, при/наря́д/и/ть
приневолить, при/не/вол/и/ть
• приника́ть, при/ник/а/ть (ср.: ни́к/ну/ть)
• принима́ть,приним/а́/ть (ср.: приня́/ть; черед. я — им)
приноровиться, при/норов/и/ть/ся
• прину́дить, -у́жу, -у́дит, при/-нуд/и/ть; черед. ж — д
• при́нцип*, прил. ⟨-/иа́льн/ый⟩
приня́ть, прош. вр. при́нял, приняла́, при́няло, при́няли, приня́/ть
приобрести́, -рету́, -рете́т, прош. вр. -ёл, -ела́, при/обрес/-ти; черед. т — с
• приобрета́ть, при/обрет/а/ть
приобре́тший [не ре́], при/-обрет/ш/ий
• приобщи́ть, при/общ/и/ть
• приорите́т* (лат. «прио́р» — пе́рвый), прил. ⟨-ритет/-н/ый⟩
приоса́ниться, при/осан/и/ть/-ся
приохо́тить, при/охот/и/ть
припа́янный, при/па/я/нн/ый (от при/па/я́/ть)
припе́в, при/пе/в
припева́ючи, при/пе/ва/ючи
приплю́снутый, при/плюс/ну/-т/ый (ср.: с/плю́с/ну/т/ый)
припля́сывать, при/пляс/ы-ва/ть
• приподнима́ть, при/подним/а/ть (ср.: при/подня́/ть; черед. я — им)
• припомина́ть, при/помин/а/ть
припра́ва, при/прав/а
приравня́ть (сделать равным), при/равн/я/ть

прирасти́, -ту́, -тёт, прош. вр. -ро́с, -росла́, при/расти (от раст/ти)
прираще́ние, при/ращ/ени/е
природове́дение, природ/о/вед/ени/е
• прирождённый, при/рожд/ён-н/ый
при́сказка, при/сказк/а
• прискака́ть, при/скак/а/ть
приско́рбный, при/скорб/н/ый, кратк. форма -бен, -бна
прислоня́ться, при/слон/я/ть/-ся
прислу́жник, при/служ/ник
присмире́ть, при/смир/е/ть
• присовокупи́ть, -плю́, -пи́т, при/совокуп/и/ть (истори́ч. от устар. «ку́пно» — вме́сте)
присоедине́ние, при/со/един/е-ни/е
приспособле́ние, при/способл/ени/е (ср.: спо́соб; черед. б — бл)
пристава́ть, при/ста/ва/ть
приста́вка, при/став/к/а
прistáнище, при/ста/н/ищ/е
• при́стань, ж. р., род. ед. -и, им. мн. -и, род. мн. приста́ней и допуск. при́станей, при/ста/нь
пристра́стный, при/страст/-н/ый, кратк. форма -стен, -стна
пристре́лка, при/стрел/к/а
пристро́йка, при/строй/к/а
• приступи́ть, при/ступ/и/ть (нача́ть)
• пристяжно́й (пристяжна́я ло́шадь), пристяж/н/ой
присуди́ть, -ужу́, -у́дит, при/-суд/и/ть

---

* п р и н ц и п — основное, исходное положение какой-либо теории, учения, науки и т. п.

* п р и о р и т е т — первенство во времени в научном открытии, изобретении, исследовании и т. п.

- **присужда́ть**, -а́ю, -а́ет, при/сужд/а/ть
- **прису́тствие**, при/сутств/и/е
- **присяга́ть**, присяг/а/ть (к о м у? — *дат. п.*; н а ч т о? — *вин. п.*)
- **притвори́ть**, при/твор/и/ть
  притворя́ться, притвор/я/ть/ся
  притерпе́ться, при/терп/е/ть/ся
- **притесне́ние**, при/тесн/ени/е
  прито́м, *союз* (он работает и прито́м учится), *но мест.* при то́м (при то́м случае)
  при́тча, *твор. ед.* -чей, *род. мн.* притч, притч/а
  притяга́тельный, при/тяг/а/тельн/ый
  притяза́ние*, притяза/ни/е (*историч. родственно словам* притя́гивать, притяже́ние; *черед.* г — ж — з)
  прину́ть, при/уны/ть
  приуро́чить, при/уроч/и/ть
  приуса́дебный, при/усадеб/н/ый
  прихвастну́ть, при/хваст/ну/ть
- **прихо́жая**, при/хож/ая
  при́хоть, *ж. р., род. ед.* -и, при/хоть (*ср.:* хот/е́/ть)
  прице́л, при/цел (*ср.:* це́л/и/ть/ся)
  прицепи́ть, -цеплю́, -це́пит, при/цеп/и/ть
  прича́л, при/чал (*ср.:* прича́л/и/ть)
- **прича́стный**, причастн/ый, *кратк. форма* -стен, -стна
  причём, *союз и нареч.*
- **причёска**, при/чёс/к/а
- **причи́на**, причин/а
  причита́ть, причит/а/ть
- **причу́дливый**, при/чуд/лив/ый

- **пришвартова́ться**, при/швартов/а/ть/ся (*ср.:* шварто́в/ы)
  пришёптывать, при/шёпт/ыва/ть (*ср.:* шёпот; *черед.* о — нуль звука)
- **прищеми́ть**, -щемлю́, -щеми́т, при/щем/и/ть; *черед.* м—мл
  прище́пка, при/щеп/к/а
  прищу́рить, при/щур/и/ть
- **прию́т**, при/ют (*ср.:* ют/и́/ть/ся)
- **прия́тель**, *прил.* ⟨-ятель/ск/ий⟩
  прия́тный, приятн/ый
- **проби́рка**, пробирк/а
  про́бка, пробк/а
- **пробле́ма***, проблем/а, *прил.* ⟨пробле́м/н/ый⟩
  пробо́ина, про/бо/ин/а
  пробуди́ть, -ужу́, -у́дит и -уди́т, про/буд/и/ть
  пробуксо́вывать, про/букс/о/выва/ть
  прове́дать, про/вед/а/ть (*ср.:* из/ве́д/а/ть)
  провезти́, -зу́, -зёт, про/вез/ти
  провентили́ровать, -рую, -рует, про/вентил/иров/а/ть (*ср.:* ве́нтиль)
  провести́, -еду́, -едёт, *прош. вр.* -ёл, -ела́, про/вес/ти
  прове́тренный, про/ветр/енн/ый (*от* про/ве́тр/и/ть)
  провиа́нт, *только ед., род.* -а
- **прови́зия**, провизи/я
- **прови́зор**, *род. ед.* -а
- **провинциа́льный**, провинци/аль/н/ый (*от* прови́нци/я), *кратк. форма* -лен, -льна
  проводни́к, про/вод/ник (*ср.:* про/вож/а́т/ый; *черед.* д — ж)

---

* п р и т я з а н и е — требование, предъявление своих прав на что-либо
* п р о б л е м а — сложный теоретический или практический вопрос, требующий разрешения, изучения, исследования

провозве́стник, про/воз/вест/-ник
- провозглаша́ть, про/воз/глаш/а/ть
- провока́ция провок/аци/я (*ср.*: провок/а́тор)
- про́волока, проволок/а, *прил.* ⟨про́волоч/н/ый⟩ ; *черед. к — ч*
- прово́рный, провор/н/ый, *кратк. форма* -рен, -рна, *сущ.* ⟨провор/ств/о⟩
провоци́ровать, -ци́рую, -ци́рует, провоц/иров/а/ть
прога́лина, прогалин/а, *сущ.* ⟨-н/к/а⟩
- прогиба́ть [*не* прогина́ть], про́/гиб/а/ть
- проглоти́ть, про/глот/и/ть (*ср.*: гло́т/к/а)
- прогно́з* (*греч.* «про» — вперёд + «гнозис» — знание), *глаг.* ⟨прогноз/и́ров/а/ть⟩
прогора́ть, -а́ю, -а́ет, про/гор/а/ть
прогоре́ть, -рю́, -ри́т, про/гор/е/ть
прого́рклый, про/горк/л/ый
- програ́мма (*из франц., от греч.* «про» — впереди, раньше + «гра́мма» — написанное), программ/а, *сущ.* ⟨программ/и́ров/а/ни/е⟩, *прил.* ⟨програ́мм/н/ый⟩
- прогре́сс* [*допуск.* рэ] (*лат.* «про» — вперёд + «гре́ссус» — движение), *прил.* ⟨-/и́в-н/ый⟩, про/гресс
прогре́ссия, прогресс/и/я
прогу́лка, про/гул/к/а
прогу́льщик, про/гуль/щик
продаве́ц, *тв. ед.* -цо́м, прода/в/ец (*от* прода/ва́/ть)

проде́ть, -е́ну, -е́нет, про/де/ть (*ср.*: в/де/ть)
- продлева́ть, про/дл/ева/ть
- продлённый, про/дл/ённ/ый, *кратк. форма* -ён, -ена́, -ено́, -ены́
продли́ть, -лю́, -ли́т, про/дл/и/ть
- продово́льствие, про/доволь/-ств/и/е
продро́гший, про/дрог/ш/ий
продукти́вный, продукт/ивн/ый
продукто́вый, продукт/ов/ый
- проду́кция, продукц/и/я
- проезжа́ть, -а́ю, -а́ет (ж'ж' *и допуск.* жж], про/езж/а/ть
- прое́кт [э́кт], *глаг.* ⟨-/и́ров-/а/ть⟩
- прое́кция [эк], проекц/и/я
- прожектёр*, прожект/ёр, *сущ.* ⟨прожект/ёр/ств/о⟩ (*ср.*: прожект)
- проже́ктор, *им. мн.* прожектора́, *род. мн.* -о́в *и* проже́кторы, -ов
- прожо́рливый, про/жор/ли-в/ый (*ср.*: об/жо́р/а)
про́звище, про/зв/ищ/е
- прозорли́вый [*не* прозо́рли-вый], про/зор/лив/ый (*ср.*: в/зор), *кратк. форма* -и́в, -и́ва
- прозяба́ть, про/зяб/а/ть
- про́игрыш, про/игр/ыш
- произведе́ние, произвед/ени/е
- производи́тельность, производ/и/тель/н/ость
произво́дственный, производ/-ств/енн/ый
- произво́льный, произволь/-н/ый (*ср.*: произво́л), *кратк. форма* -лен, -льна
произнесённый, произнес/ён-

---
* п р о г н о з — предвидение, предсказание, основанное на определённых данных, напр. прогноз погоды

* п·р·о·г р е с с — движение вперёд, переход от низшего к высшему

* п р о ж е к т ё р — составитель неосуществимых планов, проектов

н/ый, *кратк. форма* -ён, -ená, -ены́ [*не* произнéсенный, -ен, -ена]
произношéние, произнош/е́ни/е
произрастáть, про/из/раст/а/ть
произрасти́, -стёт, *прош. вр.* -рóс, -рослá, про/из/рас/ти (*из* раст + ти)
происходи́ть, -ожу́, -óдит, про/исхóд/и/ть
происхождéние, про/исхожд/éни/е
• **происшéствие**, происшéстви/е
пройти́, пройду́, пройдёт, про/й/ти
прокажённый, прокаж/ённ/ый (*ср.:* прокáз/а); *черед. ж — з*)
прокáзник, прокáз/ник
• **прокламáция***, проклам/áци/я (*лат.* «про» — перед + «клáмо» — звать, провозглашáть)
• **проклинáть**, про/клин/á/ть (*ср.:* про/кля́/с/ть; *черед. я — ин*)
прокля́тие, про/кля/ти/е
• **прокуратýра**, прокур/атýр/а
прокурóр, *прил.* ⟨-/ск/ий⟩ (*лат.* «прокурáре» — наблюдáть, забóтиться), прокур/óр
пролагáть, -áю, -áет, про/лаг/á/ть
прóлежень, *м. р., род. мн.* прóлежней, про/леж/ень
• **пролетариáт**, пролетáр/иат
пролетáрий, пролетáр/ий
проливнóй, про/ли/в/н/ой
• **прóлог** (*греч.* «про» — перед + «лóгос» — слово, речь)

проложи́ть, -ожу́, -óжит, про/лóж/и/ть
промáсленный, про/мáсл/енн/ый
промежýток, *род. ед.* -тка (*истории. от др.-русск.* «промéжу» — между)
промелькнýть, про/мельк/ну/ть
• **промóзглый**, промóзгл/ый (*от др.-русск.* «мзга» — мокрый снег с дождём, туман)
• **промокáшка**, *род. мн.* -шек, про/мóк/а/шк/а
промокáть, про/мóк/а/ть
промóкший, про/мóк/ш/ий
• **прóмысел**, *род. ед.* прóмысла, *им. мн.* прóмыслы, *род. мн.* -ов
промы́шленность, промы́шленн/ость (*истории. от* прóмысел)
• **пронзённый**, про/нз/ённ/ый, *кратк. форма* -ён, -енá, -енó, -ены́
пронзи́ть, -нжу́, -нзи́т, про/нз/и́/ть (*ср.:* про/низ/á/ть)
• **проникновéнный**, про/ник/нов/енн/ый; *кратк. форма* -éнен, -éнна
проницáемость, прониц/á/ем/ость
проницáтельный, прониц/а́тельн/ый, *кратк. форма* -лен, -льна
• **пронумеровáть**, про/нумер/ов/á/ть (*от устар.* «нýмер» — нóмер)
прообраз, про/обрáз
• **пропагáнда***, *род.* -ы, пропагáнд/а, *сущ.* ⟨-гáнд/и́ст⟩
пропадáть, пропад/á/ть
пропáжа, пропáж/а

---

* п р о к л а м á ц и я — агитациóнный листóк политического содержáния

* п р о п а г á н д а — распространéние и углублённое разъяснéние каких-нибудь идéй, учéния, знáний

про́пасть, *ж. р., род. ед.* -и, *им. мн.* про́пасти, *род. мн.* пропасте́й [*не* про́пастей]
пропа́сть, -аду́, -адёт, пропас/ть; *черед. д — с*
• пропе́ллер (*лат.* «про» — вперёд + «пе́лло» — толкаю)
• пропове́довать, -дую, -дует, проповед/ов/а/ть
прополоска́ть, -полощу́, -поло́щет *и допуск.* -полоска́ю, полоска́ет, *повел. накл.* полощи́ *и допуск.* полоска́й, про/полоск/а/ть; *черед. ск — щ*
• пропо́рция*, пропорци/я, *прил.* ⟨пропорци/она́льн/ый⟩
• прораба́тывать, про/рабат/ыва/ть
прорасти́, -ту́, -тёт, *прош. вр.* -ро́с, -росла́, про/рас/ти (расти́ = раст- + -ти́)
• прореди́ть, про/ред/и/ть (*ср.:* ре́д/к/ий)
прорези́ненный, про/резин/енн/ый
про́резь, *ж. р., род. ед.* -и, про/резь
• проре́ктор (*лат.* «про» — вместо + «ре́ктор» — управитель), *род. ед.* -а, *им. мн.* -ы, *род. мн.* -ов, про/ректор, *прил.* ⟨про/ре́ктор/ск/ий⟩
проре́ха, прорех/а
проржа́вевший *и* проржаве́вший, про/ржав/е/вш/ий
проржа́веть, -ею, -еет *и* проржаве́ть, -ею, -е́ет, про/ржав/е/ть
проро́к, *род. ед.* -а
проро́чествовать, -твую, -твует, пророч/еств/ов/а/ть; *черед. к — ч*

про́рубь, *ж. р., род. ед.* -и, про/рубь
просветле́ние, про/свет/л/е/ни/е
• просвеща́ть, просвещ/а/ть (*от* свет; *черед. т — щ*)
просвеще́ние, просвещ/ени/е
про́седь, *ж. р., род. ед.* -и, про/седь (*ср.:* сед/ин/а́)
просе́ивать, про/се/ива/ть (*ср.:* про/се́/я/ть)
проскака́ть, про/скак/а/ть (*но:* про/скоч/и́/ть; *черед. о — а, к —ч*)
про́со, прос/о, *прил.* ⟨прос/ян/о́й⟩
• проспе́кт* (*лат.* «про» — вперёд + «спе́кто» — смотрю, *буквально* 'вид', 'обзор')
просро́чить (пропустить срок), про/сроч/и/ть
просте́нок, про/стен/ок
простере́ть, *буд. вр.* -стру́, -стрёт, *прош. вр.* -тёр, -тёрла, простер/е/ть
простира́ться, простир/а/ть/ся
прости́ть, прощ/у́, прост/и́т, прост/и/ть; *черед. ст — щ*
просто́й, *прил.*, прост/о́й, *сущ.* ⟨прост/от/а́⟩
• простоква́ша, прост/о/кваш/а
про́сто-на́просто, *нареч.*, прост/о/-на/прост/о/
просто́р, *прил.* ⟨-/н/ый⟩
простра́нный, простран/н/ый, *кратк. форма* -нен, -нна
• простра́нство, простран/ств/о
прострели́ть, про/стрел/и/ть, *прич.* ⟨про/стре́л/енн/ый⟩
прострочи́ть, -строчу́, -стро́чит *и* -строчи́т, про/строч/и/ть

---

* п р о п о р ц и я — соразмерность, определённое соотношение частей между собой

* п р о с п е к т[1] — большая широкая и прямая улица; п р о с п е к т[2] — программа, план чего-нибудь: проспект нового учебника просту́да, про/студ/а, *прил.* ⟨про/сту́д/н/ый⟩

просту́пок, про/ступ/ок (*ср.*: о/ступ/и́/ть/ся — *в знач.* 'совершить ошибку в жизни')

• простыня́, *род. ед.* -и́, *вин. ед.* -ю́, *им. мн.* про́стыни, *род. мн.* просты́нь *и* простынéй, *дат. мн.* простыня́м [*не* про́стынь, про́стыням], простын/я

просчёт, про/счёт

просчита́ться, про/счит/а/ть/ся

про́сьба, прось/б/а

• прота́лина, про/та/л/ин/а (*ср.*: та́/я/ть)

протежé [тэ], *нескл., м. и ж. р.*

протежи́ровать [тэ], -рую, -руешь, протеж/иров/а/ть

• протéз [тэ́], *прил.* ⟨-/н/ый⟩

протéкция [тэ] (*лат.* «про» — за + «тéго» — укрываю; *буквально* 'прикрытие'), про/текц/и/я

протерéть, -тру́, -трёт, *прош. вр.* -тёр, -тёрла, про/тер/е/ть

• протéст [*не* тэ], *глаг.* ⟨-ст/ов/а́/ть⟩

про́тивень, *м. р., род. ед.* про́тивня, *род. мн.* про́тивней

• противовозду́шный, против/о/-воздуш/н/ый

противодéйствовать, -твую, -твует, против/о/действ/ов/а/ть

противополага́ть, против/о/-пол/аг/а/ть

противополо́жный, против/о/-полож/н/ый, *кратк. форма* -жен, -жна

противопоставля́ть, против/о/-по/ставл/я/ть

• противорéчие, против/о/реч/и/е

противоя́дие, против/о/яд/и/е

• протоко́л, *глаг.* ⟨-/и́рова/ть⟩, *прил.* ⟨протоко́ль/н/ый⟩

прото́н, *прил.* ⟨-то́н/н/ый⟩

протопла́зма (*греч.* «про́тос» — первый + плазма), прото/плазм/а

проторённый, про/тор/ённ/ый (*ср.*: про/тор/и́/ть), *кратк. форма* -ён, -ена́, -ено́, -ены́ [*не* прото́ренный]

прототи́п, прото/тип (*от греч.* «про́тос» — первый + «тип» — прообраз)

протуберáнец, *род. ед.* -нца, *тв. ед.* -нцем

протяжéние, про/тяж/ени/е

профанáция*, профан/аци/я (*ср.*: профан/и́рова/ть, профа́н)

профессиогрáмма*, профес-си/о/грамм/а

профессионали́зм [*не* изьм], професси/онал/изм

• профéссия, професс/и/я, *прил.* ⟨-/она́ль/н/ый⟩

• профéссор, *им. мн.* профессорá, *род. мн.* -о́в [*не* профéссоры, -ов], професс/ор, *прил.* ⟨-/ск/ий⟩, *сущ.* ⟨-фесс/у́р/а⟩

• профилáктика, профилакт/ик/а, *прил.* ⟨-/и́ч/еск/ий⟩; черед. к — ч

• про́филь, *м. р.* (*из франц., от лат.* «про» — вперёд + «фи́лум» — нить; *буквально* 'за ниткой', 'обведённое ниткой'), *род. ед.* -я,

---

* профанáция — искажение чего-нибудь невежественным, оскорбительным обращением, отношением; опошление

* профессиогрáмма — перечень качественных характеристик представителя той или иной профессии

им. мн. про́фили, *род. мн.* -ей [*не* профиля́, -е́й]
профильтро́ванный, про/фильтр/ов/а/нн/ый
профсою́з, проф/сою́з (профессиональный союз)
прохлажда́ться, про/хлажд/а/ть/ся (*ср.:* про/хлад/а; *черед.* д — жд)
прохо́дчик, про/ход/чик
прохо́жий, про/хож/ий (*ср.:* хожд/е́ни/е; *черед.* ж — жд)
процвета́ние, про/цвет/а/ни/е
● **процеду́ра**, процедур/а, *прил.* ⟨-/н/ый⟩
● **проце́нт** [*не* про́цент] (*лат.* «про» — за, вместо + «це́нтум» — сто; *буквально* 'один на сто')
● **проце́сс**, *прил.* ⟨-цесс/уа́льн/ый⟩
● **проце́ссия**, процесси/я
про́чий, -ая, -ее, проч/ий
про́чный, проч/н/ый, *ср.:* у/про́ч/и/ть, *кратк. форма* -чен, -чна́, -чно, *сущ.* ⟨-чн/ость⟩
прочу́вствованный, про/чувств/ов/а/нн/ый
прочь, *нареч.*
проше́ствие (по прошествии), про/шеств/и/е (*ср.:* ше́ств/и/е)
прошлого́дний, про/ш/л/о/год/н/ий
● **проявитель**, про/яв/и/тель
проясни́ться (стать чистым от туч: небо проясни́лось), про/ясн/и/ть/ся
проясни́ться (стать осмысленным, ясным), про/ясн/и/ть/ся
пружи́на, пруж/ин/а (*ср.:* у/пру́г/ий, *черед.* г — ж), *сущ.* ⟨-жи́н/к/а⟩

пруса́к (насекомое), *род. ед.* -а́
прусса́к (*от* Пру́ссия), *род. ед.* -а́, *им. мн.* -и́, *род. мн.* -о́в *и* прусса́ки, прусса́ков, прусса́ка, прусс/ак
пру́сский, прус/ск/ий (*из* прусс/ск/ий)
прыжо́к, *род. ед.* -жка́, прыж/ок (*ср.:* пры́г/а/ть; *черед.* г — ж)
пры́ткий, прыт/к/ий (*ср.:* прыть), *кратк. форма* пры́ток, прытка́, пры́тко, пры́тки
прыщ, *м. р., род. ед.* -а́, *тв. ед.* -о́м, *прил.* ⟨прыщ/ева́т/ый⟩
пря́денный, *прич.* (шерсть не пря́дена) пряд/енн/ый (*ср.:* прясть; *черед.* д — ст)
пря́деный, *прил.* (пряденая шерсть), пряд/ен/ый
● **пряди́льный** [*не* пря́дильный], пряд/ильн/ый
пряди́льщица [*не* пря́дильщица], пряд/ильщиц/а
пря́жка, пряж/к/а, *сущ. уменьшит.* ⟨пря́жеч/к/а⟩; *черед.* к — ч
прямо́й, прям/о́й, *кратк. форма* прям, пряма́, прямо
прямолине́йный, прям/о/линей/н/ый, *кратк. форма* -е́ен, -е́йна
прямоуго́льник, прям/о/уголь/ник
пря́ничный [*допуск. устар.* -шн-], прянич/н/ый (*ср.:* пря́ник; *черед.* к — ч)
пря́ность, прян/ость (*ср.:* пря́н/ый)
пря́таться, прят/а/ть/ся, *повел. накл.* прячь, пря́чься
● **псевдони́м*** (*греч.* «псе́вдос» — ложь + «о́нима» — имя)

---

* п с е в д о н и м — вымышленное имя или фамилия, под которыми часто выступают писатели, художники и др.

психиатри́ческий, псих/иатр/и/ческ/ий
пси́хика, псих/ик/а, *прил.* ⟨-/и́ч/еск/ий⟩
психоло́гия (*греч.* «пси́хе» — душа + «ло́гос» — слово), псих/о/лог/и/я, *прил.* ⟨-/и́ч/еск/ий⟩
птицево́дство, птиц/е/вод/-ств/о
пти́чий, -ья, -ье, птич/ий/
пу́блика, публик/а
• публикова́ть, публик/ов/а/ть
• публици́стика* (*лат.* «пу́бликус» — общественный), публиц/ист/ик/а, *прил.* ⟨публиц/ист/и́ч/еск/ий⟩
пу́ганный, *прич.* (птицы не пу́ганы), пуг/а/нн/ый
пу́ганый, *прил.* (пу́ганая воро́на и куста́ бои́тся), пуг/ан/ый
• пу́говица, пугов/иц/а (*ср.*: пу́гов/к/а)
пу́динг, *род. ед.* -а
пу́дреница, *тв. ед.* -цей, пуд/р/ениц/а
пузы́рь, *м. р., род. ед.* -я́
пулемёт, пул/е/мёт
пуло́вер, *род. ед.* -а
пульвериза́тор, пульвериз/а́/тор (*ср.*: пульвериз/а́ци/я)
пунктуа́льный, пунктуа́ль/н/ый, *кратк. форма* -лен, -льна, *сущ.* ⟨-а́льн/ость⟩
• пунктуа́ция (*лат.* «пу́нктум» — точка), пунктуа/ци/я, *прил.* ⟨пунктуаци/о́н/н/ый⟩
• пунцо́вый*, пунцов/ый

пу́рпур*, *прил.* ⟨пу́рпур/н/ый и пурпу́р/н/ый⟩
пу́стошь, *ж. р., род. ед.* -и, *им. мн.* -и, *род. мн.* -ей, пуст/ошь
пусты́ня, *род. мн.* -ы́нь, пуст/ын/я
пустя́чный [шн], *кратк. форма* пустя́чен [я́ш], пустя́чна [шн], *сравн. ст.* пустя́чнее [шн'], пуст/яч/н/ый
• пу́таный, *прил.*, пут/а/н/ый, *сущ.* ⟨-а/н/иц/а⟩, *нареч.* ⟨-/а/н/о⟩
путеводи́тель, *м. р., род. ед.* -я, пут/е/вод/и/тель
путепрово́д [*не* путепро́вод], пут/е/про/вод
• путеше́ственник, пут/е/шеств/ен/ник
путч, *м. р., род. ед.* -а, *тв. ед.* пу́тчем, *сущ.* ⟨путч/и́ст⟩
пучо́к, пуч/ок (*ср.*: пук; *черед.* к — ч)
пу́ще, *нареч.*, пущ/е/
пу́щенный (*от* пусти́ть), пущ/енн/ый; *черед.* ст — щ
пчела́, *им. мн.* пчёлы, пчел/а́
пчелово́дство, пчел/о/вод/-ств/о
• пшени́ца, *тв. ед.* -цей, пшениц/а (*историч.* однокор. пшен/о́)
пшённый, пшён/н/ый
пылесо́с, пыл/е/сос
пы́хать, *неопр⁰д. ф. и 1-е лицо не употр.*, пы́шешь, пы́шет, пых/а/ть; *черед.* х — ш
• пьедеста́л*, *род. ед.* -а

---

* п у б л и ц и с т и к а — отрасль литературы, освещающая вопросы политики и общественной жизни в периодической печати и отдельных изданиях

* п у н ц о в ы й — ярко-красный

* п у р п у р — тёмно-красный или ярко-красный цвет

* п ь е д е с т а л — основание памятника, статуи, колонны и т. п., постамент

пье́ксы*, *род.* пьекс, пьекс/ы
• пье́са, пьес/а
пюпи́тр, *род. ед.* -а
пюре́ [рэ], *нескл., с. р.*
пя́льцы, *только мн., род.* пя́льцев *и* пя́лец, пяльц/ы
пята́к, *род. ед.* -а́, пят/ак
пятачо́к, пят/ач/ок
пя́теро, пят/ер/о/
• пятиба́лльный, пят/и/балль/-н/ый
пятидесятиле́тие, пят/и/десят/и/лет/и/е
пятиконе́чный, пят/и/конеч/-н/ый
пятисотле́тие, пят/и/сот/лет/и/е

пятиэта́жный, пят/и/этаж/-н/ый
• пятна́дцать, *род.* -и, *тв.* -ью, пят/на/дцать
• пя́тница, пятниц/а
пятно́, *им. мн.* пя́тна, *род. мн.* пя́тен, *дат. мн.* пя́тнам, пятн/о, *сущ. уменьшит.-ласкат. знач.* ⟨пятн/ышк/о⟩
пять, пяти́, пятью́, за́ пять *и* за пя́ть, на́ пять *и* на пя́ть
• пятьдеся́т, пяти́десяти, *тв.* пятью́десятью, пять/десят
• пятьсо́т, пятисо́т, пятиста́м, пятьюста́ми, о пятиста́х, пять/сот
пя́тью, *нареч.*, пять/ю/

Р

рабовладе́лец, раб/о/влад/е/-лец
• раболе́пствовать, -твую, -твует, раб/о/леп/ств/ов/а/ть
• рабо́та, работ/а
рабо́тник, работ/ник
работоспосо́бность, работ/о/-способн/ость
рабо́че-крестья́нский, рабоч/е/-крестьян/ск/ий
рабо́чий, рабоч/ий
ра́венство, равен/ств/о
• равне́ние (*от* равня́ться), *только ед.*, равн/ени/е
• равни́на, равн/ин/а
равнобе́дренный, равн/о/бедр/енн/ый
равнове́сие, равн/о/вес/и/е
равноде́нствие, равн/о/ден/-ств/и/е
равноду́шие, равн/о/душ/и/е

равнозна́чный, равн/о/знач/-н/ый, *кратк. форма* -чен, -чна
равноме́рный, равн/о/мер/-н/ый, *кратк. форма* -рен, -рна
равноце́нный, равн/о/цен/-н/ый, *кратк. форма* -нен, -нна
• равня́ть (делать ра́вным), равн/я/ть
равня́ться, равн/я/ть/ся
рагу́, *нескл., с. р.*
рада́р*, *род. ед.* -а
раде́ть (заботиться), -е́ю, -е́ет, рад/е/ть
• радиа́тор (*лат.* «радиа́ре» — испускать лучи)
радиа́ция, ради/аци/я, *прил.* ⟨ради/аци/о́нн/ый⟩
ра́дий (*лат.* «ра́диус» — луч),

---

* пье́ксы — спортивные ботинки с загнутыми носками для ходьбы на лыжах

* рада́р — радиолокационная установка (*спец.*)

только ед., род. -я, рад/ий (ср.: рад/óн)
- радикáл (лат. «радикáлис» — коренной)
  радикáльный*, радикаль/н/ый
- рáдио [ио] (лат. «радиáре»— излучать), нескл., с. р., только ед.
  радиоаппаратýра [п], радио/аппарат/ур/а
  радиоактúвность, радио/актив/н/ость
  радиовещáние, радио/вещ/а/ни/е
  радиогрáмма, радио/грамм/а
  радиóла, радиол/а
  радиолокáция, радио/локац/и/я
  радиоприёмник, радио/приём/ник
  радиофикáция, радио/фикаци/я
  радúровать, -рую, -рует, рад/иров/а/ть
- рáдиус (лат. «рáдиус» — спица в колесе, луч), ради/ус (ср.: ради/áльн/ый)
  рáдовать, -дую, -дуешь, рад/ов/а/ть
  радóновый, рад/он/ов/ый (ср.: рад/он) (от рáдий)
- рáдостный, рад/ост/н/ый, крáтк. форма -стен, -стна
  рáдуга, радуг/а, прил. ⟨-ж/н/ый⟩ ; черед. г — ж
  радýшный, радуш/н/ый, крáтк. форма -шен, -шна
  разбалóванный [не разбáлованный], раз/балов/а/нн/ый, от глаг. раз/балов/á/ть, -лýю, -лýет [не разбáловать, -лую, -луешь]
  разбирáть, -áю, -áет, раз/бир/а/ть

разбóйник, разбой/ник, прил. ⟨разбóй/нич/ий/⟩ ; черед. к — ч
разбóрчивый, раз/бор/чив/ый (ср.: бр/а/ть; черед. о — нуль зука)
разбрáсывать, раз/брас/ыва/ть
разбрестúсь, -бредётся, прош. вр. -ёлся, -елáсь, раз/брес/ти/сь (ср.: бред/ý; черед. д — с)
разбронúровать*, -рую, -рует, раз/брон/иров/а/ть
разбросáть, раз/брос/а/ть
развáлина, раз/вал/ин/а
развалúться, раз/вал/и/ть/ся
- рáзве, частица
- развевáться, раз/ве/ва/ть/ся (от вé/я/ть)
  развéдать, развед/а/ть
  развéдка, развед/к/а
  развéдчик, развед/чик
- развéдывать, -аю, -ает, развед/ыва/ть
  развезтú, -зý, -зёт, прош, вр. -ёз, -езлá, раз/вез/ти
  развенчáть, раз/венч/а/ть (ср.: венéц; черед. е — нуль звука, ц — ч)
  развёртывать, -аю, -ает, раз/вёрт/ыва/ть
- развéсистый, раз/вес/ист/ый
  развéсить, -éшу, -éсит, раз/вес/и/ть; черед. с — ш
  развестú, -едý, -едёт, прош. вр. -ёл, -елá, раз/вес/ти; черед. д — с
  разветвлéние, раз/ветвл/ени/е (ср.: ветвь; черед. в — вл)
  развéшанный, раз/веш/а/нн/ый (от развéшать)
  развéшенный, раз/веш/енн/ый (от развéсить)

---

  * р а д и к а л ь н ы й — решительный, коренной, придерживающийся крайних взглядов
  * р а з б р о н и́ р о в а т ь — освободить от брони

развéять, раз/вé/я/ть, *прич.* ⟨-я/нн/ый⟩
- **развивáться**, раз/ви/вá/ть/ся (*от* раз/вѝ/ть/ся — о волосáх, верёвке и т. п.) *и* разви/вá/ть/ся (расти́) (*ср.:* разви/ти́/е)
- **развито́й** [*не* рáзвитый], разви/т/о́й, *прил.*, *кратк. форма* рáзвит, развитá [*не* рáзвита], рáзвито, рáзвиты
- **развѝтый**, раз/вѝ/т/ый, *прич.*, *кратк. форма* -и́т, -итá *и допуск.* -и́та, -и́то, -и́ты (*преимущ. в прямом знач. в смысле* 'раскру́ченный', 'развёрнутый') *и* рáзвитый, рáзвит, развитá, рáзвито, рáзвиты (*в перено́сн. знач.* 'разносторо́нне развитый специалист')

развлéчь, раз/влечь (*ср.:* раз/-влек/á/ть; *черед.* *к — ч*), *сущ.* ⟨-ч/е́ни/е⟩

разворо́чанный, раз/вороч/а/нн/ый (*от* разворо́чать)

разворо́ченный, раз/вороч/енн/ый (*от* развороти́ть)

развращéние, развращ/ени/е (*ср.:* развра́т)

развью́чить, раз/вьюч/и/ть (*ср.:* вьюк; *черед.* *к — ч*)

развя́занный, *прич.*, раз/вя́з/а/нн/ый

развя́зный, *прил.*, развя́з/н/ый, *кратк. форма* -зен, -зна (развя́зный человек, развя́зный тон)

разгадáть, раз/гад/á/ть

разгибáть, раз/гиб/á/ть

разгля́дывать, раз/гляд/ы/ва/ть

- **разговáривать**, раз/говар/и/ва/ть (*ср.:* раз/гово́р; *черед.* *а — о*)

разгово́рчивый, раз/говор/чив/ый

разгорáться, -áюсь, -áется, раз/гор/á/ть/ся

разгорéться, -рю́сь, -ри́тся, раз/гор/é/ть/ся

разграничéние, раз/гранич/е/ни/е (*ср.:* грани́ц/а; *черед.* *ц — ч*)

разграфлённый, раз/графл/ённ/ый (*от* раз/граф/и́/ть; *черед.* *ф — фл*)

разгребáть, -áю, -áет, раз/-греб/á/ть

разгрести́, -гребу́, -гребёт, *прош. вр.* -грёб, -греблá, раз/грес/ти́; *черед.* *б — бл*, *б — с*

разгру́зка, раз/груз/к/а

разгры́зенный (*от* разгры́зть), раз/грыз/енн/ый

раздари́ть, раз/дар/и́/ть

раздáть, -дáм, -дáшь, -дáст, -дади́м, -дади́те, -даду́т, *прош. вр.* раздáл *и допуск. устар.* ро́здал, раздалá, раздáло, раздáли *и допуск. устар.* ро́здало, ро́здали, раз/дá/ть

раздвое́ние, раз/дв/о/ени/е

раздевáть, раз/де/вá/ть

раздирáть, -áю, -áет, раз/-дир/á/ть

раздо́лье, раздоль/е

- **раздражáть**, раздраж/á/ть

разду́мывать, раз/дум/ыва/ть

разжáловать, раз/жал/о/в/а/ть

разжáть, раз/жá/ть

разжéчь, разожгу́, разожжёт [ж'ж' *и допуск.* жж], раз/-жéчь

разжигáть, раз/жиг/á/ть

разжирéть, раз/жир/е/ть

раззадо́рить, раз/задор/и/ть

разнако́миться, раз/знаком/и/ть/ся

разлагáть, -áю, -áет, раз/-лаг/á/ть

разлéчься, -ля́гусь, -ля́жется,

-ля́гутся, раз/ле́чь/ся; *череⷣ. ч — г — ж*
разли́в (половодье), раз/ли́/в (*ср.:* ли/ть)
разли́тый, раз/ли́/т/ый, *кратк. форма* -ли́т, -лита́ [*не* -ли́та], -ли́то, -ли́ты
различа́ть, различ/а́/ть
разложи́ть, -ожу́, -о́жит, раз/лож/и́/ть
разло́женный, раз/лож/ен/н/ый
разло́манный (*от* разлома́ть), раз/лом/а/нн/ый
разло́мленный (*от* разломи́ть), раз/ломл/енн/ый
разлу́ка, разлу́к/а (*ср.:* раз/луч/и́/ть)
разма́х, раз/мах
размежёвка, раз/меж/ёв/к/а (*от глаг.* раз/меж/ев/а́/ть)
размельчи́ть, -чу́, -чи́т, раз/мельч/и́/ть (*ср.:* ме́лк/ий; *череⷣ. к — ч*)
разменя́ть, раз/мен/я́/ть
размести́, -мету́, -метёт, *прош. вр.* -мёл, -мела́, раз/мес/ти́; *череⷣ. т — с*
разме́ченный, раз/меч/енн/ый (*от глаг.* раз/ме́т/и/ть; *череⷣ. т — ч*)
разме́шанный (*от* размеша́ть), раз/меш/а/нн/ый
разме́шенный (*от* размеси́ть), раз/меш/енн/ый
размеще́ние, раз/мещ/ени/е (*от глаг.* раз/мест/и́/ть)
• размину́ться, -ну́сь, -нётся, раз/мину́/ть/ся (*ср.:* мино/в/а́/ть; *череⷣ. у — ов*)
размозжи́ть, -зжу́, -зжи́т [ж'ж' *и допуск.* жж], раз/мозж/и́/ть (*ср.:* мозг; *череⷣ. г — ж*)
размока́ть, -а́ет, раз/мок/а́/ть
• размо́лвка, *род. мн.* -вок, раз/молв/к/а, вы́/молв/и/ть)

размягча́ть, -а́ю, -а́ет, раз/мяг/ч/а/ть
размягчи́ть, -чу́, -чи́т, раз/мяг/ч/и/ть (*ср.:* мя́г/к/ий; *череⷣ. к — ч*)
разнаря́дка, раз/наря́д/к/а (*ср.:* наря́д — документ о выполнении какой-либо работы, о выдаче или отправке чего-нибудь и т. п.)
разна́шивать, раз/наш/ива/ть (*ср.:* нос/и́/ть; *череⷣ. о — а, с — ш*)
разне́женный, раз/неж/енн/ый (*ср.:* не́ж/и/ть)
разне́рвничаться, раз/нерв/н/ича/ть/ся
разнима́ть, разним/а́/ть
ра́зница, *только ед., тв.* -цей, разн/иц/а
• разнообра́зный, разн/о/образ/н/ый, *кратк. форма* -зен, -зна
разноплемённый, разн/о/плем/ён/н/ый
разносторо́нний, -яя, -ее, *кратк. форма* -нен, -ння, -нне, разн/о/сторон/н/ий
разносторо́нность, разн/о/сторон/н/ость
разно́счик, раз/нос/чик
разношёрстный, разн/о/шёрст/н/ый, *кратк. форма* -тен, -тна (с разного цвета шерстью, *а также переносн.*)
• разну́зданный, *прич.,* раз/нузд/а/нн/ый, *кратк. форма прич.* -ан, -ана, -ано, *кратк. форма прил.* -ан, -анна, -анно
разня́ть, -ниму́, -ни́мет, *прош. вр.* разня́л, разняла́, разня́ло, разня́ли, разня́/ть (*ср.:* разним/а́/ть; *череⷣ. я — им*)
разоблачи́ть, раз/облач/и́/ть
разобщённый [*не* разобщенный], раз/общ/ённ/ый,

кратк. форма -ён, -ена́, -ено́, -ены́
разодра́ть, раздеру́, раздерёт, *прош. вр.* -а́л, -ала́, -а́ло; *черед. е — нуль звука*, разо/др/а́/ть
разожжённый (*от* разжéчь), разо/жж/ённ/ый
разойти́сь, -йду́сь, -йдётся, *прош. вр.* -ошёлся, -ошла́сь, разо/й/ти́/сь
• **разори́ть**, разор/и́/ть
разоруже́ние, раз/оруж/е́ни/е
разоря́ть, разор/я́/ть
разосла́ть, разо/сл/а́/ть, *прош. вр.* -сла́л, -сла́ла, -сла́ло, -сла́ли
разостла́ть *и* **расстели́ть**, расстелю́, рассте́лешь, *прош. вр.* разостла́л, разостла́ла, разостла́ло *и* расстели́л, расстели́ла, расстели́ло, расстели́ли, разо/стл/а́/ть, рас/стел/и́/ть
разочарова́ние, раз/о/чар/о́в/а/ни/е
разочаро́ванный, раз/о/чар/о́в/а/нн/ый (*от глаг.* разо/чар/ов/а́/ть), *кратк. форма прич.* -ан, -ана, -ано, *кратк. форма прил.* -ан, -анна, -анно
разраба́тывать, раз/рабат/ы/ва/ть
• **разрази́ться**, раз/раз/и́/ть/ся
разраста́ться, -а́юсь, -а́ется, раз/раст/а́/ть/ся
разрасти́сь, -ту́сь, -тёшься, *прош. вр.* -ро́сся, -росла́сь, раз/рас/ти́/сь
разреди́ть, раз/ред/и́/ть (*ср.:* ре́д/к/ий)
• **разровня́ть**, раз/ровн/я́/ть
разру́шенный, раз/руш/енн/ый (*от глаг.* раз/ру́ш/и/ть)

разряди́ть, -ряжу́, -ря́дит (наря́дно оде́ть), раз/ряд/и́/ть (*ср.:* на/ря́д)
разряди́ть, -ряжу́, -ря́дит (освободи́ть от заря́да), раз/ряд/и́/ть (*ср.:* заря́д)
разуве́рить, раз/у/вер/и/ть
разукрупни́ть, раз/у/крупн/и́/ть
разу́мный, раз/ум/н/ый
разучи́ть, раз/уч/и́/ть
разъединя́ть, разъ/един/я́/ть
разъе́зд, разъ/езд
• **разъезжа́ться** [ж'ж' *и допуск.* жж], разъ/езж/а́/ть/ся
разъе́хаться, разъ/ех/а/ть/ся
разъярённый, разъ/яр/ённ/ый, *кратк. форма* -ён, -ена́, -ено́, -ены́
• **разъяри́ть**, разъ/яр/и́/ть
• **разъясне́ние**, разъ/ясн/ени/е
• **разыгра́ть**, раз/ыгр/а́/ть (*ср.:* игр/а́)
• **разыска́ть**, раз/ыск/а́/ть (*ср.:* иск/а́/ть)
райисполко́м (райо́нный исполни́тельный комите́т)
• **райо́н**, *прил.* ⟨-/н/ый⟩
• **раке́та**, ракет/а, *прил.* ⟨-/н/ый⟩
ракетоно́сец, *тв. ед.* -сцем, ракет/о/нос/ец
раке́тчик, ракет/чик
раки́та, ракит/а, *прил.* ⟨-/ов/-ый⟩
• **ра́ковина**, раковин/а
ра́ненный, *прич.,* ран/енн/ый, *прил.* ра́н/ен/ый
ране́т *и допуск.* **рене́т**, *только ед., род.* -а
ра́нец, *род. ед.* ра́нца
ра́нний, ран/н/ий
ра́ньше, *сравн. ст.,* рань/ше
• **ра́порт** (*у моряков* рапо́рт)
• **ра́са***, рас/а

---

* р а с а — истори́чески сложи́вшаяся гру́ппа люде́й, объединённая

расистский, рас/ист/ск/ий
- раскаиваться, рас/ка/ива/ть/ся (*ср.*: рас/ка́/я/ть/ся)
раскалённый, рас/кал/ённ/ый
раска́пывать, рас/кап/ыва/ть, *но* раскопа́ть, рас/коп/а/ть; *черед. а — о*
раска́яться, рас/ка/я/ть/ся
раскле́ивать, рас/кле/ива/ть
раскле́ить, -ею, -еит, рас/кле/и/ть, *прич.* ⟨-/енн/ый⟩
расковы́рянный, рас/ковы-р/я/нн/ый (*от* рас/ковы-р/я́/ть)
- расколо́ть, -олю́, -о́лешь, рас/кол/о/ть
раскорчёвка, *род. мн.* -вок, рас/корч/ёв/к/а (*от глаг.* рас/корч/ев/а́/ть)
раскра́шенный, рас/краш/енн/ый (*от глаг.* рас/кра́-с/и/ть; *черед. с — ш*)
раскрои́ть, -ою́, -ои́т, *повел. накл.* -крой, рас/кро/и/ть, *прич.* ⟨-кро́/енн/ый⟩
- раскры́ть, -ро́ю, -ро́ешь, рас/кры/ть
распада́ться, -а́ется, рас/па-д/а/ть/ся
распакова́ть, рас/пак/ов/а/ть
распа́сться, -адётся, рас/пас/ть/ся; *черед. д — с*
- распахну́ть, рас/пах/ну/ть (*ср.*: за/па́х/ива/ть)
- расписа́ние, рас/пис/а/ни/е
распи́ска, *но* ро́спись, рас/пис/ка, рос/пись
расписываться, рас/пис/ы-ва/ть/ся
расплати́ться, -ачу́сь, -а́тится, рас/плат/и/ть/ся; *черед. т — ч*
расплы́вчатый, рас/плыв/ча-т/ый
располага́ть, *но* расположи́ть, рас/полаг/а/ть, рас/полож/и/ть; *черед. о — а, г — ж*
распо́ротый, рас/пор/о/т/ый (*от* рас/пор/о́/ть)
- распоряди́ться, распоряд/и/ть/ся
распоряже́ние, распоряж/е-ни/е
распра́ва, расправ/а
- распредели́ть, -делю́, -дели́т [*не* -де́лит], рас/пре/дел/и/ть, *сущ.* ⟨-/е́ни/е⟩
распростёртый, рас/простёр/-т/ый
распрости́ться, рас/прост/и/-ть/ся
распростране́ние, рас/простра-н/ени/е
распряга́ть, рас/пряг/а/ть
распря́чь [*допуск. устар.* ре́], -прягу́, -пряжёт, -прягу́т, *прош. вр.* -пря́г [*допуск. устар.* ре́], -прягла́, рас/прячь
распу́танный, рас/пут/а/нн/ый (*от глаг.* рас/пу́т/а/ть)
распу́тица, *только ед., тв.* -цей, рас/пут/иц/а
распу́тье, рас/пут/ье
- расса́да, рас/сад/а
расса́женный, рас/саж/енн/ый (*от глаг.* рас/сад/и/ть; *черед. д — ж*)
расса́сываться, рас/сас/ыва/-ть/ся (*ср.*: сос/а́/ть; *черед. о — а*)
- рассве́т, рас/свет
рассвета́ть, -а́ет, рас/свет/а/ть
рассвирепе́ть, рас/свиреп/е/ть
рассека́ть, рас/сек/а/ть
расселе́ние, рас/сел/ени/е
рассе́лина, расселин/а
рассерди́ться, -сержу́сь, -се́рдится, рас/серд/и/ть/ся; *черед. д — ж*

рассе́сться, рас/сес/ть/ся
- рассе́чь, -секу́, -сечёт, -секу́т, *прош. вр.* -сёк *и допуск. устар.* -сек, -секла́, -секло́, -секли́ *и допуск. устар.* -се́кла, -се́кло, -се́кли, рас/-сечь

  рассе́янный, рас/се/я/нн/ый, *кратк. форма прич.* -ян, -яна, -яно, -яны (все сомнения рассе́яны), *кратк. форма прил.* -ян, -янна, -янно (она очень рассе́янна)
- рассе́ять, рас/се/я/ть
- расска́з, рас/сказ
- рассказа́ть, -ажу́, -а́жешь, рас/сказ/а/ть; *черед. з — ж*

  расска́зчик, рас/сказ/чик

  рассла́иваться, рас/сла/и/ва/ть/ся
- рассле́дование, рас/след/о-в/а/ни/е
- расслое́ние, рас/сло/ени/е
- рассмеши́ть, рас/смеш/и/ть (*ср.:* смех; *черед. х — ш*)

  рассмотре́ние, рас/смотр/е/ни/е
- рассо́л, рас/сол

  рассо́льник, рас/соль/ник
- рассо́рить, -рю, -рит, рас/сор/и/ть (*из* рас- + ссор/и/ть)

  рассортирова́ть, -ру́ю, -ру́ет, рас/сорт/иров/а/ть

  рассо́хнуться, -нется, *прош. вр.* -о́хся, -о́хлась, рас/сох/ну/ть/ся
- расспра́шивать, рас/спраш/и/ва/ть

  расспроси́ть, -ошу́, -о́сит, рас/спрос/и/ть

  рассредото́ченный, рас/средо-точ/енн/ый
- рассредото́чивать, -аю, -ает, рас/средоточ/ива/ть
- рассредото́чить, -чу, -чит, рас/-средоточ/и/ть
- рассро́чить, рас/сроч/и/ть (*ср.:* срок; *черед. к — ч*)

рассро́чка, рас/сроч/к/а
- расстава́ться, рас/ста/ва/ть/-ся
- расставля́ть, -я́ю, -я́ет, рас/-ставл/я/ть

  расстано́вка, *род. мн.* -вок, рас/станов/к/а

  расста́ться, рас/ста/ть/ся
- расстёгивать, рас/стёг/ива/ть

  расстели́ть, -елю́, -е́лет, рас/-стел/и/ть
- расстила́ть, рас/стил/а/ть
- расстоя́ние, рас/сто/я/ни/е (*ср.:* от/сто/я́/ть — находиться на некотором расстоянии)

  расстре́лянный, рас/стрел/я/н-н/ый (*от* рас/стрел/я́/ть)

  расстро́иться, -о́юсь, -о́ится, рас/стро/и/ть/ся

  рассуди́тельный, рас/суд/и/-тельн/ый, *кратк. форма* -лен, -льна
- рассужде́ние, рас/сужд/ени/е

  рассу́док, рас/суд/ок, *прил.* ⟨рас/су́д/оч/н/ый⟩
- рассчита́ть [щ], рас/счит/а/ть

  рассы́льный, рас/сыл/н/ый
- рассы́пать, -сы́плю, сы́плешь *и допуск.* рассы́пешь, рассы́пет; рас/сып/а/ть; *черед. п — пл, прил.* ⟨рас/сы́п/ча-т/ый⟩, *повел. накл.* рас/-сыпь, *сов.*

  раста́ять, рас/та/я/ть

  растворя́ть, рас/твор/я/ть
- расте́ние, раст/ени/е

  растениево́дство, раст/ени/-е/вод/ств/о

  растере́ть, разотру́, разотрёт, *прош. вр.* -тёр, -тёрла, рас/-тер/е/ть; *черед. е —* нуль звука

  растер́янный, рас/тер/я/нн/ый

  расти́, -ту́, -тёт, *прош. вр.* рос, росла́, рас/ти (*из* рас/-ти)

  растира́ть, рас/тир/а/ть

расти́тельность, расти/тель-н/ость
расти́ть, ращу́, расти́т, раст/и́/ть; *черед.* ст — щ
растле́ние, рас/тл/ени/е (*от глаг.* рас/тл/е́/ть)
расто́ргнутый, расторг/ну/т/ый (*от глаг.* расто́рг/ну/ть)
• расторо́пный, рас/тороп/н/ый (*ср.*: тороп/ли́в/ый), *кратк. форма* расторо́пен, расторо́пна
растра́та, рас/трат/а
растрево́жить, рас/тревож/и/ть
растре́скаться, рас/треск/а/ть/ся
растру́б [*не* ра́струб], *м. р., род. ед.* -а, рас/труб
растрясти́, растрясу́, -сёт, *прош. вр.* растря́с, -трясла́, рас/-тряс/ти
расфасо́ванный, рас/фасов/а/нн/ый
расформирова́ть, -ру́ю, -ру́ет, рас/форм/иров/а/ть
расхи́тить [*не* расхити́ть], -и́щу, -и́тит, *прич. страд. прош.* расхи́щенный, рас/-хит/и/ть
расхля́банный, рас/хляб/а/н-н/ый (*от* рас/хля́б/а/ть)
расхо́д, *прил.* <-хо́д/н/ый>
расцара́пать, рас/царап/а/ть
расцвести́, -вету́, -ветёт, *прош. вр.* -вёл, -вела́, рас/цвес/ти́; *черед.* т — с
• расцве́т, рас/цвет
расцве́тший [*не* вё], рас/-цвет/ш/ий
расчеса́ть, рас/чес/а/ть
• расчёска, рас/чёс/к/а
расче́сться, разочту́сь, разочтётся, *прош. вр.* расчёлся, разочла́сь, рас/чес/ть/ся
• расчёт [щ], рас/чёт, *прил.* <рас/чёт/лив/ый, рас/чёт/н/ый>
расчи́стка, рас/чист/к/а
расчи́щенный, рас/чищ/ен-н/ый
расчлене́ние, рас/член/ени/е
расчу́вствоваться, рас/чувств/ов/а/ть/ся
расшата́ть, рас/шат/а/ть
расшевели́ть, -шевелю́, -шевели́т *и допуск.* расшеве́лит, рас/шевел/и/ть
расшива́ть, рас/ши/ва/ть
расшире́ние, рас/шир/ени/е
расшифрова́ть, рас/шифр/ов/а/ть
расще́дриться, рас/щедр/и/ть/ся
• расще́лина, рас/щел/ин/а
• расщепи́ть, рас/щеп/и/ть
ратифика́ция* (*лат.* «ра́тус» — решённый, утверждённый), ратифик/аци/я
ра́унд, *род. ед.* -а
• рафина́д, *только ед., род.* рафина́да *и* рафина́ду, рафин/ад
рафини́рованный, рафин/иров/а/нн/ый
рахи́т, *только ед., род. ед.* -а
• рацио́н (*нем., от лат.* «ра́цио», *род. п.* «рацио́нис» — счёт, расчёт, мера)
• рационализа́ция (*лат.* «рациона́лис» — разумный), рационал/изаци/я
рациона́льный, рациональ/-н/ый, *кратк. форма* -лен, -льна
ра́ция, раци/я
ра́шпиль, *м. р., род. ед.* -я
рва́ный, рв/а/н/ый, *сущ.* <рв/а/нь>

---

* р а т и ф и к а ц и я — утверждение верховной властью международного договора, заключённого её уполномоченными

рвач, *род. ед.* -á, *тв. ед.* рва-чóм, рв/а/ч
рдеть, рдéю, рдéешь, рд/е/ть (*ср.*: рд/я́н/ый)
• **реабилити́ровать***, реабилит/и́-ров/а/ть, *двувид.*, *сущ.* ⟨реабилит/а́ци/я⟩, *прич.* ⟨реабилит/и́ров/а/нн/ый⟩
• **реаги́ровать**, реагиров/а/ть (н а ч т о? — *вин. п.*)
• **реакти́вный**, реакт/ивн/ый (*ср.*: реакт/и́в)
реа́ктор, *род. ед.* -а, *им. мн* реа́кторы, *род. мн.* -ов, *прил.* ⟨реа́ктор/н/ый⟩, реакт/ор
реакцио́нный, реакци/онн/ый *кратк. форма* реакци/о́нен реакци/онн/а
реа́кция (*лат.* «ре» (приставка) — против + «а́кцио» — действие; *буквально* 'противодействие', 'ответное действие'), реакци/я
• **реали́зм** (*лат.* «реа́лис» — вещественный), *только ед.*, реал/изм
реализова́ть, -зу́ю, -зу́ет, реализ/ов/а/ть (*ср.*: реали-з/о́в/а/нн/ый)
реа́лия*, реали/я
реа́льный, реаль/н/ый, *кратк. форма* -лен, -льна, *сущ.* ⟨реа́ль/н/ость⟩
• **ребёнок**, *род. ед.* -нка, реб/ё-нок, *им. мн.* реб/я́т/а, *прил.* ⟨реб/я́ч/еск/ий⟩ ; *черео ч — т*
ребро́, *род. ед.* -á, *им. мн.* рёбра, рёбер, рёбрам, ребр/о (*ср.*: реб/ёнок, реб/я́т/а; *черед. т — ч*)
ребя́чий, -ья, -ье, реб/я́ч/ий
рева́нш*, *сущ.* ⟨реванш/и́ст⟩, *прил.* ⟨реванш/и́ст/ск/ий⟩
реве́ть, рев/е́/ть (*ср.*: рёв; *черед. е — ё*)
ревизиони́зм, ревиз/и/онизм
ревизио́нный, ревиз/и/онн/ый
• **реви́зия** (*лат.* «ре» (приставка со знач. повторного или ответного действия) + «ви́зо» — смотрю; *буквально* 'пересмотр'), ревиз/и/я
ревизова́ть, -зу́ю, -зу́ет, реви-з/ов/а/ть
ревизо́р, ревиз/ор
ревмати́зм, ревмат/изм
ревнова́ть, -ну́ю, -ну́ешь, рев-н/ов/а/ть, *прил.* ⟨-/и́в/ый⟩
ре́вностный [сн], ревн/ост/-н/ый, *кратк. форма* -стен, -стна
• **револьве́р** [*не* рево́львер] (*из англ., от лат.* «во́льво» — поворачиваю, вращаю; название дано по вращающемуся барабану)
• **револю́ция** (*из франц., от лат.* «револю́цио» — переворот), революци/я, *прил.* ⟨революци/о́нн/ый⟩
рега́та, регат/а
региона́льный (*от лат.* «регио́н (регио́нис)» — область, округ, район), регион/аль-н/ый
регистра́ция, регистр/аци/я
регистри́ровать, регистр/иров/а/ть, *двувид.*

---

* р е а б и л и т и р о в а т ь — восстановить честь, репутацию; восстановить в прежних правах

* р е а л и я — предмет, вещь

* р е в а н ш — оплата за поражение (на войне, в игре), а также борьба, предпринятая с целью взять верх над прежним победителем

- **регла́мент*** (*лат.* «ре́гула» — правило), *род.* -а
  регламенти́ровать, -рую, -рует, регламент/иров/а/ть
- **регре́сс** [*допуск.* рэгрэ́с] (*лат.* «ре» — назад + «гре́ссус» — движение), *только ед.*, ре/гресс (*ср.*: про/гре́сс), *прил.* ⟨ре/гре́сс/и́вн/ый⟩, *глаг.* ⟨ре/гре́сс/и́ров/а/ть⟩
  регули́рование, регул/иров/а/ни/е
- **регули́ровать**, регул/иров/а/ть, *сущ.* ⟨-л/я́тор⟩
- **регуля́рный** (*лат.* «регуля́рис» — равномерный, правильный), регул/я́рн/ый, *кратк. форма* -рен, -рна
  редакти́ровать, -рую, -рует, редакт/иров/а/ть
  ре́дька, *род. мн.* ре́дек, редь/к/а
  реда́ктор, *род. ед.* -а, *им. мн.* реда́кторы, *род. мн.* -ов, редакт/ор (*ср.*: реда́кц/и/я; *черед.* т — ц)
  реди́с, *только ед.*, *род.* -а
  ре́дкий, ред/к/ий, *кратк. форма* ре́док, редка́, ре́дко, ре́дки *и допуск.* редки́, *сравн. ст.* ре́же; *черед.* д — ж
- **ре́дкостный** [сн], ред/к/ост/н/ый, *кратк. форма* -стен, -стна
  ре́дкость, *ж. р., род. ед.* -и, ред/к/ость
  рее́стр, *прил.* ⟨рее́стр/ов/ый⟩
  режи́м, *прил.* ⟨режи́м/н/ый⟩
  режиссёр, режисс/ёр, *сущ.* ⟨режисс/у́р/а⟩
  ре́занный, *прич.* (бумага ещё не ре́зана), рез/а/нн/ый
  ре́заный, *прил.* (ре́заная бумага), рез/а/н/ый
  ре́зать, ре́жу, ре́жешь, ре́з/а/ть; *черед.* з — ж; *сущ.* ⟨резь, резе́ц, ре́з/к/а⟩
  резви́ться, -влю́сь, -ви́шься, резв/и/ть/ся; *черед.* в — вл
  ре́звый, резв/ый, *кратк. форма* резв, резва́, ре́звы *и* резвы́, *сущ.* ⟨ре́зв/ость⟩, *только ед.*
  резеда́, *только ед.*, резед/а
  резе́рв [*не* рэ *и не* зэ] (*из франц.*, *от лат.* «ре» (приставка со знач. повторного действия) + «се́рво» — сохраняю), *глаг.* ⟨резерв/и́ров/а/ть⟩, *прил.* ⟨резе́рв/н/ый⟩
- **резервуа́р** [*не* рэ *и не* зэ], резерв/уа́р
  резе́ц, *тв. ед.* -цо́м, рез/ец
- **резиде́нция**, резиденци/я
- **рези́на**, резин/а, *прил.* ⟨рези́н/ов/ый, -ая, -ое⟩, *сущ.* ⟨рези́н/к/а⟩
  ре́зкий, резк/ий
- **резолю́ция**, резолюц/и/я, *прил.* ⟨резолю́т/и́вн/ый⟩; *черед.* т — ц
  резо́н, *прил.* ⟨резо́н/н/ый⟩
- **резона́нс**, резон/а́нс, *прил.* ⟨резон/а́нс/н/ый⟩ *глаг.* ⟨резон/и́ров/а/ть⟩
- **результа́т**, *прил.* ⟨результа́т/и́вн/ый⟩
  ре́зче [ре́щ *и* реш'ч], *сравн. ст. от* ре́зкий, рез/ч/е/; *черед.* ч — к
  резьба́, резь/б/а
  резюме́, *нескл.*, *с. р.*
  рейд [*не* рэ], *м. р., род. ед.* -а
  рейсфе́дер [дэ], *род. ед.* -а
- **рейту́зы** [*не* рэ], *только мн.*, *род.* -у́з, рейтуз/ы
- **рейхста́г**, *род.* -а
  река́, *вин.* ре́ку *и* реку́, *род. мн.* рек, *дат. мн.* ре́кам *и устар.*

---

* **р е г л а м е н т** — правила, регулирующие порядок какой-либо деятельности, напр. регламент собрания

рекám, *тв. мн.* рéками *и устар.* рекáми, *пр. мн.* рéках *и устар.* рекáх; зá реку, нá реку, рек/á

рéквием* [рэ́, эм *и допуск.* ре́, ем], *род.* -а

• реклáма (*лат.* «ре» — приставка со знач. повторного действия + «клáмо» — кричу, восклицаю), реклáм/а, *прил.* ⟨рекла́м/н/ый⟩, *глаг.* ⟨реклам/и́ров/а/ть⟩

рекомендáция, рекоменд/аци/я

рекомендовáть, рекаменд/ов/а/ть

реконстрýкция (*лат.* «ре» — приставка со знач. возобновления действия + «конструкцио» — построение), ре/конструкц/и/я, *прил.* ⟨ре/конструкт/и́вн/ый⟩; *черед.* т — ц

• рекóрд, *прил.* ⟨рекóрд/н/ый⟩
рекордсмéн, рекорд/смен (*англ.* «рекóрд» + «с» (суф. притяж. п.) + «мен» — человек; *буквально* 'человек рекорда')

рéктор, *род. ед.* -а, *им. мн.* -ы, *дат. мн.* -ов

релé [рэ], *только ед., нескл., с. р.*

• религия, религи/я, *прил.* ⟨религи/óзн/ый⟩, *сущ.* ⟨религи/óзн/ость⟩

• реликвия*, реликви/я

• рельéф, *прил.* ⟨-ф/н/ый⟩
рельс [*не* рéльса], *род. ед.* -а, *им. мн.* -ы, *род. мн.* рéльсов *и допуск.* рельс [*не* рэ]
рельсопрокáтный, рельс/о/-про/кат/н/ый

ремáрка, ремарк/а

• ремéнь, *род. ед.* ремня́, *им. мн.* ремни́, *род. мн.* -éй [*не* ре́мень, ре́мня, ре́мни, -ей], ремеш/ок (*от* ремéнь)

• ремéсленник, ремесл/енн/ик
ремеслó, *род. ед.* -á, *им. мн.* ремёсла, *род. мн.* ремёсел, *дат. мн.* ремёслам, ремесл/о

• ремóнт, *только ед., прил.* ⟨ремóнт/н/ый⟩, *глаг.* ⟨ремонт/и́рова/ть⟩

ренегáт*, *род. ед.* -а

• рентáбельный*, рентабельн/ый, *кратк. форма* -лен, -льна, *сущ.* ⟨рентáбельн/ость⟩

• рентгéн, *в знач.* 'единица измерения', *род. мн.* рентгéнов, *счетн. форма* рентген

• реорганизáция, ре/организ/аци/я (*знач. лат. приставки* «ре» *см. в слове* «реконструкция»)

• репéй, *сущ.* ⟨-й/ник⟩

• репертуáр, *прил.* ⟨репертуáр/н/ый⟩
репети́ровать, репет/иров/а/ть
репети́тор, репет/итор

• репети́ция, репет/ици/я

• рéплика, реплик/а

• репортáж, репорт/аж, *сущ.* ⟨репорт/ёр⟩

• репрéссия [*допуск.* рэпрэ́], репресс/и/я, *глаг.* ⟨репресс/и́ров/а/ть⟩

---

* р е к в и е м — музыкальное оркестрово-хоровое произведение траурного характера

* р е л и к в и я — вещь, хранимая как память о прошлом и являющаяся предметом почитания

* р е н е г а т — отступник, изменник

* р е н т а б е л ь н ы й — оправдывающий расходы, не убыточный, доходный

- **репроду́ктор,** репродук/тор
  репроду́кция, репродук/ци/я
- **репута́ция,** репутаци/я
  ресни́тчатый, реснит/чат/ый
  ресни́ца, *тв. ед.* -цей, ресниц/а
- **респу́блика*** (*лат.* «рес публика» — общественное дело, государство), республик/а, *сущ.* ⟨-/а́нец⟩, *прил.* ⟨республик/а́нск/ий⟩
- **рессо́ра,** рессор/а
- **реставра́ция,** реставр/аци/я
  реставри́ровать, реставр/иров/а/ть
- **рестора́н,** *прил.* ⟨рестора́н/н/ый⟩
- **ресу́рс,** *род. ед.* -а
  рети́вый, ретив/ый
  ретирова́ться*, -ру́юсь, -ру́ется, ретир/ов/а/ть/ся, *сущ.* ⟨ретир/а́д/а⟩
  ретушёр, ретуш/ёр
  ре́тушь, *ж. р., род. ед.* -и
- **рефера́т*,** рефер/ат (*ср.:* рефер/и́ров/а/ть)
  рефере́ндум*, *род. ед.* -а
  рефле́кс, *прил.* ⟨рефлект/и́вн/ый, рефлект/о́рн/ый⟩; *черед. т — с*
- **рефо́рма,** реформ/а, *сущ.* ⟨реформ/а́тор⟩, *глаг.* ⟨реформ/и́ров/а/ть⟩
  рефре́н, *род. ед.* -а

  рефрижера́тор (холодильник)
- **рехну́ться,** -ну́сь, -нётся, рехну́/ть/ся
  рецензе́нт, реценз/ент
  рецензи́ровать, реценз/иров/а/ть
- **реце́нзия,** реценз/и/я
  реце́пт, *сущ.* ⟨рецепт/у́р/а⟩
  рециди́в*, *сущ.* ⟨рецидив/и́ст⟩
  речитати́в*, *род. ед.* -а
  реше́ние, реш/ени/е
  решётка, *род. ед.* -и, *им. мн.* -и, *род. мн.* -ток, решётк/а (*историч.* от решет/о), *прил.* ⟨решётч/ат/ый *и допуск.* решётч/ат/ый⟩; *черед. ч — к*
  решето́, *им. мн.* решёта, *род. мн.* решёт, решет/о
  реши́мость, реш/им/ость
- **реши́ть,** -шу́, -ши́шь, реш/и́/ть, *прич.* ⟨-/ённ/ый⟩, *кратк. форма* -ён, -ена́, -ено́
- **ре́ять,** ре/я/ть
  ржа́веть, -ею, -еет *и допуск.* ржаве́ть, -е́ю, -е́ет, ржа́в/е/ть
  ржа́вчина, ржав/чин/а
  ржано́й, рж/ан/ой (*ср.:* рожь)
  рикоше́т, *род.* -а, *нареч.* ⟨рикошет/ом/⟩
  рискну́ть, риск/ну́/ть
  риско́ванный, риск/ов/а/нн/ый,

---

* р е с п у б л и к а — форма государственного устройства, при которой верховная власть в государстве принадлежит выборным на определённый срок органам власти

* р е т и р о в а т ь с я — отступить; уйти, удалиться незаметно или скрытно

* р е ф е р а т — 1) публичный доклад; 2) изложение сущности какого-либо вопроса

* р е ф е р е н д у м — всенародный опрос, голосование для решения важного государственного вопроса

* р е ц и д и в — 1) новое проявление болезни после кажущегося её прекращения; 2) повторное проявление чего-нибудь (напр., повторное преступление)

* р е ч и т а т и в — напевная речь в вокально-музыкальном произведении

кратк. форма -ан, -анна, *от глаг.* ⟨риск/ов/а́/ть⟩
- рисова́ть, рис/ов/а́/ть, *сущ.* ⟨рис/ов/а́/ни/е, рис/у́/нок⟩

ри́тмика, ритм/ик/а, *только ед.*

ритми́чный, ритм/ичн/ый, *кратк. форма* -чен, -чна

рито́рика*, риторик/а, *прил.* ⟨риторич/еск/ий*⟩

ритуа́л*, *прил.* ⟨ритуа́ль/н/ый⟩

ро́бкий, *кратк. форма* ро́бок, робка́, ро́бко, ро́бки, *сущ.* ⟨ро́б/ость⟩, роб/к/ий

ро́бот, *род. ед.* -а

- рове́сник, ровес/ник, *сущ.* ⟨-/ниц/а⟩ (*слав. от устар.* рове́сный — одинаковый по годам)

ро́вня *и допуск.* ровня́, *только ед., м. и ж. р., род.* ро́вни *и* ровни́, ровн/я

- ровня́ть (делать ро́вным), ровн/я́/ть

рога́тка, *род. ед.* -и, *им. мн.* -и, *род. мн.* -ток, рог/ат/к/а

рого́жа, рогож/а

- ро́дина, род/ин/а

ро́динка, *род. ед.* -и, *им. мн.* -и, *род. мн.* -нок, род/ин/к/а

родни́к (*историч. от* роди́ть)

родно́й, род/н/ой

ро́дственник, род/ств/енн/ик

- рожде́ние, рожд/ени/е (*ср.:* роди́ть; *черед.* д — жд)

рожо́к, рож/ок (*ср.:* рог; *черед.* г — ж)

рожь, *ж. р., род.* ржи, *только ед., черед.* о — нуль звука

ро́звальни, *только мн., род.* -ней, розвальн/и

ро́зданный, роз/да/нн/ый, *кратк. форма* ро́здан, раздана́ *и допуск.* ро́здана, ро́здано, ро́зданы

- розе́тка [*не* зэ́], *род. ед.* -и, *им. мн.* -и, *род. мн.* -ток, розетк/а

розмари́н (вечнозелёный кустарник или полукустарник), *прил.* ⟨-ри́н/ов/ый⟩

ро́зничный, розн/ич/н/ый (*ср.:* ро́зн/иц/а)

рознь, *ж. р., только ед., род.* -и

ро́зовый, *относит.*, роз/ов/ый (розовый куст)

ро́зовый, *качеств.*, розов/ый (розовый цвет)

- ро́зыгрыш, роз/ыгр/ыш (*ср.:* игр/а́/)

- ро́зыск, роз/ыск (*ср.:* иск)

ро́йться, ро/и́/ть/ся (*от* рой)

рокота́ть, рокочу́, рокочет, рокот/а́/ть; *черед.* т — ч, *сущ.* ⟨ро́кот⟩

ро́лик, *прил.* ⟨ролик/ов/ый⟩

рома́н, *сущ.* ⟨-/и́ст⟩

романти́зм, романт/изм (*ср.:* рома́нт/ик)

- рома́шка, ромашк/а

- роня́ть, рон/я́/ть (*ср.:* у/рон/и́/ть)

ро́пот, *только ед., род.* ро́пота

ропта́ть, ропщу́, ро́пщет, ропт/а́/ть

роса́, *род. ед.* росы́, *вин. ед.* росу́ [*не* ро́су], рос/а

- роско́шный, роскош/н/ый, *кратк. форма* -шен, -шна

---

* р и т о р и к а — теория красноречия, наука о речевом поведении человека

* р и т о р и ч е с к и й — 1) относящийся к риторике; 2) риторический вопрос — прием ораторской речи: утверждение в форме вопроса

* р и т у а л — церемония, церемониал

ро́скошь, *ж. р., только ед., род.* -и
росома́ха, росомах/а
ро́спись, *ж. р., род. ед.* -и, рос/пись
ро́спуск, рос/пуск
росси́йский, росси́й/ск/ий (*от* Росси́я)
ро́ссказни, *только ед.,* рос/сказ/н/и
• ро́ссыпь, *ж. р., род. ед.* -и, рос/сыпь
ро́степель, *ж. р., род. ед.* -и, рос/тепель (*ср.:* тепл/о́); *черед.* е — нуль звука
ростовщи́к*, *род. ед.* -ика́, рост/овщик, *прил.* ⟨рост/овщич/еск/ий⟩ ; *черед.* к — ч
росто́к, *род. ед.* -стка́, рост/ок
ро́счерк, рос/черк
• рота́тор*, ротат/ор
рота́ция*, ротац/и/я; *черед.* т — ц
ротозе́й, *род. ед.* -я (*историч.* рот(о) + зей (*от* зия́ть)
ро́ща, *тв. ед.* -щей, рощ/а
• роя́ль, *м. р., род. ед.* -я, *род. мн.* -ей
рубе́ц, руб/ец
ру́бленный, *прич.* (дрова ещё не ру́блены), рубл/енн/ый (*ср.:* руби́ть; *черед.* б — бл)
ру́бленый, *прил.* (ру́бленое мясо), рубл/ен/ый
рубль, *м. р., род. ед.* рубля́, *род. мн.* рубле́й
ру́брика, рубрик/а
• ружьё, *им. мн.* ру́жья, *род. мн.* ру́жей, *дат. мн.* ру́жьям, ружь/ё, *прил.* ⟨руже́й/н/ый⟩ , *сущ.* ⟨ружь/ец/о́⟩.
рука́, *вин. ед.* ру́ку, *им. мн.* ру́ки, *род. мн.* рук, *дат. мн.* рука́м, рук/а, *сущ.* ⟨-ч/о́н/к/а, -ч/еньк/а⟩ ; *черед.* к — ч
рука́в, *им. мн.* рукава́, рук/ав
рукави́ца, *тв. ед.* -цей, рук/авиц/а
руково́дство, руковод/ств/о
рукоде́лие, рук/о/дел/и/е
рукопа́шный, рукопашн/ый
рукопожа́тие, рук/о/по/жа́/т/и/е
• руко́ятка, *род. мн.* -ток, рук/оят/к/а (*ср.:* рук/оя́ть)
рулево́й, рул/ев/ой
• румя́ный, румян/ый, *сущ.* ⟨румя́н/а⟩ , *глаг.* ⟨румя́н/и/ть/ся⟩
• ру́пор, *им. мн.* ру́поры, *род. мн.* -ов *и допуск.* рупора́, -о́в
русифика́ция, рус/ификаци/я
• ру́сский, рус/ск/ий
ру́хлядь, *ж. р., только ед., род.* -и (*историч. от* «ру́хлый» — неплотный, сыпучий)
рыба́к, рыб/ак
рыба́цкий, рыб/ац/к/ий
рыба́чий, -ья, -ье, рыб/ач/ий/
ры́бий, -ья, -ье, рыб/ий/
рыболо́вство, рыб/о/лов/ств/о
ры́жик, рыж/ик
ры́нок, *род. ед.* ры́нка, *прил.* ⟨ры́ноч/н/ый⟩ ; *черед.* к — ч

---

* р о с т о в щ и к — в буржуазном обществе: тот, кто даёт деньги в рост, т. е. в долг под большие проценты
* р о т а т о р — аппарат для размножения рукописей, чертежей, рисунков
* р о т а ц и я — 1) круговращение; 2) периодическая замена определённой части членов рабочих органов парламента новыми депутатами

ры́скать ры́щу, ры́щет и ры́скаю, ры́скает, рыск/а/ть; черед. ск — щ
рысь, ж. р., род. ед. -и
ры́твина, ры/твин/а
ры́царский, рыцар/ск/ий
ры́царь, м. р., род. ед. -я
рыча́г, прил. ⟨-чаж/н/ый⟩; черед. г — ж
рья́ный, кратк. форма рьян, рья́на, рья́но, рья́ны, рьян/ый
рэ́кет*, сущ. ⟨рэкет/и́р⟩

рюкза́к (от нем. «рюкен» — спина + «зак» — мешок), рюкзака́, им. мн. рюкзаки́, -о́в
• ряби́на (дерево) (историч. родств. со словом ряб/о́й), рябин/а
рябо́й, ряб/о́й, кратк. форма ряб, ряба́, ря́бо, ря́бы, но: ку́рочка ря́ба
ря́бчик, ряб/чик (от ряб/о́й)
ряди́ть, ряд/и/ть
рядово́й, ряд/ов/о́й
ря́женый, ряж/ен/ый

С

са́бля, род. мн. са́бель, сабл/я
• сабота́ж*, род. ед. -а, сабот/а́ж (ср.: сабот/и́р/ов/а/ть), только ед., сущ. ⟨сабот/а́ж/ник⟩
са́ван, род. ед. -а
сава́нна, саванн/а
сагити́ровать, -ти́рую, -ти́рует, с/агит/иров/а/ть
садово́дство, сад/о/вод/ств/о
• са́женец, саж/енец
са́же́нь и са́жень, ж. р., род. ед. саже́ни и са́жени, им. мн. саже́ни, род. мн. са́жен и сажене́й
• саза́н, -а, прил. ⟨саза́н/ий/, -ья, -ье⟩
• саквоя́ж (франц. «сак» — мешок + «вояж» — путешествие; 'дорожная сумка'), м. р., род. ед. -а
сакрамента́льный*, сакрамента́льн/ый

саксау́л, только ед.
саксофо́н, род. ед. -а
• сала́зки, только мн., род. -зок, дат. -зкам, салазк/и
сала́ка, только ед., салак/а
• сала́т, род. ед. сала́та и сала́ту
сало́н, прил. ⟨сало́н/н/ый⟩
салфе́тка, род. мн. -ток, салфетк/а
• салю́т (из франц., от лат. «са́льве» — здра́вствуй; буквально приветствие), глаг. ⟨-/ов/а́/ть⟩
сам, род. ед. самого́ [во́], ж. р. сама́, вин. само́ё и саму́
сама́н, только ед., прил. ⟨сама́н/н/ый⟩
са́мбо, нескл., с. р.
самобы́тный, сам/о/быт/н/ый, сущ. ⟨-/ость⟩
самова́р, сам/о/вар
самовла́стный, сам/о/власт/н/ый, кратк. форма -стен, -стна

---

* рэ́кет — преступное (путём угроз, шантажа) вымогательство чужих доходов (спец.)

* сабота́ж — намеренный срыв какого-либо дела путём уклонения от участия в нём или умышленно недобросовестного выполнения его

* сакрамента́льный — 1) священный, заветный; 2) о словах, речи: имеющий как бы магический смысл, звучащий как заклинание

самово́льничать, -аю, -ает, сам/о/воль/н/ича/ть
самоде́льный, сам/о/дель/н/ый
самоде́ятельность, *ж. р., только ед., род.* -и, сам/о/дея/тель/н/ость, *только ед.*
самодово́льный, сам/о/доволь/н/ый
самоду́р, сам/о/дур
самозабве́ние, сам/о/забв/ен/и/е
самозва́нец, *тв. ед.* -цем, сам/о/зва/н/ец
• **самолёт,** сам/о/лёт
самомне́ние, сам/о/мнени/е
самонаде́янный, сам/о/наде/я/нн/ый
самообновле́ние, сам/о/об/новл/ени/е
самообразова́ние, сам/о/образова/ни/е
самообслу́живание, сам/о/об/служ/ива/ни/е
• **самоотве́рженный,** сам/о/от/верж/енн/ый, *кратк. форма* -ен, -енна
самопоже́ртвование, сам/о/по/жертв/ов/а/ни/е
саморазви́тие, сам/о/разви/ти/е
саморо́док, сам/о/род/ок
самосва́л, сам/о/с/вал
• **самостоя́тельный,** сам/о/сто/я/тельн/ый, *кратк. форма* -лен, -льна
самоуве́ренный, сам/о/у/вер/енн/ый, *кратк. форма* -ен, -енна, *сущ.* ⟨-/енн/ость⟩

самоуправле́ние, сам/о/у/правл/ени/е
самочу́вствие, сам/о/чув/ств/и/е
самофинанси́рование, сам/о/финанс/иров/а/ни/е
саму́м, *только ед., род.* -а
самура́й, *прил.* ⟨-а́й/ск/ий⟩
самши́т, *прил.* ⟨-ши́т/ов/ый⟩
са́мый, *род. ед.* самого́ [во́], сам/ый
сангви́ник*, *прил.* ⟨сангвини́ч/еск/ий⟩ ; *черед.* к — ч
санато́рий (*лат.* «санаре» — лечить, исцелять), *род. ед.* -я, санатор/ий, *прил.* ⟨-/н/ый⟩
сандале́ты, *род. мн.* -е́т, *им. ед.* -е́та, *род. ед.* -ы, сандал/ет/ы
санда́лии, *род. мн.* -ий, *им. ед.* санда́лия, *род. ед.* -и, сандал/и/и
санита́р, *род.* -а, *прил.* ⟨-/н/ый⟩
са́нкция*, санкци/я, *глаг.* ⟨-и/онйров/а/ть⟩
сантиме́тр [*не* санти́метр], санти/метр
сапёр, *род. мн.* сапёров [*не* сапёр]
• **сапо́г,** *род. ед.* сапога́, *мн.* сапоги́, *род. мн.* сапо́г [*не* сапого́в], *дат. мн.* сапога́м
• **сара́й,** *м. р., род. ед.* -я
саранча́, *только ед., тв.* -чо́й, саранч/а
сарафа́н, *род. ед.* -а
сарде́лька [дэ́], *род. мн.* -лек, сарделек/а
сарди́на, *род. мн.* -и́н и

---

* **сангвиник** — человек сангвинического темперамента, т. е. живой, подвижный, увлекающийся, быстро откликающийся на внешние впечатления

* **санкция** — 1) утверждение высшей инстанцией какого-либо акта, придающее ему юридическую силу; 2) одобрение, разрешение

сарди́нка, *род. мн.* -нок, сардин/а, сардин/к/а
сарка́зм*, *только ед., род.* -а
саркасти́ческий*, саркаст/и́ческ/ий и саркасти́чный, саркаст/ичн/ый
сати́н, *прил.* ⟨-ти́н/ов/ый⟩
сати́ра, сатир/а, *сущ.* ⟨-/ик⟩, *прил.* ⟨-/и́ческ/ий⟩
сатра́п, *прил.* ⟨-тра́п/ий/, -ья, -ье⟩
сафья́н, *прил.* ⟨сафья́н/ов/ый⟩
• са́хар, *род. ед.* са́хара и са́хару (производство са́хара; купи́ть са́хару)
сахари́стость, сахар/и́ст/ость
сачо́к, сач/ок (*ср.:* сак; *череду́.* к — ч)
сбаланси́рованный, с/баланс/и́ров/а/нн/ый
сбе́гать (куда-нибудь), с/бе́г/а/ть
сбега́ть (с чего-нибудь), с/бег/а́/ть
сбере́чь, -регу́, -режёт, -регу́т, *прош. вр.* -рёг, -регла́, с/бере́чь; *череду́. г — ж — ч*
сберба́нк, сбер/банк
сберка́сса, сбер/касс/а (*сложное слово* — сберегательная касса)
сбива́ть, с/би/ва́/ть
сби́ться, собью́сь, собьётся, с/би́/ть/ся
сбо́ку, *нареч.,* с/бок/у/
с бо́ку на́ бок
сбо́рщик, сбор/щик
сбра́сывать, с/бра́с/ыва/ть (*ср.:* с/бро́с/и/ть; *череду́.* о — а)
сбрить, сбре́ю, сбре́ет, с/бр/и́/ть

сброд, *только ед., род.* сбро́да, с/брод (*от* с/брес/ти́/сь)
сбру́я, *только ед., род.* -и, сбру/я
сва́дьба, *род. мн.* -деб, сва́дьб/а, *прил.* ⟨сва́деб/н/ый⟩
сва́ленный, с/ва́л/енн/ый (*от* с/вал/и́ть), сва́ленное де́рево
сва́лянный, с/ва́л/я/нн/ый (*от* с/вал/я́/ть), сва́лянные ва́ленки
сварли́вый, свар/ли́в/ый (*ср.:* сва́р/а)
сва́рщик, с/вар/щик
сва́тать, сват/а/ть
све́дение (знание, известие), свед/ени/е (*ср.:* све́д/ущ/ий)
сведе́ние, с/вед/ени/е (*от* свести́: сведе́ние счето́в)
свежеиспечённый, свеж/е/ис/печ/ённ/ый, *кратк. форма* -ён, -ена́, -ено́
свежеско́шенный, свеж/е/с/кош/енн/ый
свежо́, *в знач. сказ.* (на улице свежо́), свеж/о
свезти́, свезу́, свезёт, *прош. вр.* свёз, свезла́, с/вез/ти́
свёкла [*не* свекла́, -ы́], *только ед., род.* -ы, свёкл/а
свеклосе́ющий, свекл/о/се́/ющ/ий
свёкор, *род. ед.* свёкра, *им. мн.* свёкры, *род. мн.* -ов
свекро́вь, *ж. р., род. ед.* -и, свекр/овь
сверга́ть, с/верг/а/ть
• сверкну́ть, -ну́, -нёт, сверк/ну́/ть
• сверли́ть, сверлю́, сверли́т [*не* све́рлит], сверл/и́/ть

---

* с а р к а з м — 1) язвительная насмешка, злая ирония; 2) едко-насмешливое замечание

* с а р к а с т и ч е с к и й — проникнутый сарказмом

- свёрстник (*др.-русск.*, *образовано с помощью суф.* -*ик от исчезнувшего* «*сверстный*» — *одинаковый по возрасту*), сверст/ник, *сущ.* ⟨-/ниц/а⟩
  свёрток, с/вёрт/ок
- сверх, с/верх/
  сверхзвуковой, сверх/звук/ов/ой
  сверхизысканный, сверх/из/ыск/а/нн/ый
  сверхмощный, сверх/мощ/н/ый
  сверхсрочный, сверх/сроч/н/ый
  сверху, *нареч.*, с/верх/у/
  сверхурочный, сверх/уроч/н/ый
  сверхъестественный, сверхъ/естеств/енн/ый, *кратк. форма* -вен, -венна
  сверчок, *род. ед.* сверчка
  свести, сведу, сведёт, *прош. вр.* свёл, свела, свес/ти
  светловолосый, свет/л/о/волос/ый
  светлый, свет/л/ый, *кратк. форма* светел, светла, светло, светлы
  светлячок, *род. ед.* -чка, свет/л/яч/ок (*ср.:* свет/л/як; *черед.* к — ч)
  светопреставление, свет/о/пре/ставл/ени/е
- светофор (свет + о + *греч.* «форос» — *несущий; буквально* 'светоносец', 'несущий свет'), свет/о/фор
- светоч*, *только ед., род.* -а, свет/оч
  светочувствительный, свет/о/чувств/ительн/ый
  светский, свет/ск/ий
  свеча, *род. ед.* -й, *им. мн.* свечи, *род. мн.* свечей; *в поговорке:* игра не стоит свеч; свеч/а
  свешать, с/веш/а/ть, *прич.* ⟨-/а/нн/ый⟩
  свесить, с/вес/и/ть, *прич.* ⟨с/веш/енн/ый⟩; *черед* с — ш
- свидание, *род. ед.* -я, с/вид/ани/е
- свидетель, *м. р., род. ед.* -я, *прил.* ⟨-ск/ий⟩, *сущ.* ⟨-/ниц/а⟩
  свидетельство, *род. ед.* -а, свидетель/ств/о
- свинец, *только ед., род.* свинца, *тв.* свинцом
  свинцовый, свинц/ов/ый
  свинина, *только ед., род.* -ы, свин/ин/а
- свиной, свин/ой
- свирепеть, -ею, -еет, свиреп/е/ть
  свиристель, *м. р., род. ед.* -я, свиристе/ль (*ср.:* свиристе/ть)
- свиснуть, с/вис/ну/ть
- свистнуть, свистну, свистнет, свист/ну/ть
- свитер [тэ], *род. ед.* -а, *им. мн.* свитеры, *род. мн.* свитеров *и допуск.* свитера, свитеров
  свищ, *м. р., род. ед.* свища
- свобода, свобод/а, *прил.* ⟨-/н/ый⟩
  свободомыслие, свобод/о/мысл/и/е
  сводить, свожу, сводит, с/вод/и/ть
  сводка, свод/к/а
- сводчатый, свод/чат/ый
  своевластный, сво/е/власт/н/ый
  своевольный, сво/е/воль/н/ый

---

* с в е т о ч — 1) в старину: большая свеча, факел; 2) (*переносн.*) о том, кто несёт просвещение, истину, свободу (*высок.*).

своевре́менный, сво/е/врем/ен/н/ый, *кратк. форма* -енен, -енна
своенра́вный, сво/е/нрав/н/ый
своеобра́зный, сво/е/образ/н/ый
свойство, свой/ств/о
своя́ченица, *тв. ед.* -цей, сво/яч/ениц/а (*ср.:* сво/я́к; *черед.* к — ч)
• свысока́, *нареч.*, с/выс/ок/а/
• свы́ше, *нареч. и предлог*, с/выш/е/
• свя́занный, *прич.*, с/вяз/а/нн/ый (*от* с/вяз/а́ть)
• свя́зный, *прил.* с/вяз/н/ый, *кратк. форма*, связен, связна́, связно, связны
свяще́нник, свящ/енн/ик
• свяще́нный, свящ/енн/ый, *кратк. форма* -е́н, -е́нна
• сгиба́ть, с/гиб/а/ть
сгла́дить, сгла́жу, сгла́дишь, с/глад/и/ть; *черед.* д — ж
с гла́зу на глаз
сгнои́ть, сгною, сгнои́т, с/гно/и/ть
сго́вор, *род. ед.* -а, с/говор
сгора́ть, -а́ю, -а́ет, с/гор/а/ть
сгоре́ть, -рю́, -ри́т, с/гор/е/ть
• сгоряча́, *нареч.*, с/горяч/а/
сгреба́ть, с/греб/а/ть
сгрести́, сгребу́, сгребёт, *прош. вр.* сгрёб, сгребла́, с/грес/ти; *черед.* б — с, б — бл
сгру́женный, с/груж/енн/ый, *кратк. форма* -ен, -ена, -ено, -ены *и допуск.* сгружённый, *кратк. форма* -ён, -ена́, -ено́, -ены́
сгруппирова́ть, -ру́ю, -ру́ет, с/групп/иров/а/ть
сгущённый, с/гущ/ённ/ый, *кратк. форма*. -ён, -ена́, -ено́, -ены́ [*не* сгу́щенный, -ен]
сда́ться, сда́мся, сда́шься, сда́стся, сдади́мся, сдади́тесь, сдаду́тся, *прош. вр.* -а́лся, -ала́сь, с/да/ть/ся
• сда́ча, с/да/ч/а
сдвига́ть, с/двиг/а/ть
сде́лать, с/дел/а/ть
сде́лка, с/дел/к/а
сде́ржанный, *прич.*, с/держ/а/нн/ый, *кратк. форма* -ан, -ана
сде́ржанный, *прил.* (она очень сде́ржанна), *кратк. форма* -ан, -анна
сде́рживание, с/держ/ива/ни/е
сдёрнуть, с/дёр/ну/ть
сдира́ть, -а́ю, -а́ет, с/дир/а/ть
• сдо́бный, сдоб/н/ый, *кратк. форма* сдо́бен, сдобна́, сдо́бно, сдо́бны
• сду́ру, *нареч.*, с/дур/у/
• сеа́нс, *род. ед.* -а
• себесто́имость, себе/сто/и/мость
• себялю́бие, себя/люб/и/е
• се́вер, *только ед.*, *род.* -а
се́веро-восто́к, север/о/-восток
се́веро-за́пад, север/о/-запад
севооборо́т, сев/о/оборот
• севрю́га, севрюг/а, *прил.* ⟨севрю́ж/ий/, -ья, -ье⟩; *черед.* г — ж
сегме́нт [*не* се́гмент], *прил.* ⟨сегме́нт/н/ый⟩
• сего́дня, *нареч.* (*историч. от* сего (этого) дня)
сего́дняшний, сегодня/шн/ий
• седе́ть, сед/е/ть (*ср.:* сед/о́й)
седина́, *им. мн.* седи́ны, *род. мн.* седи́н, сед/ин/а
• седло́, *им. мн.* сёдла, *род. мн.* сёдел, *дат. мн.* сёдлам, седл/о
седьмо́й, седьм/ой
сезо́н, *прил.* ⟨-/н/ый⟩
се́йнер, *род. ед.* а, *им. мн.*

сéйнеры, *род. мн.* -ов *и допуск.* сейнерá, сейнерóв
сейсми́ческий, сейсм/и́ческ/ий
сейф [сэ́ *и* сé], *род. ед.* -а
• сейчáс, *нареч.* (*от устар.* «сей» *в знач.* «этот» + «час»)
• секрéт, *прил.* ⟨-/н/ый⟩ , *глаг.* ⟨-/нича/ть⟩
секретáрь, *род. ед.* секретаря́
секретéр [тэ́] (род письменного стола), *род. ед.* -а
секрéция, секрец/и/я, *прил.* ⟨секрет/óрн/ый⟩ ; *черед. т — ц*
секстáнт (инструмент)
сектáнт, сект/ант (*ср.*: сéкта), *прил.* ⟨-áнт/ск/ий⟩
• сéктор, *им. мн.* секторá, *род. мн.* -óв *и допуск.* сéкторы, -ов
• секу́нда, секунд/а, *прил.* ⟨-/н/ый⟩
секундомéр, секунд/о/мер
сéкция, секци/я, *прил.* ⟨-/óнн/ый⟩
селёдка, *род. мн.* -док, селёд/к/а (*ср.*: сельдь)
селезёнка, *род. мн.* -нок, селезёнк/а
• сéлезень, *м. р., род. ед.* -зня, *им. мн.* сéлезни, *род. мн.* сéлезней; *черед.* е — нуль звука
селéктор, *прил.* ⟨-лéктор/н/ый⟩
селéкция [*не* сэ], селéкци/я, *прил.* ⟨селéкци/онн/ый⟩
сели́тра, селитр/а
сели́ть, -лю́, -ли́т (*разг.* сéлит), сел/и́/ть
селó, *им. мн.* сёла, *род. мн.* сёл, сел/о́
сельдь, *род. ед.* сéльди, *им. мн.* сéльди, *род. мн.* сельдéй
• сельскохозя́йственный, сéль/ск/о/хозя́й/ств/енн/ый

сельсовéт (сéльский совéт)
• семафóр (*греч.* «сéма» — знак + «фóрос» — несущий)
• семéйный, семéй/н/ый
семéйство, семéй/ств/о
семеннóй, сем/ен/н/ой (*от* сéмя)
семеновóдство, сем/ен/о/вод/ств/о
семёрка, сем/ёр/к/а
сéмеро, сем/ер/о
• семéстр [*не* сэ] (*лат.* «семéстрис» — полугóдие)
сéмечко (*от* сéмя), сем/ечк/о
семидесятилéтие, сем/и/десят/и/лет/и/е
• семинáр, *род. ед.* -а *и* семинáрий, *род. ед.* -я, семинáр/ий, *прил.* ⟨семинáр/ск/ий⟩ ; в семинáре *и* на семинáре
семнáдцать, -и, *тв.* -ью, сем/нáдцать
семь [*не* сем], семи́, *тв.* семью́; зá семь *и* за сéмь; нá семь *и* на сéмь
• сéмьдесят [*не* сéмдесят], семи́десяти, *тв.* семью́десятью, семь/десят
семьсóт, семисóт, семистáм, семьюстáми, о семистáх, семь/сóт
семья́, семь/я́, *прил.* ⟨семéй/н/ый⟩
семьяни́н, *им. мн.* семьяни́ны, *род. мн.* -ов, семь/янин
сéмя, *род. ед.* сéмени, *род. мн.* семя́н, сем/я
семядóля, сем/я/дол/я
семяпóчка, сем/я/почк/а
сенáт, *прил.* ⟨сенáт/ск/ий⟩ , *сущ.* ⟨сенáт/ор⟩
сеннóй, сен/н/ой
сенокóс, сен/о/кос
• сенсáция (*лат.* «сéнсус» — чувство, ощущéние), сенсá-

ци/я, *прил.* ⟨сенсаци/о́нн/ый⟩
сентимента́льный [*допуск.* сэ] (*франц.* «сентиме́нт» — чувство), сентименталь/н/ый, *кратк. форма* -лен, -льна
• **сентя́брь**, *только ед., род.* сентября́
сепарати́зм* [*не* изьм], сепарат/изм
сепара́тный, сепарат/н/ый
• **сепара́тор**, сепарат/ор
се́рбский (*от* серб), серб/ск/ий
сербскохорва́тский, серб/ск/о/хорват/ск/ий
• **серви́з** [*не* сэ], *прил.* ⟨-ви́з/н/ый⟩
се́рвис [сэ], *только ед., род.* -а (обслуживание)
серде́чный, серд/еч/н/ый (*ср.:* се́рд/ц/е), *кратк. форма* (*в знач.* 'задушевный', 'искренний', 'добрый') -чен, -чна, *но:* друг серде́[шн]ый
серди́ться, сержу́сь, се́рдишься, серд/и/ть/ся
сердобо́льный, серд/о/боль/н/ый
• **се́рдце**, *им. мн.* сердца́, сер д/ц/е (*ср.:* пред/се́рд/и/е)
сердцебие́ние, серд/ц/е/би/ени/е
• **сердцеви́на**, серд/ц/евин/а
• **серебро́**, *только ед.*, серебр/о́, *прил.* ⟨-/и́ст/ый, -ян/ый⟩
• **середи́на**, серед/ин/а

середня́к, серед/няк
серёжка, *род. мн.* -жек, серёж/к/а (*ср.:* серьга́; *черед.* г — ж)
сере́на́да, серенад/а
• **сержа́нт**, *прил.* ⟨-/ск/ий⟩
• **се́рия**, сери/я
сероглазый, сер/о/глаз/ый
серпанти́н*, *род. ед.* -а
сертифика́т*, *прил.* ⟨-а́т/н/ый⟩
серьга́, *им. мн.* се́рьги, *род. мн.* серёг, *дат. мн.* серьга́м, серьг/а
• **серьёзный**, серьёз/н/ый, *кратк. форма* -зен, -зна
• **се́ссия** [сэ́ *и* се́] (*лат* «се́ссио» — заседание), сесси/я, *прил.* ⟨-/о́нн/ый⟩
сесть, ся́ду, ся́дет, сес/ть; *черед.* д — с
сечь, секу́, сечёт, секу́т, *прош. вр.* сёк (*и допуск. устар.* сек), секла́, секло́, секли́
• **се́ялка**, *род. мн.* -лок, се/я/л к/а
се́янный, *прич.,* се/я/нн/ый (рожь ещё не се́яна)
се́яный, *прил.,* се/я/н/ый (се́яная мука)
се́ять, се/я/ть
сжать, сожму́, сожмёт (ру́ку), с/жа/ть
сжать, сожну́, сожнёт (рожь), с/жа/ть
сжечь, сожгу́, сожжёт, сожгу́т, *прош. вр.* сжёг, сожгла́, с/жечь; *черед.* ж — ч
• **сжига́ть**, с/жиг/а/ть

---

* с е п а р а т и з м — стремление к отделению, к обособлению

* с е р п а н т и н — 1) длинная цветная бумажная лента, которую бросают среди танцующих на балах, маскарадах; 2) (*переносн.*) извилистая дорога в горах

* с е р т и ф и к а т — во внешней торговле — документ о качестве товара, выдаваемый государственными инстанциями и другими уполномоченными организациями

- **сза́ди**, *нареч.*, с/зад/и/
- **сибари́т**, *прил.* ⟨-/ск/ий⟩
- **сиби́рский**, сибир/ск/ий
- **си́вый**, сив/ый, *кратк. форма* сив, си́ва, си́во, си́вы
- **сига́ра**, сигар/а
- **сигаре́та**, сигар/ет/а
- **сигна́л**, *прил.* ⟨сигна́ль/н/ый⟩
- **сигнализа́ция**, сигнал/иза/ци/я
- **сигнализи́ровать**, -рую, -рует, сигнал/изиров/а/ть
- **сиде́ть**, сижу́, сиди́т, сид/е/ть; *черед.* д — ж
- **силика́т**, *род. ед.* -а, *прил.* ⟨-ка́т/н/ый⟩
- **сило́к**, *род. ед.* силка́
- **си́лос**, *только ед.* [*не* сило́с], *род.* си́лоса, *глаг.* ⟨-/ов/á/ть⟩
- **силуэ́т**, *прил.* ⟨-/н/ый⟩
- **си́мвол**, *прил.* ⟨-/и́ческ/ий⟩, *глаг.* ⟨-/изи́ров/а/ть⟩
- **симметри́чный**, симметр/ичн/ый
- **симме́трия** *и* симметри́я, симметр/и/я
- **симпати́чный**, симпат/ичн/ый, *кратк. форма* -чен, -чна
- **симпо́зиум**, *род. ед.* -а
- **симпто́м**, *сущ.* ⟨симптом/а́тик/а⟩
- **симуля́нт**, симул/янт
- **симфо́ния**, симфон/и/я, *прил.* ⟨-/и́ческ/ий⟩
- **синева́**, син/ев/а
- **сине́ть**, син/е/ть (*ср.*: си́н/ий)
- **сини́ца**, синиц/а (*от* си́ний — по цвету оперения)
- **синегла́зый**, син/е/глаз/ый
- **сино́ним** (*греч.* «синóнимос» — одноимённый), *прил.* ⟨-/и́ч/еск/ий⟩
- **сино́птик**, *род. ед.* -а
- **синтаксис** (*греч.* «син» — со + «таксис» — расположение), *прил.* ⟨синтакси́ч/еск/ий⟩ ; *черед.* с — ч
- **си́нтез** [тэ] (*греч.* «синтéзис» — соединение, сочетание, составление)
- **синте́тика** [тэ], синтет/ик/а
- **синтети́ческий** [тэ], синтет/и́ческ/ий
- **сире́на**, сирен/а
- **сире́нь**, *ж. р., только ед., род.* -и, *прил.* ⟨сирéн/ев/ый⟩
- **сиро́п**, *род. ед.* сиро́па *и* сиро́пу
- **сирота́**, *м. и ж. р., им. мн.* сиро́ты, *род. мн.* сиро́т, *дат. мн.* сиро́там [*не* си́роты, си́рот, си́ротам]
- **сиро́тский**, сирот/ск/ий
- **систе́ма**, систем/а, *прил.* ⟨• систем/ати́ческ/ий⟩
- **си́тец**, *им. мн.* си́тцы
- **ситро́**, *нескл., с. р.*
- **ситуа́ция**, ситуаци/я, *прил.* ⟨ситуаци/óнн/ый⟩
- **си́тцевый**, ситц/ев/ый
- **сия́ние**, си/я/ни/е
- **сия́ть**, си/я/ть
- **ска́зка**, сказк/а
- **скака́ть**, скачу́, ска́чет, скак/а/ть
- **скаку́н**, *род. ед.* -а́, скак/ун
- **ска́льпель**, *м. р., род. ед.* -я
- **скаме́ечка**, скаме/еч/к/а (*от* скаме́й/к/а)
- **скамья́**, *им. мн.* скамьи́, *дат. мн.* скамья́м *и допуск.* ска́мьи, *дат. мн.* ска́мьям, скамь/я
- **сканда́л**, *прил.* ⟨сканда́ль/н/ый⟩, *глаг.* ⟨сканда́л/и/ть⟩
- **сканди́ровать**, -рую, -рует, сканд/иров/а/ть (*ср.*: сканд/ов/á/ть)
- **скарб**, *м. р., только ед., род.* -а

скáредничать, скаред/ни-ча/ть

скáредный, скаред/н/ый, *кратк. форма* -ден, -дна

• **скарлатúна,** скарлатин/а

• **скáтерть,** *ж. р., род. ед.* -и, *им. мн.* скáтерти, *род. мн.* скатертéй

• **скафáндр,** *род. ед.* -а

• **скачкообрáзный,** скач/к/о/-образ/н/ый

• **скачóк,** *род. ед.* -чкá, *им. мн.* -чкú, *род. мн.* -óв, скач/ок

скáшивать, с/каш/ива/ть

сквáжина, скваж/ин/а

сквозь, *предлог, с вин. пад.*

• **скворéц,** *род. ед.* -рцá, сквор/ец, *сущ.* ⟨сквор/éч/н/ик⟩, [шн]

• **скелéт,** *прил.* ⟨-лéт/н/ый⟩

скептицúзм [не úзьм] (*греч.* «скéптикос» — рассматривающий, исследующий), скептиц/изм (*ср..* скéптик; *черед.* к — ц)

скетч, *м. р., род. ед.* -а, *тв. ед.* скéтчем

скипидáр, *прил.* ⟨-/н/ый⟩

• **скирд,** *м. р., род. ед.* скирдá, *им. мн.* скирды́, *род. мн.* -óв, *дат. мн.* -áм и **скирдá,** *ж. р., род. ед.* -ы́, *им. мн.* скúрды, *род. мн.* скирд, *дат. мн.* скúрдам, *глаг.* ⟨скирд/ов/á/ть⟩

скитáться, скит/а/ть/ся

склáдывать, -аю, -ает, с/клад/ыва/ть (*ср.:* клас/ть; *черед.* д — с)

склéить, -éю, -éит, с/кле/и/ть, *прич.* ⟨с/клé/енн/ый⟩

склеп (место для погребения)

склепáть, с/клеп/а/ть

склерóз, *только ед., род.* -а

склонéние, склон/ени/е, *грамм.*

склонúть, склоню́, склóнит и *допуск.* склонúт, с/клон/и/ть

склонять, -я́ю, -я́ет, с/клон/я/ть

склянка, *род. мн.* -нок, склян/к/а (*ср.:* склян/иц/а)

скоблúть, скоблю́, скóблит и *допуск.* скоблúт, скобл/и/ть

скобянóй, скоб/ян/ой

скóванный, с/ков/а/нн/ый

сковáть, скую́, скуёт, с/ков/а/ть

сковородá, *род. ед.* -ы́, *вин. ед.* сковорóду и *допуск. устар.* сковорóду, *им. мн.* скóвороды, *род. мн.* сковорóд, *дат. мн.* сковородáм, сковород/а

скóвывать, -аю, -ает, с/ков/ыва/ть

сковы́ривать, -аю, -ает, с/ковыр/ива/ть

сковырять, -я́ю, -я́ет, с/ковыр/я/ть

сколáчивать, с/колач/ива/ть

скóлок (обломок), *род. ед.* -лка, с/кол/ок

сколотúть, очу́, -óтит, с/колот/и/ть

сколóть, сколю́, скóлет, с/кол/о/ть

скользúть, -льжу́, -льзúт, скольз/и/ть

• **скóльзкий,** скольз/к/ий, *кратк. форма* скóльзок, скользкá и скóльзка, скóльзко, скóльзки

скользнýть, -ну́, -нёт, скольз/ну/ть

скóмканный, с/ком/к/а/нн/ый (*от глаг.* с/кóм/к/а/ть)

скоморóх, *род. ед.* -а

скоморóшничать, скоморош/нича/ть

скомпоновáть, -ну́ю, -ну́ет, с/компон/ов/а/ть

240

скомпрометировать*, -рую, -рует [*не* скомпрометировать], с/компромет/иров/а/ть

сконцентрировать, -рую, -рует, с/концентр/иров/а/ть

скопить, скоплю, скопит, с/коп/и/ть (*ср.*: на/ко/п/и/ть)

скорбеть, -блю, -бит, скорб/е/ть

• **скорлупа**, *род. ед.* -ы́, *им. мн.* скорлу́пы, *род. мн.* скорлу́п, *дат. мн.* скорлу́пам, скорлуп/а

скорняк (*историч. от устар.* скор/á — 'шкура')

скороговорка, *род. мн.* -рок, скор/о/говор/к/а

скоропалительный, скор/о/палительн/ый, *сущ.* ⟨-льн/ость⟩

скоропись, *ж. р., только ед., род.* -и, скор/о/пись

скороспелый, скор/о/спе/л/ый

скоростной, скор/ост/н/ой

скорпион, *род. ед.* -а

скотоводство, скот/о/вод/ств/о

скошенный, с/кош/енн/ый (*от* с/кос/и́/ть; *черед.* с — ш)

• **скрежет**, *только ед., род.* -а

скрепер, *род. ед.* -а, *им. мн.* скре́перы, *род. мн.* -ов; *в профессион. речи мн.* скрепера́, -о́в

скрепить, -плю́, -пи́т, с/креп/и/ть

скрупулёзный, скрупул/ёз/н/ый

• **скульптор**, скульпт/ор (*ср.*: скульпт/у́р/а)

скумбрия, скумбри/я

скупщик, с/куп/щик

скрученный, с/круч/енн/ый (*от глаг.* с/крут/и́/ть; *черед. т — ч*)

скученный, с/куч/енн/ый (*от глаг.* с/ку́ч/и/ть)

• **скучный** [шн], скуч/н/ый, *кратк. форма* скучен, скучна́, скучно, скучны *и* скучны́, [шн] *и в кратк. форме*

слабый, слаб/ый, *кратк. форма* слаб, слаба́, сла́бо, сла́бы *и допуск.* слабы́

слабовольный, слаб/о/воль/н/ый

слаборазвитый, слаб/о/разви/т/ый

• **славянин**, *род. ед.* -а, *им. мн.* славя́не, *род. мн.* -я́н, слав/-янин (*ср.*: слав/и́ст), *прил.* ⟨слав/янск/ий⟩

• **слагаемое**, *род. ед.* -ого, с/лаг/а/ем/ое

слагать, -а́ю, -а́ет, с/лаг/а/ть

сладкий, слад/к/ий

сладостный, слад/ост/н/ый, *кратк. форма* -стен, -стна

слалом, *только ед., род.* -а

сланец, *род. ед.* -нца

слать, шлю, шлёт, сла/ть

слаще [*не* сла́же], *сравн. ст. от* сладкий, слащ/е

• **слева**, *нареч.*, с/лев/а/

• **слегка**, *нареч.*, с/лег/к/а/

следить, след/и/ть

следователь, *м. р., род. ед.* -я, след/ов/а/тель

• **следствие**, след/стви/е

• **следующий**, след/у/ющ/ий (*ср.*: след/ов/а/ть)

слеза, *им. мн.* слёзы, *род. мн.* слёз, *дат. мн.* слеза́м, слез/а

слезать, -а́ю, -а́ет, с/лез/а/ть

слезть, -зу, -зет, с/лез/ть

---

* с к о м п р о м е т и р о в а т ь — поставить кого-либо в неловкое положение, выставить в неблаговидном свете

слепи́ть (*от* слепо́й), слеп/и/ть
сле́сарь, *род. ед.* -я, *им. мн.* слесаря́, *род. мн.* -е́й *и* сле́сари, -ей
слечь, сля́гу, сля́жет, сля́гут, *прош. вр.* слёг, слегла́, с/лечь; *черед.* г — ж — ч
слива́ть, с/ли/ва/ть
сли́тный, с/ли/т/н/ый (*ср.*: ли/ть)
• сличи́ть, с/лич/и/ть (*от* лиц/о́; *черед.* ч — ц)
• сли́шком, *нареч.*, с/лиш/к/ом/
• слия́ние, с/ли/я/ни/е
слова́рь, слов/арь, *прил.* ⟨слов/а́р/н/ый⟩
• слове́сный, слов/есн/ый
словоохо́тливый, слов/о/-охот/лив/ый
слоёный, *прил.*, сло/ён/ый (слоёный пирог)
сложе́ние, слож/ени/е
• слоня́ться, слоня/ть/ся
• слу́жащий, служ/ащ/ий
случа́йный, случ/ай/н/ый, *кратк. форма* -а́ен, -а́йна, *сущ.* ⟨-ча́й/н/ость⟩
слы́шать, слыш/а/ть
сма́зчик, с/маз/чик
смежи́ть, смеж/и/ть (*ср.*: сме́ж/н/ый)
смека́лка, смек/а/лк/а (*ср.*: смек/а́/ть)
сменя́ть, с/мен/я/ть
смерка́ться, -а́ется, *безл.*, с/мерк/а/ть/ся (*ср.*: ме́рк/ну/ть, су́/мерк/и)
сме́ртный, смерт/н/ый, *кратк. форма* -тен, -тна
• смерч*, *м. р., род. ед.* -а *и допуск.* смерча́, *им. мн.* -и, *род. мн.* -ей *и* смерчи́, смерче́й
смести́ть, с/мест/и/ть
смета́на, сметан/а (*историч. от* смета́ть, *буквально* 'собранное с молока')
смётка [*не* сме́тка], смёт/к/а
• сметли́вый, *кратк. форма* -и́в, -а *и допуск. устар.* сме́тливый, *кратк. форма* -ив, -а, смет/лив/ый
сме́шанный, с/меш/а/нн/ый (*от* с/меш/а́/ть)
сме́шивать, с/меш/ива/ть
сме́шенный, с/меш/енн/ый (*от* с/мес/и́/ть)
смешно́й, сме/ш/н/ой (*ср.*: сме/х; *черед.* х — ш)
смеща́ть, с/мещ/а/ть (*ср.*: с/мест/и́/ть; *черед.* ст — щ)
смея́ться, сме/я/ть/ся
смири́ть, с/мир/и/ть, *сущ.* ⟨-/е́ни/е⟩
• смо́лоду, *нареч.*, с/молод/у/
сморка́ться, сморк/а/ть/ся
• сморо́дина, смородин/а (*историч. от* «сморо́д» — сильный запах; *ср.*: смрад; *черед.* оро — ра)
смотре́ть, смотр/е/ть
смысл, *род. ед.* -а
смычо́к (*историч. от* смыка́ть)
• смышлёный, смышл/ён/ый
смягчи́ть, с/мяг/ч/и/ть
• смяте́ние, смят/ени/е
снабди́ть, -бжу́, -бди́т, снаб/д/и/ть
снабже́ние, снабж/ени/е
сна́добье, *род. ед.* -я, *род. мн.* сна́добий, снадобь/е
• сна́йпер, *им. мн.* сна́йперы, *род. мн.* -ов [*не* снайпера́, -о́в], *прил.* ⟨-/ск/ий⟩
• снару́жи, *нареч.*, с/наруж/и/
• снаря́д, *прил.* ⟨снаря́д/н/ый⟩
• снаряже́ние, снаряж/ени/е
• снача́ла, *нареч.*, с/начал/а/

---

* с м е р ч — сильный вихрь, поднимающий столбом воду, песок, снег

(снача́ла приме́рь, а пото́м отре́жь), *но сущ.* с нача́ла (с нача́ла весны́)
- **снеги́рь**, *м. р., род. ед.* снегиря́ (*от* снег; пти́чка, прилета́ющая к нам с се́вера вме́сте с пе́рвым сне́гом и заморо́зками)

снегу́рка, снег/у́рк/а и **снегу́рочка**, снег/у́роч/к/а

снедь, *ж. р.* (пи́ща), *род.* -и

снежи́нка, снеж/и́нк/а

снежо́к, *род. ед.* -жка́, снеж/о́к (*ср.:* снег; *черед. г — ж*)

- **снизойти́**, снизойду́, снизойдёт, *прош. вр.* снизошёл, снизошла́, с/низо/й/ти́
- **сни́зу**, *нареч.*, с/ни́з/у/

сни́мок, сни́м/ок (*ср.:* сня/ть; *черед. им — я*)

снисходи́ть, снисхожу́, снисхо́дишь, с/нис/хо́д/и/ть

снисхожде́ние, с/нис/хожд/е́ни/е

- **сно́ва**, *нареч.*, с/но́в/а/

сновиде́ние, сн/о/ви́д/ени/е

- **сноро́вка**, сноро́в/к/а

сноха́, снох/а́

- **снять**, сня/ть (*ср.:* сним/а́/ть; *черед. я — им*)
- **соба́ка**, соба́к/а, *прил.* ⟨соба́ч/ий/, -ья, -ье⟩

собесе́дник, со/бесе́д/ник

собира́ть, -а́ю, -а́ет, со/бир/а́/ть

соблаговоли́ть, со/благово́л/и/ть

- **соблазни́ть**, соблазн/и́/ть
- **соболе́знование** [*не* соболезнова́ние], со/бо́л/е/зн/ов/а/ни/е

со́боль, *м. р., род. ед.* -я, *им. мн.* собо́ля́ и со́боли, *род. мн.* соболе́й

собра́ние, со/бр/а́/ни/е

собственнору́чный, собственн/о/ру́ч/н/ый

со́бственность, собственн/ость

соверша́ть, со/верш/а́/ть (*ср.:* за/верш/а́/ть)

совершенноле́тний, совершенн/о/ле́т/н/ий

соверше́нный, *прил.*, совершенн/ый, *кратк. форма* -ёнен, -ённа

соверше́нный, *прич.*, со/верш/ённ/ый

совеща́ться, совещ/а́/ть/ся

совладе́лец, со/влад/е́/лец

совмести́мость, со/в/мест/и́м/ость

совме́стный, со/в/ме́ст/н/ый, *кратк. форма* -стен, -стна

совмеща́ть, со/в/мещ/а́/ть, *сущ.* ⟨-/е́ни/е⟩

- **совоку́пность**, совоку́п/н/ость (*истори́ч. от устар.* «ку́пно» — вме́сте)

совпаде́ние, со/в/па́д/ени/е

совреме́нный [*не* совремённый], со/врем/ен/н/ый, *кратк. форма* -ёнен, -ённа, -ённо

совреме́нник, со/врем/ен/н/ик

- **совсе́м**, *нареч.*, со/вс/ем/ (совсе́м хорошо́), *но мест.:* со всем (со всем имуществом)

совхо́з (*сложносокращ. слово:* советское хозяйство)

согласи́ться, -ашу́сь, -аси́тся, со/глас/и́/ть/ся; *черед. с — ш*

согла́сно, *нареч. и предлог*, согла́с/н/о/

согласова́ние, соглас/ов/а́/ни/е

- **соглаше́ние**, соглаш/е́ни/е

согрева́ть, со/гре/ва́/ть

соде́йствовать, со/де́й/ств/о/в/а/ть, *двувид.*

содержа́ние, содерж/а́/ни/е

соде́янный, со/де́/я/нн/ый

- **содрога́ться**, со/дрог/а́/ть/ся

сóевый, со/ев/ый (*от* сó/я)
- соединéние, со/един/ени/е
соединúть, со/един/и/ть
сожалéние, со/жал/е/ни/е (*ср.:* жаль)
сожжённый [ж'ж' *и допуск.* жж], со/жж/ённ/ый, *кратк. форма* -ён, -ена́, -ено́, ены́
созвéздие, со/звезд/и/е
создавáть, созда/ва/ть
сознáтельный, созна/тельн/ый, *кратк. форма* -лен, -льна, *сущ.* ⟨-/тельн/-ость⟩
- созерцáние, созерца/ни/е
созерцáть, созерца/ть
- созидáть, созида/ть, *сущ.* ⟨созида́/ни/е⟩
сознáние, созна/ни/е
созревáть, со/зре/ва/ть, *сущ.* ⟨со/зре/ва́/ни/е⟩
созы́в [*не* со́зыв], со/зыв
соизмерúмый, со/из/мер/им/-ый
сойтú, со/й/ти
сóковый, сок/ов/ый
сокращéние, со/кращ/ени/е
сокровéнный, сокровенн/ый, *кратк. форма* -éн *и допуск.* -éнен, -éнна
- сокрóвищница, сокровищ/ниц/а
- солдáт (*из нем., от итал.* «со́льдо» — монета, деньги, жалованье; *буквально* 'получающий жалованье'), *род. мн.* солда́т, *прил.* ⟨-а́т/ск/ий⟩
сóленный, *прич.*, сол/енн/ый (*ср.:* сол/и́/ть), *кратк. форма* -ен, -ена
солёный, *прил.*, сол/ён/ый, *кратк. форма* со́лон, солона́, со́лоно, солоны́ *и* со́лоны
- солидáрность, солидар/н/ость (*ср.:* солидар/изи́/ров/а/ть/ся, *двувид.*)

солúдный, солидн/ый, *кратк. форма* -ден, -дна
солúровать, -рую, -рует, -сол/иров/а/ть
солúст (*от* сóло), сол/ист
- сóлнце, солн/ц/е, *прил.* ⟨со́лн/еч/н/ый⟩ ; *черед.* ц — ч
сóлнышко, *род. мн.* -шек, солн/ышк/о
- соловéй, солов/ей (*ср.:* соло́в/ушк/а)
соловьúный, соловь/ин/ый
сóлод, *только ед., род.* -а
- солóма, солом/а
солóменный, солом/енн/ый
солóминка, солом/инк/а
солонúна, сол/он/ин/а
солóнка, *род. мн.* -нок, сол/онк/а
солончáк, солон/чак (*от* со́л/он/ый (*ср.:* соль), *прил.* ⟨-/чак/о́в/ый⟩
соль, *ж. р., им. мн.* -и, *род. мн.* -éй, *прил.* ⟨сол/ян/о́й⟩
сольфéджио, *нескл., с. р.*
соля́нка, *род. мн.* -нок, сол/ян/к/а
- соля́рий (*лат., от* «сол», «со́лис» — солнце), соля́р/ий (*ср.:* соляр/иза́ци/я)
сомневáться, сомн/ева/ть/ся, *сущ.* ⟨сомн/éни/е⟩
- сонáта (*лат.* «сона́ре» — звучать), сонат/а
сонéт, *прил.* ⟨сонет/н/ый⟩
- соображáть, соображ/а/ть
сообразúтельность, сообраз/и/тельн/ость
сообщá, *нареч.*, со/общ/а/
сообщéние, сообщ/ени/е
- сообщник, со/общ/ник
- сооружéние, сооруж/ени/е
- соотвéтственный, соответств/енн/ый, *кратк. форма* -вен, -венна
соотéчественник, со/отеч/еств/енник
соотношéние, со/отнош/ени/е

(*ср.*: со/относ/и́/ть; *черед.*
с — ш)
- сопе́рник, *род. ед.* -а
сопе́ть, -плю́, -пи́т, соп/е́/ть; *черед. п — пл*
соплеме́нник, со/плем/ен/ник
сопоста́вить, со/по/став/и/ть, *сущ.* ⟨со/по/ставл/е́-ни/е⟩ ; *черед. в — вл*
сопра́но, *нескл., с. р.*
соприкоснове́ние, со/при/-кос/н/ове/ни/е
сопровожда́ть, со/про/вожд/а/ть
сопротивля́ться, со/противл/я/ть/ся
сопу́тствовать, со/пут/ствова/ть
соразме́рный, со/раз/мер/-н/ый, *кратк. форма* -рен, -рна
сорване́ц, *род. ед.* -нца́, *тв. ед.* -цо́м
сорвиголова́, со/рв/и/голов/а
сорганизова́ть, с/организ/ова/ть
соревнова́ние, соревнов/а/ни/е
со́рок, сорока́; за со́рок *и допуск. устар.* за́ сорок (*о возрасте*: немного больше сорока́ лет)
соро́ка, сорок/а, *прил.* ⟨соро́ч/ий/, -ья, -ье⟩ ; *черед. к — ч*
сорокагра́дусный, сорок/а/-градус/н/ый
сорокале́тний, сорок/а/лет/н/ий
сороконо́жка, *род. мн.* -жек, сорок/о/нож/к/а
соро́чка, *род. мн.* -чек, соро́чк/а
сортирова́ть, сорт/иров/а/ть
сосе́д, *прил.* ⟨сосе́д/н/ий⟩
соси́ска, *род. мн.* -сок [*не* соси́ська, соси́сек], соси́ск/а, *прил.* ⟨соси́соч/н/ый⟩

соскочи́ть, -очу́, -о́чит, со/-скоч/и/ть
сослага́тельный (сослага́тельное накл.), сослага́/тельн/ый, *лингв.*
со́слепа *и* со́слепу, *нареч.*, со/слеп/а/ *и* со/слеп/у/
сослужи́вец, *род. ед.* -вца, со/служ/и/вец
сосно́вый, сосн/ов/ый (*от* сосн/а́)
сосредото́чение, со/средоточ/ени/е
сосредото́чивать *и допуск.* сосредота́чивать, со/средоточ/ива/ть, со/средотач/ива/ть
составля́ть, составл/я/ть
соста́риться, -рюсь, -рится, со/стар/и/ть/ся
- состоя́ние, состоя/ни/е
сострада́ние, со/страд/а/ни/е
costри́ть, -рю́, -ри́т, с/остр/и/ть
состри́чь, -игу́, -ижёт, -игу́т, *прош. вр.* -и́г, -и́гла, со/стричь; *черед. г — ж — ч*
состря́панный, со/стряп/а/н/ый (*от глаг.* со/стря́п/а/ть)
- состяза́ние, состяза/ни/е
- сосу́д, со/суд (*ср.*: по/су́д/а)
сосу́лька, *род. мн.* -лек, сосу́ль/к/а (*от* сосу́л/я)
со́тканный, со/тк/а/нн/ый, *кратк. форма* -ан, -ана, -ано, -аны
со́тня, *род. мн.* со́тен, сот/н/я
сотру́дничество, со/труд/нич/еств/о
сотряса́ть, со/тряс/а/ть
соуча́стник, со/участ/ник
соха́, *род. ед.* -и́, *им. мн.* со́хи, *род. мн.* сох, сох/а
сохрани́ть, со/хран/и/ть
социали́зм [*не* и́зм] (*из франц., от лат.* «социа́лис» — общественный, товарищеский, «со́циус» — то-

варищ, союзник), социал/изм
социоло́гия*, социолог/и/я
соцсоревнова́ние, соц/соревнов/а/ни/е
• **сочета́ние**, сочета/ни/е (*историч. от* чета́ *в знач.* 'единение')
• **сочине́ние**, сочин/ени/е (*историч. от* чин *в знач.* 'порядок')
сочу́вствовать, со/чу́вств/ов/а/ть, *сущ.* ⟨со/чу́вств/и/е⟩
сою́з, *прил.* ⟨-/н/ый⟩
сою́зник, союз/ник
спада́ть, с/пад/а/ть
спа́льня, *род. мн.* -лен, сп/а/льн/я
спа́ренный, с/пар/енн/ый (*ср.:* па́р/а)
• **спартакиа́да**, спартак/иад/а; *образовано на основе сущ.* Спартак — «немецкая рабочая спортивная организация» (по имени вождя восстания рабов в Древнем Риме)
спасе́ние, спас/ени/е
• **спаси́бо**, *междом.*; *в знач. сказ.*
спасти́сь, -су́сь, -сётся, *прош. вр.* спа́сся, спасла́сь, спас/ти/сь
спа́янный, с/па/я/нн/ый
• **спекта́кль**, *м. р., род. ед.* -я
• **спектр**, *род. ед.* спе́ктра
• **спекули́ровать**, спекул/иров/а/ть, *сущ.* ⟨спекул/я́ци/я⟩
спелёнатый, с/пелён/а/т/ый
сперва́, *нареч.*, с/перв/а/
спервонача́ла *и* **спервоначалу́**, *нареч.*, с/перв/о/начал/а/ *и* с/перв/о/начал/у/

спе́реди, с/перед/и
спеси́вый, спес/ив/ый
• **специали́ст**, специал/ист
специа́льность, специаль-/н/ость
спецоде́жда, *только ед.*, спец/одежд/а
спе́шить, с/пеш/и/ть (*от* пе́ш/ий)
спеши́ть, -шу́, -ши́т, спеш/и/ть, *прил.* ⟨спе́ш/н/ый⟩, *сущ.* ⟨спе́ш/к/а⟩
спе́шиться (сойти с коня), с/пеш/и/ть/ся (*от* пе́ш/ий)
спи́ннинг, *сущ.* ⟨-инг/и́ст⟩
спинномозгово́й, спин/н/о/мозг/ов/ой
• **спира́ль**, *ж. р., род. ед.* -и, *прил.* ⟨спира́ль/н/ый⟩
спи́чечница [шн *и* чн], *тв. ед.* -цей, спичеч/ниц/а (*ср.:* спи́чк/а; *черед.* е — нуль звука, к — ч)
• **сплавля́ть**, с/плавл/я/ть
сплете́ние, с/плет/ени/е
спле́тня, *род. мн.* -тен, сплетн/я
сплеча́, *нареч.*, с/плеч/а/
• **сплоче́ние**, сплоч/ени/е
• **сплошь**, *нареч.*
сподви́жник, с/подвиж/ник
спозара́нку *и* **спозара́нок**, *нареч.*, с/по/за/ран/ку/ *и* с/по/за/ран/ок/
• **споко́йный**, с/покой/н/ый, *сущ.* ⟨с/покой/ств/и/е⟩
• **сполна́**, *нареч.*, с/полн/а/
спо́нсор*, *прил.* ⟨-ск/ий⟩
спортсме́н (*англ.* «спорт» + + «с» — суф. притяж. пад. + + «мен» — человек; *буквально* 'спортивный человек'), спорт/смен

---

* с о ц и о л о г и я — наука об обществе, отношениях в обществе
* с п о н с о р — лицо, организация, финансирующие с определённой целью какое-либо мероприятие

спорынья́, *только ед., род.* -й, спорынь/я
спо́соб, *род. ед.* -а
• споткну́ться, с/по/тк/ну/ть/-ся
• спра́ва, *нареч.*, с/прав/а/
справедли́вость, с/правед/лив/ость (*ср.:* пра́вда)
спрессова́ть, с/пресс/ов/а/ть, *прич.* ⟨с/пресс/о́в/а/нн/ый⟩
спри́нтер [тэ], спринт/ер (*ср.:* спринт — спортивные соревнования на коротких дистанциях)
спринцо́вка, *род. мн.* -вок, спринц/ов/к/а
спроста́, *нареч.*, с/прост/а/
спры́снуть, -ну, -нет, с/прыс/ну/ть
• спряже́ние, спряж/ени/е
• сравне́ние, с/равн/ени/е
сравня́ть (сделать ра́вным), с/равн/я/ть
• сраже́ние, с/раж/ени/е
срази́ть, сражу́, срази́т, с/раз/и/ть; *черед.* з — ж
с разлёту, с раз/лёт/у/
с разма́ху, с раз/мах/у/
сра́зу, *нареч.*, с/раз/у/
срами́ться, срам/и/ть/ся
срасти́сь, с/раст/и/сь
• сраще́ние, с/ращ/ени/е
среда́, сред/а
средневеко́вый, сред/н/е/век/ов/ый
сре́дство, средств/о
сровня́ть (сделать ро́вным), с/ровн/я/ть
сродни́, с/род/н/и/
сро́ду, *нареч.*, с/род/у/
сруб, с/руб
• сря́ду, *нареч.*, с/ряд/у/

ссе́сться, сся́дется, с/сес/ть/-ся (*ср.:* с/сед/а́/ть/ся; *черед.* д — с)
• ссо́ра, ссор/а
ссо́риться, ссор/и/ть/ся
• ссу́да, ссуд/а
• ссы́лка, с/сыл/ка
ссы́пать, ссы́плю, ссы́плет, ссы́плют *и допуск.* ссы́пит, с/сып/а/ть
ста́вень *и* ста́вня, ставн/я
ста́вленник, ставл/енн/ик
стагна́ция*, стагнаци/я
• стадио́н (*лат.* «ста́диум» — состязание)
ста́дия, стади/я
стаж, *м. р., род. ед.* -а, *тв. ед.* ста́жем
• стажёр, стаж/ёр
стажирова́ться, стаж/иров/а/ть/ся
• стака́н, *род. ед.* стака́на [*не* стака́на́], *им. мн.* стака́ны, *род. мн.* -ов [*не* стаканы́, -о́в]
сталакти́ты* (*греч.* «стала́ктос» — капающий), *род. мн.* сталакти́тов, *им. ед.* сталакти́т, *род. ед.* сталакти́та
сталева́р, стал/е/вар
сталепрока́тный, стал/е/про/-кат/н/ый
стаме́ска, *род. мн.* -сок, стамеск/а
• станда́рт, *прил.* ⟨-/н/ый⟩
• стани́ца, станиц/а
• станови́ться, станов/и/ть/ся
• стано́к, *прил.* ⟨стано́ч/н/ый⟩ ; *черед.* к — ч
• ста́нция, станци/я
• стара́тельный, стара/тель/н/ый, *кратк. форма* -лен, -льна

---

* с т а г н а ц и я — в экономике — застой в производстве, торговле и т. п.

* с т а л а к т и т ы — известковый нарост на потолке пещеры, образованный просачивающимися каплями

стара́ться, стара́/ть/ся
стари́нный, стар/ин/н/ый
• старожи́л, стар/о/жил
стару́шечий, -ья, -ье, стар/уш/еч/ий/
старушо́нка, стар/уш/онк/а (*ср.*: стар/у́х/а); *черед.* **х — ш**
старшина́, *м. р.*, *им. мн.* старши́ны, *род. мн.* старши́н, *дат. мн.* старши́нам, старшин/а
старши́нство, старш/инств/о
• стати́стика*, статистик/а, *прил.* ⟨статисти́ч/еск/ий⟩; *черед.* **к — ч**
• статуэ́тка, *род. мн.* -ток, стату́/этк/а
ста́туя [*не* стату́я], стату/я
• статья́, *род. мн.* -те́й, стать/я
• станциона́рный*, станционар/н/ый
ста́чечный, стачеч/н/ый (*ср.*: ста́чк/а; *черед.* **к — ч**)
стеари́н, *прил.* ⟨-и́н/ов/ый⟩
сте́бель, *м. р.*, *род. ед.* -бля, *им. мн.* сте́бли, *род. мн.* стебле́й *и* стебле́й
стёганный, *прич.*, стёг/а/н/н/ый (стёганное мастерицей одея́ло)
стёганый, *прил.* (стёганое одея́ло), стёг/а/н/ый
стёжка, стёж/к/а (*от* стег/а́/ть)
стекленеть, стекл/ене/ть
стекло́, *им. мн.* стёкла, *род.*
мн. стёкол, *дат. мн.* стёклам, стекл/о, *черед.* **о — нуль звука**
стёклышко, *род. ед.* -шка, *род. мн.* -шек, стёкл/ышк/о
стекля́нный, стекл/янн/ый
стенгазе́та, стен/газет/а
• стеногра́мма, стенограмм/а стенд [тэ], *род. ед.* -а
стеногра́фия, стенограф/и/я (*от греч.* «сте́нос» — узкий, тесный + «гра́фо» — пишу)
• сте́пень, *ж. р.*, *им. мн.* сте́пени, *род. мн.* степене́й
стереоме́трия, стереометр/и/я (*от греч.* «сте́реос» — пространственный + «ме́тро» — измеряю)
стереоти́п*, *род. ед.* -а
стере́ть, сотру́, сотрёт, с/тер/е/ть, *прош. вр.* стёр, стёрла
• стере́чь, стерегу́, стережёт, стерегу́т, *прош. вр.* стерёг, стерегла́; *черед.* **г — ж — ч**
сте́ржень, *м. р.*, *род. ед.* -жня, *им. мн.* сте́ржни, *род. мн.* стержне́й *и* сте́ржней, *прил.* ⟨стержн/ев/о́й⟩
стерилиза́ция (*лат.* «стери́лис» — бесплодный), стерил/изаци/я
сте́рлядь, *ж. р.*, *род. ед.* -и, *им. мн.* сте́рляди, *род. мн.* стерляде́й [*не* сте́рлядей]
• стесня́ться, стесн/я/ть/ся
стили́стика*, стил/ист/ик/а

---

* с т а т и с т и к а — 1) наука о количественных изменениях в развитии общества и народного хозяйства; 2) особый метод исследования, применяемый в ряде точных наук (математическая статистика)

* с т а ц и о н а р н ы й — неизменный, постоянный, не передвижной

* с т е р е о т и п — копия типографского набора, нанесённая на металлическую пластинку, употребляемая для печатания изданий большим тиражом

* с т и л и с т и к а — 1) раздел теории литературы, рассматривающий свойства языка художественной литературы; 2) в языкознании: раздел, посвящённый изучению стилей языка и речи

(*ср.*: стиль; *от греч.* «сти́-лос» — буквально 'палочка с острым концом для писания на навощённых дощечках')
сти́мул* (*лат.* «сти́мулюс» — букв. 'остроконечная палка, которой подгоняли животных'), *глаг.* ⟨стимул/и́ров/а/ть⟩
• **стипе́ндия**, стипенди/я
стира́ть, -а́ю, -а́ет, стир/а/ть
• **стихи́я**, стихи/я
стихотворе́ние, стих/о/твор/ени/е
стлать *и* **стели́ть**, стелю́, сте́лет, *прош. вр.* стлал, стла́ла [*не* стлала́], стла́ли *и* стели́л, стели́ла, стели́ло, стели́ли, стл/а/ть *и* стел/и/ть; *черед.* **е — нуль звука**
стограммо́вый, сто/грамм/ов/ый
сто́ечка, *род. мн.* -чек, сто/еч/к/а (*ср.*: сто́й/к/а)
• **сто́имость**, сто/имость
сто́ить, сто́ю, сто́ишь, сто́ят, сто/и/ть
столб, *род. ед.* -а́
столбня́к, *род.* -а́, столб/няк (*ср.*: столб/ене́/ть)
столе́тний, сто/лет/н/ий
• **столи́ца**, столиц/а (*историч. от* стол, *в знач.* 'трон'; *ср.*: престо́л, сто́льный град), *прил.* ⟨столи́ч/н/ый⟩; *черед.* **ц — ч**
• **столкнове́ние**, с/толк/нов/ени/е
столп, *род. ед.* столпа́
столя́р [*не* сто́ляр], *род. ед.* столяра́, *им. мн.* столяры́, *род. мн.* -о́в (*историч. от* стол)
стоматоло́гия, стоматолог/и/я
стопроце́нтный, ст/о/процент/н/ый
сто́рож, *им. мн.* сторожа́, *род. мн.* -е́й, *глаг.* ⟨-ж/и́/ть⟩
сторо́жка, *род. мн.* -жек, сторож/к/а
стоскова́ться, с/тоск/ов/а/ть/ся
сто́ящий (*от* сто́ить), -ою, сто/ящ/ий
стоя́щий (*от* стоя́ть), сто/ящ/ий
• **страда́ние**, страд/а/ни/е
• **страни́ца**, *тв. ед.* -цей, страниц/а
стра́нник, стран/ник
• **стра́стный** [сн] (*от* страсть), страст/н/ый, *кратк. форма* стра́стен, страстна́ *и допуск.* стра́стна, стра́стно, стра́стны
• **страте́гия*** [*допуск.* тэ́], стратег/и/я, *прил.* ⟨стратег/и́ческ/ий⟩
• **стратосфе́ра*** (*лат.* «стра́тум» — настил + сфера), страто/сфер/а
• **страхова́ние**, страх/ов/а/ни/е
стре́жень, *м. р., род. ед.* -жня
стрекоза́, *им. мн.* стреко́зы, *род. мн.* стреко́з, *дат. мн.* стреко́зам, стрекоз/а
стрекота́ть, стрекот/а/ть (*ср.*: стреко́ч/ет; *черед.* **т — ч**)
стре́лочник [*допуск. устар.* шн], стрелоч/ник (*от* стре́лк/а); *черед.* **к — ч**

---

* с т и м у л — побудительная причина, заинтересованность в совершении чего-нибудь
* с т р а т е г и я — искусство ведения крупных военных операций и войны в целом
* с т р а т о с ф е р а — слой атмосферы выше 9—11 км над уровнем моря

стре́ляный, *прил.* (стре́ляный воробей), стрел/ян/ый

стремгла́в, *нареч.* (*историч.* из «стрем» — вниз + «глав» — головою)

стре́мечко (*от* стре́мя), *род. ед.* -а, *род. мн.* -чек, стрем/ечк/о

стреми́тельный, стрем/и/тельн/ый

• **стремле́ние**, стремл/ени/е

стрено́жить, -жу, -жит, с/тре/нож/и/ть (*ср.:* тре/но́г/а)

стрептоци́д, *только ед., род.* -а

стресс*, *прил.* ⟨стре́сс/ов/-ый⟩

стри́женный, *прич.* (коротко стри́женный), стриж/ен/н/ый

стри́женый, *прил.* (стри́женая голова), стриж/ен/ый

стрихни́н, *только ед., род.* стрихни́на *и* стрихни́ну

стричь, -игу́, -ижёт, -игу́т, *прош. вр.* -иг, -и́гла; *черед.* г — ж — ч

строга́ть *и* **струга́ть**, строг/а/ть *и* струг/а/ть (*ср.:* стру́ж/к/а; *черед.* г — ж)

стро́го-на́строго, *нареч.*, строг/о/-на/строг/о/

строе́ньице (*от* стро/е́ни/е), *тв. ед.* -цем, *им. мн.* -а, *род. мн.* -ньиц, стро/ень/иц/е

строи́тельство, стро/и/тель/ств/о

стро́ить, стро́ю, стро́ит, стро/и/ть

стропи́ло, *род. ед.* -пи́ла, *им. мн.* стропи́ла, *род. мн.* -пи́л, стропил/о

• **стропти́вый**, строптив/ый

• **строфа́**, *род. ед.* -ы́, *им. мн.* стро́фы, *род. мн.* строф, *дат. мн.* строфа́м *и* стро́фам, строф/а

стро́ящийся, стро/ящ/ий/ся (*от* стро́/и/ть)

стру́жка, *род. мн.* -жек, струж/к/а (*ср.:* струг/а́/ть; *черед.* г — ж)

структу́ра, структур/а, *глаг.* ⟨-ктур/и́ров/а/ть⟩, *прил.* ⟨-ту́р/н/ый⟩

стручо́к, *род. ед.* -чка́, струч/ок (*ср.:* струч/и́ст/ый)

стря́хивать, с/трях/ива/ть

студе́нт, *прил.* ⟨-е́нч/еск/ий⟩; *черед.* т — ч

студёный, студ/ён/ый

сту́день, *м. р., род. ед.* -дня, студ/ень

стяжа́тель, стяжа/тель

• **суббо́та**, суббот/а

суббо́тник, суббот/ник

субордина́ция*, субордина́ци/я

субси́дия*, субсид/и/я (*ср.:* субсид/и́ров/а/ть)

• **субтро́пики**, суб/тропик/и (*от лат.* «суб» — под + тро́пики)

• **субъе́кт**, *прил.* ⟨-/и́вн/ый⟩

• **сувени́р**, *прил.* ⟨-/н/ый⟩

• **суверените́т***, суверен/итет

• **суверенный**, суверен/н/ый, *кратк. форма* -е́нен, -е́нна

суво́ровец, *род. ед.* -вца, *тв. ед.* -вцем, суворов/ец

---

* с т р е с с — напряжение животного организма под влиянием холода, голодания, психической и физической травмы, лучей рентгена и т. п.

* с у б о р д и н а ц и я — система строгого служебного подчинения младших старшим

* с у б с и д и я — денежное пособие

* с у в е р е н и т е т — полная независимость государства в его внутренних делах и в ведении внешней политики

суглинистый, су/глин/ист/ый (*ср.*: су/глин/ок)

су́дно (сосуд), *род. ед.* -а, *им. мн.* су́дна, *род. мн.* су́ден, *дат. мн.* су́днам, суд/н/о (*ср.*: суд/о́к)

су́дно (корабль, ладья), *род. ед.* -а [*не* судно́, -на́], *им. мн.* суда́, *род. мн.* -о́в, суд/н/о (*ср. мн. ч.*: суд/а́)

• **су́дорога,** судорог/а, *прил.* ⟨су́дорож/н/ый⟩; *черед.* **г — ж**

судостроéние, суд/о/стро/е/ни/е

судохо́дство, суд/о/ход/ств/о

судья́, *м. р., род. ед.* -и́, *им. мн.* су́дьи, *род. мн.* су́дей *и* судéй, *дат. мн.* су́дьям, судь/я́

суевéрие (*историч.* «су́е» — напрасно, попусту + вера, *т. е.* пустая, напрасная вера), суевер/и/е

• **суетли́вый,** сует/лив/ый, *сущ.* ⟨-ли́в/ость⟩

• **суждéние,** сужд/ени/е

сужéние, с/уж/ени/е

су́женный, с/уж/енн/ый (*от* с/у́з/и/ть); *черед.* **ж — з**; *но* **су́женый** (о женихе), сужен/ый

су́кровица, су/кров/иц/а (*ср.*: кровь)

сулемá, сулем/а

сульфиди́н, сульфид/ин (*ср.*: сульфи́д), *только ед., род.* -а

• **сумасбро́д,** *род. ед.* -а, с/ум/а/с/брод

сумасшéдший, с/ум/а/с/шед/ш/ий

сумасшéствие, с/ум/а/с/шест/в/и/е

• **суматóха,** суматох/а

суматóшный, суматош/н/ый, *кратк. форма* -шен, -шна

• **су́мерки,** *только мн., род.* -рек,

су/мерк/и (*ср.*: мéрк/ну/ть), *прил.* ⟨су́/мереч/н/ый⟩; *черед.* **к — ч, е —** нуль звука

сумéть, -éю, -éет, с/уме́/ть

• **су́мма,** сумм/а

суммáрный, сумм/арн/ый, *кратк. форма* -рен, -рна

су́мрак, *только ед., род.* -а, су/мрак

• **сумя́тица,** *тв.* -цей, сумятиц/а (*историч. от устар. глаг.* мят/у́; *ср.*: мятéж)

суперфосфáт, *род.* -а, супер/фосфат

супесчáный, су/песч/ан/ый

супостáт, *род. ед.* -а

супру́жеский, супруж/еск/ий

• **сургу́ч,** *род. ед.* сургуча́

суррогáт, *прил.* ⟨-гáт/н/ый⟩

сурьмá, сурьм/а

• **су́толока,** сутолок/а

суфлёр, *род. ед.* -а, суфл/ёр (*ср.*: суфл/и́ров/а/ть)

• **су́ффикс** (*лат.* «суб» — приставка *под* + «фи́нго» — вбиваю, прибиваю; в приставке конечный согласный уподобляется начальному корневому, отчего пишется двойное [ф]; *буквально* 'приколоченный'), *прил.* ⟨суффикс/áльн/ый⟩

су́хонький *и* **су́хенький,** сух/оньк/ий *и* сух/еньк/ий

су́шенный, *прич.,* суш/енн/ый (су́шенные на солнце фрукты)

сушёный, *прил.,* суш/ён/ый (сушёные фрукты)

• **существéнный,** сущ/еств/енн/ый, *кратк. форма* -вен, -венна

существи́тельное, *род. ед.* -ого, существи́тельн/ое, *лингв.*

су́щность, сущ/ность (*от* суть)

сфабрикова́ть, -ку́ю, -ку́ет, с/фабрик/ов/а/ть
сфальши́вить, -влю, -вит, с/фальш/ив/и/ть; *черед.* в — вл
сфе́ра, сфер/а
сфинкс, *род. ед.* -а
схо́дка, *род. мн.* -док, с/ход/к/а
схо́дный, сход/н/ый, *кратк. форма* -ден, -дна, -дно
схо́дство, сход/ств/о
с хо́ду, с ход/у/
сцепле́ние, с/цепл/ени/е (*ср.:* с/цéп/к/а; *черед.* п — пл)
• сча́стье (*общеслав. приставка* «с» *в знач.* 'хоро́ший' + + «часть» — доля; *буквально* 'хорошая часть, доля'), счаст/ь/е, *прил.* ⟨счаст/ли́в/ый⟩
счесть, сочту́, сочтёт, *прош. вр.* счёл, сочла́, счес/ть
• счёт, *род. ед.* -а, *им. мн.* счета́, *род. мн.* -о́в
• счёты, *только мн., род.* -ов, счёт/ы
• счита́ть, счит/а/ть
сшить, сошью́, сошьёт, с/ши/ть
съедо́бный, съ/ед/обн/ый, *кратк. форма* -бен, -бна
съёжиться, съ/ёж/и/ть/ся
съезд, съ/езд
съезжа́ться, -а́юсь, -а́ется, съ/езж/а/ть/ся

• съёмка, *род. мн.* -мок, съём/к/а
съестно́й, съ/ес/т/н/ой
съесть, съ/ес/ть (*ср.:* съ/е/д/я́т)
съе́хаться, съе́дусь, съе́дется, съ/ех/а/ть/ся
сы́воротка, *род. мн.* -ток, сы́воротк/а
• сы́гранный, с/ыгр/а/нн/ый (*от* с/ыгр/а́/ть)
сы́змала, *нареч.*, с/ыз/мал/а/
• сы́знова, *нареч.*, с/ыз/нов/а/
сы́мпровизи́ровать, -рую, -рует, с/ымпровиз/иров/а/ть
сын[1], *им. мн.* сыновья́, *род. мн.* сынове́й, *в основном знач., сущ.* ⟨-/и́шк/а⟩, *прил.* ⟨сын/о́вн/ий/⟩
сын[2], *им. мн.* сыны́, *род. мн.* -о́в (уроженец какой-либо местности; человек, кровно связанный с чем-нибудь), сыны́ Востока, сыны́ Ро́дины
сы́пать, сы́плю, сы́плет, сы́п/а/ть
сыро́ежка, *род. мн.* -жек, сыр/о/еж/к/а
сыска́ть, сыщу́, сы́щет, с/ыск/а/ть
• сэконо́мить, с/эконом/и/ть
сюже́т, *прил.* ⟨-/н/ый⟩
сюи́та, сюит/а, *прил.* ⟨-/н/ый⟩
• сюрпри́з, *род. ед.* -а
сюрту́к, *род. ед.* -а́

Т

• таба́к, *род. ед.* табака́ *и* табаку́ (выращивание табака́; купить табаку́), *сущ.* ⟨таба́к/ёрк/а⟩
таба́чный, табач/н/ый
• та́бель, *род. ед.* -я, *им. мн.* та́бели, *род. мн.* -ей *и допуск.* табеля́, -е́й

• табле́тка, таблетк/а
• табли́ца, таблиц/а
• табу́н, *род. ед.* -а́
• табуре́т, *м. р., род. ед.* -а, *род. мн.* -ов *и* табуре́тка, *ж. р., род. ед.* -и, *род. мн.* -ток [*не* тубаре́т, тубаре́тка], табурет/к/а

- **тавтоло́гия*** (*греч.* «та́вто» — то же самое + «ло́гос» — слово), тавтологи/я
- **таёжный**, таёж/н/ый (*от* тайг/а́; *черед.* г — ж)
  таи́нственный, та/ин/ств/енн/ый, *кратк. форма* -вен, -венна
  таи́ть, та/и/ть
- **тайфу́н**, *род. ед.* -а
  та́кже, *союз* (и, тоже: я также приду = и я приду), *но нареч. с частицей:* та́к же (та́к же сделаю, как он)
  так как, *союз*
- **такси́**, *нескл., с. р.*
- **та́ктика**, тактик/а, *прил.* ⟨такти́ч/еск/ий⟩
- **такти́чный**, такт/ичн/ый, *кратк. форма* -чен, -чна
- **тала́нт**, *прил.* ⟨-/лив/ый⟩
  талисма́н, *прил.* ⟨-сма́н/н/ый⟩
  та́лия, тали/я
- **тамо́жня** [*не* та́можня], *род. мн.* -жен, таможн/я, *прил.* ⟨тамо́жен/н/ый⟩ ; *черед.* е — нуль звука
  тампо́н, (*франц.* «тампон» — *букв.* 'затычка, пробка'), *род. ед.* -а
  та́нец, *род. ед.* -нца, *тв. ед.* -нцем
  танк, *сущ.* ⟨-к/и́ст⟩ , *прил.* ⟨-к/ов/ый⟩
- **та́нкер**, *род. ед.* та́нкера, *им. мн.* та́нкеры, *род. мн.* та́нкеров, *у моряков мн.* танкера́, -о́в, танк/ер (*ср.:* танк — бак, цистерна)
  танцева́ть, танц/ева/ть, *сущ.* ⟨танц/о́р, танц/о́в/щиц/а⟩

- **та́почки**, тапоч/к/и (*ср.:* та́пк/и; *черед.* к — ч)
- **тарака́н**, *род. ед.* -а
- **тара́н**, *род. ед.* -а
  таранте́лла [тэ], тарантелл/а
  тара́нтул, *род. ед.* -а
  тара́нь, *только ед.*, *род.* -и
  тарато́рить, -рю, -рит, таратор/и/ть
- **тарахте́ть**, -чу́, -ти́т, тарахт/е/ть
- **тара́щить**, -щу, -щит, таращ/и/ть
- **таре́лка**, *род. мн.* -лок, тарелк/а
- **тари́ф**, *прил.* ⟨-ри́ф/н/ый⟩
  тарифика́ция, тариф/икаци/я
  таска́ть, таск/а/ть
- **тасова́ть**, тас/ов/а/ть (*ср.:* тас/у́/ю)
  тата́рин, *им. мн.* тата́ры, *род. мн.* -а́р, татар/ин
  татуиро́вка, *род. мн.* -вок, татуиров/к/а
- **тахта́**, *род. ед.* -ы́, тахт/а
  тача́ть, тач/а/ть (*ср.:* вы́/тач/к/а)
- **тащи́ть**, тащ/и/ть
- **та́ять**, та/я/ть, *сущ.* ⟨та́/я/ни/е⟩
  тверды́ня, *род. мн.* -ы́нь, тверд/ын/я
- **творе́ние**, твор/ени/е
  творо́г, *род. ед.* творога́ *и* творогу́ *и допуск.* **тво́рог**, тво́рога *и* тво́рогу (приготовление творога́; купить творогу́)
  тво́рчество, твор/честв/о (*ср.:* твор/и́/ть)
- **теа́тр**, *прил.* ⟨-/а́ль/н/ый⟩
- **те́зис*** [тэ], *прил.* ⟨-с/н/ый⟩

---

* т а в т о л о г и я — повторное обозначение уже названного понятия другим, близким по смыслу словом или выражением

* т е з и с — 1) положение, истинность которого должна быть доказана; 2) (*обычно мн. ч.* тезисы, -ов) кратко сформулированные основные положения доклада, лекции, сообщения и т. п.

тёзка, *род. мн.* -зок, тезк/а
- текстиль, *м. р., только ед., род.* текстиля [*не* текстиля], *прил.* ⟨текстиль/н/ый⟩
текстуальный, текст/уальн/ый
текучий, *прил.*, тек/уч/ий
текущий, *прич.*, тек/ущ/ий (*от* течь; *черед.* к — ч)
- телевидение, теле/вид/е/ни/е
- телевизор (*греч.* «теле» — далеко + *лат.* «визио» — видение), телевиз/ор
- телега, телег/а
- телеграмма (*греч.* «теле» — далеко + «грамма» — запись), телеграмм/а
- телеграф (*греч.* «теле» — далеко + «графо» — пишу)
телемеханика, теле/механ/ик/а (*от греч.* «теле» — далеко + механика)
телёнок, *род. ед.* -нка, *им. мн.* телята, *род. мн.* -ят, тел/ёнок
телескоп (*греч.* «теле» — далеко + «скопео» — смотрю)
телесный, тел/ес/н/ый
- телефон (*греч.* «теле» — далеко + «фоне» — звук), *сущ.* ⟨-/ист, -/ист/к/а⟩, *глаг.* ⟨-/иров/а/ть⟩
телосложение, тел/о/слож/ени/е
тельняшка, *род. мн.* -шек, тель/н/яшк/а (*ср.:* на/тель/н/ый)
телятина, тел/ят/ин/а
тема [*не* тэ], тем/а, *сущ.* ⟨тем/атик/а⟩, *прил.* ⟨-/атич/еск/ий⟩ ; *черед.* к — ч
тембр [тэ], *прил.* ⟨тембр/ов/ый⟩

темп [тэ], *прил.* ⟨темп/ов/ый⟩
темперамент, *прил.* ⟨-/н/ый⟩
- температура, температур/а, *прил.* ⟨-/н/ый⟩
- тенденция* [тэндэ] (*из нем., от лат.* «тендо» — направляюсь, стремлюсь), тенденци/я
темя, темени, тем/я
теневой, тен/ев/ой (тень)
- теннис [тэ], *сущ.* ⟨теннис/к/а⟩
тенор [*не* тэ], *мн.* тенора, -ов *и допуск.* теноры, -ов
тент [тэ], *прил.* ⟨тент/ов/ый⟩
- теорема, теорем/а
- теория [*не* тэ], теори/я, *прил.* ⟨теор/ет/ическ/ий⟩
- теперь, *нареч.*
теплиться, -люсь, -лится, тепл/и/ть/ся
теплица, тепл/иц/а, *прил.* ⟨тепл/ич/н/ый⟩ ; *черед.* ц — ч
- тепловоз, тепл/о/воз
- терапевт [тэ *и* те], терап/евт (*ср.:* терап/и/я)
- теребить, -блю, -бит, тереб/и/ть; *черед.* б — бл
тереть, тру, трёшь, *прош. вр.* тёр, тёрла, тер/е/ть
терзать, терз/а/ть
- термин* [*не* тэ], *род. ед.* -а
- термометр [*не* тэ] (*греч.* «термо» — теплый + «метрео» — измеряю), терм/о/метр
- термос [тэ], *прил.* ⟨термос/н/ый⟩
- тернистый, терн/ист/ый

* т е н д е н ц и я — направленность во взглядах или действиях; склонности, стремления, свойственные кому-либо, чему-либо

* т е р м и н — слово или словосочетание, точно обозначающее определённое понятие, применяемое в науке, технике, искусстве

терпеливый, терп/е/лив/ый
терпение, терп/е/ни/е
тёрпкий, терпк/ий, *кратк. форма* тёрпок, терпка́ *и* тёрпка, тёрпко, тёрпки
• **терра́са**, террас/а (*от лат.* «те́рра» — земля)
• **террито́рия** [*не* тэ] (*от лат.* «те́рра» — земля), террито́ри/я, *прил.* ⟨-/а́льн/ый⟩
• **терро́р** [тэ *и* те] [*не* те́ррор] (*лат.* «те́ррор» — страх, ужас), *сущ.* ⟨-/и́ст⟩, *прил.* ⟨-/и́ст/и́ческ/ий⟩
теря́ть, тер/я́/ть
теса́ть, тешу́, те́шешь, тес/а́/ть; *черед. с — ш*
• **тесёмка**, *род. мн.* -мок, тесём/к/а (*ср.:* тесьм/а́)
тесни́на (*от* те́сный), тесн/ин/а
тесть, *м. р., род. ед.* -я
тесьма́, *род. ед.* -ы́, тесьм/а́
• **те́терев**, *им. мн.* тетерева́, *род. мн.* -о́в
• **тетра́дь** (*др.-русск., от греч.* «те́трас», *род. пад.* «те́традос» — четвёртая часть листа), *ж. р., род.* -и
тефте́ли, *только мн., род.* -ей *и* **тефтéли**, *род.* тефте́лей
те́хникум, техник/ум
техни́ческий, технич/еск/ий
техноло́гия, технолог/и/я (*ср.:* техно́лог)
течь, теку́, течёшь, течёт, теку́т, *прош. вр.* тёк, текла́; *черед. к — ч*
• **типогра́фия** (*греч.* «ти́пос» — отпечаток, оттиск + «гра́фо» — пишу), типограф/и/я, *прил.* ⟨-/ск/ий⟩

• **тира́ж**, *род. ед.* тиража́, *им. мн.* тиражи́, *род. мн.* -е́й, *прил.* ⟨тира́ж/н/ый⟩, *глаг.* ⟨тираж/и́ров/а/ть⟩
• **тира́н**, *сущ.* ⟨тиран/и́/я⟩*, *глаг.* ⟨тира́н/и/ть⟩
• **тире́** [рэ], *нескл., с. р.*
• **тиски́**, *только мн., род.* -о́в, тиск/и́
тисне́ние, тис/н/ени/е
тиснённый, *прич.*, тис/н/ён/н/ый (*ср.:* ти́с/ну/ть) (тиснённый золотом переплёт)
• **тита́н***, *прил.* ⟨титан/и́ческ/ий⟩
ти́тул, *род. ед.* -а
ти́тульный [*не* титу́льный], титуль/н/ый
ти́хонький *и допуск.* ти́хенький, тих/оньк/ий *и* тих/еньк/ий
тишина́, тиш/ин/а
тка́нный, *прич.*, тк/а/нн/ый (*от* тк/а/ть), *кратк. форма* ткан, ткана́, тка́но, тка́ны
тка́ный, *прил.*, тк/ан/ый (тка́ная скатерть)
ткать, тку, ткёт, *прош. вр.* ткал, ткала́, тка́ло, тк/а/ть
тка́цкий, тк/а/ц/к/ий (*ср.:* тк/а/ч; *черед. ц — ч*)
тле́нный, тл/е/н/н/ый (*ср.:* тл/е/н; тл/я), *кратк. форма* тле́нен, тле́нна
тлетво́рный, тл/е/твор/н/ый, *кратк. форма* -рен, -рна
тлеть, тле́ю, тле́ет, тл/е/ть
това́р, *прил.* ⟨-/н/ый⟩
товарооборо́т, *род. ед.* -а, товар/о/оборот
това́рищ (*общеслав., из тюркск.* «това́р» + «ищ» —

---

* **тирания** — 1) жестокое, деспотическое правление; 2) (*переносн.*) гнёт, жестокое обращение

* **титан** — 1) в древнегреческой мифологии: гигант, вступивший в борьбу с богами; 2) (*переносн.*) о выдающемся человеке с исключительным по глубине и широте размахом деятельности

друг, *первонач.* 'компаньон в торговле'), *прил.* ⟨това́рищ/еск/ий⟩ , *сущ.* ⟨това́рищ/еств/о⟩
- **то́ есть**, *союз и частица*

  тожде́ственный*, тождеств/енн/ый, *кратк. форма* -вен, -венна *и допуск. устар.* тоже́ственный, *кратк. форма* -вен, -венна

  то́же, *союз* (я то́же приду), *но мест. с частицей* то́ же (я сделал то́ же, что и ты)
- **то́карь**, *м. р., род. ед.* -я, *им. мн.* токаря́, *род. мн.* -е́й *и* то́кари, -ей, ток/арь (*ср.:* точ/й/ть; *черед.* к — ч)

  токсикома́ния, токсик/о/мани/я

  токси́н, *род. ед.* -а

  толка́ть, толк/а/ть
- **толкну́ть**, -ну́, -нёт, толк/ну/ть

  толкова́ть, толк/ов/а/ть

  толко́вый, толк/ов/ый
- **толокно́**, толокн/о

  толо́чь, толку́, толчёшь, толку́т, *прош. вр.* толо́к, толкла́, толочь

  толпа́, *род. ед.* -ы́, *им. мн.* то́лпы, *род. мн.* толп, толп/а

  толчёный, *прил.*, толч/ён/ый (толчёный миндаль)

  толчея́, *только ед., род.* -и́, толч/е/я

  толчо́к, *род. ед.* толчка́, толч/ок

  толщина́, толщ/ин/а (*ср.:* то́лст/ый; *черед.* ст — щ)

  толь, *м. р., только ед., род.* -я
- **то́лько**, *частица*

  тома́т, *род. ед.* -а, *прил.* ⟨-/н/ый⟩

  томи́ть, томлю́, томи́т, том/и́ть, *прил.* ⟨томл/ён/ый⟩ ; *черед.* м — мл

  то́нкий, тон/к/ий, *кратк. форма* то́нок, тонка́, то́нко; *сравн. ст.* тонь/ше
- **то́нна**, тонн/а

  тонна́ж, *род.* -а, *тв.* -жем, тонн/аж

  тонне́ль [нэ], *м. р., род. ед.* -я *и* тунне́ль, *род. ед.* -я

  то́пленный, *прич.*, топл/енн/ый (давно не то́пленная печь)

  топлёный, *прил.*, топл/ён/ый (топлёное масло)
- **то́пливо**, топл/ив/о (*ср.:* топ/и́/ть; *черед.* п — пл)
- **топогра́фия**, топограф/и/я (*греч.* «то́пос» — местность + «гра́фо» — пишу)
- **то́поль**, *м. р., род. ед.* -я, *им. мн.* тополя́, *род. мн.* -е́й, в поэти́ческой речи возможно мн. то́поли, -ей
- **топо́р**, *сущ. с увелич. зн.* ⟨топор/и́щ/е⟩

  топори́ще (рукоятка топора), *род. ед.* -а, *тв. ед.* -щем, *им. мн.* -а, *род. мн.* -рищ, топор/ищ/е

  топта́ть, топт/а/ть (*ср.:* топт/у́н)

  топча́н, *род. ед.* -а́

  торго́вля, торг/овл/я

  торжество́, торжеств/о (*историч. от* торг; на площадях, где производился торг, в прошлом было празднично и торжественно), *прил.* ⟨торже́ств/енн/ый⟩

  торжествова́ть, -тву́ю, -тву́ет, торжеств/ов/а/ть
- **то́рмоз**, *род. ед.* -а, *им. мн.* тормоза́, *род. мн.* -о́в (*в прямо́м знач.*) *и* то́рмозы, -ов

---

* тождественный и тожественный — представляющий собой тождество; вполне сходный, одинаковый; такой же

(*в переносн. знач.*): тормоза́ у машины, то́рмозы в работе; *прил.* ⟨тормоз/н/о́й⟩, *глаг.* ⟨-/и́/ть⟩

• **торопи́ться**, тороп/и/ть/ся
торопли́вый, тороп/лив/ый (*русск.* «то́роп» — поспешность, суета)

• **торпе́да**, торпед/а, *глаг.* ⟨-/и́ров/а/ть⟩

торт, *им. мн.* то́рты, *род. мн.* то́ртов [*не* торта́, торто́в]

торфяни́к, торфяника́ *и допуск.* **торфя́ник**, -а, торф/ян/ик

торфяно́й, торф/ян/ой

торцо́вый, торц/ов/ый (*ср.:* торе́ц; *черед.* е — нуль звука)

торча́ть, торч/а/ть

• **тоска́**, тоск/а́, *глаг.* ⟨тоск/ов/а́/ть⟩

тоталита́рный*, тоталитар/н/ый
тота́льный*, тоталь/н/ый

• **то́тчас** *и допуск.* (*обычно в поэтической речи*) **тотча́с**, *нареч.* (*от* то́т + час)

то́ченный, *прич.*, точ/енн/ый (*от* точ/и́/ть) (давно не то́ченный нож)

точёный, *прил.*, точ/ён/ый (точёные изделия)

• **то́чь-в-то́чь**, *нареч.*

• **тошнота́**, *род. ед.* -ы́ [*не* тошно́та, -ы], *им. мн.* тошно́ты, *род. мн.* тошно́т, *дат. мн.* тошно́там, тошн/от/а

трава́, *вин. ед.* траву́, *им. мн.* тра́вы, *род. мн.* трав, *дат. мн.* тра́вам, трав/а

травяно́й, трав/ян/ой, *прил.* ⟨-/ян/и́ст/ый⟩

• **траге́дия**, траг/еди/я (*ср.:*

тра́г/ик), *прил.* ⟨-/и́ч/еск/ий; *черед.* к — ч

• **тради́ция** (*лат.* «тра́до» — передаю), традици/я, *прил.* ⟨тради́ци/о́нн/ый⟩

• **траекто́рия**, траектори/я

тракта́т (*лат.* «тракта́тус» — обсуждение, рассмотрение), *род. ед.* -а

• **тра́ктор**, *им. мн.* трактора́, *род. мн.* -о́в *и* тра́кторы, -ов

трал, *род. ед.* -а

тра́льщик, траль/щик

• **трамбова́ть**, трамб/ов/а/ть

• **трамва́й** (*англ.* «трам» — вагон + «вай» — дорога), *сущ.* ⟨-/щик⟩, *прил.* ⟨-н/ый⟩

• **трампли́н**, *род. ед.* -а

транжи́рить, -рю, -рит, транжир/и/ть

• **транзи́стор**, *прил.* ⟨-/н/ый⟩

• **транзи́т**, *только ед.*, *прил.* ⟨-/н/ый⟩

транскри́пция, транскрип/ци/я (*ср.:* транскриб/и́ров/а/ть)

• **трансля́ция**, трансл/яци/я, *прил.* ⟨-/яци/о́нн/ый⟩

транспара́нт, *прил.* ⟨-нт/н/ый⟩

тра́нспорт (*лат.* «транс» — через + «по́рто» — привожу) (*в знач.* грузовое судно), *им. мн.* тра́нспорты, *род. мн.* -ов [*не* транспорта́, -о́в]

транспортёр, транспорт/ёр, (*ср.:* транспорт)

• **транспорти́р**, *род. ед.* -а

• **трансформа́тор**, трансформ/атор, *прил.* ⟨-/а́тор/н/ый⟩

• **транше́я**, транше/я *прил.* ⟨траншей/н/ый⟩

---

* т о т а л и т а р н ы й — (*книжн.*) в политике — террористический, характеризующийся насилием, полным подавлением демократических свобод и прав личности

* т о т а л ь н ы й — (*книжн.*) всеобщий, всеобъемлющий

- **трапе́ция**, трапец/и/я, *прил.* ⟨трапец/и/е/ви́д/н/ый⟩
- **тра́сса**, трасс/а
  трасси́ровать, -рую, -рует, трасс/иров/а́/ть
- **трафаре́т**, *прил.* ⟨-/н/ый⟩
  трахе́я, *род. ед.* -и, трахе/я
  трахо́ма, трахом/а
  тре́бовать, -бую, -бует, треб/ов/а́/ть
  трево́га, тревог/а, *прил.* ⟨трево́ж/н/ый⟩.; *черед.* г — ж
- **трево́жить**, -жу, -жит, тревож/и/ть
  треволне́ние, тре/волн/ени/е
  трезво́н, тре/звон (*первоначально* трезвон — *звон в три колокола*)
  трёзвый, трезв/ый, *кратк. форма* трезв, трезва́, трёзво, трезвы́ *и* трёзвы
  трелья́ж, *м. р.*, *род. ед.* -а, *тв. ед.* -жем
- **тре́нер**, трен/ер
- **тренирова́ться**, -ру́юсь, -ру́ется [*не* трениро́ваться, -ру́юсь, -руе́шься], трен/иров/а́/ть/ся, *сущ.* ⟨трен/и/ро́в/к/а⟩
  трепа́ть, треплю́, тре́плет, *повел. накл.* трепли́ *и допуск.* трепи́, треп/а́/ть
  трепета́ть, трепет/а́/ть
- **треска́**, *только ед.*, треск/а
  тре́скаться, -аюсь, -ается, треск/а/ть/ся
  трест, *род. ед.* -а
  трети́ровать*, -рую, -руешь, третир/ов/а́/ть
  тре́тий, -ья, -ье, тр/ет/ий/ (*ср.:* тр/и)
  третьекла́ссник, тр/еть/е/-класс/н/ик
- **треуго́льник**, тр/е/уголь/ник
  трёхме́сячный, тр/ёх/месяч/н/ый
- **трёхъя́русный**, тр/ёхъ/ярус/н/ый
- **трёхэта́жный**, тр/ёх/этаж/н/ый
  треща́ть, трещ/а́/ть, *сущ.* ⟨трещ/о́тк/а⟩
  тре́щина, трещ/ин/а (*ср.:* тре́ск/а/ть/ся; *черед.* ск — щ)
- **трибу́на**, трибун/а
  трибуна́л, *род. ед.* -а
- **тригономе́трия** (*от греч.* «тригонон» — треугольник + «ме́трео» — измеряю), тригонометр/и/я, *прил.* ⟨тригонометри́/ческ/ий⟩
  тридцатиле́тие, тридцат/и/лет/и/е
  три́дцать, *род. ед.* -и́, *тв.* -ью́, тр/и/дцать
  трикота́ж, *прил.* ⟨-/н/ый⟩, (*ср.:* трико́)
  трили́стник, тр/и/лист/ник
- **триллио́н** [илио́ *и разг.* илье́]
- **трило́гия**, трилоги/я
  трина́дцать, -и, *тв.* -ью, три/на/дцать
- **три́ста**, трёхсо́т, трёмста́м, тремяста́ми, о трёхста́х, тр/и/ст/а
  трито́н, *род. ед.* -а
- **триу́мф**, *прил.* ⟨триумф/а́ль/н/ый⟩
  троекра́тный, тр/ое/кратн/ый, *кратк. форма* -тен, -тна
- **тролле́йбус** (*англ.* «тро́ллей» — контактный провод + *вторая часть от слова* «о́мни(бус)»*), троллей/бус

---

* трети́ровать — обращаться с кем-нибудь пренебрежительно

* омнибус (*лат.* «о́мнибус» — для всех) — многоместная карета, запряжённая лошадьми, совершающая регулярные рейсы между определёнными пунктами

тропа́, *им. мн.* тро́пы, *род. мн.* троп, *дат. мн.* тро́пам *и допуск. устар.* тропа́м, троп/а, *сущ. с уменьшит.-ласкат. знач.* ⟨-/и́нк/а⟩
тропи́ческий, тропи́ч/еск/ий
трос, *род. ед.* -а
• **тростни́к**, трост/ник, *прил.* ⟨-/ник/о́в/ый⟩ (*ср.:* трость)
• **тротуа́р**, *род. ед.* -а
• **трофе́й**, *м. р., род. ед.* -я
трою́родный [*не* троюро́дный], тр/ою/ро́д/н/ый
транс*, *только ед., род.* -а
трудоде́нь, *род. ед.* -дня́, труд/о/день
• **тру́женик**, труж/еник (*историч. от несохранившегося прил.* «тру́женый»)
труп, *род. ед.* -а
• **тру́ппа**, трупп/а
тру́тень, *м. р., род. ед.* -тня
• **трущо́ба**, трущо́б/а, *прил.* ⟨-/н/ый⟩
трюмо́, *нескл., с. р.*
трю́фель, *м. р., род. ед.* -я, *им. мн.* трюфеля́, *род. мн.* -е́й *и* трю́фели, -ей
тря́пка, тря́п/к/а
тряпьё, тряп/ьё
тря́ский, тря́с/к/ий, *кратк. форма* тря́сок, тряска́ *и* тря́ска, тря́ско, тря́ски
трясти́, трясу́, трясёт, *прош. вр.* тряс, трясла́, тряс/ти́
трясти́сь, -су́сь, -сётся, *прош. вр.* тря́сся, трясла́сь, тряс/ти́/сь
• **туале́т**, *прил.* ⟨-/н/ый⟩
туберкулёз, *только ед., прил.* ⟨-/н/ый⟩
• **ту́ловище**, туловищ/е
тунгу́с, *род. ед.* -а, *им. мн.* тунгу́сы, *род. мн.* -ов, *прил.* ⟨тунгу́с/ск/ий⟩
• **туне́ядец**, *род. ед.* -дца, тунея́д/ец (*историч. от древн.* ту́не — даром, т. е. тот, кто даром ест, *букв.* 'дармоед')
туне́ядство, тунея́д/ств/о
турби́на, турби́н/а
турбогенера́тор, турб/о/генер/а́тор
• **тури́ст**, тур/и́ст (*ср.:* тур/и́зм), *прил.* ⟨-/и́ст/ск/ий, -/ист/и́ческ/ий⟩
турне́* [нэ́], *нескл., с. р.*
турне́пс [нэ́], *только ед., род.* -а
турни́р, *род. ед.* -а, *прил.* ⟨-ни́р/н/ый⟩
ту́рок, *род. ед.* ту́рка, *им. мн.* ту́рки, *род. мн.* ту́рок [*не* ту́рков], *сущ.* ⟨турч/а́н-к/а⟩; *черед.* к — ч, о — нуль звука
• **ту́фля**, *род. ед.* -и [*не* туфля́, -и́], *им. мн.* ту́фли, *род. мн.* ту́фель, *дат. мн.* ту́флям, *тв. мн.* ту́флями, *пр. мн.* о ту́флях [*не* туфле́й, туфля́м, туфля́ми, о туфля́х], туфл/я
• **туш**, *м. р., род. ед.* -а
тушева́ть, тушу́ю, тушу́ет, туш/ев/а/ть
• **тушёнка**, *род. мн.* -ок, туш/-ёнк/а (*ср.:* туш/и́/ть)
тушёный, *прил.*, туш/ён/ый (тушёное мясо)
• **тушь**, *ж. р., только ед., род.* -и
ту́я, *род.* -и, ту/я
• **тща́тельный**, тщательн/ый
• **тщеду́шный**, тще/ду́ш/н/ый, *кратк. форма* -шен, -шна
• **тщесла́вие**, тще/слав/и/е
• **тще́тный**, тщет/н/ый, *кратк.*

---

* **транс** — (*книжн.*) повышенное нервное возбуждение с потерей самоконтроля, а также помрачение сознания при гипнозе, экстазе и т. п.

* **турне** — 1) путешествие по круговому маршруту; 2) поездка артистов на гастроли, а также спортсменов на соревнования

форма тще́тен, тще́тна, тще́тно, тще́тны (ср.: тщета́)
- ты́сяча, тв. ты́сячей и ты́сячью, род. мн. -яч [в разг. речи возможно ты́ща], ты́сяч/а
тысячеле́тие, тысяч/е/лет/и/е
тьма, только ед., род. -ы, тьм/а
тюбете́йка, род. ед. -и, род. мн. -е́ек, тюбете́йк/а
тюле́ний, -ья, -ье, тюлен/ий
тюле́нь, м. р., род. ед. -я
тюльпа́н, род. ед. -а
тюрьма́, им. мн. тю́рьмы, род. мн. тю́рем, дат. мн. тюрьма́м, тюрьм/а
тюфя́к, род. ед. -а́
тя́вкать, -аю, -ает, тяв/ка/ть, сущ. ⟨-/ка/нь/е⟩
тяга́ч, род. ед. -а́, тв. ед. -чо́м, тяг/ач (ср.: тяг/а)
тягу́чий, тяг/уч/ий
тяжёлый, тяж/ёл/ый, кратк. форма тяжёл, тяжела́, тяжело́, тяжелы́
тя́жкий, тяж/к/ий, кратк. форма тя́жек, тяжка́, тя́жко, тя́жки
тяну́ть, тя/ну/ть

У

убавля́ть, у/бавл/я/ть
- убаю́кивать, у/баю/к/ива/ть
- убеди́ть, 1-е лицо ед. ч. не употребл., 2-е лицо ед. ч. -ди́шь, убед/и́/ть
убежда́ть, убежд/а́/ть
убе́жище, у/беж/ищ/е
убелённый, у/бел/ённ/ый, кратк. форма -ён, -ена́, -ено́, -ены́
убере́чь, убрегу́, убережёт, уберегу́т, прош. вр. уберёг, уберегла́, у/беречь
ублаготвори́ть, -рю́, -ри́т, у/благотвор/и́/ть
ублажи́ть, -жу́, -жи́т, у/блаж/и́/ть
убо́жество, убож/еств/о (ср.: убо́г/ий; черед. г — ж)
- убо́ристый, убо́рист/ый
убо́рочный, убор/оч/н/ый
убы́ток, убы/ток
уваже́ние, уваж/ени/е, прил. ⟨-/и́тельн/ый⟩
у́валень, род. ед. -льня, у/вал/ень
- уве́домить, -млю, -мит, у/вед/ом/и/ть, сущ. ⟨у/вед/омл/е́ни/е⟩ ; черед. м — мл
увезти́, у/вез/ти́
увекове́чить, у/ековеч/и/ть
увеличе́ние, у/велич/ени/е
увенча́нный, у/венч/а/нн/ый
уве́ренность, у/вер/енн/ость
увёртливый, у/вёрт/лив/ый
увёртываться, -аюсь, -ается, у/вёрт/ыва/ть/ся
увертю́ра*, увертю́р/а
увеселе́ние, у/весел/ени/е
уве́систый, у/вес/ист/ый
увести́, у/вес/ти́ (ср.: у/вед/у́; черед. д — с)
уве́чье, увеч/ье
уве́шанный, у/веш/а/нн/ый (от у/ве́ш/а/ть)
- увещева́ть, -а́ю, -а́ет и увеща́ть, -а́ю, -а́ет, у/вещ/ева/ть, сущ. ⟨у/вещ/а́/ни/е⟩
уви́деть, у/вид/е/ть
- увильну́ть, у/виль/ну́/ть
увлажне́ние, у/влаж/н/ени/е
увлека́тельный, у/влек/а/-

---

* у в е р т ю р а — музыкальное вступление к театральному представлению

тельн/ый, *кратк. форма* -лен, -льна
увлёкший, у/влёк/ш/ий
увлече́ние, у/влеч/ени/е (*ср.:* влек/у́; *черед.* к — ч)
увольне́ние, у/воль/н/ени/е
• увяда́ть, у/вяд/а/ть
увяза́ть, -а́ю, -а́ет, у/вяз/а/ть (*ср.:* у/вя́з/ну/ть)
увя́нувший *и* увя́дший, у/вя́/ну/вш/ий *и* у/вяд/ш/ий
угада́ть, у/гад/а/ть
угаса́ть, у/гас/а/ть, *сущ.* ⟨у/гас/а́/ни/е⟩
уга́сший *и в поэтич. речи возможно* уга́снувший, у/гас/ш/ий *и* у/гас/ну/вш/ий
углево́д, *род. ед.* -а, угл/е/вод [*из* угл(ерод) + е + вод(ород)]
углеро́д, *только ед., род.* -а, угл/е/род
углуби́ть, -блю́, -би́т [*не* углу́бить, -блю, -бит], у/глу́б/и/ть; *черед.* б — бл
углуби́ться, -блю́сь, -би́тся [*не* углу́биться, -блюсь, -бится], у/глуб/и/ть/ся
углублённый, у/глубл/ённ/ый
угова́ривать, у/говар/и/ва/ть, (*ср.:* у/гово́р); *черед.* а — о
уговори́ть, -рю́, -ри́т, у/говор/и/ть
угоди́ть, угожу́, угоди́т, уго/д/и/ть (*историч. однокорен.* го́дный, приго́дный)
угожда́ть, угожд/а́/ть; *черед.* д — жд
уголо́вный, уголов/н/ый (*историч.* у/голов/н/ый, *от др.-русск.* «голова́» — уби́тый, «головни́к» — уби́йца; *ср.:* «разби́ть на́голову», *т. е.* насмерть)
у́голь¹, у́гля *и* угля́, *мн.* (*в спец. употр.*) у́гли, у́глей (вещество, используемое как топливо)

у́голь², у́гля, *мн.* угле́й и у́глей (кусок перегоревшего дерева, в частности используемый для рисования)
у́голья, -ев (в очаге, в костре — *собир.*), уголь/я
угомони́ться, у/гомон/и/ть/ся
угоня́ть, у/гон/я/ть
угоре́лый, угор/е/л/ый
угоре́ть, -рю́, -ри́т, угор/е/ть
у́горь, *м. р., род. ед.* угря́, *им. мн.* угри́, *род. мн.* -е́й
угоще́ние, у/гощ/е́ни/е
угрожа́ть, у/грож/а/ть
угрызе́ние, угрызени/е (*ср.:* у/грыз/а/ть)
уда́в, *род. ед.* -а (*от* дав/и/ть)
удава́ться, уда/ва/ть/ся
удале́ние, у/дал/ени/е
удало́й *и* уда́лый, удал/о́й *и* удал/ый, *кратк. форма* уда́л, удала́, уда́ло, удалы́ *и* уда́лы
удаля́ть, у/дал/я/ть
ударе́ние, удар/ени/е
уда́ча, удач/а
• удва́ивать, у/дв/а/ива/ть
удво́ить, -о́ю, -о́ит, у/дв/о́/и/ть
уде́ржанный, у/держ/а/нн/ый (*от* у/держ/а́/ть)
удесятери́ть, -рю́, -ри́т, у/десят/ер/и/ть
удешеви́ть, у/дешев/и/ть
удивля́ться, -я́юсь, -я́ется, у/дивл/я́/ть/ся (*ср.:* ди́в/н/ый; *черед.* в — вл)
удиви́тельный, у/див/и/тель/н/ый, *кратк. форма* -лен, -льна
уди́лище, уд/и/л/ищ/е
удира́ть, -а́ю, -а́ет, удир/а/ть
удлине́ние, у/длин/ени/е (*ср.:* длин/а́)
удлинённый, у/длин/ённ/ый, *кратк. форма* -ён, -ена́, -ено́, -ены́
удлини́ть, -ню́, -ни́т, у/длин/и/ть

удобре́ние, удобр/ени/е
удо́бренный, удобр/енн/ый (*от* удобр/и/ть)
• удовлетворе́ние, удовлетво-р/ени/е
• удово́льствие, у/доволь/ств/и/е (*ср.:* доволь/ств/о)
удо́д, *род. ед.* -а
удо́й, у/дой
удорожа́ние, у/дорож/а/ни/е
• удоста́ивать, у/доста/ива/ть (*ср.:* досто́й/н/ый; *черед. о — а*)
• удостовере́ние, у/достовер/е-ни/е
• удосто́енный, у/досто/енн/ый (*от* • у/досто́/и/ть)
• удосу́житься, у/досуж/и/-ть/ся (*историч. в знач.* 'найти досуг, время')
удочери́ть, -рю́, -ри́т, у/доч/-ер/и/ть
у́дочка, *род. мн.* -чек, уд/оч-к/а (*ср.:* уд/и́/ть)
уедине́ние, у/един/ени/е
уединённый, *прич.*, у/един/ён-н/ый, *кратк. форма* -ён, -ена́, -ено́, -ены́
уединённый, *прил.* (жизнь их была уединённа), у/един/-ённ/ый, *кратк. форма* -ён, -ённа, -ённо, -ённы
уезжа́ть [ж'ж' *и допуск.* жж], у/езж/а/ть
уе́хать, уе́ду, уе́дет, у/ех/а/ть
• ужа́сный, ужас/н/ый, *кратк. форма* -сен, -сна
• у́жин, *род. ед.* -а
у́жинать, ужин/а/ть
узбе́к, *род. ед.* -а, *прил.* ⟨-к/ск/ий⟩
узде́чка, *род. мн.* -чек, узд/-ечк/а
у́зел, *род. ед.* узла́, *пр. ед.* в узле́
у́зкий, уз/к/ий (*ср.:* у́з/ость), *кратк. форма* у́зок, узка́, у́зки *и* узки́

узкоколе́йка, *род. мн.* -е́ек, уз/к/о/колей/к/а
• у́зник (*историч. от* у́з/ы), уз/ник
• узо́рчатый, узор/чат/ый
уйти́, у/йд/у́, у/йд/ёт, *прош. вр.* у/шё/л, у/ш/л/а́, у/й/-ти
ука́зка, *род. мн.* -зок, указ/-к/а
укла́дчик, у/клад/чик
уклоне́ние, у/клон/ени/е
• укло́нчивый, у/клон/чив/ый
укора́чивать, у/корач/ива/ть (*ср.:* у/корот/и́/ть; *черед. о — а, т — ч*)
укори́зна, у/кор/изн/а (*ср.:* кор/и́/ть)
укорени́ться, -и́тся, у/корен/и/ть/ся
• укороти́ть, -очу́, -оти́т, у/ко-рот/и/ть
украи́нец, *род. ед.* -нца, *им. мн.* украи́нцы, *род. мн.* -ев [*не* укра́инцы], украин/ец
укра́сть, украду́, украдёт, у/к-рас/ть; *черед. д — с*
украше́ние, у/краш/ени/е
укрепле́ние, у/крепл/ени/е
укроти́тель, у/крот/и/тель (*ср.:* кро́т/к/ий)
укроще́ние, у/крощ/ени/е (*ср.:* у/крощ/а́/ть)
укры́тие, у/кры/ти/е
у́ксус, *прил.* ⟨-/н/ый⟩
уку́порка, у/купор/к/а
• у́лей, *род. ед.* у́лья, *им. мн.* у́льи, *род. мн.* у́льев
уле́чься, у/лечь/ся
• у́лица, ул/иц/а (*ср.:* за/ко/-у́л/ок, пере/у́л/ок, *историч. от* у́ла *в знач.* «проход»)
• уличи́ть, -чу́, -чи́т, улич/и/ть
улови́ть, уловлю́, уло́вит, у/лов/и/ть
уложи́ться, у/лож/и/ть/ся
улучша́ть, у/лучш/а/ть

улы́бка, *род. мн.* -бок, улыб/-к/а
- **ультима́тум,** ультимат/ум, *прил.* ⟨ультимат/и́вн/ый⟩
ультразву́к (*лат.* «у́льтра» — далее, более, сверх + звук), ультра/звук
ультрамари́н, *только ед., род.* -а («у́льтра» — «мари́нус» — морской)
ультрафиоле́товый («у́льтра» + фиолетовый), ультра/фиолетов/ый
- **умали́ть,** -лю́, -ли́т, у/мал/и́/ть (*от* мал)
- **умалишённый,** *прил.,* ум/а/-лиш/ённ/ый
- **уменьша́ть,** у/мень/ш/а́/ть
уме́ренный, *прич.* (требования были несколько уме́рены), у/мер/енн/ый, *кратк. форма* -ен, -ена
уме́ренный, *прил.* (их желания очень уме́ренны), у/мер/енн/ый, *кратк. форма* -ен, -енна
умере́ть, у/мер/е/ть (*ср.:* за/-мер/é/ть), *прич.* ⟨у/мéр/ш/ий⟩
умертви́ть, умерщвлю́, [*не* умертвлю́], умертви́т, у/мертв/и/ть
умерщвле́ние, у/мерщвл/ени/е (*ср.:* у/мертв/и́/ть; *черед.* т — щ, в — вл)
- **уме́стный,** у/мест/н/ый, *кратк. форма* -тен, -тна
- **умиле́ние,** у/мил/ени/е
- **умиротворе́ние,** у/мир/о/-твор/ени/е
умноже́ние, у/множ/ени/е
умозаключе́ние, ум/о/заклю-ч/ени/е
умозре́ние, ум/о/зр/ени/е
умоли́ть, умолю́, умо́лит, у/мол/и/ть

умолча́ть, у/молч/а/ть
умопомраче́ние, ум/о/по/-мрач/ени/е (*ср.:* мрак; *черед.* к — ч)
умори́ть, -рю́, -ри́т, у/мор/-и/ть
у́мственный, ум/ственн/ый
умыва́ться, у/мы/ва/ть/ся
- **у́мысел,** *род. ед.* -сла, у/мы-сел
умы́шленный, *прил.,* у/мышл/енн/ый, *кратк. форма* -лен, -ленна
умягча́ть [хч], у/мягч/а/ть
унесённый, *прич.* [*не* унесен-ный, -ен], у/нес/ённ/ый, *кратк. форма* -ён, -ена́, -ено́, -ены́
унёсший, у/нёс/ш/ий
- **универма́г** (*лат.* «универса́лис» — всеобщий + магазин)
универса́л, *род. ед.* -а
универса́льный, универсаль-н/ый
универса́м [*от* универ(саль-ный магазин) сам(обслужи-вания)]
- **университе́т,** *прил.* ⟨-/ск/ий⟩
унижа́ть, у/ниж/а/ть (*ср.:* у/ни́з/ить; *черед.* ж — з)
уни́женный, у/ниж/енн/ый, *кратк. форма* -ен, -ена *и допуск. устар.* **унижён-ный,** *кратк. форма* -ён, -ённа
- **уника́льный,** уник/альн/ый, *кратк. форма* -лен, -льна
у́никум (*лат.* «у́никум» — единственное, необыкновен-ное), уник/ум
униже́ние, у/ниж/ени/е (*ср.:* у/ниж/а́/ть; *черед.* з — ж)
- **унима́ть,** уним/а/ть (*ср.:* уня́/ть; *черед.* я — им)
унифика́ция*, унифик/аци/я

---

* **унификация** — приведение чего-либо к единой системе, форме, к единообразию

унифици́ровать, унифиц/иров/а/ть, *двувид.*
• уничтожа́ть, у/ничтож/а/ть (*от* ничто́ + же)
упако́вка, у/пак/ов/к/а
упере́ться, упру́сь, упрётся, *прош. вр.* упёрся, упёрлась, у/пер/е/ть/ся
уплати́ть, уплачу́, упла́тит [*не* упло́тит], у/плат/и/ть
упла́ченный [*не* упло́ченный], у/плач/енн/ый
уплотни́ть, у/плотн/и/ть (*ср.:* пло́тн(о)
упова́ть, упова/ть, *сущ.* ⟨-ва́/ни/е⟩
уподобле́ние, у/подобл/ени/е
• уполномо́ченный, у/полномоч/енн/ый (*ср.:* полномо́ч/и/е)
• упомина́ние, у/помин/а/ни/е
• упомяну́ть, упомяну́, упомя́нет [*не* упомянёт], у/помя́/ну/ть (*ср.:* у/помин/а́/ть; *черед.* я — ин)
упо́рствовать, упор/ств/ов/а/ть
• упоря́дочить, у/порядоч/и/ть
употребле́ние, у/потребл/ени/е
управля́ть, у/правл/я/ть, *сущ.* ⟨у/правл/ени/е⟩
управля́ющий, у/правл/я/ющ/ий
• упражне́ние, упражн/ени/е
упраздни́ть, упраздн/и/ть
упрека́ть, у/прек/а/ть (*ср.:* по/прек/а́/ть)
упрости́ть, -ощу́, -ости́т [*не* упро́стить, -о́щу, -о́стит], у/прост/и/ть; *черед.* ст — щ
• упро́чение [*не* упроче́ние], у/проч/ени/е
упрощённый, *прич.*, у/прощ/ённ/ый, *кратк. форма* -ён, -ена́, -ено́, -ены́ [*не* упро́щенный, -ен, -ена]
упрощённый, *прил.* (изложение слишком упрощённо), *кратк. форма* -ён, -ённа, -ённо, -ённы [*не* упро́щенный, -ен, -енна]
• у́пряжь, *ж. р., род. ед.* -и, у/пряжь
уравне́ние, у/равн/ени/е
ура́внивать, у/равн/ива/ть
• уравнове́шенный, у/равн/о/веш/енн/ый
уравня́ть, у/равн/я/ть (сделать равным)
• урага́н, *прил.* ⟨-га́н/н/ый⟩
уразуме́ние, у/разум/ени/е
• у́ровень, *род. ед.* -вня, у/ро́вень; *черед.* е — нуль звука
уроди́ться, -ожу́сь, -оди́тся, у/род/и/ть/ся
уро́довать, урод/ов/а/ть
• урожа́й (*историч. от.* род/и́/ть; *черед.* д — ж), *прил.* ⟨урожа́й/н/ый⟩
уроже́нец, *род. ед.* -нца, у/рож/енец
урони́ть, уроню́, уро́нит, у/рон/и/ть (*ср.:* рон/я́/ть)
уса́дьба, *род. мн.* -деб *и* уса́дьб, усадьб/а
усвое́ние, у/сво/ени/е
усе́рдствовать, усерд/ств/ов/а/ть
усе́сться, у/сес/ть/ся
усечённый, у/сеч/ённ/ый, *кратк. форма* -ён, -ена́, -ено́, -ены́
усе́янный, у/се/я/нн/ый
• уси́дчивый, у/сид/чив/ый
уси́ленный, у/сил/енн/ый
усили́тель, у/сил/и/тель
ускоре́ние, у/скор/ени/е
усложня́ть, у/сложн/я/ть
услу́жливый, у/служ/лив/ый
услы́шанный, у/слыш/а/нн/ый
усмиря́ть, у/смир/я/ть
• усоверше́нствование, у/совершен/ств/ов/а/ни/е
• усомни́ться, у/сомн/и/ть/ся
усо́пший, усопш/ий (*историч.*

однокорен. за/сып/а́/ть, черед. *о — ы*)
успева́емость, успе/ва́/емость
успева́ть, успе/ва́/ть
успе́шный, успеш/н/ый, *кратк. форма* -шен, -шна (*ср.:* успе́/х; *черед.* *х — ш*)
• успокое́ние, у/с/поко/ени/е
успоко́иться, у/с/поко/и/ть/-ся
устава́ть, уста/ва́/ть
устано́вка, установ/к/а
установле́ние, установл/ени/е *черед.* *в — вл*
устаре́лый, у/стар/е/л/ый
у́стланный, у/стл/а/нн/ый
устла́ть, устелю́, усте́лет, у/стл/а́/ть
• у́стный, уст/н/ый
• усто́йчивый, у/стой/чив/ый
устоя́ть, у/сто/я́/ть
устране́ние, устран/ени/е
• усту́пчивый, уступ/чив/ый
у́стье, *род. мн.* -ьев, усть/е
усугуби́ть, -ублю́, -уби́шь *и допуск.* усугу́бить, -у́блю, -у́бишь, у/сугуб/и́/ть
усугубля́ть, у/сугубл/я́/ть *черед.* *б — бл*
ута́ивать, у/та/ива/ть
утаи́ть, у/та/и́/ть
• у́тварь, *ж. р., только ед род.* -и
утепли́ть, у/тепл/и́/ть
утеря́ть, у/тер/я́/ть
• утеше́ние, у/теш/ени/е
утилита́рный (*лат.* «ути́литас» — польза, выгода) утилитар/н/ый (*ср..* утилитар/и́зм)
• утиха́ть, у/тих/а́/ть
• утоли́ть, -лю́, -ли́т, утол/и́/ть
утомле́ние, у/томл/ени/е
утомля́ть, у/томл/я́/ть
утону́ть, у/то/ну́/ть (*ср.:* у/топ/а́/ть; «п» *перед. суфф* -ну *выпало*)
утончённый, у/тонч/ённ/ый; *черед.* *к — ч*
уто́пия* (*греч.* «у» — нет, «то́пос» — место; *букв.* 'место, которого нет'), утоп/и/я, *прил.* ⟨утоп/и́ческ/ий⟩
уто́пленник, у/топл/енн/ик
утрамбова́ть, у/трамб/ов/а́/ть
у́тренний, утр/енн/ий
у́тренник, утр/енн/ик
утри́ровать, -рую, -рует, утриров/а/ть, *сущ.* ⟨утри́ров/к/а⟩
утрясти́, *прош. вр.* утря́с, утрясла́, у/тряс/ти́
утяжелённый, у/тяж/ел/ённ/ый, *кратк. форма* -ён, -ена́, -ено́, -ены́
уха́бистый, ухаб/ист/ый
уха́живать, -аю, -ает, -ухаж/ива/ть
ухитря́ться, у/хитр/я́/ть/ся
• ухищре́ние, у/хищр/ени/е (*ср.:* хи́тр/ый; *черед.* *т — щ*)
• уху́дшить, у/худш/и/ть
уцеле́ть, у/цел/е/ть
• уча́ствовать, -твую, -твует, участ/в/ов/а/ть
• уча́стие, участ/и/е
учащённый, у/чащ/ённ/ый, *кратк. форма* -ён, -ена́, -ено́, -ены́
учёба, уч/ёб/а
• учени́к, уч/ен/ик
учёный, уч/ён/ый
• учи́лище, уч/и/лищ/е
• учиня́ть, у/чин/я́/ть
• учи́тель, *род. ед.* -я, *им. мн.* -я́, *род. мн.* -е́й, уч/и/тель, *в знач.* 'глава', 'автор учения', *им. мн.* учи́тели, *род. мн.* учи́телей

---

* у т о п и я — нечто фантастическое, несбыточная, неосуществимая мечта

- учрежде́ние, учрежд/ени/е
ущéлье, *род. ед.* -я, *род. мн.* -лий, у/щель/е (*ср.:* щель)
ущéрб, *только ед., род.* -а
ущерблённый, ущербл/ённ/ый, *кратк. форма* -ён, -ена́, -ено́,
-ены́ (*ср.:* ущéрб; *черед.* б — бл)
ущéрбный, ущерб/н/ый
- уязви́ть, уязвлю́, уязви́т, у/язв/и/ть; *черед.* в — вл
уясни́ть, у/ясн/и/ть

Ф

фанфа́ра, фанфар/а
фарва́тер [тэ]
- фармаце́вт, *род. ед.* -а, фармац/евт (*ср.:* фармац/и́/я)
фармаце́втика, фармац/евт/и/к/а, *прил.* ⟨-ц/евт/ич/еск/ий⟩
фа́ртук, *род. ед.* -а
- фарфо́р [*не* фа́рфор], *прил.* ⟨-/ов/ый⟩
фарш, *м. р., род. ед.* фа́рша и фа́ршу
- фаса́д (*франц.* «фас» — лицо)
фасо́ванный, фасов/а/нн/ый
- фасова́ть, фасов/а/ть
- фасо́ль, *ж. р., только ед., род.* -и
- фасо́н, *род. ед.* -а
фа́уна*, фаун/а
- фаши́ст, фаш/ист, *прил.* ⟨-/и́ст/ск/ий⟩
- фая́нсовый, фаянс/ов/ый
- февра́ль, *только ед., род.* февраля́, *прил.* ⟨февра́ль/ск/ий⟩
федера́льный, федераль/н/ый
- федера́ция* [*допуск.* дэ], федерац/и/я, *прил.* ⟨-т/и́вн/ый⟩ ; *черед.* ц — т

- фа́брика, фабрик/а, *прил.* ⟨фабри́ч/н/ый⟩ ; *черед.* к — ч
фа́була, фабул/а
фавори́т, фавор/ит
- фаза́н, *род. ед.* фаза́на [*не* фазана́], *им. мн.* фаза́ны, *род. мн.* -ов [*не* фазаны́, -о́в]
фа́кел, *прил.* ⟨фа́кель/н/ый⟩
- факульте́т* (*лат.* «факу́льтас» («факульта́тис») — способность, возможность)
- фала́нга, фаланг/а
фальсифика́ция, фальсифик/аци/я
фальсифици́ровать, фальсифиц/иров/а/ть
- фальшь, *ж. р., только ед., род.* -и
- фами́лия, *ж. р., род. ед.* -и, фамил/и/я
- фамилья́рный, фамильярн/ый, *кратк. форма* -рен, -рна
- фана́тик, фанат/ик, *прил.* ⟨фанат/и́ч/еск/ий⟩ ; *черед.* к — ч
- фане́ра [*не* нэ́], фанер/а
фантази́ровать, -рую, -рует, фантаз/иров/а/ть
фанта́зия, фантаз/и/я
фантасти́ческий, фантаст/и́ч/еск/ий

---

* ф а к у л ь т е т — отделение вуза, где преподаётся круг научных дисциплин по определённой специальности

* ф а у н а — животный мир

* ф е д е р а ц и я — 1) союзное государство, состоящее из объединившихся государств или государственных объединений, сохраняющих определённую юридическую и политическую самостоятельность; 2) союз отдельных обществ, организаций

фее́рия, феер/и/я, *прил.* ⟨-/и́ческ/ий⟩
• **фейерве́рк** (*нем.* «фе́йер» — огонь + «верк» — дело), *род. ед.* фейерве́рка
• **фе́льдшер,** *им. мн.* фельдшера́, *род. мн.* -о́в *и допуск.* фе́льдшеры, -ов
• **фельето́н,** *сущ.* ⟨-тон/и́ст⟩
феномéн[1] [*не* феноме́н], *род.* -а (научный термин: «феномéн памяти»)
феномéн[2] *и допуск.* феноме́н (о редком, необычном, исключительном, чаще о человеке)
• **феномена́льный,** феномен/а́льн/ый, *кратк. форма* -лен, -льна
• **феодали́зм,** феодал/изм
ферзь, *м. р., род. ед.* -я́, *им. мн.* ферзи́, *род. мн.* -е́й
ферме́нт, *род. ед.* -а
фе́рмер, *род. ед.* -а, ферм/ер (*ср.:* фе́рм/а), *прил.* ⟨-м/ер/ск/ий⟩
• **фестива́ль,** *м. р., род. ед.* -я
фети́ш, *м. р., род.* -а, *тв.* -шем
фетишизи́ровать, -рую, -рует, фетиш/изиров/а/ть
фехтова́ние, фехтов/а/ни/е
• **фиа́лка,** *род. мн.* -лок, фиалк/а
фиа́ско, *нескл., с. р.*
• **фигу́ра,** фигур/а
фи́зико-математи́ческий, физик/о/-математич/еск/ий
• **физиоло́гия,** физиолог/и/я
физкульту́ра, *только ед.,* физ/культур/а (физическая культура)
• **фикси́ровать,** -рую, -рует, фикс/иров/а/ть (*ср.:* фикс/а́ци/я)
• **фикти́вный,** фикт/и́вн/ый, *кратк. форма* -вен, -вна

фи́кция, фикц/и/я (*ср.:* фикт/и́вн/ый; *черед.* **т — ц**)
• **филармо́ния,** филармон/и/я
филатели́ст [тэ], филател/и́ст (*ср.:* филател/и́/я)
филе́, *нескл., с. р.*
• **филиа́л,** *род. ед.* -а
• **фи́лин,** *род. ед.* -а
филологи́ческий, филолог/и́ческ/ий
• **филоло́гия** (*греч.* «фи́лео» — люблю + «ло́гос» — слово), филолог/и/я
• **филосо́фия** (*греч.* «фи́лео» — люблю + «софи́я» — мудрость), философ/и/я
филосо́фский, философ/ск/ий
фильмоско́п (*от* фильм + *греч.* «ско́пео» — смотрю), фильм/о/скоп
фильмоте́ка, фильм/о/тек/а
фильтр, *род. ед.* -а
фимиа́м*, *только ед., род.* -а
• **фина́л,** *прил.* ⟨фина́ль/н/ый⟩
• **фина́нсы,** *только мн., род.* -ов, финанс/ы
• **фи́ниш,** *м. р., род. ед.* -а, *глаг.* ⟨-/и́ров/а/ть⟩
финля́ндский, финлянд/ск/ий
финн, *род. ед.* -а, *им. мн.* фи́нны, *род. мн.* -ов
фи́нский, фин/ск/ий
• **фиоле́товый,** фиолет/ов/ый (*лат.* «вио́ла» — фиалка)
фио́рд, *род. ед.* -а *и* **фьорд,** *род. ед.* -а
фиска́лить, -лю, -лит, фискал/и/ть
• **фити́ль,** *м. р., род. ед.* -я́
флаг, *род. ед.* -а, *им. мн.* -и, *род. мн.* -ов
фла́гман, *род. ед.* -а, флаг/ман, *прил.* ⟨-н/ск/ий⟩
флагшто́к, *род. ед.* -а, флаг/-шток
флако́н, *род. ед.* -а

---

* ф и м и а м — благовонное вещество для курения

фланг, *род. ед.* -а
• фланéль [*допуск.* нэ], *ж. р., род. ед.* -и, *прил.* ⟨-/ев/ый⟩
флегмáтик*, флегм/атик (*ср.:* флéгм/а), *прил.* ⟨-ич/еск/ий⟩ ; *черед.* к — ч
флéксия*, флекс/и/я
флúгель, *м. р., род. ед.* -я, *им. мн.* -я, *род. мн.* -ей *и допуск.* флúгели, -ей
флóра*, флор/а
флот, *род. ед.* -а
флотúлия, флот/или/я
• флюгер, *им. мн.* -á, *род. мн.* -óв *и допуск.* флюгеры, -ов
фляжка, фляж/к/а (*ср.:* фляг/а; *черед.* г — ж)
• фойé, *нескл., с. р.*
фокстрóт, *род. ед.* -а
фольклóр, *род. ед.* -а
фонáрь, *м. р., род. ед.* -я
• фонéтика [нэ] (*греч.* «фóне» — голос, звук), фонетик/а, *прил.* ⟨фонетич/еск/ий⟩
• фонтáн (*лат.* «фонс» («фóнтис») — источник)
форéль [рэ *и* ре́], *ж. р., род. ед.* -и
фóрма, форм/а, *прил.* ⟨форм/áльн/ый⟩
• формáт, форм/ат
формáция, форм/аци/я
формировáть, -рýю, -рýет, форм/иров/а/ть
формулúровать, -рую, -рует, формул/иров/а/ть

формуля́р, *род. ед.* -а
форпóст, *род. ед.* -а
• форсúровать, -рую, -рует, форсир/ов/а/ть
• фортепья́но [тэ], (*из нем., от итал.* «фóртэ» — громко + «пиáно» — тихо), *нескл., с. р.*
фортýна, фортун/а
фóрум* [*не* форýм]
• фóсфор (*греч.* «фос» — свет + «фóрос» — несущий; *буквально* 'светоносец', 'несущий свет', *только ед., род.* фóсфора *и* фóсфору, *прил.* ⟨-/úческ/ий⟩
фотоаппарáт, фото/аппарат
фотогрáфия, фотограф/и/я
фрагмéнт, *прил.* ⟨фрагмент/áрн/ый⟩
фразеолóгия, фразеолог/и/я
французз, франц/уз
француззенка, *род. мн.* -нок, франц/уж/енк/а (*ср.:* франц/ýз; *черед.* з — ж)
французский, франц/уз/ск/ий (*ср.:* Фрáнц/и/я)
• фрезерóвщик, фрез/ер/ов/щик
френч [*не* рэ], *м. р., род. ед.* -а, *тв. ед.* -чем
фрикадéлька [дэ], *род. мн.* -лек, фрикадель/к/а
фронтóн* (*лат.* «фронс», *род. п.* «фрóнтис» — лоб)
фрукт, *род. ед.* -а, *прил.* ⟨-т/óв/ый⟩
фундáмент, *прил.* ⟨фундамент/áльн/ый⟩

---

* ф л е г м а т и к — человек, отличающийся по своему темпераменту медленной восприимчивостью, слабым проявлением чувств, нераздражительностью, спокойствием

* ф л е к с и я — окончание (*грам.*)

* ф л о р а — растительный мир

* ф о р у м — массовое собрание, съезд (*высок.*)

* ф р о н т о н — треугольная или циркульная верхняя часть фасада здания, ограниченная двускатной крышей, а также подобное украшение над окнами, дверьми

функционер*, функци/онер
- функциони́ровать, -рую, -рует, функци/ониров/а/ть
фу́нкция, функци/я
фура́ж, *только ед., м. р., род.* -а́, *тв.* -жо́м
фура́жка, *род. мн.* -жек, фу- ражк/а
фурго́н, *род. ед.* -а
фуру́нкул, *род. ед.* -а
- футбо́л (*англ.* «фут» — нога + «бол» — мяч), *только ед., сущ.* ⟨-/к/а⟩, *прил.* ⟨-ль/- н/ый⟩
фуфа́йка, *род. мн.* -а́ек, фуфай- к/а
фюзеля́ж, *м. р., род. ед.* -а, *тв. ед.* -жем

X

- хала́т, *род. ед.* -а
халва́, халв/а
халту́ра, халтур/а
- хамелео́н, *род. ед.* -а
хамса́, хамс/а *и допуск.* камса́, камс/а
хандра́, хандр/а
ханжа́, *м. и ж. р., род. мн.* -е́й, ханж/а
ха́ос¹*, *только ед., род.* -а
ха́ос и хао́с²*, *только ед., род.* -а
- хаоти́ческий*, хаот/и́ческ/ий
- хара́ктер, *род. ед.* -а
характеризова́ть, характер/и- зов/а/ть
характери́стика, характер/ис- тик/а
хара́ктерный (профиль, танец, поступок), *но* хара́ктерный (человек), характер/н/ый
харч, *м. р., род. ед.* ха́рча, *тв. ед.* ха́рчем, *им. мн.* хар- чи́, *род. мн.* харче́й
ха́ять, ха/я/ть
хвали́ть, хвал/и/ть
хвата́ть, хват/а/ть
хвора́ть, хвор/а/ть
- хво́рост, *только ед., род.* хво́- роста *и* хво́росту
хиба́рка, хибар/к/а
- хи́жина, хижин/а (*от древн.* хи́ж/а)
химе́ра, химер/а
хини́н, хин/и́н (*ср.:* хи́н/а), *прил.* ⟨-ни́н/ов/ый⟩
- хире́ть, хире/ть
- хирурги́я, *только ед.,* хирург- /и/я, *прил.* ⟨-/и́ческ/ий⟩
хи́трый, хитр/ый, *кратк. форма* хитёр, хитра́, хитро́, хитры́ *и допуск.* хи́тро, хи́тры
хище́ние, хищ/ени/е (*ср.:* по́/- хи́т/и/ть; *черед.* *т — щ*)
- хи́щничество, хищн/ич/еств/о
хи́щный [*не* шн], хищн/ый, *кратк. форма* хи́щен, хи́щ- на, хи́щно, хи́щны
хладнокро́вный, хлад/н/о/к- ров/н/ый, *кратк. форма* -вен, -вна
хлеб, *род. ед.* -а, *им. мн.* хле́бы, *род. мн.* -ов (печёное изде- лие) *и* хлеба́, -о́в (злак)

---

* функционер — в некоторых странах — работник партийного или профсоюзного аппарата, активист, выполняющий определённые функции

* ха́ос — в древнегреческой мифологии: стихия, якобы существо- вавшая до возникновения мира, Земли с её жизнью

* хао́с — беспорядок, неразбериха

* хаотический — беспорядочный, лишённый последовательности, стройности

хлеба́ть, хлеб/а́/ть
хлебозаво́д, хлеб/о/заво́д
хлеборо́б, *род. ед.* -а, хлеб/о/-ро́б
хлеборо́дный, хлеб/о/ро́д/-н/ый, *кратк. форма* -ден, -дна
хле́бушек, *род.* -шка, хлеб/-у́шек
хле́бушко, *м. р., род.* -а, хле-б/у́шк/о
• хлеста́ть, хлещу́, хле́щет, *по-вел. накл.* хлещи́ [*не* хлеста́ю, хлеста́ет, хлеста́й], хлест/а́/ть; *черед.* **ст — щ**
хлёсткий, хлёст/к/ий, *кратк. форма* хлёсток, хлестка́ *и* хлёстка, хлёстко
хлестну́ть, -стну́, -стнёт, хлест/ну́/ть (*от* хлёсткий)
хлёстче, *сравн. ст.*, хлёст/че
хлопково́дство, хлопк/о/во́д/-ств/о
• хло́пок, *род.* -пка
хлопо́к, *род. ед.* -пка́, хлоп/ок (короткий удар)
хлопота́ть, хлопот/а́/ть, *прил.* ⟨-/ли́в/ый⟩
хлопчатобума́жный, хлопч/а-т/о/бума́ж/н/ый
хлорофи́лл, *только ед., род.* -а, *прил.* ⟨-фи́лл/ов/ый⟩
хо́бот, *род. ед.* -а
хода́тай [*не* хода́тай], *род. ед.* -я, ход/а́тай
хода́тайство [*не* хода́тайство], ход/а́тай/ств/о
хода́тайствовать [*не* хода́тай-ствовать], -твую, -твует, хо-д/а́тай/ств/ов/а/ть
ходьба́, ходь/б/а́
хозрасчёт, хоз/рас/чёт (хозя́й-ственный расчёт)
• хозя́ин, *им. мн.* хозя́ева, *род. мн.* хозя́ев, *дат. мн.* хозя́е-вам [*не* хозяева́, хозяева́м], хозя́/ин
хозя́йственный, хозя́й/ств/ен-н/ый, *кратк. форма* -вен, -венна
• хозя́йство, хозя́й/ств/о
• хокке́й, *только ед., род.* -я, *сущ.* ⟨хокке́/и́ст⟩, *прил.* ⟨хокке́й/ный⟩
хо́ленный, *прич.*, хо́л/енн/ый
хо́леный *и допуск.* холёный, *прил.* (хо́леные ру́ки), хо-л/ен/ый
• холе́ра, холе́р/а
• холе́рик*, *прил.* ⟨-ри́ч/ес-к/ий⟩ ; *черед.* **к — ч**
холоде́ть, холод/е́/ть
холоди́льник, холод/и́/льн/ик
хо́лодно [*не* холодно́], *нареч. и в знач. сказ.* (хо́лодно встре́тил; на у́лице хо́лодно), хо́лод/н/о
холо́дный, холо́д/н/ый, *кратк. форма* хо́лоден, холодна́, хо́-лодно, холодны́ *и* хо́лодны
холо́п, *род. ед.* -а
• холосто́й, холост/о́й, *кратк. форма* хо́лост, холоста́, хо́-лосто, хо́лосты
холу́й, *род. ед.* -я́
• холщо́вый, холщ/о́в/ый (ср.: холст; *черед.* **ст — щ**)
• хому́т, *род. ед.* -а́
• хомя́к, *род. ед.* -а́
хорва́т, *род. ед.* хорва́та, *род. мн.* хорва́тов
хоре́й [рэ *и* ре́], *род.* -я (стих. размер)
• хорёк, *род. ед.* хорька́, хор/ёк (ср.: хорь)
• хореогра́фия [*не* рэ], *только ед.*, хореогра́ф/и/я, *прил.* ⟨-и́ческ/ий⟩
хорме́йстер, *род. ед.* -а, хор/-ме́йстер

---

* холе́рик — человек, по **своему** темпераменту быстро возбуж-дающийся, горячий, энергичный

- хоровóд, хор/о/вод
- хоронѝть, хорон/ѝ/ть

  хорóший, хорóш/ий, *кратк. форма* хорóш, хорошá, хорошѝ

  хотéть, хочý, хóчешь, хóчет, хотѝм, хотѝте, хотя́т, хот/é/ть; *черед.* т — ч

  хохолóк, *род. ед.* хохолкá, хохол/ок

  хохотáть, хохочý, хохóчет, хохот/а/ть

  храбрéц, *род. ед.* -á, храбр/ец

  хранéние, хран/ени/е

  хранѝлище, хран/и/лищ/е

  храпéть, храп/е/ть
- хребéт [*не* бё], *род. ед.* хребтá
- хрестомáтия, хрестомати/я, *прил.* ⟨хрестоматѝй/н/ый⟩

  хризантéма [тэ], хризантем/а

  хрипéть, хрип/е/ть
- хромáть, хром/а/ть
- хрóника*, хроник/а

  хронѝческий*, хронѝч/еск/ий
- хронолóгия (*греч.* «хрóно» — время + «лóгос» — понятие, учение), хрон/о/лог/и/я

  хрýпкий, хруп/к/ий, *кратк. форма* хрýпок, хрупкá, хрýпко, хрýпки
- хрýстнуть, -стну, -стнет, хруст/ну/ть

  хрящ, *м. р., род. ед.* хрящá

  худобá, *только ед., род.* -ы́, худ/об/а (*ср.:* худ/é/ть)
- худóжественный, худóж/еств/енн/ый, *кратк. форма* -вен, -венна (*ср.:* худóж/ник, *от устар.* «худóг» — мастер, мудрец)
- худощáвый, худ/ощав/ый
- хýдший, худ/ш/ий (*ср.:* у/хýд/ш/ить)

  хулигáн, *род. ед.* -а

  хýтор, *им. мн.* хуторá, *род. мн.* -óв

Ц

царáпать, -аю, -ает, царап/а/ть
- царáпина, царап/ин/а

  цвестѝ, цветý, цветёт, цвес/ти; *черед.* т — с; *прош. вр.* цвёл, цвелá

  цвет, *род. ед.* -а, *им. мн.* -á, *род. мн.* -óв

  цветнѝк, *род. ед.* -á, цвет/ник

  цветóк, *род. ед.* -ткá, *им. мн.* цветкѝ *и* цветы́, цвет/ок

  цедѝть, цежý, цéдит, цед/и/ть; *черед.* д — ж

  цейтнóт, *род.* -а
- целéбный, цел/ебн/ый (*ср.:* цел/ѝ/тель/н/ый), *кратк. форма* -бен, -бна

  целевóй, цел/ев/ой
- целесообрáзный, цел/е/со/образн/ый, *кратк. форма* -зен, -зна
- целинá, цел/ин/а
- целлофáн, *прил.* ⟨-фáн/о/в/ый⟩

  целлулóид, *прил.* ⟨-óид/н/ый⟩

  целлюлóза, целлюлоз/а

---

* х р о́ н и к а — 1) запись событий в хронологическом порядке, летопись; 2) литературное произведение, содержащее историю политических, общественных, семейных и т. п. событий; 3) отдел сообщений в газете, а также фильм, посвящённый текущей общественной жизни

* х р о н и́ ч е с к и й — 1) о болезни: длящийся много времени, постоянный; 2) (*переносн.*) длительный, затяжной, продолжительный: хроническое недосыпание

- целова́ть, цел/ов/а/ть
- целому́дренный, целомудр/енн/ый, *кратк. форма* -рен, -ренна (*ср.*: целому́др/и/е)
- це́лостный, цел/ост/н/ый, *кратк. форма* це́лостен, це́лостна, це́лостно, це́лостны
- цельнометалли́ческий, цель/н/о/металл/ическ/ий
- це́льный, цель/н/ый, *кратк. форма* це́лен, цельна́, це́льно, це́льны
- • цеме́нт [*не* цэме́нт], *род. ед.* цеме́нта
- • цензу́ра, ценз/ур/а (*ср.*: це́нз/ор)
- це́нный, цен/н/ый, *кратк. форма* це́нен, ценна́ *и* це́нна, це́нно, це́нны
- • це́нтнер [*не* центне́р], *им. мн.* -ы, *род. мн.* -ов
- централиза́ция, центр/ал/иза/ци/я
- централи́зм [*не* изьм], центр/ал/изм
- централизо́ванный, центр/ал/изов/а/нн/ый
- центра́льный, центр/аль/н/ый
- центробе́жный, центр/о/беж/н/ый
- • цепене́ть, цеп/ене/ть (*историч. от* цеп — «палка», первонач. отношения такие же, как «камень — каменеть»)
- це́пкий, цеп/к/ий, *кратк. форма* це́пок, цепка́ *и* це́пка, це́пко, це́пки
- цепо́чка, *род. мн.* -чек, цеп/очк/а
- церемо́ния, церемон/и/я
- це́рковь, *род. ед.* -кви, *им. мн.* це́ркви, *род. мн.* церкве́й, *дат. мн.* церква́м *и* церквя́м
- цех, *род. ед.* це́ха, *пр. ед.* о це́хе, в це́хе *и* в цеху́, *им. мн.* цеха́, *род. мн.* -о́в *и* це́хи, -ов
- • цивилиза́ция (*лат.* «циви́лис» — гражданский, общественный, государственный; «ци́вис» — гражданин), цивилиз/аци/я
- цивилизо́ванный, цивилиз/ов/а/нн/ый
- циге́йка, *род. мн.* -е́ек, цигейк/а (*ср.*: цигейк/ов/ый)
- цикл, *род. ед.* -а
- • цикло́н, *род. ед.* -а
- цико́рий, *только ед., род.* -я
- • цили́ндр, *прил.* ⟨-/и́ческ/ий⟩
- • цинга́, цинг/а, *прил.* ⟨цинг/о́т/н/ый⟩
- • цини́зм, цин/изм (*ср.*: ци́н/ик)
- цини́чный, цин/ич/н/ый, *кратк. форма* -чен, -чна
- цино́вка, *род. мн.* -вок, циновк/а
- цирк, *прил.* ⟨цирк/ов/о́й⟩
- циркули́ровать, -рую, -рует, циркул/иров/а/ть
- ци́ркуль, *м. р., род. ед.* -я
- • циркуля́р, *прил.* ⟨-ля́р/н/ый⟩
- цисте́рна, цистерн/а
- цитаде́ль* [дэ], *род. ед.* -и
- цита́та (*лат.* «ци́то» — призываю, вызываю, в смысле 'вызываю быть свидетелем'), цит/ат/а, *глаг.* ⟨цит/и́ров/а/ть⟩
- ци́трусовый [*не* цитру́совый], цитрус/ов/ый
- цифербла́т, *род. ед.* -а
- ци́фра, цифр/а
- цо́кать, цок/а/ть
- цо́коль, *м. р., род. ед.* -я
- цо́кот, цок/от (*ср.*: цо́к/а/ть)
- цыга́н [*не* цы́ган], *род. ед.* -а, *им. мн.* цыга́не, *род. мн.* -а́н; в поэтич. речи возможно *им. мн.* цыга́ны, *род. мн.* -ов

---

* цитадель — в старину: внутренняя городская крепость; (*переносн.*) оплот, опора (*высок.*) (цитадель свободы)

цы́кать, цык/а/ть (ср.: цы́к/ну/ть)
цыплёнок, род. ед. -нка, им. мн. цыпля́та, род. мн. -ля́т, цыпл/ёнок

цы́почки, на цы́почках, на цы́почки, цыпочк/и
цып-цы́п, междом.
цыц, междом.

Ч

• чаба́н, род. ед. чабана́
ча́вкать, -аю, -ает, чавк/а/ть
чади́ть, чажу́, чади́т, чад/и/ть; черед. д — ж
ча́дный, чад/н/ый
ча́до, род. ед. -а, им. мн. ча́да, род. мн. чад, чад/о
чадолюби́вый, чад/о/люб/ив/ый
чадра́, чадр/а
чаево́дство, ча/е/вод/ств/о
чаепи́тие, ча/е/пи/ти/е
ча́йнка, ча/инк/а
ча́йная, чай/н/ая
ча́йник, род. ед. -а, чай/ник
чалма́, чалм/а
ча́рдаш и чарда́ш [ча], род. ед. -а
чарова́ть, чар/ов/а/ть
• чароде́й*, род. ед. -я, чар/о/дей (от чар/ы + дей в знач. 'делатель'; ср.: зл/о/де́й, лих/о/де́й, чуд/о/де́й)
чароде́йствовать, чар/о/дей/ствова/ть
часо́вня, род. мн. -вен, часовн/я
часово́й, час/ов/ой
часовщи́к, род. ед. -а, час/ов/щик
части́ца, част/иц/а
части́чно, нареч., част/ич/н/о
части́чный, част/ич/н/ый
ча́стник, частн/ик
• ча́стный, частн/ый
частоко́л, част/о/кол
ча́стый, част/ый, кратк. фор-ма част, часта́, ча́сто, ча́сты
• частýшка, род. мн. -шек, частушк/а (историч. от ча́сто)
ча́хлый, чах/л/ый
ча́хнуть, чах/ну/ть
чахо́тка, чахотк/а
ча́ще, сравн. ст. от ча́стый, чащ/е; черед. ст — щ
• чащо́ба, чащ/об/а (ср.: ча́ст/ый; черед. ст — щ)
ча́яние*, чая/ни/е (ср.: ча́я/ть)
ча́ять, ча́ю, ча́ет, чая/ть
чва́ниться, чван/и/ть/ся
чванли́вый, чван/лив/ый
чва́нный, чван/н/ый, кратк. форма чва́нен, чва́нна, чва́нно, чва́нны
• чека́нить, -ню, -нит, чекан/и/ть
чека́нный, чекан/н/ый, кратк. форма чека́нен, чека́нна, чека́нны
че́ковый, чек/ов/ый
• чёлка, род. мн. чёлок, чёлк/а (от чело́ — лоб)
• чёлн, род. ед. -а́, им. мн. челны́, род. мн. -о́в
челно́чный, челноч/н/ый (ср.: челно́к; черед. к — ч)
челоби́тная, чел/о/бит/н/ая (историч. от бить челом)
челове́к, им. мн. лю́ди, род. мн. людей и (при счёте) челове́к (много людей, пять челове́к)
челове́ко-де́нь, человек/о/-день
человекообра́зный, челове-

---

* ч а р о д е й — (устар.) волшебник, колдун
* ч а я н и е — надежда, ожидание

к/о/образ/н/ый, *кратк. форма* -зен, -зна
человечество, человеч/еств/о
человечный, человеч/н/ый, *кратк. форма* -чен, -чна; *черед.* к — ч
● челюсть, *ж. р., род. ед.* -и, *им. мн.* -и, *род. мн.* -ей и допуск. -ей
челюстной, -а́я, -о́е [сн], челюст/н/ой
чемодан, *род. ед.* -а
● чемпион, *род. ед.* -а
чемпионат, чемпион/ат
чепец, *род. ед.* чепца́
чепуха, *только ед.*, чепух/а
червиветь, -еет, *неперех.*, черв/ив/е/ть
червивый, черв/ив/ый
червонный, червон/н/ый, *сущ.* ⟨червон/ец⟩
червоточина, черв/о/точ/ин/а
червь, *м. р., род. ед.* -я́, *им. мн.* че́рви, *род. мн.* -е́й
червяк, *род. ед.* -а, черв/як
● чердак, *род. ед.* -а́
черёд, *только ед., род.* -еда́
чередование, черед/ов/а/ни/е
● через (со слабым удар. или без удар.), *предлог*
● черёмуха, черёмух/а
черенок, *род. ед.* -ка́
● череп, *им. мн.* -а́, *род. мн.* -о́в
● черепаха, черепах/а (*историч.* однокорен. че́реп; *буквально* 'покрытая черепом'), *прил.* ⟨черепа́ш/ий/⟩ ; *черед.* х — ш
● черепица, черепиц/а, *прил.* ⟨черепи́т/чат/ый⟩ ; *черед.* ц — т
черепок, *род. ед.* -ка́
чересполосица, *тв.* -цей, черес/полос/иц/а

чересседе́льник, черес/седель/-ник
● чересчу́р, *нареч.*, черес/чур/
● чере́шня, *род. мн.* -шен, че́решн/я
черешо́к, *род. ед.* -шка́
черке́с, *прил.* ⟨-ке́с/ск/ий⟩
черне́ться, черн/е/ть/ся
черни́ка, черн/ик/а (*от* чёрн/ый/)
черни́ла [*не* черни́ло], *только мн., род.* -и́л, чернил/а (*историч. от* чёрн/ый/)
черни́льница, черниль/ниц/а
черно-бу́рый, черн/о-бур/ый
черномо́рец, *род. ед.* -рца, *тв. ед.* -рцем, черн/о/мор/ец
чернозём, черн/о/зём
черносли́в, *род.* черносли́ва и черносли́ву, черн/о/слив
● чёрный, чёрн/ый, *кратк. форма* чёрен, черна́, черно́, черны́
черны́м-черно́, черн/ым/-черн/о/
● черпа́к, *род. ед.* -а́, черп/а/к (*ср.:* че́рп/а/ть)
● черстве́ть, -е́ю, -е́ет, черств/е/ть
● чёрт, *род. ед.* чёрта, *им. мн.* че́рти, *род. мн.* черте́й
● чертёж, *род. ед.* -а́, черт/ёж (*ср.:* черт/и́/ть)
чертёжный, черт/ёж/н/ый
черти́ть, черчу́, че́ртит (о черчении), черт/и/ть
черто́г*, *род. ед.* -а
чёрточка, *род. ед.* -чек, чёр-т/очк/а
черче́ние, черч/ени/е
чеса́льный, чес/а/льн/ый
чёсанный, *прич.* (давно не чёсанные волосы), чёс/а/н/ый
чёсаный, *прил.* (чёсаный лён), чёс/ан/ый

---

* ч е р т о г — особо оформленное, пышное, необычной архитектуры здание или помещение

- **чесно́к** (*историч. от* чесать; *первонач. знач.* 'расщеплённый на дольки лук'), *род. ед* чесно́ка́ *и* чесно́ку́ (запах чесно́ка́, купить чесноку́)
- **чесо́тка**, чес/отк/а
- **че́ствовать**, чест/вов/а/ть
- **че́стность**, чест/н/ость
- **че́стный**, чест/н/ый
- **честолюби́вый**, чест/о/люб/и/в/ый
- **честолю́бие**, *только ед.*, *род.* -я, чест/о/люб/и/е
- **чесуча́**, *только ед.*, *род.* -и́, *тв.* -чо́й, чесуч/а
- **чета́** (пара), чет/а
- **четве́рг**, *род. ед.* -а́
- **четвере́ньки**, четвер/еньк/и/, на четвереньках
- **четвёрка**, *род. мн.* -рок, четвёр/к/а
- **четверости́шие**, четвер/о/стиш/и/е
- **четвёртка**, *род. мн.* -ток, четвёрт/к/а
- **че́тверть**, *ж. р.*, *род. ед.* -и, *им. мн.* -и, *род. мн.* -е́й
- **чёткий**, чётк/ий, *кратк. форма* чёток, четка́ *и* чётка, чётко, чётки
- **чётный**, чёт/н/ый (*ср.:* чёт-не́/чет, играть в чёт-не́чет) (*историч. от* чета́ — пара)
- **четы́ре**, четырёх, четырём, четырьмя́, о четырёх, четыр/е
- **четы́режды**, четыр/е/жды/
- **четы́реста**, четырёхсо́т, четырёмста́м, четырьмяста́ми, о четырёхста́х, четыр/е/ст/а
- **четырёхгоди́чный**, четыр/ёх/год/ичн/ый
- **четырёхколёсный**, четыр/ёх/колёс/н/ый
- **четырёхме́стный**, четыр/ёх/мест/н/ый
- **четырёхъя́русный**, четыр/ёхъ/ярус/н/ый
- **четырёхэта́жный**, четыр/ёх/этаж/н/ый
- **четы́рнадцать**, *род.* -и, *тв.* -ью, четыр/на/дцать
- **чехарда́**, *только ед.*, чехард/а
- **чехо́л**, *род. ед.* чехла́
- **чечеви́ца**, чечевиц/а (*ср.:* чечевич/н/ый; *черед.* ц — ч)
- **чечётка**, *род. мн.* -ток, чечёт/к/а
- **чешуеви́дный**, чешу/е/вид/н/ый, *кратк. форма* -ден, -дна
- **чешу́йчатый**, чешуй/чат/ый
- **чешуя́**, *только ед.*, *род.* -и́, чешу/я
- **чи́бис**, *род. ед.* -а
- **чи́жик**, *род. ед.* -а, чиж/ик
- **чина́ра**, чинар/а
- **чи́ненный**, *прич.* (много раз чиненное платье), чин/енн/ый
- **чинёный**, *прил.* (чинёная рубаха), чин/ён/ый
- **чини́ть**, чиню́, чи́нит, чин/и/ть
- **чино́вник**, чин/овн/ик
- **чино́вничий**, -ья, -ье, чин/овн/ич/ий/; *черед.* к — ч
- **чи́рей**, *род. ед.* чи́рья, чир/ей (*ср.:* чир/я́к — *обл.*)
- **чири́кать**, чирик/а/ть
- **чи́сленность**, числ/енн/ость
- **числи́тель**, *род. ед.* -я, числ/и/тель
- **числово́й**, числ/ов/ой
- **чи́стка**, *род. мн.* -ток, чист/к/а
- **чи́сто-на́чисто**, чист/о/-на/чист/о/
- **чистописа́ние**, чист/о/пис/а/ни/е
- **чистопло́тный**, чистоплотн/ый (*историч.* чист/о/плот/н/ый, *от* плоть — тело), *кратк. форма* -тен, -тна
- **чистосерде́чный**, чист/о/сердеч/н/ый; *черед.* ц — ч
- **чистота́**, чист/от/а
- **чита́льня**, *род. мн.* -лен, чит/а/льн/я

чи́танный, *прич.* (книга ещё не чи́тана), чит/а/нн/ый
чи́таный, *прил.* (чи́таная книга), чит/ан/ый
чита́тель, чит/а/тель
• **чиха́ть**, чих/а/ть
чи́щенный, *прич.* (давно не чи́щенные туфли), чищ/енн/ый
чи́щеный, *прил.* (чи́щеные орехи), чищ/ен/ый
• **членоразде́льный***, член/о/-раз/дель/н/ый, *кратк. форма* -лен, -льна
чо́каться, чок/а/ть/ся
чо́порный, чопорн/ый, *кратк. форма* -рен, -рна
• **чрезвыча́йный**, чрез/выч/ай-н/ый, *кратк. форма* -а́ен, -а́йна
• **чрезме́рный**, чрез/мер/н/ый, *кратк. форма* -рен, -рна
чте́ние, чт/ени/е
чтец, *род. ед.* -а́, чт/ец
чтить, чт/и/ть (*ср.*: честь, почёт, почит/а́ть *в значении* 'уважать')
что́бы, *союз* (я хочу, чтобы ты учился), *но местоим.* что бы (что бы тебе пожелать?), что/бы
что́-либо, чего́-либо
что́-нибудь, чего́-нибудь
что́-то, чего́-то
чубу́к, *род. ед.* -а́
чува́ш, *род. ед.* чуваша́ *и* чува́ша, *им. мн.* чуваши́, *род. мн.* -е́й *и* чува́ши, -ей, *прил.* ⟨чува́ш/ск/ий⟩
чу́вство, чувств/о, *прил.* ⟨чу́вств/енн/ый⟩
• **чу́вствовать**, -твую, -твуешь, чувств/ов/а/ть
чугунолите́йный, чугун/о/ли́-тей/н/ый
чу́до, *им. мн.* чудеса́, *род. мн.* чуде́с, *дат. мн.* чудеса́м, чуд/о, *прил.* ⟨чуд/е́с/н/ый⟩
чудо́вище, чуд/овищ/е
чудо́вищный, чуд/овищ/н/ый, *кратк. форма* -щен, -щна
чужби́на, чуж/бин/а
чужда́ться, чужд/а/ть/ся
чу́ждый, чужд/ый (*ср.:* чуж/о́й, *черед.* ж — жд)
чужезе́мец, *род. ед.* -мца, *тв. ед.* -мцем, чуж/е/зем/ец
чужезе́мный, чуж/е/зем/н/ый
чужо́й, чуж/ой
чукча́нка, чукч/анк/а (*ср.:* чу́кч/а)
чуло́к, *род. ед.* чулка́, *им. мн.* чулки́, *род. мн.* чуло́к, *дат. мн.* чулка́м
чу́ткий, чутк/ий, *кратк. форма* чу́ток, чутка́, чу́тко, чу́тки
чуть-чу́ть, *нареч.*
• **чу́чело**, чучел/о
• **чушь**, *ж. р., только ед., род.* -и
• **чу́ять**, чу/я/ть

Ш

• **шабло́н**, *прил.* ⟨-/н/ый⟩ *кратк. форма* -нен, -нна

шага́ть, шаг/а/ть (*ср.:* шаг, шаг/ну́/ть)

---

* членоразде́льный — отчётливо членящийся на части (о человеческой речи)

шагре́нь, *ж. р., только ед., род.* -и, *прил.* ⟨шагре́н/ев/ый⟩
• шака́л, *прил.* ⟨шака́л/ий/, -ья, -ьи⟩
шала́нда, шаланд/а
• шала́ш, *род. ед.* -а
шали́ть, -лю́, -ли́шь, шал/и́/ть
• шаловли́вый, шал/овли́в/ый (*ср.:* ша́л/ость)
шалопа́й, *род. ед.* -я
ша́лость, *ж. р., род. ед.* -и, шал/ость
шалу́н, *род. ед.* -а́, шал/у́н
шалу́нья, *род. мн.* -ний, шал/у́н/ья
шалфе́й, *только ед., род.* -я
шально́й, шаль/н/о́й, *кратк. форма м. р. не употр.*, шальна́, шально́, шальны́
шама́н, *род. ед.* -а
шампиньо́н, *род. ед.* -а
шампу́нь, *м. р., только ед., род.* -я, *тв.* -нем
шанс, *род. ед.* -а
• шанта́ж*, *род. ед.* -а́, *глаг.* ⟨-/и́ров/а/ть⟩
ша́пка, *род. мн.* -пок, шапк/а, *сущ.* ⟨-пч/о́нк/а⟩ ; *черед.* к — ч
• шара́да, шарад/а
• шара́хаться, шарах/а/ть/ся
шарж*, *м. р., род. ед.* -а, *глаг.* ⟨-/и́ров/а/ть⟩
• шарикоподши́пник, шар/ик/о/под/шип/ник
• шарлата́н, *род. ед.* -а
шарма́нка, *род. мн.* -нок, шарман/к/а (*ср.:* шарма́н/щик)
• шарни́р, *род. ед.* -а
• шарова́ры, шаровар/ы
шарово́й, шар/ов/о́й (*ср.:* шар)

шарообра́зный, шар/о/образ/н/ый
• шасси́ [*не* ша́сси], *нескл., с. р.*
шате́н [тэ], *сущ. ж. р.* ⟨шате́н/к/а⟩
• шатёр, *род. ед.* шатра́
шату́н, *род. ед.* -а́ шат/у́н, *прил.* ⟨шат/у́ный⟩
шафра́н, *только ед., род.* -а, *прил.* ⟨-а́н/н/ый, -а́н/ов/ый⟩
• ша́хматы (*перс.* «шах» — повелитель + «мат» — умер), *только мн., род.* -ат, шахмат/ы, *сущ.* ⟨-т/и́ст⟩
шахтёр, *род. ед.* -а, шахт/ёр
шахтоуправле́ние, шахт/о/у/правл/ени/е
ша́шка, шаш/к/а, *сущ.* ⟨шаш/и́ст⟩ , *прил.* ⟨ша́ш/еч/н/ый⟩ ; *черед.* к — ч
• шашлы́к, *род. ед.* -а́
шва́бра, швабр/а, *прил.* ⟨шва́бр/ов/ый⟩
шве́дский, швед/ск/ий
шве́йный, швей/н/ый
• швейца́р, *род. ед.* -а
• швея́, *род. ед.* -и́, шве/я
швырну́ть, швыр/ну́/ть (*ср.:* швыр/я́/ть)
• шевели́ть, шевелю́, шевели́т *и допуск.* шеве́лит, шевел/и́/ть
шевели́ться, шевелю́сь, шевели́тся *и допуск.* шеве́лится, шевел/и́/ть/ся
шевелю́ра, *род. ед.* -ы, шевелю́р/а
шевро́вый, шевр/о́в/ый (*от* шевро́, *нескл.*)
• шеде́вр [дэ], *род. ед.* -а
• ше́дший, шед/ш/ий (*ср.:* шё/л)

---

* ш а н т а ж — запугивание и угроза разглашения позорящих, компрометирующих сведений (действительных или ложных) с какой-либо определённой целью
* ш а р ж — изображение кого-либо в искажённом, карикатурном виде

- ше́лест, *глаг.* ⟨шелест/е́/ть⟩
- шёлк, *им. мн.* шелка́, *род. мн.* шелко́в, *прил.* ⟨шёлк/ов/-ый⟩
  - шелкови́ца, шелк/ов/иц/а
  - шелкови́чный, шелк/ов/ич/н/-ый
  - шелково́дство, шелк/о/вод/ств/о
  - шелохну́ться, -ну́сь, -нётся [*не* шелохну́ться, -нусь, -нется], шелох/ну/ть/ся
- шелуха́, шелух/а
  - шельмова́ние, шельм/ов/а/ние/е (*ср.:* ше́льм/а)
  - ше́льфовый, шельф/ов/ый (*ср.:* шельф)
- шепеля́вить, -влю, -вишь, шепеляв/и/ть
- шёпот, *род. ед.* -а
  - шепта́ть, шепчу́, ше́пчешь, шепт/а/ть; *черед.* о — нуль звука, *т — ч*
- шере́нга, шеренг/а
- шерохова́тый, шероховат/ый
- шёрстка, шёрст/к/а
  - шерстяно́й, шерст/ян/ой
  - шерша́вый, шершав/ый
- ше́ствовать, -твую, -твует, шеств/ов/а/ть
  - шестёрка, *род. мн.* -рок, шест/ёр/к/а
  - шестерня́, *род. ед.* -и́, *род. мн.* -рён [*не* ше́стерня], шестерн/я
  - шестидесятиле́тие, шест/и/десят/и/лет/и/е
  - шестиуго́льный, шест/и/уголь/н/ый
- шестна́дцать [сн], *род.* -и, *тв.* -ью, шест/на/дцать
  - шестьдеся́т, шести́десяти, *тв.* шестью́десятью, шесть/де/сят
  - шестьсо́т, шестисо́т, шестиста́м, шестьюста́ми, о шестиста́х, шесть/сот
  - ше́стью, *нареч.,* шесть/ю/

- ше́фствовать, -твую, -твует, шеф/ств/ов/а/ть
- шика́рный, шик/арн/ый, *кратк. форма* -рен, -рна
- шикова́ть, шик/ов/а/ть (*ср.:* шик/ну́/ть)
- ши́ло, *род. ед.* -а, *им. мн.* ши́лья, *род. мн.* ши́льев, шил/о (*от* шить)
- шимпанзе́ [зэ́], *нескл., м. и ж. р.*
- шине́ль [*не* нэ́], *ж. р., род. ед.* -и
  - шинкова́ть, шинков/а/ть
  - шипе́ть, шиплю́, шипи́шь, шип/е/ть
  - шипо́вник, шип/овник
  - шипу́чий, шип/уч/ий
  - ширина́, шир/ин/а
  - широта́, шир/от/а
  - широ́тный, шир/от/н/ый
  - шитьё, ши/ть/ё (*ср.:* ши/ть)
- ши́фер, *прил.* ⟨-/н/ый⟩
  - шифоньёрка, *род. ед.* -и, *род. мн.* -рок, шифоньер/к/а
  - шифрова́льный, шифр/ов/а/льн/ый (*ср.:* шифр)
- шкату́лка, *род. мн.* -лок, шкатулк/а
  - шкаф, *им. мн.* шкафы́, *род. мн.* -о́в (*не рек. устар.* шкап)
  - шква́листый, шквал/ист/ый (*ср.:* шквал)
  - шква́льный, шкваль/н/ый
  - шки́пер, *род. ед.* -а, *им. мн.* шкипера́, *род. мн.* -о́в *и* шки́перы, -ов
- шлагба́ум, *род. ед.* -а
  - шлак, *род. ед.* шла́ка, *прил.* ⟨шла́к/ов/ый⟩
  - шланг, *род. ед.* -а
  - шлем [*не* лё], *род. ед.* шле́ма
- шлифова́ть, шлиф/ов/а/ть
  - шлюз, *им. мн.* -ы, *род. мн.* -ов
  - шлю́пка, *им. мн.* -и, *род. мн.* -ок, шлюп/к/а (*ср.:* шлюп)
  - шни́цель, *м. р., род. ед.* -я, *им. мн.* шни́цели, *род. мн.*

-ей *и допуск.* шницеля, -ей
шов, *род. ед.* шва
- шовини́зм*, шовин/изм (*ср.:* шовин/и́ст)
  шоки́ровать*, шокиров/а/ть
- шокола́д, *только ед., род.* шокола́да *и разг.* шокола́ду
  шо́мпол, *им. мн.* -а́, *род. мн.* -о́в
  шо́рник, *род. ед.* -а, шор/ник (*ср.:* шо́р/ы*)
- шо́рох, *род. ед.* -а
- шо́рты, *только мн., род.* шорт *и* шо́ртов, шорт/ы
- шоссе́ [шоссэ́], *нескл., с. р.*
  шотла́ндский, шотланд/ск/ий
- шофёр [*не* шо́фер], *им. мн.* шофёры, *род. мн.* -ов; *в профессион. речи* шофера́, -о́в
- шпага́т, *только ед., род.* -а
  шпаклева́ть, шпаклева/ть
  шпарга́лка, *род. мн.* -лок, шпаргал/к/а (*ср.:* шпарга́л/и/ть)
  шпина́т, *род.* шпина́та *и* шпина́ту
- шпингале́т, *род. ед.* -а
- шпио́н, *род. ед.* -а
  шприц, *род. ед.* шпри́ца [*не* шприца́], *им. мн.* шпри́цы, *род. мн.* -ев, *у медиков род. ед.* шприца́, *мн.* -ы́, -о́в
  шрифт, *род. ед.* -а, *им. мн.* шри́фты, *род. мн.* -ов *и* шрифты́, -о́в
  штаб, *род. ед.* шта́ба, *им. мн.* штабы́, *род. мн.* штабо́в *и* шта́бы, -ов, *прил.* ⟨штаб/н/о́й⟩
- шта́бель, *им. мн.* штабеля́, *род. мн.* -е́й *и допуск.* шта́бели, -ей

штампо́ванный, штамп/ова/н/н/ый
штанги́ст, штанг/ист
шта́пель, *м. р., только ед., род.* -я
- штати́в, *род. ед.* -а
  шта́тный, штат/н/ый (*ср.:* штат)
  шта́тский, штат/ск/ий
  штемпелева́ть, -лю́ю, -лю́ет, штемпел/ев/а/ть
-ште́мпель [тэ́], *род. ед.* -я, *им. мн.* штемпеля́, *род. мн.* -е́й *и допуск.* ште́мпели, -ей
- ште́псель [тэ́], *им. мн.* штепселя́, *род. мн.* -е́й *и допуск.* ште́псели, -ей
  што́панный, *прич.* (чулки давно не што́паны), штоп/а/н/н/ый
  што́паный, *прил.* (што́паные чулки), штоп/а/н/ый
- што́пор, *род. ед.* -а
  што́ра, *род. мн.* штор, штор/а
  штуди́ровать, -рую, -рует, штуд/иров/а/ть
  штукату́рить, -рю, -ришь, штукатур/и/ть
  штукату́рка, *род. мн.* -рок, штукатур/к/а
  штурва́л, *род. ед.* -а, *прил.* ⟨штурваль/н/ый⟩
  шту́рман, *им. мн.* шту́рманы, *род. мн.* -ов, *у моряков мн.* штурмана́, -о́в
  штурмова́ть, штурм/ов/а/ть
  шту́чный, штуч/н/ый (*ср.:* шту́к/а; *черед.* к — ч)
  шу́лер, *род. ед.* -а, *им. мн.* шулера́, *род. мн.* шулеро́в *и допуск.* шу́леры, -ов, *прил.*

---

* ш о в и н и з м — крайний национализм, проповедующий национальную и расовую исключительность и разжигающий национальную вражду и ненависть

* ш о к и р о в а т ь (*устар.*) — приводить в смущение нарушением правил приличия

* ш о р ы — конская упряжь со шлеей (без дуги и хомута)

⟨шу́лер/ск/ий⟩
шу́рин, *род. ед.* -а, *им. мн.* шу́рины, -ов *и допуск.* шурья́, -ьёв

шу́стрый, шустр/ый; *кратк. форма* шустёр *и* шустр, шустра́, шу́стро, шустры́ *и* шу́стры

Щ

- **щаве́ль** [*не* ща́вель], *род. ед.* щавеля́
  щаве́левый [*не* ща́велевый], щавел/ев/ый
- **щади́ть**, щажу́, щади́т, щад/и/ть (*ср.:* по/ща́д/а)
  щéбень, *род. ед.* щéбня
  щебета́ть, щебечу́, щебéчешь, щебет/а/ть; *черед.* ***т — ч***
- **щего́л**, *род. ед.* щегла́
- **щёголь**, *м. р., род. ед.* -я
  щегольско́й, щеголь/ск/ой
  щёгольство, щеголь/ств/о
  щеголя́ть, щегол/я/ть (*ср.:* щеголь/ну́/ть)
  щéдрый, щедр/ый, *кратк. форма* щедр, щедра́, щéдро, щедры́ *и* щéдры
  щека́, *вин. ед.* щёку *и* щеку́, *им. мн.* щёки, *род. мн.* щёк, *дат. мн.* щека́м, щек/а
- **щеко́лда**, *род. ед.* -ы, щеколд/а
  щёкот, *только ед., род.* -а
- **щекота́ть**, щекот/а/ть
  щеко́тно [*не* щёкотно], *в знач. сказ.* мне щеко́тно, щекот/н/о
- **щёлка**, *род. мн.* щёлок [*не* щёлка], щёл/к/а (*от* щель)
  щёлкать, -аю, -аешь [*не* щелка́ть, -а́ю, -а́ешь], щёлк/а/ть (*от* щёлк)
  щелку́нчик, щелк/ун/чик
  щёлок, *род. ед.* -а
- **щёлочь**, *ж. р., род. ед.* -и, *им. мн.* -и, *род. мн.* -ей
  щелчо́к, *род. ед.* -чка́, щелч/ок (*ср.:* щёлк/а/ть; *черед.* ***к — ч***
- **щеми́ть**, щемлю́, щеми́шь, щеми́т [*не* щéмишь, щéмит], щем/и/ть; *черед.* ***м — мл***
- **щено́к**, *род. ед.* щенка́, *им. мн.* щеня́та, *род. мн.* щеня́т *и* щенки́, -о́в, щен/ок
  щепа́ть, щеплю́, щéплешь *и допуск.* щепа́ю, щепа́ешь, *повел. накл.* щепли́ *и допуск.* щепа́й, щеп/а/ть; *черед.* ***п — пл***
- **щепети́льный**, щепетильн/ый, *кратк. форма* -лен, -льна
  щéпка, щеп/к/а (*ср.:* щеп/а́/ть)
- **щепо́тка**, *род. мн.* -ток, щепот/к/а
  щерба́тый, щерб/ат/ый (*ср.:* щерб/и́н/а)
- **щети́на**, щетин/а (*историч. от устар.* «щеть» — щетина)
- **щётка**, *род. мн.* щёток, щётк/а
  щёчка, *род. мн.* щёчек, щёч/к/а (*ср.:* щек/á; *черед.* ***к — ч***)
  щи, *только мн., род.* щей, *дат.* щам, *тв.* ща́ми
  щи́колотка, *род. мн.* -ток, щиколотк/а
  щипа́ть, щиплю́, щи́плет, щи́плют *и допуск.* щи́пит, щи́пят, *повел. накл.* щипли́, щип/а/ть (*ср.:* щи́пл/ешь; *черед.* ***п — пл***)
  щипко́вый, щип/к/ов/ый
- **щипцы́**, *только мн., род.* -о́в, щип/ц/ы
  щитови́дный, щит/о/вид/н/ый
  щу́пальце, *им. мн.* щу́пальца, *род. мн.* щу́пальцев *и* щу́палец, щуп/а/льц/е (*ср.:* щу́п/а/ть)

щу́плый, щупл/ый, *кратк. форма* щупл, щупла́ *и* щу́пла, щу́пло, щу́плы

щу́чий, щуч/ий (*от* щу́к/а); *черед.* *к — ч*

Э

эвакуа́ция*, эваку/аци/я, *прил.* ⟨эвакуаци/о́нн/ый⟩
эвакуи́ровать, эваку/иров/а/ть
эве́нк, *род. ед.* -а, *сущ.* ⟨эвенк/и́йк/а⟩, *прил.* ⟨эвенк/и́йск/ий⟩
эвкали́пт, *род. ед.* -а
• эволю́ция*, эволюци/я, *прил.* ⟨-/онн/ый⟩
эволюциони́ровать, эволюци/-ониров/а/ть, *двувид.*
э́врика, *междом.*
• эгои́ст (*от лат.* «э́го» — я), эго/ист, *прил.* ⟨-/ист/и́ческ/ий⟩
эгоцентри́зм [*не* изьм], эго/центр/изм (*лат.* «э́го» — я + «це́нтрум» — центр = крайний эгоизм)
эгоцентри́ческий, эго/центр/ическ/ий
эзо́повский, эзоп/ов/ск/ий
• эква́тор, *род. ед.* -а
экваториа́льный, экватор/иальн/ый
• эквивале́нт, *прил.* ⟨-т/н/ый⟩
• экза́мен, *сущ.* ⟨экзамен/а́тор⟩, *прил.* ⟨экзамен/аци-о́нн/ый⟩
экзаменова́ть, -ную, -нует, экзамен/ов/а/ть

экзеку́ция, экзекуц/и/я (*ср.:* экзеку́т/ор; *черед.* *т — ц*)
экзе́ма [зэ́], экзем/а
экземато́зный, экзем/атозн/ый
• экземпля́р [зэ *и допуск.* зе], *род. ед.* -а
экзо́тика, экзотик/а, *прил.* ⟨-ти́ч/еск/ий⟩; *черед.* *к — ч*
• экипа́ж, *род. ед.* -а, *тв. ед.* -жем
экипиро́вка, экипиров/к/а (*ср.:* экипи́ров/а́/ть)
• эколо́гия*, эколог/и/я, *прил.* ⟨-лог/и́ческ/ий⟩
эконо́мика, эконом/ик/а, *сущ.* ⟨эконом/и́ст⟩, *прил.* ⟨-/и́ч/еск/ий⟩
• эконо́мия, эконом/и/я, *прил.* ⟨-/н/ый⟩
• экра́н, *прил.* ⟨экра́н/н/ый⟩, *глаг.* ⟨-н/изи́ров/а/ть⟩
экска́ватор (*из англ., от лат.* «экска́ва» — долблю), экскав/атор (*ср.:* экскав/а́ци/я; *черед.* *т — ц*)
• экску́рсия, экскурс/и/я
экскурсово́д, *род. ед.* -а, экскурс/о/вод
экспанси́вный*, экспанси/вн/ый, *кратк. форма* -вен, -вна

---

* э в а к у а ц и я — вывоз людей, учреждений, имущества из опасных местностей

* э в о л ю ц и я — развитие, процесс постепенного непрерывного количественного изменения кого-(чего-)нибудь, подготавливающий качественные изменения

* э к о л о г и я — 1) раздел биологии, изучающий взаимоотношения животного или растения с окружающей средой; 2) борьба за чистоту окружающей среды

экспа́нсия*, экспанси/я
экспеди́тор, экспед/итор
• экспеди́ция, экспед/ици/я
• экспериме́нт, глаг. ⟨-/и́ров/а/ть⟩, прил. ⟨-/а́льн/ый⟩
• экспе́рт [не э́ксперт], сущ. ⟨эксперт/и́з/а⟩
экспе́ртный [не э́кспертный], эксперт/н/ый
• эксплуата́ция, эксплуат/аци/я
экспози́ция, экспозици/я
• экспона́т, экспон/ат
экспони́ровать, экспон/иров/а/ть
• э́кспорт [не экспо́рт] (из англ., от лат. «экс» (приставка) — вы + «по́рто» — ношу, перемещаю)
экспорти́ровать, экспорт/иров/а/ть
• экспре́сс [допуск. рэ]
экспрессиони́зм* [не изьм], экспресс/ион/изм
экспрессиони́ст, экспресс/ион/ист

экспрессиони́стский, экспресс/ион/ист/ск/ий
экспре́ссия* [допуск. рэ], экспресс/и/я
экспро́мт, прил. ⟨-т/н/ый⟩
экста́з*, только ед., род. -а
экстати́ческий, экстат/ическ/ий (от экста́з; греч. «экста́зис» — восхищение)
экстенси́вный*, экстенсивн/ый
• экстерн [тэ], сущ. ⟨экстерн/а́т⟩
экстерье́р [эк, тэ], род. -а
экстра́кт, род. ед. -а
экстреми́зм*, только ед., род. -а, экстрем/изм, сущ. ⟨-и́ст⟩
э́кстренный, экстренн/ый, кратк. форма -ен, -енна
эксце́сс*, род. ед. -а
экс-чемпио́н, род. ед. -а
• эласти́чный, эластич/н/ый, кратк. форма -чен, -чна
• элева́тор, прил. ⟨-р/н/ый⟩
элега́нтный, элегантн/ый, кратк. форма -нтен, -нтна

---

* э к с п а н с и в н ы й — бурно проявляющий свои чувства

* э к с п а н с и я — империалистическая агрессивная политика распространения своего политического и экономического влияния на другие страны с целью насильственного захвата чужих территорий и рынков сбыта

* э к с п р е с с и о н и з м — направление в европейском искусстве и литературе в первой трети XX в., провозгласившее единственной реальностью субъективный духовный мир человека и ставившее своей основной задачей его выражение

* э к с п р е с с и я — выражение чувств, переживаний, выразительность

* э к с т а з — исступлённо-восторженное состояние

* э к с т е н с и в н ы й — направленный вширь, связанный лишь с количественным увеличением, без улучшения качества (*противопол.* интенсивный)

* э к с т р е м и з м — приверженность к крайним взглядам и мерам (обычно в политике)

* э к с ц е с с — 1) крайнее проявление чего-либо, преимущественно об излишествах, невоздержанности в чём-нибудь; 2) нарушение общественного порядка

элéгия, элег/и/я, *прил.* ⟨-г/и́-ческ/ий⟩
электризовáть, -зу́ю, -зу́ешь, электр/изов/а́/ть
• электрификáция, электр/ифи-каци/я
• электри́ческий, электр/и́че-ск/ий (*от* электр/и́честв/о)
• электровóз, электр/о/воз
электрóн, электр/он
• электростáнция, электр/о/-станци/я
• элемéнт, *род. ед.* -а
элементáрный, элемент/áрн/ый, *кратк. форма* -рен, -рна
э́ллипс [л'], *род. ед.* -а *и* э́л-липсис [л'], *род. ед.* -а
эмáлевый, эмал/ев/ый
эмалирóванный, эмал/иров/-а/нн/ый
эмансипáция*, эманcип/аци/я (*ср.:* эмансип/и́ров/а/ть)
• эмблéма, эмблем/а
• эмигрáция, э/мигр/аци/я, *глаг.* ⟨э/мигр/и́ров/а/ть⟩, *дву-вид.*
эмиграциóнный, э/мигр/аци/-онн/ый
эми́ссия*, эмисс/и/я
• эмóци/я, эмоци/я, *прил.* ⟨эмо-ци/онáльн/ый⟩
эмпири́зм* [*не* и́зьм], *только ед., род.* -а, эмпир/изм (*ср.:* эмпи́р/ик)
эму́льсия, эмульси/я (*ср.:* эмульси/óнн/ый)
энергéтика [нэ], энерг/етик/а, *прил.* (энерг/ети́ч/еск/ий); *черед.* к — ч
• энéргия [нэ], энерг/и/я, *прил.* ⟨энерг/и́чн/ый⟩
энерговооружённость, *только ед., род.* -и, энерг/о/во/-оруж/ённ/ость
• энтузиáзм, энтузи/азм
• энциклопéдия, энциклопед/и/я, *прил.* ⟨энциклопед/и́чес-к/ий⟩
эпигóн*, *род. ед.* -а
эпигóнский, эпигон/ск/ий
• эпигрáмма, эпиграмм/а
• эпи́граф, *род. ед.* -а
• эпидéмия [*не* дэ], эпидеми/я
• эпизóд, *прил.* ⟨эпизод/и́че-ск/ий⟩
• эпилóг, *род. ед.* -а
• эпи́тет, *род. ед.* -а
эпицéнтр, *род. ед.* -а
эпи́ческий*, эп/и́ческ/ий (эпос)

* э м а н с и п а ц и я — освобождение от зависимости (*книжн.*); эмансипация женщин

* э м и с с и я — выпуск и обращение денег и ценных бумаг

* э м п и р и з м — философское направление, признающее чувственное восприятие и опыт единственным источником познания, недооценивающее значение теоретических обобщений при изучении отдельных фактов, явлений

* э п и г о н — последователь какого-нибудь художественного, научного и т. п. направления, лишённый творческой оригинальности и механически повторяющий чьи-нибудь идеи

* э п и ч е с к и й — 1) свойственный эпосу, повествовательный; 2) (*переносн.*) величаво-спокойный, бесстрастный

* э п о п е я — 1) крупное произведение эпического жанра; 2) (*переносн.*) ряд событий, связанных с героическими подвигами

* э п о с — 1) повествовательный род литературы (в отличие от лирики и драмы); 2) совокупность народных героических песен, сказаний, поэм

- **эпопе́я***, эпопе/я
  э́пос* (*греч.* «э́пос» — слово, рассказ, песня)
- **эпо́ха**, эпох/а
  э́ра, эр/а
  эритроци́т, *род. ед.* -а
- **эруди́ция***, эруд/ици/я (*ср.:* эруд/и́рова/нн/ый)
- **эска́дра**, эскадр/а
  эскадри́лья, *род. мн.* -лий, эс-кадриль/я
  эскадро́н, *род. ед.* -а
- **эскала́тор** (*из англ., от лат.* «ска́лэ» — лестница)
  эскала́торный, эскалатор/н/ый
  эскала́ция*, эскалаци/я
- **эски́з**, *прил.* ⟨эски́з/н/ый⟩
  эскимо́с, *род. ед.* -а, *прил.* ⟨-мо́с/ск/ий⟩
  э́кспорт, *род. ед.* -а
- **эсми́нец**, *род. ед.* -нца
  эспера́нто*, *нескл., ср. р., сущ.* ⟨-ра́нт/и́ст⟩, *прил.* ⟨-ра́нт/-ск/ий⟩
- **эссе́нция** [*не, сэ*], эссенци/я
  эстака́да, эстакад/а
  эстафе́та, эстафет/а, *прил.* ⟨-/н/ый⟩
- **эсте́тика** [*тэ*], эстет/ик/а, *прил.* ⟨эстет/и́ч/еск/ий⟩
  эстраго́н, *только ед., род.* -а, *прил.* ⟨-го́н/н/ый⟩
- **эстра́да**, эстрад/а, *прил.* ⟨-/н/ый⟩

- **юбиле́й**, юбил/ей, *сущ.* ⟨юбил/я́р⟩, *прил.* ⟨юбил/ей/-н/ый⟩

эта́ж, *м. р., род. ед.* -а́
- **этаже́рка**, *род. мн.* -рок, этажерк/а
  этало́н, *род. ед.* -а, *прил.* ⟨-ло́н/н/ый⟩
  эта́п, *прил.* ⟨-/н/ый⟩
- **э́тика**, этик/а, *прил.* ⟨эти́ч/еск/ий⟩ ; *черед. к — ч*
  этике́т, этик/ет
  этике́тный, этик/ет/н/ый
  этимоло́гия* (*греч.* «этимо́н» — истина + «ло́гос» — понятие, учение), этимоло́г/и/я (*ср.:* этимо́лог)
  этни́ческий*, этническ/ий
  этногра́фия (*греч.* «э́тнос» — народ + «гра́фо» — пишу), этнограф/и/я (*ср.:* этно́граф)
  этю́д, *прил.* ⟨этю́д/н/ый⟩
  эфио́п, *род. ед.* -а, *прил.* ⟨-/ск/ий⟩
  эфи́р, *прил.* ⟨эфи́р/н/ый⟩
- **эффе́кт**, *род. ед.* -а
  эфирома́сличный, эфир/о/масл/ичн/ый
  эффекти́вный, эффект/ивн/ый, *кратк. форма* -вен, -вна
  эффе́ктный, эффект/н/ый, *кратк. форма* -ен, -на
  э́хо, *только ед., род.* эха
  эшафо́т, *род. ед.* -а
- **эшело́н**, *род. ед.* -а

Ю

ю́бка, *им. мн.* ю́бки, *род. мн.* ю́бок, юбк/а

---

* **э р у д и ц и я** — начитанность, учёность, большие знания в какой-либо области науки и жизни или во многих областях науки и жизни

* **э с к а л а ц и я** — постепенное увеличение, усиление, расширение чего-либо, напр., эскалация войны

* **э с п е р а н т о** — международный искусственный язык

* **э т и м о л о г и я** — отдел языкознания, изучающий происхождение слов

* **э т н и ч е с к и й** — относящийся к какому-нибудь народу

- **ювели́р**, *прил.* ⟨-/н/ый⟩
- **юго-восто́к**, *только ед.*, юг/о/-восток
- **юго-восто́чный**, юг/о/-восточ/н/ый; *черед.* ***к — ч***
- **юго-за́пад**, *только ед.*, юг/о/-запад
- **юго-за́падный**, юг/о/-запад/н/ый
- **югосла́вский**, югослав/ск/ий
- **южа́нин**, *род. ед.* -а, *им. мн.* южа́не, *род. мн.* южа́н, юж/анин (*ср.:* юг; *черед.* ***г — ж***)
- **южа́нка**, юж/ан/к/а
- **ю́мор**, *сущ.* ⟨юмор/и́ст⟩, *прил.* ⟨-/и́ст/и́ческ/ий⟩
- **юнио́рский**, юниор/ск/ий (*ср.:* юнио́р, *от лат.* «юниор» — младший)
- **юнко́р** (*сложносокращ. слово:* юный корреспондент)
- **юнна́т** (*сложносокращ. слово:* юный натуралист)
- **ю́ноша**, *м. р., род. мн.* -шей, юн/ош/а
- **ю́ный**, юн/ый, *кратк. форма* юн, юна́, ю́но, ю́ны
- **юриди́ческий**, юридическ/ий
- **юрисконсу́льт***, юрис/консульт
- **юриспруде́нция*** [*не* дэ], юрис-пруденци/я
- **юри́ст** (*лат.* «юс» — право)
- **юро́дивый** [*не* юродивый], юрод/ив/ый
- **ю́рта**, *род. ед.* -ы, юрт/а
- **юсти́ция***, юстици/я (*лат.* «юсти́циа» — справедливость, законность)
- **юти́ться**, ючу́сь, юти́тся, ют/и/ть/ся (*ср.:* у/ю́т/н/ый)
- **юфть**, *ж. р., только ед., род.* -и, *прил.* ⟨юфт/ев/ый, юфт/ян/о́й⟩

Я

- **я́беда**, *м. и ж. р.*, ябед/а
- **я́бедничать**, ябед/нич/а/ть (*ср.:* я́бед/а)
- **я́блоко**, *им. мн.* я́блоки, *род. мн.* я́блок [*не* я́блоков], *дат. мн.* я́блокам, ябл/ок/о
- **я́блонька**, *род. мн.* -нек, ябл/онь/к/а
- **я́блоня**, *род. мн.* я́блонь, ябл/он/я
- **я́блочный**, ябл/оч/н/ый
- **яви́ться**, яв/и/ть/ся (*ср.:* явл/я́/ть/ся; *черед.* ***в — вл***)
- **я́вка**, яв/к/а
- **явле́ние**, явл/ени/е
- **я́вно**, *нареч.* яв/н/о/
- **я́вочный**, яв/оч/н/ый
- **я́вный**, яв/н/ый, *кратк. форма* я́вен, я́вна, я́вны, я́вно
- **я́вственный**, яв/ств/енн/ый, *кратк. форма* -твен, -твенна
- **ягдта́ш** (*нем.* «ягд» — охота + «та́ше» — сумка), *род. ед.* -а, *тв. ед.* -шем
- **ягнёнок**, *род. ед.* -нка, *им. мн.* ягня́та, *род. мн.* ягня́т, ягн/ёнок

---

* **юрисконсульт** — постоянный консультант при учреждении по практическим вопросам права, защитник интересов этого учреждения в судебных и т. п. инстанциях

* **юриспруденция** — совокупность юридических наук, а также практическая деятельность юристов

* **юстиция** — правосудие

- **я́года**, ягод/а, *прил.* ⟨-/н/ый⟩
- ягу́ар, *род. ед.* -а
- **я́дерный**, ядер/н/ый (*от* ядро́)

  ядови́тый, яд/ови́т/ый

  ядрёный, ядр/ён/ый
- **ядро́**, *им. мн.* я́дра, *род. мн.* я́дер, *дат. мн.* я́драм, ядр/о
- **язви́тельный**, язв/и́/тельн/ый, *кратк. форма* -лен, -льна
- **язы́к**, *род. ед.* языка́, *им. мн.* языки́, *род. мн.* -о́в [*не* язы́ки, язы́ков], *но*: двуна́десять язы́ков

  языкове́дение, язык/о/ве́д/е/ни/е

  языково́й («относящийся к языку — речи»: языкова́я систе́ма, языково́е чутьё), язык/ов/о́й

  языко́вый («относящийся к языку — органу в полости рта»: языко́вая колбаса), язык/ов/ый

  языкозна́ние, язык/о/зна́/ни/е

  язы́чество, *только ед., род.* -а, язы́ч/еств/о (*ср.*: язы́ч/ник; *черед.* к — ч)
- **яи́чница** [шн], яич/н/иц/а (*ср.*: яйц/о́; *черед.* ч — ц)

  яйцеобра́зный, яйц/е/обра́з/н/ый

  якоби́нец, *род. ед.* -нца, *тв. ед.* -нцем, якобин/ец, *прил.* ⟨-би́н/ск/ий⟩

  я́кобы, *союз и частица*
- **я́корь**, *им. мн.* -я́, *род. мн.* -е́й

  яку́т, *род. ед.* -а

  я́лик, ял/ик (*ср.*: ял)

  я́ловый, ялов/ый (*ср.*: я́лов/ость)

  ямб, *род. ед.* -а

  ямско́й, ям/ск/ой

  ямщи́к, *род. ед.* -а́, ямщик
- **янва́рский**, январ/ск/ий
- **янва́рь**, *только ед., род.* января́
- **янта́рь**, *род. ед.* янтаря́

  япо́нец, *род. ед.* -нцем, япон/ец, *прил.* ⟨япо́н/ск/ий⟩

  ярко-кра́сный, ярк/о/-красн/ый
- **ярлы́к**, *род. ед.* -а́
- **я́рмарка** [*не* я́рманка] (*из польск., от нем.* «яр» — год + «маркт» — торг), *род. мн.* -рок, ярмарк/а

  ярмо́, *мн.* (*малоупотр.*) я́рма, ярм, я́рмам, ярм/о

  яровой, яров/ой (*историч. от устар.* «яръ» — весна, т. е. хлеб, засеваемый весной)
- **я́ростный** [сн], яр/ост/н/ый (*ср.*: я́р/ый), *кратк. форма* -стен, -стна

  я́рус, *им. мн.* -ы, *род. мн.* -ов

  я́рче, *сравн. ст. от* ярк/ий, ярч/е; *черед.* к — ч
- **я́сень**, *род. ед.* -я, *им. мн.* -и, *род. мн.* -ей

  я́сли, *только мн., род.* я́слей (*не* ясле́й *и не* я́сель), ясл/и, *прил.* ⟨я́сель/н/ый⟩
- **ясне́ть**, ясн/е/ть

  ясновиде́ние*, ясн/о/вид/е/ни/е
- **я́ство**, яств/о
- **я́стреб**, *им. мн.* ястреба́, *род. мн.* -о́в, *допуск.* я́стребы, -ов

  я́хонт, *прил.* ⟨я́хонт/ов/ый⟩

  яхт-клу́б, *род. ед.* -а

  яхтсме́н, яхт/смен (*см.* «спортсме́н»)
- **яче́йка**, *род. мн.* -е́ек, ячей/к/а (*ср.*: ячь/я́)
- **ячме́нь**, *род. ед.* ячменя́, *прил.* ⟨ячме́н/н/ый⟩

  я́чневый [*допуск.* шн], яч/н/ев/ый
- **я́щерица**, ящериц/а
- **я́щик**, *род. ед.* -а

---

* ясновиде́ние — (*книжн.*) тонкая проницательность, прозорливость, основанная на предвидении

СОДЕРЖАНИЕ

Как пользоваться словарем	3
Списки принятых условных сокращений	18
Словари и справочники, использованные при подготовке «Школьного грамматико-орфографического словаря русского языка»	19
А.	21
Б.	30
В.	41
Г.	59
Д.	67
Е, Ё	79
Ж.	80
З.	82
И.	91
Й.	99
К.	100
Л.	126
М.	134
Н.	149
О.	165
П.	179
Р.	218
С.	232
Т.	252
У.	260
Ф.	266
Х.	269
Ц.	271
Ч.	273
Ш.	276
Щ.	280
Э.	281
Ю.	284
Я.	285

Учебное издание

Панов Борис Трофимович
Текучев Алексей Васильевич

ШКОЛЬНЫЙ
ГРАММАТИКО-ОРФОГРАФИЧЕСКИЙ
СЛОВАРЬ РУССКОГО ЯЗЫКА

Зав. редакцией *В. Л. Склярова*
Редактор *Г. В. Карпюк*
Художник *Б. Николаев*
Художественный редактор *И. В. Короткова*
Технический редактор *С. С. Якушкина*
Корректоры *М. Ю. Сергеева, И. В. Чернова*

ИБ № 13121

Сдано в набор 05.07.90. Подписано к печати 20.11.91. Формат $60 \times 90^1/_{16}$. Бум. типограф. № 2. Гарнитура литературная. Печать высокая. Усл печ. л. 18,0+0,25 форз. Усл. кр.-отт. 18,69. Уч.-изд. л. 19,54+0,34 форз. Тираж 750 000 экз. Заказ 858. Цена в переплете № 5 — 2 р. 70 к.; в переплете № 7 — 3 р. 20 к.

Ордена Трудового Красного Знамени издательство «Просвещение» Министерства печати и массовой информации РСФСР. 129846, Москва, 3-й проезд Марьиной рощи, 41.

Саратовский ордена Трудового Красного Знамени полиграфический комбинат Министерства печати и массовой информации РСФСР. 410004, Саратов, ул. Чернышевского, 59.

Высокая культура разговорной и письменной речи, хорошее знание и чутьё родного языка, уменье пользоваться его выразительными средствами, его стилистическим многообразием — самая лучшая опора, самое верное подспорье и самая надёжная рекомендация для каждого человека в его общественной жизни и творческой деятельности.

В.В. Виноградов